THE HIGH-QUALITY DEVELOPMENT PATH
OF PRIVATE ENTERPRISES

民营企业
高质量发展路径

浙江省温岭市市场监督管理局 著

浙江工商大学出版社
ZHEJIANG GONGSHANG UNIVERSITY PRESS

·杭州·

图书在版编目（CIP）数据

民营企业高质量发展路径 / 浙江省温岭市市场监督管理局
著 . — 杭州：浙江工商大学出版社，2023.7
　ISBN 978-7-5178-5275-9

　Ⅰ . ①民… Ⅱ . ①温… Ⅲ . ①民营企业—企业发展—
研究—中国 Ⅳ . ① F279.245

中国版本图书馆 CIP 数据核字（2022）第 246732 号

民营企业高质量发展路径
MINYING QIYE GAOZHILIANG FAZHAN LUJING

浙江省温岭市市场监督管理局 著

出 品 人	郑英龙
策划编辑	沈　娴
责任编辑	费一琛
责任校对	夏湘娣
封面设计	朱嘉怡
责任印制	包建辉
出版发行	浙江工商大学出版社
	（杭州市教工路 198 号　邮政编码 310012）
	（E-mail：zjgsupress@163.com）
	（网址：http://www.zjgsupress.com）
	电话：0571-88904980，88831806（传真）
排　　版	杭州朝曦图文设计有限公司
印　　刷	浙江海虹彩色印务有限公司
开　　本	710 mm × 1000 mm　1/16
印　　张	33.5
字　　数	432 千
版印次	2023 年 7 月第 1 版　2023 年 7 月第 1 次印刷
书　　号	ISBN 978-7-5178-5275-9
定　　价	198.00 元

本书编委会

序　言

　　久闻温岭市在全国率先创新，首推"质量贷"和镇级标准创新贡献奖等新制度，也因受邀参加温岭市市场监管专家委员会会议，而与本书主编温岭市市场监督管理局党委副书记、副局长阮兢青博士有缘相识，我很欣喜地看到，作为我国民营经济与高质量发展研究和实践的重要成果，《民营企业高质量发展路径》一书即将付梓。我浏览了初稿后，欣然允诺阮博士的邀请为本书作序，因为我发现这是一本关于民营企业高质量发展的好书，特作此序与读者共飨。

　　改革开放以来经过四十余年的高速发展，中国已经从高速增长阶段转向高质量发展阶段，需要贯彻创新、协调、绿色、开放、共享的新发展理念，实现经济发展的质量变革、效率变革和动力变革。质量变革表示需要转变发展方式和优化经济结构，效率变革和动力变革是指将发展动力从依靠资源和低成本劳动力等要素投入转变为创新驱动，增强原始创新力和引领创新能力，将创新作为发展的核心驱动力，依靠创新打造高质量发展新引擎，实现产业跨越式升级。推动高质量发展是中国企业今后发展的重要任务和必由之路，而高质量发展也将成为未来中国发展的主旋律。

　　民营企业已成为推动经济高质量发展的主力军。但新时代下如何全面贯彻新发展理念，推动企业转型升级，加快构建新发展格局，是民营企业面临的问题和挑战，为此，探究民营企业的高质量发展路径非常必要，也具有非常重大的现实意义。

浙江省是我国改革开放的前沿阵地，在高质量发展中担当重要角色，也肩负着重大责任和使命。民营经济是浙江省的"金名片"，特别是在制造业中，民营企业的占比更是高达90%，民间投资超过85%。浙江省的民营企业在高质量转型发展路径方面进行了有益的探索，例如：平台企业与新兴互联网企业共同引领技术创新；借助小微企业园与海外科技人才；大型龙头企业利用全产业链优势成为高质量发展标杆；以技术创新为核心优势而融入社会发展；上市公司及外资企业等拓展产业链，践行"一带一路"倡议，走出去探索高质量发展的新路径。浙江省在全国率先推进标准强省、质量强省、品牌强省建设，打造"品字标浙江制造"品牌，实施"三强一制造"战略，助推企业高质量发展。

温岭市是浙江省乃至全国的质量高地，首创"质量贷"新制度，专为获得各级政府质量奖和标准创新贡献奖的企业及其他组织提供金融信贷支持；在多个镇（街道）设立镇级政府质量奖；温岭市一手抓规划建设，一手抓管理提升，高质量打造特色产业小微园，积极助推产业转型升级；温岭市的泵与电机产业被列为浙江省"415"先进制造业产业集群之一，在建成国家水泵产品质量检验检测中心的同时，温岭市还创建国家新型工业化产业示范基地。浙江大学质量管理研究中心与温岭市市场监督管理局的联合调查显示：在泵与电机产业内已诞生许多经营管理成熟度良好的先进企业，它们普遍重视研发投入，整体科研实力雄厚，拥有省级企业技术中心和研究院，与高校、科研机构等开展了广泛的产学研合作，设有博士后科研工作站；产品主动对标国际先进标准，并通过CE认证等多项外部产品认证，以及"品字标浙江制造"认证，积极参与国标、行标的制修订工作；导入卓越绩效管理模式并积极申报政府质量奖，广泛开展群众性质量改进活动，掌握应用了多种质量工具方法；高度重视品牌建设，不断提高品牌知名度和美誉度。温岭市的这些实践探索和宝贵经验为全国的民营企业实现高质量发展提供了有益的参考。

本书聚焦民营企业的高质量发展,剖析了高质量发展的核心内涵,详细梳理了高质量发展的提出、关键和历程;然后,深入分析我国民营企业当下的问题和困境,潜在的危机和风险,未来要面对的机遇和挑战,同时,学习借鉴发达国家典型民营企业的成功经验,思考我国民营企业未来的发展方向,探讨适合我国民营企业发展的路径方案。书中不仅提出了我国民营企业高质量发展路径的战略构想,也给出了实践案例,为应用实施者提供了指南。

本书的出版不仅对系统学习高质量发展的思想理念起到积极作用,而且对我国民营企业如何实现高质量发展有重要的借鉴意义,它既可作为民营经济与高质量发展研究的参考书,也可用作企业学习成功经验的宝典,相信本书一定能在我国民营企业高质量发展的研究和实践中发挥巨大的作用。

特写此序,郑重推荐。

亚洲质量功能展开协会(AQFDA)副会长

浙江大学质量管理研究中心主任、教授、博士生导师

2023 年 5 月于杭州紫金港

目　录

第一章

绪　论

　　"实现中华民族伟大复兴，是近代以来中国人民最伟大的梦想，我们称之为'中国梦'，基本内涵是实现国家富强、民族振兴、人民幸福。"这是2013年3月24日习近平总书记在莫斯科国际关系学院的演讲中对中国梦的深刻阐述。[①]我国当前的主要矛盾集中在人民日益增长的美好生活需要和不平衡不充分的发展之间的矛盾，这反映了现阶段我国发展迫切需要重点解决的问题已经从量的问题转变为质的问题。我国已经从全面建设小康社会阶段进入全面建设社会主义现代化阶段，新的发展阶段面临很多机遇和挑战，为了把我国建成富强民主文明和谐美丽的社会主义现代化强国，为了实现人民群众追求美好幸福生活的愿景和梦想，高质量发展将成为未来我国的主要发展任务和必经之路。党的十九大根据当前我国发展阶段和社会发展矛盾发生的重大变化，明确提出了我国经济已经从高速增长阶段转向高质量发展阶段，党的十九届六中全会通过的《中共中央关于党的百年奋斗重大成就和历史经验的决议》中强调高质量发展必须实现创新成为第一动力、协调成为内生特点、绿色成为普遍形态、开放成为必由之路、共享成为根本目的。[②]2022年3月1日，习近平总书记在中央党校（国家行政学院）中青年干部培训班开班式上的讲话中强调："在新形势下发展不能穿新鞋走老路，必须完整、准确、全面贯彻新发展理念，加快构建新发展格局，推动高质量发展。"[③]2022年10月16日，习近平总书记在党的二十大报告中指出，"高质量发展是全面建设社会主义现代化国家的首

① 习近平. 顺应时代前进潮流 促进世界和平发展[N]. 人民日报, 2013-03-24（002）.

② 刘鹤. 必须实现高质量发展[N]. 人民日报, 2021-11-24（006）.

③ 周楚卿. 习近平在中央党校（国家行政学院）中青年干部培训班开班式上发表重要讲话 [EB/OL].（2022-03-01）[2022-07-01].http://www.new.cn/politics/leaders/2022/03/01/c_1128427317.htm.

要任务"，"要坚持以推动高质量发展为主题"，推动中国经济再上新台阶。在国家整体形势转变的背景下，高质量发展将成为今后发展的主旋律，为国家步入新阶段的发展之路指明了前进的方向，进一步明确了新时代下现代化的主要发展目标。习近平总书记向全党发出号召，要"决胜全面建成小康社会，开启全面建设社会主义现代化国家新征程"。党的十九大提出的社会主义现代化建设新目标和新部署涉及各领域和全过程，在全面建设小康社会阶段，中国的社会主义现代化已经取得了辉煌成就，在接下来迎接的全面建设社会主义现代化国家新阶段面临诸多新挑战、新难题，主要是各领域发展并不平衡，发展质量和效益较低，创新能力不足，以及生态环境问题突出等诸多难题，我们国家在产业发展、科技创新、生态环境保护等领域与发达国家还有明显差距。[①]

纵观全球局势，新一轮科技革命和产业革命正在全球范围内兴起一股大浪潮。习近平总书记2018年在中国科学院第十九次院士大会、中国工程院第十四次院士大会上发表重要讲话："进入21世纪以来，全球科技创新进入空前密集活跃的时期，新一轮科技革命和产业变革正在重构全球创新版图、重塑全球经济结构。"习近平总书记在讲话中进一步强调指出："现在，我们迎来了世界新一轮科技革命和产业变革同我国转变发展方式的历史性交汇期，既面临着千载难逢的历史机遇，又面临着差距拉大的严峻挑战。"[②]《中华人民共和国国民经济和社会发展第十四个五年规划和2035年远景目标纲要》依据新一轮科技革命和产业革命的历史趋势，对发展壮大战略性新兴产业所涉及的物力、人力、财力、平台和体制机制等进行了系统规划，明确通过强化国家战略科技力量来推动经济体系升级和壮大战略性新兴产业，最终建成以国内大循环为主体、国内国际双循

---

① 李伟.开启全面建设社会主义现代化国家新征程[EB/OL].(2017-11-15)[2022-07-01].
　http://www.qstheory.cn/dukan/qs/2017-11/15/c_1121947861.htm.
② 习近平.努力成为世界主要科学中心和创新高地[J].求是,2021(6):4-11.

环相互促进的新发展格局。[①]以习近平同志为核心的党中央审时度势明确指出面对挑战和机遇我国要把握发展契机，以建设世界科技强国为目标，重点发展科学技术，大力推动产业技术优化升级，促进产业模式和企业形态的转型变革。

当下全球竞争局势日益复杂，世界进入动荡变革时期，单边主义、保护主义、霸权主义威胁着全球稳定发展。美国和欧洲一些国家和地区对中国实行严格技术封锁，严重制约我国发展的核心技术缺口问题和"卡脖子"技术难题亟须攻克。我们要深刻认识到"关键核心技术是要不来、买不来、讨不来的"，要认真践行"在关键领域、卡脖子的地方下功夫"的理念方针，在基础研究上"甘于坐冷板凳，勇于做栽树人、挖井人"，也要打通"最后一公里"，拆除阻碍产业化的"篱笆墙"，真正实现将创新链精准对接产业链。

近几年新型冠状病毒感染疫情（以下简称：新冠感染疫情）在全球急速蔓延，严重威胁了世界人民的健康安全，对全球各领域都带来了巨大震荡和深远影响。为应对新冠感染，各个国家采取各种防控措施，很多国家的生产停滞，失业率上升，全球经济陷入低迷，产业链受到严重冲击，全球产业链供需两端同时收缩严重威胁到我国产业链的正常运转，全球产业链正迎来一场重组和变革。在困境中，我国迫切需要加速推动产业链转型升级，重点提升国内产业链的自主性、稳定性和竞争力，努力发挥国内重点地区、重点行业的先导作用，积极促进产业链在优势区域集聚化，大力建设产业集群。

习近平总书记强调："高质量发展是'十四五'乃至更长时期我国经济社会发展的主题。"市场主体是经济的力量载体，企业的高质量发展是

---

① 钱中兵.(两会授权发布) 中华人民共和国国民经济和社会发展第十四个五年规划和 2035 年远景目标纲要[EB/OL].(2021-03-13)[2022-07-01].http://www.xinhuanet.com/2021-03/13/c_1127205564_2.htm.

中国经济高质量发展的微观基础,创新驱动是企业高质量发展的内在实现路径,创新是企业高质量发展的第一驱动力,企业要从依靠初级生产要素的老路转向依靠创新获得超额收益和高附加值的新路;价值共享是企业高质量发展的最终目标追求,企业在实现高质量发展过程中要更多地承担社会责任,企业要创造经济效益和社会价值。[①]习近平总书记2018年5月28日在中国科学院第十九次院士大会、中国工程院第十四次院士大会上强调:"要推动企业成为技术创新决策、研发投入、科研组织和成果转化的主体,培育一批核心技术能力突出、集成创新能力强的创新型领军企业。"国家的重大战略布局中对企业发展寄予厚望,也凸显了企业在技术创新和产业变革中担当主要角色,肩负着重大责任和使命。

高质量发展主要包括实现经济发展的质量变革、效率变革和动力变革,3种变革都要依靠科技创新来实现,科技创新是高质量发展的核心驱动力,要依靠科技创新来打造高质量发展新引擎。质量变革表示需要转变发展方式和优化经济结构,效率变革和动力变革是指将发展动力从依靠资源和低成本劳动力等要素投入转变为创新驱动。破"难点"增强原始创新力和引领创新能力,除"痛点"围绕产业链部署创新链,通"堵点"围绕创新链布局产业链来实现产业跨越式升级。[②]贯彻创新、协调、绿色、开放、共享的新发展理念,推动高质量发展是我国民营企业今后发展的必由之路和重要任务,探究我国民营企业的高质量发展路径非常必要,也具有非常大的现实意义。本书以习近平总书记的相关重要理论为指引,深入理解和研究高质量发展的核心内涵,从需求导向、任务导向、问题导向着眼,将民营企业高质量发展融入国家战略和人民需求中。民营企业高质量发展的路径研究首先需要对我国民营企业的现状进行深入了解剖析,

---

① 姜付秀.企业当在高质量发展上奋勇争先[N].人民日报,2022-02-14.
② 崔兴毅,常河,张亚雄.以科技创新驱动高质量发展[N].光明日报,2022-03-06.

聚焦我国民营企业发展面临的瓶颈问题,对其中的影响因素和内部机理进行系统分析,然后剖析全球典型民营企业的特征和发展经验,最终找到我国民营企业的高质量发展之路,设计出科学有效的高质量发展战略对策帮助我国民营企业实现变革升级,让民营企业的高质量发展带动我国各领域的高质量发展,为全面建设社会主义现代化助力,帮助人民实现追求美好生活的心愿和梦想。

第一节 研究背景

我国人民对美好生活的追求之梦,国家全面建设社会主义现代化的前行之路,全球社会、政治、经济、科技等各领域波动变化带来的挑战和机遇,在这种大环境之下,推动高质量发展至关重要。在国家新发展战略的指引下,我国民营企业需要明确自身肩负的责任和承担的任务,必须将民营企业的使命融入我国高质量发展全局战略中,深入探究民营企业高质量发展的路径。

一、追求与前行

改革开放以来,我国人民的收入水平、消费水平及生活水平都得到了很大提高,时至今日,人们逐渐开始追求更优质的生活及个人的幸福感、满足感,我国现阶段社会主要矛盾已经转化为人民日益增长的美好生活需要和不平衡不充分的发展之间的矛盾。党的十九届五中全会明确提出开启全面建设社会主义现代化国家新征程,标志着我国已经迈入新发展阶段,强调了推动高质量发展的必要性。党的二十大报告指出,坚持把发展经济的着力点放在实体经济上,推进新型工业化,加快建设制造强国、质量强国、航天强国、交通强国、网络强国、数字中国。这是当前和今后一个时期确定发展思路、制定经济政策、实施宏观调控的根本要求。推动经济高质量发展,为全面建成小康社会、全面建设社会主义现代化强国奠定坚实的物质基础。

(一) 人民群众的追求

近年来,我国人民群众在基本满足生活需求的基础上,对生活质量提出了更高要求,人们最关心的主要是民生方面的问题。一是食品、药品、服饰及其他各类日常生活相关产品的质量安全问题依然突出,直接影响到人民群众的生命健康。随着对个人健康情况的关注度越来越高,人们对日常生活相关产品的质量要求也更加严苛。现阶段由于我国经济发展和人均收入水平提高,我国消费结构也正在发生深刻转变,消费需求不断增长,但当前仍然面临高品质产品供给不足的问题,甚至产品基本质量达标情况不理想。近些年来,食品安全事故、产品假冒伪劣等质量问题频发,三聚氰胺、苏丹红、毒胶囊等事件层出不穷。[①]二是高品质生活的需求问题,在满足了基本生活需求之后,人们开始追求更高的生活品质和更优的体验感受。需求结构和消费结构的变化主要体现在人们期望获得更优质的服务,包括物流、信息、交通、餐饮、住宿、旅游、教育等各领域都亟须提升服务质量。现阶段我国服务业发展比较滞后,整体水平有待提升,推动服务业高质量发展势在必行。2012年2月6日,国务院印发的《质量发展纲要 (2011—2020年)》中明确提出全面实现服务质量的标准化、规范化和品牌化,服务业质量水平显著提升,骨干服务企业和重点服务项目的服务质量达到或接近国际先进水平,服务业品牌价值和效益大幅提升,进一步提高顾客服务满意度,生产性服务业建立健全服务标准体系,全面实施

---

① 闫坤.质量强国——五大政策着力点[N].光明日报,2018-05-22(014).

服务质量国家标准,促进生产性服务业与先进制造业融合,生活性服务领域质量标准与国际先进水平接轨,提高标准覆盖率,率先建成一批国家级服务标准化示范区,形成专业化、品牌化、网络化经营模式,丰富服务产品种类,满足人民群众多样化需求。三是个人就业发展问题。这是关系到每个人的生活质量和人生发展的问题,与人们的幸福感和满足感密切相关。企业作为高质量发展的中流砥柱需要优化升级来进一步激发更大的发展潜力,为民生福祉贡献更多力量。四是生态环境问题。我国上一阶段的粗放发展模式造成了严重的环境污染和生态破坏,直接或间接地威胁到了人们的健康安全和日常生活,因此迫切需要在现阶段对之前的发展模式进行改进升级,降低能耗,节约资源,减少污染物排放,大力推行绿色可持续发展模式,优化生态系统建设和保护标准,为人民创造更加良好的生活环境。社会主要矛盾决定了党和国家的根本任务,也是最强有力的前进动力,当前阶段,人民群众对美好生活的需求将大力推动我国的高质量发展,我国推行高质量发展也是为实现人们对美好生活的追求提供有力支持和保障。

（二）国家发展的需要

我国目前还是发展中国家,与发达国家有不小的差距,为了进一步促进我国经济高速稳定健康发展,迫切需要对我国的发展现状进行深入分析思考并做出战略性调整。2010年起我国制造业规模稳居世界第一位,但是由于主要依靠劳动力密集型和资源密集型模式,核心技术缺失,创新能力不足,整体呈现出"大而不强"的特征,对此我国提出了制造强国的战略目标并做出了战略部署。2015年5月8日,国务院发布了《中国制造2025》,这是我国实施制造强国战略第一个十年的行动纲领,纲领首先针对我国制造业进行了总结分析。第一,全球新一轮科技革命推动各个国家在三维（3D）打印、移动互联网、云计算、大数据、生物工程、新能源、新材料等领域取得很多新突破,新一代信息技术与制造业深度融合引发产业变革,形成了新的生产方式、产业形态、商业模式和经济增长点,具体包括智能装备、智能工厂等智能制造引领制造方式变革,网络众包、协同设计、大规模个性化定制、精准供应链管理、全生命周期管理、电子商务等重塑产业价值链体系,可穿戴智能产品、智能家电、智能汽车等智能终端产品拓展制造业新领域;第二,一方面,我国经济发展环境变化给制造业带来了更广阔的空间和更严峻的挑战,各行业新的装备需求、人民群众新的消费需求、社会管理和公共服务新的民生需求、国防建设新的安全需求等方面都要求制造业迅速提升水平和能力,激发发展活力和创造力,另一方面,资源和环境约束不断强化,劳动力等生产要素成本不断上升,投资和出口增速放缓,依靠资源要素投入、规模扩张的粗放模式难以为继,必须进行结构变革、转型升级、提质增效;第三,我国近几十年持续的技术创新大幅提高了我国制造业的综合竞争力,但是与先进国家相比仍有较大差距,我国已经在载人航天、载人深潜、大型飞机、北斗卫星导航、超级计算机、高铁装备、百万千瓦级发电装备、万米深海石油钻探设备等一批重大技术装备上取得一系列重大突破,形成了一批具有国际竞争力的优势产业和骨干企业,但是也存在一些不足和问题,包括关键核心技术与高端装备对外依存度高,以企业为主体的制造业创新体系不完善,产品档次不高及缺乏世界知名品牌,资源能源利用率低且环境污染问题突出,产业结构不合理造成高端装备制造业和生产性服务业发展滞后,信息化水平较低与工业化融合深度不够,产业国际化程度不高及企业全球化经营能力不足。

过去几十年我国制造业取得了举世瞩目的成就,现在,我国制造业正面临着机遇和挑战并存的局面,未来还有很长一段路要走。《中国制造2025》强调实现制造业跨越式发展要坚持创新驱动、质量为先、绿色发展、结构优化和人才为本的指导方针,并进一步确定了实现制造强国的战略目标：第一步，到2025年，力争用10年时间，迈入制造强国行列；第二步，到2035年，我国制造业整体达到世界制造强国阵营中等水平；第三步，中华人民共和国成立100年时，制造业大国地位更加巩固，综合实力进入世界制造强国前列。

现阶段我国发展必须解决的关键问题主要包括以下几点。一是加快关键核心技术攻关，提高自主创新能力和国际竞争力。2016年5月30日，全国科技创新大会、中国科学院第十八次院士大会和中国工程院第十三次院士大会、中国科学技术协会第九次全国代表大会隆重召开，习近平总书记在"科技三会"上发出"建设世界科技强国"的号召。二是质量标准化的推进，加大质量监管力度，完善质量标准体系，大力培育自主品牌，同时注重标准化国际交流合作，努力向着质量强国的梦想迈进。2021年10月10日，中共中央、国务院印发的《国家标准化发展纲要》提出了到2025年，中国标准化将实现"四个转变"，即标准供给由政府主导向政府与市场并重转变，标准运用由产业与贸易为主向经济社会全域转变，标准化工作由国内驱动向国际相互促进转变，标准化发展由数量规模型向质量效益型转变，最终要达到"四个目标"，即全域标准化深度发展，标准化水平大幅提升，标准化开放程度显著增强，标准化发展基础更加牢固，预计到2035年将建成更加健全的结构优化、先进合理、国际兼容的标准体系，更加完善的具有中国特色的标准化管理体制，全面形成市场驱动、政府引导、企业为主、社会参与、开放融合的标准化工作格局。三是产业结构模式的转型，以深化供给侧结构性改革为主线，推动传统产业变革和高新技术产业发展，由低附加值到高附加值转变，逐渐实现从过去的劳动密集型产业向技术密集型产业转化升级，使得我国的产业结构与国内的需求结构相匹配。四是产业链现代化水平的提升，提高产业质量和产业链现代化水平，提升满足内需的能力，畅通国内大循环，同时推动我国产业从位居全球产业链价值链中低端迈向中高端，实现国内国际双循环，将产业链、创新链和价值链对接融合，加快推动先进产业集群构建发展，提升我国整体产业的国际竞争力。五是支持机制和制度政策的调整，目前我国在基础研究、科研成果转化、人才培养等多方面都亟须加强和突破，为加快建设创新型国家，需要构建以企业为主体的政产学研深度融合的技术创新体系，促进创新型企业、科研机构、研究型大学和政府机关协同合作，在支持企业创新发展的同时，也让企业发挥创新带动协调作用。

（三）高质量发展的前行之路

我国近几年以高质量发展为目标，取得了一系列突破性进展，数字化、信息化、智能化技术的发展促进了所谓"新基建"的七大领域，即5G基建、特高压（电力物联网）、城际高速铁路和城际轨道交通、充电桩（新能源汽车）、大数据中心（云计算）、人工智能、工业互联网的发展，同时这些高新技术也融合到传统基础设施建设中支持其改造拓展。2020年企查查发布的《2020中国新基建大数据分析报告》分别对7个领域里相关企业的发展情况进行了统计分析：从2010年至2014年，我国5G相关企业的年新增注册数量从1070家上升到2517家，自2015年之后的5年间相关企业年新增注册数量从2629家激增至5703家，进入迅猛增长期，华为以2.35万件、中兴通讯以1.62万件排在5G发明专利数量的前两位；特高压（电力物联网）是助力我国清洁能源发展的重要依托，水电是清洁能源的主要组成部分，截至2020年水电相关企业达216.4万家，且保持较快增速；城际高速铁路和城际轨道交通的建设极大地促进了城市发展，到2019年城市轨交相关企业达1.2万家，城际高铁相关企业达8932家，拥有进出口信用资质的高铁和轨道交通相关企业近4000家；充电桩（新能源汽车）是我国新能源汽车行业的重要支撑，充电桩相关企业近10年保持较快增速，相关细分产业的企业数量也保持较大增幅；大数据技术给很多行业带来了数字化变革，自2014年至2019年共成立356家大数据企业，融资金额累计644.8亿元；

人工智能企业截至2020年10月已达到21.5万家,2015年至2020年10月,
中国人工智能领域累计融资金额达到6968.96亿元,人工智能专利数量排
名中京东方以1.26万件、腾讯以1.04万件排在人工智能专利数量的前两
位;工业互联网促进了数字经济和实体经济的融合发展,数据显示,工业
互联网相关企业有4.26万家,2014年后进入高速增长期,家电巨头海尔以
专利数3206件遥遥领先。

我国未来还要在已经取得成果的基础上寻求进一步突破和发展,进入
高质量发展的更高一层级,为真正实现高质量发展的终极目标而继续努力。

二、挑战与机遇

全球新一轮科技革命给我国带来了机遇和挑战,国际复杂的政治经
济局势对我国各领域发展都造成了相当大的冲击和影响,加上近几年来
新冠感染疫情在全球范围内的蔓延,使得全球经济和产业链都发生了巨
大波动和深刻变革,为应对全球各方面深刻变革带来的挑战并抓住机遇,
我国需在全球产业格局重组之际加快推进产业和企业的技术升级和结构
调整,应对各种不利因素的影响。我国要积极进行战略布局,采取有力的
应对措施,在各领域深刻贯彻新发展理念,大力推动高质量发展。

(一) 全球新一轮科技革命兴起

全球新一轮科技革命一般指的是以大数据和人工智能等数字技术为
代表的技术革命,也被称作第四次科技革命,其带来了一场前所未有的产
业变革,对国际分工格局产生重大影响,也给我国参与国际分工带来了巨
大挑战。新一轮科技革命和产业变革将是一场技术、管理、制度和政策的
全面协同变革,将给产业组织结构、产业竞争模式和全球产业竞争格局带
来巨大影响,产业组织结构将呈现高度集中化和分散化两种趋势,产业竞

争的深度和广度将进一步延伸拓展,全球产业竞争格局既有利于发达国家形成新竞争优势,又给发展中国家提供了突破技术封锁的机遇。新一轮科技革命和产业革命的突出特征主要有:一是不存在通用技术,而是聚合了数字化、网络化、智能化和绿色化四大趋势的多点、多领域创新;二是新技术和新产业将根植于现有技术和产业,与传统技术、传统产业进行深度融合,并对现有技术和产业进行重塑而产生新产业和新生产模式;三是引发商业模式创新,将实现相关技术的规模化和商业化;四是充分体现"以人为本",创造出能够满足消费者个性化、多样化需求的产业和服务,将人从机械化的繁重劳动中解放出来。[①]

在新一轮科技革命和产业变革大潮中发展战略性新兴产业是产业发展的客观要求,在发展当前支柱性产业的基础上超前谋划面向未来的新兴产业至关重要。要通过发展战略性新兴产业来建立自主可控、安全高效的产业链和供应链,要抓住机遇创新发展战略性技术,带动战略性新兴产业发展,不断完善以企业作为创新主体,由政府、科研机构和大学、企业及相关社会组织构成的中国特色国家创新体系,强调对科技创新的总体和长远谋划,最大限度地发挥出协同创新作用。[②]

(二) 全球局势日益复杂

当前,世界部分发达国家民粹主义、单边主义、保护主义抬头,以美国为首的一些西方发达国家对我国进行技术封锁,加大对我国的技术输出限制。中美贸易摩擦是美国以贸易争端为借口实施的全面遏制中国崛起的战略,美国针对中国高科技领域进行科技围堵与封锁的手段多样,包括

---

① 原磊.新一轮科技革命和产业变革背景下我国产业政策转型研究[J].中国社会科学院研究生院学报,2020(1):84-94.

② 孙夕龙.在新一轮科技革命和产业变革中发展战略性新兴产业[EB/OL].(2021-09-27)[2022-07-01].https://m.gmw.cn/baijia/2021-09/27/35192888.html.

贸易禁运、人才流动限制、终止学术交流与合作、跨境长臂管辖、禁止参与国际标准制定等各种措施。[①]从2018年开始美国对自我国进口的产品加征关税,通过投资限制、出口管制和政府采购限制等手段遏制我国企业在美国及全球的发展。2018年8月1日美国新增44家来自中国的对外出口管制机构和企业,使得中国受限制企业增至219家,2018年8月13日特朗普签署生效的《2019财年国防授权法案》,以及其涵盖的《美国外国投资风险评估现代化法案》和《2018年出口管制改革法案》都旨在对关键技术实行闭环保护,封锁我国获取先进技术的商业途径,主要包括限制美国官方在通信及视频监控领域采购中国的设备和服务,禁止美国军方从中国等几个国家进口主要应用于航空、武器系统、超级计算机、卫星等国防科技领域军事制造的敏感材料,限制中国企业购买美国关键技术及限制对华技术出口,限制中国企业对美投资,采取各种措施、途径全面限制我国企业发展,从2017年至2018年美国对华采取的主要经贸限制措施如表1-1所示。[②]

表1-1 2017—2018年美国对华经贸限制措施大事记

时间	事件
2017年3月	美国商会发布《中国制造2025:建立在本土保护上的全球野心》全面抨击我国"中国制造2025"
2017年4月	美国对进口钢铝制品发起"232调查",随意扩大"国家安全"内涵
2017年8月14日	美国对中国发起"301调查"
2017年10月26日	发布《中国非市场经济地位报告》,根据所谓"六要素"标准,将中国明确视为非市场经济国家
2017年12月18日	美国发布《国家安全战略报告》,将中国视为"战略竞争者"
2018年1月19日	美国发布《2017年中国履行加入WTO承诺报告》,指责中国许多做法违反了WTO规则

① 蓝庆新.中国应对西方国家高技术封锁的历史经验[J].人民论坛,2019(16):28-30.
② 梁一新.美国对华高技术封锁:影响与应对[J].国际贸易,2018(12):23-26.

续　表

时间	事件
2018年3月22日	发布"301调查"报告,指责中国技术转让不公平、歧视性许可限制、有针对性的境外投资及网络窃取知识产权等,并据此开始对中国进口产品加征关税,对中国投资进行限制,就中国知识产权保护问题起诉至WTO
2018年4月16日	中兴事件,禁止中兴通讯向美国企业购买敏感产品
2018年6月15日	美国宣布将对自中国进口500亿美元产品清单加征25%的关税,分为清单1和清单2,其中清单1约340亿美元,清单2约160亿美元
2018年7月6日	美国正式对自中国进口的340亿美元商品(清单1)加征25%关税
2018年8月1日	美国商务部公布新增44家出口管制的中国企业名单
2018年8月13日	美国《2019财年国防授权法案》正式生效,其中包含《美国外国投资风险评估现代化法案》和《2018年出口管制改革法案》,全面限制美国对中国技术出口和中国对美国投资
2018年8月23日	美国正式对自中国进口的160亿美元商品(清单2)加征25%关税
2018年9月24日	美国正式对自中国进口的2000亿美元商品加征10%关税,2019年1月1日加征关税税率将提高到25%
2018年9月30日	《美墨加协定》签署,其中包含明显针对中国的"毒丸条款",任何一方与中国等被美国界定为"非市场经济国家"的国家签订贸易协定,其他方有权退出协定
2018年10月30日	美国商务部将福建省晋华集成电路有限公司加入《出口管制条例》实体名单中
2018年11月21日	美国更新对华"301调查"报告,指责中国并未改变对美国企业的"不公平做法",并严厉指责中国企业侵犯美国企业利益

(三) 全球产业链重构

2008年全球金融危机爆发,导致全球经济经历了深刻的波动和变革。近几年来,新冠感染疫情在全球蔓延再次给全球经济造成了巨大冲击和深远影响,世界经济低迷,全球产业链和供应链正在发生一场深刻变革。全球金融危机爆发后,全球生产分工的内化趋势明显,全球价值链呈现出区域性和本土化的特征。2012年以来，全球经济活动的恢复主要得益于传统贸易和本国生产活动，全球价值链生产长度变短，而非跨境的生产长度变长。近几年新冠感染疫情暴发使全球价值链遭受重大挫折，短期内，全球产业链和供应链体系不会发生逆转性变化，但疫情大范围蔓延会进一步加剧国家间的结构性变化，各国开始更多地重视自主可控，并逐渐转向"内循环经济模式"，降低对他国依赖程度，加快本国制造业回流，中长期内，全球产业链重构风险大幅增加，产业链迁移和重构速度加快，未来倾向于产业纵向整合来缩短供应链条，全球布局逐渐调整，本土化和区域化价值链逐渐形成。[①] 全球供应链中以代工制造商为主的我国企业受到生产资料缺乏、物流不畅等因素影响，导致生产中断、国际流动受阻等严重后果，全球各国很多企业停工停产也导致我国进出口大幅下降甚至中断，随着新冠感染疫情持续时间增长，全球价值链断裂风险也会越来越大，甚至可能导致全球化倒退、产业链崩溃的全球大危机。[②]

2020年8月24日，习近平总书记在经济社会领域专家座谈会上说："要推动形成以国内大循环为主体、国内国际双循环相互促进的新发展格局。这个新发展格局是根据我国发展阶段、环境、条件变化提出来的，是重塑我国国际合作和竞争新优势的战略抉择。"[③] 习近平总书记在会上指出："我们要坚持供给侧结构性改革这个战略方向，扭住扩大内需这个战略基点，使生产、分配、流通、消费更多依托国内市场，提升供给体系对国内需求的适配性，形成需求牵引供给、供给创造需求的更高水平动态平衡。"

---

① 汤铎铎，刘学良，倪红福，等.全球经济大变局、中国潜在增长率与后疫情时期高质量发展[J].经济研究，2020，55（8）：4–23.

② 倪红福，徐金海.中国如何维护产业链供应链的稳定和竞争力[EB/OL].（2020-06-11）[2022-07-01].http：//www.banyuetan.org/ssjt/detail/20200609/100020003313584159160904358152188Z_1.html.

③ 庞博.习近平：在经济社会领域专家座谈会上的讲话[EB/OL].（2020-08-25）[2022-07-01].http：//www.gov.cn/xinwen/2020-08/25/content_5537101.htm.

这标志着我国从过去的被动参与国际经济大循环转向以国内大循环为主体,推动国内国际双循环的重大战略调整。

三、我国民营企业的现在与未来

根据第四次国家经济普查数据,截至2018年末,全国规模以上工业企业共37.5万家,其中民营企业23.6万家,占比62.8%,加上有限责任公司和股份有限公司中的私人资本控股企业,民营企业的占比会更高。[①]改革开放以来,我国民营企业蓬勃发展,成就了中国经济奇迹。据统计,截至2017年底,我国民营企业数量超过2700万家,个体工商户超过6500万户,注册资本超过165万亿元,整体呈现"五六七八九"的特征,即贡献了50%以上的税收,60%以上的国内生产总值,70%以上的技术创新成果,80%以上的城镇劳动就业,90%以上的企业数量。[②]民营企业是全面建设社会主义现代化国家的主力军,是推动高质量发展的重要主体。近年来,我国民营企业数量快速增长,2012—2021年我国民营企业数量从1085.7万户增至4457.5万户,10年间翻了约两番,民营企业在企业总量中的占比从79.4%增至92.1%,其中2021年新增民营企业852.5万户,同比增长11.7%。[③]由此可见,我国民营企业保持高速发展趋势,逐渐释放出更大的潜力,为提升人民生活品质和推动国家发展发挥越来越重要的作用。

当前民营企业在发展中也遇到了困难和问题,造成这些困难和问题的因素有很多,主要因素有以下几方面。一是国际复杂局势。2018年11月1日,习近平总书记在民营企业座谈会上发表的重要讲话中总结道:"全

---

① 刷锦文.民营企业的技术创新:实现高质量发展与形成竞争新优势[J].天津社会科学, 2021(6):93-99.

② 蓝蔚青.正确看待民营经济的地位和作用[N].人民日报,2018-12-07(007).

③ 林丽鹂.民营企业数量10年翻两番[N].人民日报,2022-03-23(001).

球经济复苏进程中风险积聚,保护主义、单边主义明显抬头,给我国经济和市场预期带来诸多不利影响。民营企业占我国出口总额的45%,一些民营出口企业必然会受到影响,那些为出口企业配套或处在产业链上的民营企业也会受到拖累。"[①]二是国家正处在发展转型期。三是针对民营企业的相关机制政策。四是民营企业自身的原因。面对现阶段国内外大环境的变革和自身发展的局限性,我国民营企业在未来的发展道路上需要努力突破瓶颈,积极迎接挑战,谋求变革发展。

民营企业作为高质量发展的主力军,肩负着重大责任,民营企业在科技创新、产业结构变革及产业链优化升级等方面要起到带动和引领作用,为国计民生做出更大贡献。民营企业以后高质量发展的重点主要集中在核心技术攻关、全面构建创新体系、企业模式形态改进、产业结构深化改革、产业链产业集群协调发展、贯彻可持续发展理念。

(一)技术创新升级

我国民营企业自主创新能力正在稳步增强。2010年,民营企业500强中的240家被省级以上科技管理部门认定为高科技企业,89家建成"国家级企业技术中心",360家的关键技术来自自主创新,127家设立博士后工作站,6家企业共获得7项国家科技进步奖,126家获省政府科技奖励,23家获全国工商联科学技术奖,322家共拥有有效专利47120项,发明专利20662项,占专利总数的43.8%。2011年4月,中国民营上市公司数量首次突破1000家,民营上市公司的平均毛利率、平均净利率、平均营业收入增长率、平均流动比率均高于国有及其他类上市公司。民营企业为产业的变革升级提供了保障,为促进民营经济的高质量发展做出了重要贡献。现阶段民营企业自主创新受到一些因素的影响和制约,面临一些难题,未

---

① 习近平.在民营企业座谈会上的讲话[N].人民日报,2018-11-02(002).

来仍需要加大在自主创新方面的投入强度,加强创新人才培养和创新团队建设,增加研发投入。[①]

《中国企业改革发展2020蓝皮书》里的《关于支持民营企业加快改革发展与转型升级的实施意见》中提出了几点强化科技创新支撑的意见,具体包括:一是支持民营企业参与国家重大科研攻关项目,鼓励民营企业参与国家产业创新中心、国家制造业创新中心、国家工程研究中心、国家技术创新中心等创新平台建设;二是增加普惠型科技创新投入,通过银企合作、政府引导基金、科技和知识产权保险补助、科技信贷和知识产权质押融资风险补偿等方式,支持民营企业开展科技创新;三是畅通国家科研资源开放渠道,推动国家重大科研基础设施和大型科研仪器进一步对民营企业开放;四是完善知识产权运营服务体系,建设国家知识产权公共服务平台,为民营企业及中小企业创新提供知识产权一站式检索、保护和咨询等服务;五是促进民营企业数字化转型,实施工业互联网创新发展工程,支持优势企业提高工业互联网应用水平,带动发展网络协同制造、大规模个性化定制等业态新模式。[②]民营企业是民营经济的重要组成部分,我国民营企业要把自立自强作为发展战略,解决"卡脖子"问题,推进核心技术攻关,优化升级产品质量和服务质量,提高我国民营企业的国际竞争力。

(二) 模式结构变革

民营企业结构急需转型升级,我国民营企业需要由过去"粗放发展模式"转向新的"高质量发展模式",加快推动传统产业技术改造,向智能、安全、绿色、服务、高端方向发展,以高质量供给深入挖掘新的市场需求潜能,提升在新型基础设施建设方面的参与度。

---

① 贾会远.民营企业自主创新路径探讨[J].人民论坛,2012(32):66-67.
② 中国企业改革与发展研究会.关于支持民营企业加快改革发展与转型升级的实施意见 [C]//中国企业改革发展2020蓝皮书.北京:商务出版社,2020:442-446.

我国产业链水平较低，产业集群建设不足，现阶段迫切需要提升产业链水平和促进产业集群发展。《关于支持民营企业加快改革发展与转型升级的实施意见》中提出了一些建议，具体包括：一是精准帮扶重点民营企业，对处于产业链关键环节的重点民营企业所遇到的困难和问题实施针对性帮扶，引导企业将产业链关键环节留在国内；二是依托产业园区促进产业集群发展，以园区为载体积聚创新资源和要素，促进国家级新区、高新技术开发区、新型工业化产业示范基地等扩大规模、提升水平；三是有序引导制造业民营企业产业转移，推动中西部和东北地区积极承接东部地区制造业民营企业转移；四是提高产业链上下游协同协作水平，支持民营企业参与供应链协同制造，推进建设上下游衔接的开放信息平台。

我国民营企业应当积极响应国家"形成以国内大循环为主体、国内国际双循环相互促进的新发展格局"的重大战略部署，将产业链对接创新链，推动产业集群建设，为构建新发展格局助力。

（三）全面协调发展

2018年11月1日在民营企业座谈会上，习近平总书记指出："在我国经济发展进程中，我们要不断为民营经济营造更好发展环境，帮助民营经济解决发展中的困难，支持民营企业改革发展，变压力为动力，让民营经济创新源泉充分涌流，让民营经济创造活力充分迸发。"会上，习近平总书记归纳总结出需要落实的几项政策措施，主要包括：减轻企业税费负担，抓好供给侧结构性改革降成本行动各项工作；解决民营企业融资难融资贵问题，改革和完善金融机构监管考核和内部激励机制，拓宽民营企业融资途径，发挥多融资渠道作用；营造公平竞争环境，打破各种各样的"卷帘门""玻璃门""旋转门"，在市场准入、审批许可、经营运行、招投标、军民融合等方面，为民营企业打造公平竞争环境，给民营企业发展创造充足市场空间；完善政策执行方式，各地区各部门要从实际出发，提高工作艺术和管理水平,加强政策协调性,量化政策措施,制定相关配套举措,推动各项政策落地、落细、落实;构建亲清新型政商关系,各级党委和政府要把支持民营企业发展作为一项重要任务,花更多时间和精力关心民营企业发展、民营企业成长;保护企业家人身和财产安全,稳定预期,弘扬企业家精神。

第二节　研究问题与思路

一、研究问题

(一) 高质量发展的内涵剖析

本书作者对高质量发展的提出、内涵、关键和历程等方面进行了系统详尽的论述和分析,查阅整理了近年来习近平总书记关于高质量发展的重要讲话、论述和著作,以及国家战略决策和各领域学者对高质量发展的研究和解读,深入剖析高质量发展的核心内涵和理念思想。基于国内目前的高质量发展情况,结合未来国家的发展需要和相关的政策规划,进一步确定针对我国民营企业高质量发展路径的战略构想和研究思路。

(二) 我国民营企业高质量发展的现状分析

通过实地调研和查阅资料,本书作者对我国民营企业高质量发展的现状进行总体阐述,然后分别就我国民营企业在技术创新与转化、质量标准与优化、产业结构转型与提升、环境支持与协调及现阶段高质量发展过程中遇到的瓶颈和难题等多方面情况进行系统的、详尽的阐述和讨论,梳理总结我国民营企业在这些方面取得的进展,以国家高质量发展战略目标对照民营企业自身发展现状,深入分析目前存在的问题和不足,以及遇到的困境和瓶颈。通过对存在的问题和遇到的困境的深入思考,明确其相关影响因素,为之后进一步探求解决方案和发展路径做准备。

(三)全球典型民营企业的特征和经验

本书作者通过查阅书籍、资料和相关文献,对全球典型企业的发展历程和情况进行研究分析,并选取全球比较典型的民营企业作为研究学习的主要对象,对其典型特征和成功经验深入分析总结,作为我国民营企业高质量发展路径的借鉴。

(四)我国民营企业高质量发展的路径

综合对我国民营企业现阶段发展情况的系统分析及对全球典型民营企业典型特征和成功经验的学习借鉴,本书作者经过思考分析,找出我国民营企业存在问题的解决方案及遇到的瓶颈困境的突破策略,经过细致深入的研究,进而提出适合我国民营企业高质量发展的路径。

二、研究思路

从习近平总书记对高质量发展的重要思想论述及各领域学者专家对高质量发展的研究出发,本书作者分析全球国际整体形势和我国民营企业发展现状,明确所研究问题在现实层面上的必要性和迫切性,从研究问题出发,深入分析我国民营企业当下的问题和困境,潜在的危机和风险,未来要面对的机遇和挑战。找准未来的发展方向和目标,学习借鉴发达国家典型民营企业的成功经验,思考我国民营企业未来的发展方向,设计出适合我国民营企业的高质量发展路径。

研究技术路线如图1-1所示。

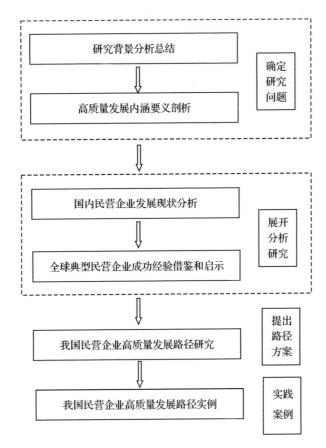

图1-1 我国民营企业高质量发展路径研究技术路线

第三节 研究方法

一、文献分析法

系统梳理各领域学者专家有关高质量发展的研究成果，通过对相关专业书籍和文献资料进行查阅分析，对研究问题有了深入的了解和认知，为下一步研究打下了理论基础。

二、专家访谈法

通过与高校学者、政府领导和企业专家进行深入访谈，了解研究问题相关的国际前沿动态，国家现阶段和未来的战略政策，以及国内企业发展情况，获取很多宝贵信息和资料，为后面研究的展开奠定了基础。

三、实地调研法

选取了多家企业进行实地调研，从实际问题入手，便于找到问题的症结和影响因素，对当前阶段我国民营企业的发展情况有了真实的了解。

四、比较分析法

通过将国内民营企业与全球典型民营企业的发展情况进行对比分析，一方面了解了国外典型民营企业的发展历程和典型特征，借鉴其中的成功经验，给我国民营企业高质量发展路径的研究带来了启发，另一方面也对我国民营企业与国外典型民营企业的差距有了比较全面的认识，通过对比分析,发现我国民营企业自身的特点,便于设计出适用于我国民营企业高质量发展的路径和方案。

本研究建立在对实际情况的了解认知基础之上,包括对国内外发展形势和各领域局势变化的了解,掌握了全球波动变化和发展趋势,了解了我国民营企业情况并从中发现其发展面临的瓶颈和困境,以实际问题作为切入点,然后对问题展开系统深入的分析研究,充分理解高质量发展的理论要义,将理论结合实际情况,借鉴国外民营企业的成功经验,结合我国民营企业的情况和特点,在此基础上,提出我国民营企业未来高质量发展的战略对策和路径,并对我国一些民营企业取得的阶段性成果进行详尽的梳理和总结。

第二章

高质量发展的内涵剖析

第一节　高质量发展的概述

一、高质量发展的历程

高质量发展最早出现在2017年中国共产党第十九次全国代表大会的报告中,报告中明确指出,我国经济已由高速增长阶段转向高质量发展阶段,正处在转变发展方式、优化经济结构、转换增长动力的攻关期,建设现代化经济体系是我国发展的战略目标,实现这一战略目标,必须坚持质量第一、效益优先,以供给侧结构性改革为主线,推动经济发展质量变革、效率变革、动力变革。实现高质量发展主要从以下6个方面展开:深化供给侧结构性改革;加快建设创新型国家;实施乡村振兴战略;实施区域协调发展战略;加快完善社会主义市场经济体制;推动形成全面开放新格局。我们要激发全社会创造力和发展活力,努力实现更高质量、更有效率、更加公平、更可持续的发展。①

在以习近平同志为核心的党中央团结带领下,各地区各部门深入贯彻落实了新发展理念,经济社会发展取得了历史性成就,发生了历史性变革。国务院总理李克强在第十三届全国人民代表大会第一次会议上作的2018年政府工作报告中提出,"按照高质量发展的要求,统筹推进'五位一体'总体布局和协调推进'四个全面'战略布局,坚持以供给侧结构性改革为主线,统筹推进稳增长、促改革、调结构、惠民生、防风险各项工作,

---

① 习近平.决胜全面建成小康社会 夺取新时代中国特色社会主义伟大胜利——在中国共产党第十九次全国代表大会上的报告[EB/OL].(2017-10-27)[2022-07-01]. https://www.12371.cn/2017/10/27/ARTI1509103656574313.shtml.

大力推进改革开放，创新和完善宏观调控，推动质量变革、效率变革、动力变革"。①

党的十九届五中全会进一步指出，"十四五"时期经济社会发展要以推动高质量发展为主题，必须把发展质量问题摆在更为突出的位置，着力提升发展质量和效益，这是根据我国发展阶段、发展环境、发展条件变化做出的科学判断。在"十四五"时期我国将进入新发展阶段，为全面建设社会主义现代化国家开好局、起好步，我们要以习近平新时代中国特色社会主义思想为指导，以推动高质量发展为主题，坚定不移贯彻新发展理念，以深化供给侧结构性改革为主线，坚持质量第一、效益优先，切实转变发展方式，推动质量变革、效率变革、动力变革，使发展成果更好惠及全体人民，不断实现人民对美好生活的向往。②

2021年，恰逢"两个一百年"奋斗目标历史交会之时，特殊时刻的"两会"，习近平总书记接连强调"高质量发展"，并指出高质量发展是"十四五"乃至更长时期我国经济社会发展的主题，并阐明了高质量发展"不只是一个经济要求，而是对经济社会发展方方面面的总要求；不是只对经济发达地区的要求，而是所有地区发展都必须贯彻的要求；不是一时一事的要求，而是必须长期坚持的要求。各地区要结合实际情况，因地制宜、扬长补短，走出适合本地区实际的高质量发展之路"。③国务院总理李克强在2021年政府工作报告中指出："'十四五'时期是开启全面建设社会主义现代化国家新征程的第一个五年。我国发展仍然处于重要战略机

---

① 宋岩.政府工作报告——2018年3月5日在第十三届全国人民代表大会第一次会议上[EB/OL].(2018-03-22)[2022-07-01]. http://www.gov.cn/guowuyuan/2018-03/22/content_5276608.htm.

② 徐可.以推动高质量发展为主题[EB/OL].(2020-11-17)[2022-07-01].http://www.xinhuanet.com/politics/2020-11/17/c_1126749474.htm.

③ 张敏彦.【2021"两会新语"之三】习近平心心念念这条"路"[EB/OL].(2021-03-08)[2022-07-01].http://www.xinhuanet.com/2021-03/08/c_1127185784.htm.

遇期,但机遇和挑战都有新的发展变化。要准确把握新发展阶段,深入贯彻新发展理念,加快构建新发展格局,推动高质量发展,为全面建设社会主义现代化国家开好局起好步。"[1]

　　党的十九届六中全会通过的《中共中央关于党的百年奋斗重大成就和历史经验的决议》进一步强调,必须实现创新成为第一动力、协调成为内生特点、绿色成为普遍形态、开放成为必由之路、共享成为根本目的的高质量发展,推动经济发展质量变革、效率变革、动力变革。[2]实现高质量发展是我国经济社会发展历史、实践和理论的统一,是开启全面建设社会主义现代化国家新征程、实现第二个百年奋斗目标的根本路径。高质量发展历程如图2-1所示。

图2-1　高质量发展的历程

① 刘畅.政府工作报告——2021年3月5日在第十三届全国人民代表大会第四次会议上[EB/OL].(2021-03-12)[2022-07-01].http://www.gov.cn/premier/2021/03/12/content_5592671.htm.

② 王洋,刘鹤.必须实现高质量发展[EB/OL].(2021-11-24)[2022-07-01].http://www.gov.cn/guowuyuan/2021/11/24/content_5652964.htm.

二、高质量发展的显著进展

实践证明,高质量发展是引领我国经济在"十三五"期间取得历史性成就的指南针,在"十三五"期间,中国经济增长对世界经济增长的贡献率保持在30%左右,是世界经济发展动力最足的"火车头",2016—2019年,中国经济增速始终保持在6%以上,2020年面对突如其来的新冠感染疫情、世界经济深度衰退等多重严重冲击,在以习近平同志为核心的党中央坚强领导下,全国疫情防控取得重大战略成果,在全球主要经济体中唯一实现经济正增长。更值得注意的是中国经济结构的持续优化:2020年,高技术制造业增加值同比增长7.1%,高于全部规模以上工业增加值4.3%;第三产业增加值占GDP比重达53.3%,对经济增长贡献率为48.4%,连续6年成为经济增长最大动能。[①]

国家统计局原局长宁吉喆表示,高质量发展是"十四五"发展的主题,2021年我国高质量发展取得了新的成效:一是推动协调发展取得新进展,首先是高技术产业快速发展,其中规模以上医药制造业增加值同比增长24.7%,其次是产业结构调整优化,服务业增加值对经济增长贡献率达到了54.9%,比第二产业高16.5%;二是绿色低碳发展获取新成绩,2021年全年单位GDP能耗比上年下降2.7%,跟2020年相比进了一大步,其中新能源汽车产量同比增长145.6%;三是开放带动发展实现新突破,我国货物进出口总额首次突破6万亿美元;四是促进共享发展迈出新步伐,城乡居民收入持续增长,农村居民人均可支配收入实际增长9.7%,城镇居民人均可支配收入实际增长7.1%。[②]2021年我国高质量发展取得成效情况如表2-1所示。

---

① 李永华.中国高质量发展之路 习近平总书记下团组重要论述[J].中国经济周刊,2021 (5):10-11.

② 杨亚楠.2021年我国高质量发展取得新成效[EB/OL].(2022-01-18)[2022-07-01].https: //m.gmw.cn/baijia/2022-01-18/35453722.html.

表 2-1　2021 年高质量发展取得成效情况

高技术产业快速发展	规模以上医药制造业增加值同比增长 24.7%
	航空航天及设备制造业增加值同比增长 17%
	电子及通信设备制造业增加值同比增长 18.3%
	计算机及办公设备制造业增加值同比增长 18%
产业结构调整优化	第一产业增加值占 GDP 比重为 7.3%
	第二产业增加值占 GDP 比重为 39.4%
	第三产业增加值占 GDP 比重为 53.3%
绿色低碳发展	天然气、水核风光电等清洁能源消费占比为 25.3%
	新能源汽车产量为 354.5 万辆，同比增长 145.6%
开放带动发展	2017—2021 年我国货物进出口总额分别为 4.1 万亿美元、4.6 万亿美元、4.6 万亿美元、4.7 万亿美元、6.05 万亿美元，2021 年首次突破 6 万亿美元
促进共享发展	2021 年农村居民人均可支配收入实际增长 9.7%
	2021 年城镇居民人均可支配收入实际增长 7.1%

数据来源：国家统计局。

三、关于高质量发展习近平总书记"下团组"的重要论述

　　各地都因地制宜，走出适合本地区实际的高质量发展之路。习近平总书记在内蒙古考察时就指出，内蒙古要找准自己在全国构建新发展格局中的定位。他给予内蒙古的战略定位是建设成为我国北方重要生态安全屏障、祖国北疆安全稳定屏障，建设国家重要能源和战略资源基地、农畜产品生产基地，打造我国向北开放重要桥头堡；习近平总书记在参加青海代表团审议时指出，要贯彻创新驱动发展战略，加快建设世界级盐湖产业基地，打造国家清洁能源产业高地、国际生态旅游目的地、绿色有机农畜产品输出地，构建绿色低碳循环发展经济体系，建设体现本地特色的现代化经济体系；习近平总书记考察山西时强调，山西要争取早日蹚出一条

转型发展的新路子；在湖南考察时，习近平总书记指出，湖南要着力打造国家重要先进制造业、具有核心竞争力的科技创新、内陆地区改革开放的高地，在推动高质量发展上闯出新路子。①习近平总书记到各地调研时，根据当地实际情况提出了不同的战略定位，在各地协调发展的路子上指明了方向。我国幅员辽阔，各地的经济、文化、历史、发展优势等各不相同，必须找准当地的优势，因地制宜、扬长避短，才能做好更高层面上的协调高质量发展。

早在2005年8月15日，时任浙江省委书记的习近平在湖州市安吉县余村考察时，第一次提出了"绿水青山就是金山银山"的理念，时隔15年，习近平总书记重回余村考察时说，时间如梭，当年的情形历历在目，这次来看完全不一样了，美丽乡村建设在余村变成了现实。余村现在取得的成绩证明，绿色发展的路子是正确的，路子选对了就要坚持走下去。②实践是检验真理的唯一标准，余村和国内大大小小其他地区的经历证明，靠环境换发展的路子不能长期走下去，绿色发展的路子是正确的，并且要一直坚持走下去。

治国之道，民生为要，在"十四五"规划纲要中，"民生福祉达到新水平"被列为经济社会发展主要目标之一，这意味着，中国将在高质量发展过程中持续办好各项民生事业，创造更高品质生活，满足更高水平人民美好生活需要，在更高层次增进民生福祉。在参加青海代表团审议的时候，习近平总书记强调，要着力补齐民生短板，破解民生难题，兜牢民生底线，办好就业、教育、社保、医疗、养老、托幼、住房等民生实事，提高公共服务

---

① 李永华.中国高质量发展之路 习近平总书记下团组重要论述[J].中国经济周刊,2021（5）: 10–11.

② 李永华.中国高质量发展之路 习近平总书记下团组重要论述[J].中国经济周刊,2021（5）: 10–11.

可及性和均等化水平。[①]只有切实解决民生问题,才能让高质量发展直接惠及人民,提升人民幸福感、满足感、获得感,更深层次推动高质量发展。

四、关于高质量发展的社会评论

新加坡《联合早报》指出,中国为2018年的经济增速定下了6.5%左右的目标,低于2017年实际取得的6.9%的增长,显示出中国将经济发展目标从重速度改为重质量,虽然6.5%左右的增长预期与2017年相同,但中国政府显然是要把注意力引导到高质量发展上来;路透社认为在外界对中国债务风险和金融风险高度关注的当下,中国表现出防风险、去杠杆的坚定决心;美国《华尔街日报》指出中国将2018年经济增长目标设定在6.5%左右,表明中国在应对债务问题的同时,努力确保经济平稳增长;《日本经济新闻》认为李克强总理在政府工作报告中将2018年的中国经济增长目标设定为与2017年相同的6.5%左右,显示了中国经济从量的增长向质的增长转换,旨在实现可持续发展;法国《替代经济学》杂志指出随着综合实力的提升,中国对世界发展的辐射作用正日益增强,当前中国正在国际范围内与多方共同合作推进"一带一路"建设,促进相关各国间的贸易往来,为这条极具悠久历史底蕴的贸易古道赋予新的活力,同时相关各国也以开放、共赢的发展模式,进一步促进了经济发展与社会进步。[②]

---

① 李永华.中国高质量发展之路 习近平总书记下团组重要论述[J].中国经济周刊,2021(5):10-11.

② 高质量发展(中国共产党第十九次全国代表大会提出的表述)[EB/OL].(2021-12-19)[2022-07-01].https://baike.baidu.com/item/%E9%AB%98%E8%B4%A8%E9%87%8F%E5%8F%91%E5%B1%95/22414206?fr=aladdin.

第二节　高质量发展的内涵

一、高质量发展的内涵定位

在经济发展也进入了新时代的背景下，为了实现保持经济持续健康发展、适应我国社会主要矛盾变化和迈向全面建设社会主义现代化国家的目标，我国迫切需要推动高质量发展。高质量发展的内涵与定位体现在以下4个方面。

第一，高质量发展是适应经济发展新常态的主动选择，在我国经济发展进入了新常态这一大背景下，我们要立足大局、抓住根本，看清长期趋势、遵循经济规律，主动适应把握引领经济发展新常态。同时我们要牢固树立正确的政绩观，不简单以GDP论英雄，不被短期经济指标的波动所左右，坚定不移实施创新驱动发展战略，主动担当、积极作为，推动我国经济在实现高质量发展上不断取得新进展。[①]

第二，高质量发展是贯彻新发展理念的根本体现，发展理念是否正确，从根本上决定着发展成效。党的十八大以来，以习近平同志为核心的党中央直面我国经济发展的深层次矛盾和问题，提出创新、协调、绿色、开放、共享的新发展理念，只有贯彻新发展理念才能增强发展动力，推动高质量发展，高质量发展是能够很好满足人民日益增长的美好生活需要的发展，是体现新发展理念的发展，是创新成为第一动力、协调成为内生特点、绿色成为普遍形态、开放成为必由之路、共享成为根本目的的发展。[②]

第三，高质量发展是适应我国社会主要矛盾变化的必然要求，中国特

---

① 年巍.用好推动高质量发展的辩证法[EB/OL].(2018-07-12)[2022-07-01].http：//views.
ce.cn/view/ent/201807/12/t20180712_29715265.shtml.

② 年巍.用好推动高质量发展的辩证法[EB/OL].(2018-07-12)[2022-07-01].http：//views.
ce.cn/view/ent/201807/12/t20180712_29715265.shtml.

色社会主义进入新时代,我国社会主要矛盾已经转化为人民日益增长的美好生活需要和不平衡不充分的发展之间的矛盾,其中,不平衡不充分的发展就是发展质量不高的直接表现。为更好满足人民日益增长的美好生活需要,必须推动高质量发展,因此我们要重视量的发展,但更要解决质的问题,给人民群众带来更多的获得感、幸福感、安全感。[①]

第四,高质量发展是建设现代化经济体系的必由之路,建设现代化经济体系是跨越关口的迫切要求和我国发展的战略目标,实现这一战略目标,必须坚持质量第一、效益优先,推动经济发展质量变革、效率变革、动力变革,提高全要素生产率,不断增强我国经济创新力和竞争力。推动高质量发展是当前和今后一个时期确定发展思路、制定经济政策、实施宏观调控的根本要求,遵循这一根本要求,我们必须适应新时代、聚焦新目标、落实新部署,推动经济高质量发展,为全面建成小康社会、全面建成社会主义现代化强国奠定坚实物质基础。[②]

二、关于高质量发展内涵的讨论

关于高质量发展的内涵,本节在现有研究文献的基础之上,采用归纳总结方法,从新发展理念和社会主要矛盾、经济高质量发展、区分狭义广义或微观宏观的不同要求及发展的内容、环节、特征和途径4个不同的角度对高质量发展的内涵进行归纳总结,如表2-2所示。

---

① 年巍.用好推动高质量发展的辩证法[EB/OL].(2018-07-12)[2022-07-01].http://views.ce.cn/view/ent/201807/12/t20180712_29715265.shtml.

② 年巍.用好推动高质量发展的辩证法[EB/OL].(2018-07-12)[2022-07-01].http://views.ce.cn/view/ent/201807/12/t20180712_29715265.shtml.

表2-2 高质量发展内涵讨论表

关于高质量发展内涵的讨论	从新发展理念和社会主要矛盾的角度出发	党的十九大报告将高质量发展描述为更高质量、更有效率、更加公平、更可持续的发展。主流观点认为"高质量发展，就是能够很好满足人民日益增长的美好生活需要的发展，是体现新发展理念的发展，是创新成为第一动力、协调成为内生特点、绿色成为普遍形态、开放成为必由之路、共享成为根本目的的发展"[①]
		逄锦聚等（2019）认为，高质量发展是满足人民美好生活需要的、共享的发展，是创新和效率提高的发展，是国民经济比例结构协调、经济发展方式优化的发展，是绿色的发展、人与自然和谐相处的发展，是开放的发展[②]
		李梦欣和任保平（2019）认为，高质量发展是创新动力成为核心依托、协调平衡成为内在要求、绿色发展成为普遍形态、开放合作成为必由之路、共享硕果成为价值导向的发展[③]
		金碚（2018）以"需要"的概念为切入点，将高质量发展定义为"能够更好满足人民不断增长的真实需要的经济发展方式、结构和动力状态"[④]
		赵昌文（2017）认为，一是通过识别经济社会发展中突出的不平衡、不充分问题来界定高质量发展；二是坚持以人民为中心，以是否有利于解决新时代我国社会主要矛盾、是否有利于解决发展不平衡不充分问题、是否有利于满足人民日益增长的美好生活需要为根本标准来判断是否是高质量发展[⑤]
		张军扩等（2019）认为，高质量发展的本质内涵在于以满足人民日益增长的美好生活需要为目标的高效率、公平和绿色可持续的发展[⑥]

① 中共北京市委理论学习中心组.牢牢把握高质量发展这个根本要求[N].人民日报，2017-12-21（001）.

② 逄锦聚，林岗，杨瑞龙，等.促进经济高质量发展笔谈[J].经济学动态，2019（7）：3-19.

③ 李梦欣，任保平.新时代中国高质量发展的综合评价及其路径选择[J].财经科学，2019（5）：26-40.

④ 金碚.关于"高质量发展"的经济学研究[J].中国工业经济，2018（4）：5-18.

⑤ 赵昌文.推动我国经济实现高质量发展[N].学习时报，2017-12-25（001）.

⑥ 张军扩，侯永志，刘培林，等.高质量发展的目标要求和战略路径[J].管理世界，2019（7）：1-7.

续 表

关于高质量发展内涵的讨论	从经济高质量发展的角度出发	林兆木（2018）认为，经济高质量发展就是商品和服务质量普遍持续提高，投入产出效率和经济效益不断提高，创新成为第一动力，绿色成为普遍形态，经济重大关系协调、循环顺畅，坚持深化改革开放，共享成为根本目的[①]
		金碚（2018）认为，高质量发展是能够更好满足人民不断增长的真实需要的经济发展方式、结构和动力状态[②]
		吕薇（2018）认为，实现高质量发展，一要提高全要素生产率，用较少的投入形成更多有效产出，二要持续提高保障和改善民生水平，坚持以人民为中心的发展理念，三要坚持稳中求进总基调，保持经济运行的稳定性、可持续性和低风险，四要加快构建现代化经济体系，提高微观主体的活力和实体经济的发展质量[③]
		朱启贵（2018）认为，高质量发展一是贯彻新发展理念，二是坚持质量第一、效益优先，三是以供给侧结构性改革为主线，四是供给体系和产业结构迈向中高端，五是国民经济创新力和竞争力显著增强，六是能够很好满足人民日益增长的美好生活需要[④]
		麻智辉（2018）认为，高质量发展就是资源配置效率和微观生产效率大幅提高，创新成为引领经济发展的第一动力，战略性新兴产业、高新技术产业比重不断提高，实现由低技术含量、低附加值产品为主向高技术含量、高附加值产品为主转变，实现由高成本、低效益向低成本、高效益转变，实现由高排放、高污染向循环经济和环境友好型经济转变[⑤]

[①] 林兆木.关于我国经济高质量发展的几点认识[J].人民周刊，2018（2）：60-62.

[②] 金碚.关于"高质量发展"的经济学研究[J].中国工业经济，2018（4）：5-18.

[③] 吕薇.打造高质量发展的制度和政策环境[N].经济日报，2018-04-27（014）.

[④] 朱启贵.建立推动高质量发展的指标体系[N].文汇报，2018-02-06（012）.

[⑤] 麻智辉.推动江西经济高质量发展的重点和路径[N].江西日报，2018-04-16（B03）.

续 表

关于高质量发展内涵的讨论	从区分狭义广义或微观宏观的不同要求的角度出发	王一鸣（2018）认为，可以从微观层面的产品和服务质量、中观层面的产业和区域发展质量及宏观层面的国民经济整体质量和效益来考察发展质量①
		汪同三（2018）认为，微观层次的高质量发展是确保产品和服务满足消费者的质量需求；宏观层次的高质量发展，一要贯彻落实"五大发展理念"，二要提高总体经济的投入产出效益，三要进一步增强对各类经济风险的预判和识别，四要进一步增强应对重大突发事件的能力②
		张治河等（2019）认为，高质量发展在微观视角表现为产品质量提高、工艺流程改善、生产效率提高及整个流程环保水平提高；在宏观视角表现为有可持续增长的动力③
		钞小静和薛志欣（2018）认为，高质量发展是在微观层面产品及其经济活动的使用价值合意于人的物质和社会需要、在中观层面经济结构实现平衡、在宏观层面生产力不断提升的发展④
		赵剑波等（2019）认为，高质量发展在微观企业层面表现为竞争力、品牌影响力的提高，产品质量可靠及先进质量管理理念等；在中观产业层面表现为规模壮大、结构优化、创新驱动转型升级、质量效益不断提升等；在宏观层面表现为增长稳定、发展均衡、以创新为动力、绿色生态、发展成果更多更公平⑤

---

① 王一鸣. 向高质量发展转型要突破哪些关口[N]. 联合时报, 2018-04-13（004）.

② 汪同三. 深入理解我国经济转向高质量发展[N]. 人民日报, 2018-06-07（007）.

③ 张治河, 郭星, 易兰. 经济高质量发展的创新驱动机制[J]. 西安交通大学学报（社会科学版）, 2019（6）：39-46.

④ 钞小静, 薛志欣. 新时代中国经济高质量发展的理论逻辑与实践机制[J]. 西北大学学报（哲学社会科学版）, 2018（6）：12-22.

⑤ 赵剑波, 史丹, 邓洲. 高质量发展的内涵研究[J]. 经济与管理研究, 2019（11）：15-31.

关于高质量发展内涵的讨论	从发展的内容、环节、特征和途径的角度出发	国家发展改革委经济研究所课题组（2019）从供给体系的视角，将高质量发展界定为"以高效率、高效益生产方式为全社会持续而公平提供高质量产出的经济发展"[①]
		任保平和李禹墨（2018）指出，高质量发展是经济发展、改革开放、城乡发展、生态环境和人民生活全方位高质量的发展[②]
		曾宪奎（2019）认为，高质量发展是经济发展集约化、驱动要素高端化、产业结构高级化、增长速度适度化、各领域各方面协调化的发展[③]
		周文和李思思（2019）从马克思主义政治经济学理论出发，认为高质量发展是生产力发展与生产关系变革二者间的统一，既要求解决生产力内部要素矛盾，又要求通过深化改革调整生产关系以适应生产力的发展[④]

三、高质量发展的内涵

（一）高质量发展是物质资料生产方式的转变

高质量发展是生产力提高的必然要求。在高质量发展阶段不仅要注重生产力数量而且要更加注重生产力质量的提升，其中生产力质量是决定经济发展效益的关键。生产力质量是由生产力要素的质量及其范畴所决定的，随着生产力要素的不断深化与更新，越来越多的方面将不断丰富生产力要素的范围，如今科技与经济快速发展，技术、智力、人才、大数据

---

① 国家发展改革委经济研究所课题组. 推动经济高质量发展研究[J]. 宏观经济研究，2019（2）：5-17.

② 任保平，李禹墨. 新时代我国高质量发展评判体系的构建及其转型路径[J]. 陕西师范大学学报（哲学社会科学版），2018（3）：105-113.

③ 曾宪奎. 我国高质量发展的内在属性与发展战略[J]. 马克思主义研究，2019（8）：121-128.

④ 周文，李思思. 高质量发展的政治经济学阐释[J]. 政治经济学评论，2019（4）：43-60.

等新的生产力要素随之出现,相较于传统的生产力要素,这些新型生产力要素对于提高生产力质量从而推动高质量发展具有重大意义。[1]

(二) 高质量发展是体现新发展理念的发展

发展理念具有战略性、纲领性、引领性,是发展实践的先导。发展理念的转变是发展方式改变的前提,新发展理念集中反映了我党对经济社会发展规律认识的深化,也是针对我国发展中的突出矛盾和问题提出来的。[2]不同的发展方式本质上体现了不同发展理念的发展,而新发展理念以创新、协调、绿色、开放、共享为要求,注定将引领发展方式往高质量的道路不断前进。为了实现"两个十五年"的阶段性目标,需要以新发展理念为导向,根本性地改变发展方式,在正确理念的引导下,不断巩固、加深高质量发展。

(三) 高质量发展是以人民为中心的发展

国务院副总理刘鹤曾在《人民日报》撰文:"人是经济体系的基本组成部分,涉及需求和供给两个方面,既是消费主体,又是生产和创新的主体,是最具活力的生产要素。满足人民需要是社会主义生产的根本目的,也是推动高质量发展的根本力量。我国经济的新增长点、新动力蕴含在解决好人民群众普遍关心的突出问题中,产生于人力资本质量提高的过程中。高质量发展就是要回归发展的本源,实现最大多数人的社会效用最大化。进入新发展阶段,以习近平同志为核心的党中央把实现全体人民共同富裕摆在更加重要的位置上,我们必须坚持通过推动高质量发展、通过共同艰苦奋斗促进共同富裕,必须最为广泛有效调动全社会的积极

---

[1] 张宇婷. 深刻理解高质量发展:本质内涵、核心内涵和时代内涵[J]. 中共南昌市委党校学报, 2022, 20(2): 39-43.

[2] 刘伟. 推动高质量发展必须贯彻新发展理念[J]. 中国经济评论, 2020(Z1): 20-22.

性、能动性,提升全社会人力资本质量和专业技能,扩大中等收入群体,不搞平均主义,不搞杀富济贫、杀富致贫,避免掉入福利主义陷阱,通过14多亿人共同努力,一起迈入现代化。"[①]人民涉及需求和供给,满足人民需要是高质量发展之路的目的。人民是党的根基与力量来源,高质量发展应该是以人民为中心的发展,不能脱离人民。同时,在实现共同富裕等目标的进程中要即时思辨,防止在发展进程中过于片面,掉入发展陷阱。

四、高质量发展的基本特征

与高速度发展的基本特征相比,高质量发展的基本特征主要表现在以下几个方面。[②]

(一)评价标准:单维与多维

高速度发展的评价标准很简单,就是单维的评价,数量多少是评价的主要标准。但是对高质量发展来说,评价标准是多维的,标准中加上了许多主观因素,因此就显得非常复杂。质量好坏,可以从多元化的视角去分析,从对美好生活的评价和对物质的满足程度去评估是最基本的,可能还需要从收入、教育、工作、社保、医疗卫生服务、居住条件、生态环境等方面去综合评价。对于高速度发展,政府只需要从一些总量增长的指标去评估就可以了,如GDP、财政收入、利用外资等的增长情况。但是对于高质量发展,政府就要从新发展理念的角度去综合评价,一般认为,高质量发展是创新成为第一动力、协调成为内生特点、绿色成为普遍形态、开放成为必由之路、共享成为根本目的的发展。

---

① 刘鹤.必须实现高质量发展[N].人民日报,2021-11-24(006).
② 刘志彪.理解高质量发展:基本特征、支撑要素与当前重点问题[J].学术月刊,2018,50(7):39-45,59.

（二）历史背景：短缺与过剩

在高速度发展阶段，中国处于人均年收入几百美元的贫困发展阶段，物质的高度短缺加上东西方两大阵营对抗的冷战背景，因此赶超战略自然而然地成为国家经济战略的主要选择。在资源短缺的条件下，可以快速地提高生产能力并提供更多产出的办法，就是最优的办法，就会成为政策追求的目标。进入高质量发展阶段，人民收入水平和生活水平有了大幅度的提升，过剩经济成为常态，从需求结构的变化看，人民群众对物质文化生活的需要变成了对美好生活的需要，需求层次迅速上升，除了对物质的需要体现为更好而不是更多外，对服务的需求上升速度更快；从供给侧的变化看，落后的社会生产变成了发展的不平衡不充分，供给的总量问题转化为供给的结构问题，宏观经济管理不再是为了解决有无的问题，而是要解决好坏的问题，解决满意不满意的问题，解决结构的不均衡问题，解决质量的高低问题。

（三）实现手段：计划和市场

在高速度发展阶段，政府作用的范围和领域可以比较大，政府替代民众选择、实现集中的非均衡发展是完全有可能的。进入高质量发展阶段，随着收入和生活水平的提高，一方面美好生活需要对应着的市场和非市场的范围和规模都在扩大，另一方面需求结构也呈现为多样性、多元化、差异性和多变性。对于政府来说，集中获取信息和处理信息的成本更高。虽然，现在由于互联网、大数据、人工智能等一系列信息技术的发展，信息集中收集和处理的效率大大提升，但是由于信息内含的是人的行为，具有复杂的利益关系和复杂多变性，由政府集中实施计划经济来规划各经济主体的个体活动，也是绝对不可行的。实施信息分散收集和处理，让市场主体自己决策、责任自负的内生调节方式，仍将是最优的资源配置方式。

第三节　高质量发展的关键

一、新发展阶段高质量发展面临的主要问题

中国特色社会主义发展已经进入新发展阶段，在新发展阶段，我们要聚焦的问题是经济发展质量不高的问题，单纯依靠扩总量、提速度是无法解决的。近几年，我们也可以体会到，单纯的物质已经无法完全满足我们对美好生活的期待，我们也希望在医疗、环境、娱乐等方面能得到更大的满足。改革开放40多年来，我国逐步建立了社会主义市场经济体制，产业结构持续优化，供给侧结构性改革使产业发展活力焕发；科技创新投入持续增加，相关制度措施不断完善。但是，中国在体制转型、产业结构调整和科技创新领域与新发展阶段的要求仍存在着一定差距，制约着新发展阶段的经济高质量发展，具体内容如表2-3所示。①

表2-3　制约经济高质量发展的因素

体制转型	所有制结构不完善	首先，混合所有制改革配套的法律法规不健全，企业在混合所有制改革后仍存在"去行政化"不彻底的问题；其次，混合所有制改革中对参与公私合营的私人资本缺乏可靠评估和有效监管；最后，混合所有制改革过程中各方利益冲突较为明显
	收入分配制度不完善	当前中国收入差距扩大主要表现在：一是居民收入差距，包括城乡居民内部的收入差距、城乡居民之间的收入差距及全国居民总体收入差距扩大；二是在全部人口中，高、中、低等收入人群比例失衡，整个收入分配格局呈"金字塔"形；三是垄断行业收入过高，收入差距过大会降低社会总消费水平、抑制内需、阻碍"双循环"新发展格局的形成，也不利于人力资本积累，影响科技创新和技术进步，严重时还会造成社会动荡

---

① 倪沙. 新发展阶段高质量发展面临的主要问题及治理之策[J]. 理论与现代化, 2021(3): 57-65.

产业结构调整存在问题	中国特色社会主义市场经济体制不完善	从总体上看，中国市场经济发展程度较低，还存在小商品经济和自然经济的成分，存在市场体系不健全、市场机制不完善、市场主体不成熟、政府越位和缺位并存、寻租腐败严重等诸多问题，距离高质量发展要求还有一定差距，并且中国社会主义市场经济体制建设所需要的外部环境也未完全形成，从意识形态、思维方式到文化、法律、生态文明等各项体制，仍有浓重的传统计划经济时期的痕迹，未能完全适应社会主义市场经济体制建设和完善的要求，对新发展阶段的体制再转型形成一定阻碍
	三次产业结构不合理，产能过剩与不足并存	从产能方面考察三次产业，就农业而言，中国农产品生产总量供大于求，低附加值农产品价格长期低位徘徊，损害了农民利益；就工业而言，产能过剩主要集中在钢铁、煤炭行业，随着供给侧结构性改革的深化，"十三五"期间的去产能任务已基本完成，但在未来一段时间，若国际经济形势未能根本好转，产业转型进程受阻，产能过剩仍是一个需要关注的问题，而工业产能不足主要体现在以芯片、发动机为代表的高端制造业上；服务业而言，以传统的低附加值服务业为主，金融保险、科技、咨询等新兴服务业发展缓慢
	产业区域分布不均衡	中国东、中、西部地区经济发展不平衡问题，体现在产业分布上就是东部地区有良好的制造业和服务业发展基础，产业增加值远高于中部和西部地区，中、西部地区以农业生产为主，制造业和服务业欠发达；从产业内部结构看，中高端服务业在东部沿海地区，特别是北上广深等一线城市聚集明显；低端制造业由于房租、人力成本等因素，有由东向西迁移的趋势
	绿色产业发展不足	与发达国家相比，我国绿色产业仍处于初始发展阶段，存在许多问题：首先，绿色产业融资难问题突出，财税金融等政策支持力度不够，导致许多拥有绿色高新技术的产业发展规模受限；其次，绿色产业发展过程中存在监管漏洞，导致政策落实不到位，甚至出现产业扭曲发展的情况；再次，行业标准不健全，市场准入制度未完全确立，导致"各自为政"现象突出，限制了产业规模化发展；最后，绿色产业发展政策不协调，中央和地方之间、各省市之间存在"重复补贴、重复建设"现象，导致了资源浪费等问题

续　表

科技创新存在问题	产业国际竞争力低下	长期以来，中国制造业被锁定在价值链低端，企业平均利润率较低，获利空间狭窄。自主创新能力不足，在国际分工中不能占领研发和销售两端，只能承担加工组装职能，产品附加值低，产业整体形成"大而不强"的发展格局。产业发展的外资依存度较高，在高效利用外资的同时，也形成了模仿、借鉴学习外国技术的创新演进模式，进一步削弱了自主创新动力。品牌意识不强，对国际知名品牌的培育力度不大，品牌溢价率较低
	自主创新意识不强	中国企业普遍缺乏自主创新意识，对引进的国外先进技术也不愿仔细消化和二次创新，一是自主创新前期投入的时间、资金、人力成本较高，回报周期较长，与企业和地方政府的短期性发展目标背道而驰；二是自主创新需要企业具备一定实力，拥有充足的研发资金和高水平的研发团队，这些硬性条件将大多数中小企业拒之门外；三是中国知识产权保护的相关法律法规不健全，对于创新成果的保护力度不够，导致创新企业利益受损，企业自主创新意愿下降
	基础研究较为薄弱	基础研究一般需要长时间的积累沉淀。中国科技创新起步较晚，应用技术方面发展速度较快，但基础研究却鲜有重大突破。中国的基础研究主要集中在高校和科研院所，但这些机构往往存在基础设施差、工资待遇低等问题，挫伤了科研工作者创新的积极性
	应用研究针对性不强	目前，中国各创新主体之间的协同性较差，创新成果转化率较低。一是高校科学研究与企业需要脱节，科研成果转化的奖励不到位，校企利益诉求不同，导致双方合作积极性不高；二是高校人才培养与社会需要断层，高校人才培养方案调整往往落后于社会需要变化，创新人才供给不足

二、高质量发展的目标要求

实现高质量发展的目标要求，要从以下几个方面考虑：资源配置效率高，经济运行平稳，要求宏观供求关系动态地、持续地相对平衡，国民经济主导产业产品的供给和需求大体平衡，经济运行没有大起大落，没有严重的产能过剩和短缺；工农业产品和服务的质量不断提高，要求产品和服务安全可靠，质量不断提高，在符合国内外主流市场要求的同时，产品和服务质量还要与市场标准可接受的程度相适应；制约人民群众生活质量的突出短板得以补齐，对于那些现行技术水平、产业供给能力之下本来可以解决，但因为政策和体制不合理而长期未解决的群众反映强烈的短板问题，通过深化改革和调整政策，尽快加以补齐；绿色可持续地发展，高质量发展阶段的经济发展，必须把资源利用和环境代价考虑进去，要求在经济发展过程中加强生态环境保护，有效利用自然资源，避免过度开发，走绿色发展道路。[①]实现产业体系和产业结构的转型升级，要对标高质量发展要求，实现由要素密集型产业为主的产业体系转向以技术和知识密集型产业为主的产业体系，从而促进我国产业向国际价值链的中高端迈进，同时在产品结构上要实现由目前低技术含量、低附加值产品为主的产品体系转向高技术含量、高附加值产品为主的产品体系。[②]

实现高质量发展，必须坚持全方位提升，"一点都不能缺"，高质量发展的核心是经济发展的高质量，它应体现在经济社会发展的方方面面，发展的重点要拓展到包括经济、政治、文化、社会、生态文明"五位一体"的发展，必须坚持以人民为中心的发展思想；必须坚持全国一盘棋，"一个都不能少"，推动高质量发展，要承认客观差异，通过健全区域战略统筹、市场一体化发展、区域合作互助、区际利益补偿等机制，更好地促进发达地区和欠发达地区、东中西部和东北地区共同发展；必须坚持永远在路上，"一刻都不能停"，我国仍然是世界上最大的发展中国家，发展不平衡不充分问题仍然突出，创新能力还不适应高质量发展要求，农业基础还不稳固，城乡区域发展和收入分配差距较大，生态环保任重道远，民生保障存在短板，社会治理还有弱项，想要破解这些问题绝非旦夕之功，高质量发

① 张军扩，侯永志，刘培林，等. 高质量发展的目标要求和战略路径[J]. 管理世界，2019，35（7）：1–7.

② 任保平. 我国高质量发展的目标要求和重点[J]. 红旗文稿，2018（24）：21–23.

展必须准备付出更为艰巨、更为艰苦的努力。①

三、运用辩证法推动高质量发展

推动高质量发展离不开辩证法的指导,经济发展是一个螺旋式上升的过程,其上升不是线性的,量积累到一定阶段,必须转向质的提升,这是经济发展的规律使然,也合乎唯物辩证法的基本原理。②经济发展是一个量变引起质变的过程,也是一个印证否定之否定定律的过程,就犹如原本的发展方式转变为高质量发展的方式这一过程,没有一成不变的发展方式,要审时度势,时刻针对发展的情况灵活做出调整。

要正确把握整体推进和重点突破的关系,推动高质量发展是一项系统工程,必须坚持稳中求进的工作总基调,"稳"和"进"是辩证统一的,要作为一个整体来把握,把握好"时、度、效"。③要把握发展理念中各个要素的对立与统一关系,运用系统论的方法,关注要素间的联系,抓住发展过程中的主要矛盾与次要矛盾,在科学理论的指导下逐步解决发展过程中出现的矛盾。

要正确把握总体谋划和久久为功的关系,在我国这样一个经济和人口规模巨大的国家,推动经济高质量发展任重道远。当前,我们既要打好防范化解重大风险、精准脱贫、污染防治三大攻坚战,又要大力转变经济发展方式、优化经济结构、转换增长动力,特别是要净化市场环境,提高

---

① 马涛.准确把握高质量发展的"三个要求"[EB/OL].(2021-05-08)[2022-07-01].http://theory.people.com.cn/n1/2021/0508/c40531-32097205.html.

② 年巍.用好推动高质量发展的辩证法[EB/OL].(2018-07-1)[2022-07-01].http://views.ce.cn/view/ent/201807/12/t20180712_29715265.shtml.

③ 年巍.用好推动高质量发展的辩证法[EB/OL].(2018-07-1)[2022-07-01].http://views.ce.cn/view/ent/201807/12/t20180712_29715265.shtml.

人力资本素质,全面提高国家治理能力。[①]发展是不可能一蹴而就的,高质量发展更是不能急于求成。基于我国目前所处的百年未有之大变局这一国际环境,以及社会主义初级阶段的基本国情,高质量发展道阻且长,必须长期坚持下去。

要正确把握生态环境保护和经济发展的关系,生态环境保护和经济发展不是矛盾对立的关系,而是辩证统一的关系。[②]经济作用于生态,反之生态也会作用于经济,经济与生态是一种"你中有我,我中有你"的辩证统一关系,不能抛开生态环境讲经济,也不能抛开经济发展讲生态环境。要正确地看待并处理好绿水青山和金山银山的关系,既不要走舍弃美丽环境换取经济发展的老路,也不能片面地舍弃一切有污染的产业,更不能走易地污染的错误道路。绿色发展是众望所归,是人民的期盼,生态建设的成果直接与人民的生活息息相关,人民也应直接参与生态建设,树立绿色生活观念。总之,要确保生态环境保护与经济发展成果能惠及人民。

要正确把握维护公平与讲求效率的关系,对于我们这个拥有14多亿人的发展中国家来说,如何将做好做大的"蛋糕"公平合理地分好,是我们必须解决好的关键问题。[③]我国劳动人民众多,实现高质量发展不仅仅要把经济总量提升,更要把经济效益切实分好,要扩大中等收入群体,这不仅利于共同富裕,更利于实现国家长治久安。总的来说,高质量发展要求我们,既要发展快,也要分得好。

---

① 年巍.用好推动高质量发展的辩证法[EB/OL].(2018-07-1)[2022-07-01].http://views.ce.cn/view/ent/201807/12/t20180712_29715265.shtml.

② 年巍.用好推动高质量发展的辩证法[EB/OL].(2018-07-1)[2022-07-01].http://views.ce.cn/view/ent/201807/12/t20180712_29715265.shtml.

③ 年巍.用好推动高质量发展的辩证法[EB/OL].(2018-07-1)[2022-07-01].http://views.ce.cn/view/ent/201807/12/t20180712_29715265.shtml.

四、高质量发展的关键

习近平总书记指出,"高质量发展就是体现新发展理念的发展","推动高质量发展,关键是要按照新发展理念的要求,以供给侧结构性改革为主线,推动经济发展质量变革、效率变革、动力变革","发展是第一要务,人才是第一资源,创新是第一动力"。^①推动高质量发展,关键是要坚持以创新、协调、绿色、开放、共享的新发展理念为指导;坚持以供给侧结构性改革为主线,把着力点放在发展实体经济上以构建新发展格局;坚持以构建推动高质量发展的体制机制为保障,推进体制改革以形成全国统一大市场,畅通国民经济循环以实现高质量发展;牢牢把握人才这个第一资源。

(一) 以新发展理念为指导

第一,要使创新驱动成为高质量发展的第一动力。要发挥科技创新引领作用,把科技自立自强作为国家发展战略的支撑,并把创新放在我国现代化建设的核心地位。例如在加强基础研究和共性关键技术研究方面,更多地发挥政府的作用,组织制定发展规划、协调推进规划实施,集中国家资金投入,统筹需求导向和目标导向,组织开展系统性、跨学科研究;在加强关键核心技术研发攻关及推进成果转化应用方面,深化科技体制改革,建立以企业为主体、市场为导向、产学研深度融合的技术创新体系,促进科技成果转化。^②

第二,要使协调发展成为高质量发展的内在要求。在协调发展方面,习近平总书记强调"从当前我国发展中不平衡、不协调、不可持续的突出问题出发,我们要着力推动区域协调发展、城乡协调发展、物质文明和精

① 周跃辉. 牢牢把握高质量发展的关键[N]. 经济日报, 2018-08-02 (013).
② 韩永文. 深化改革扩大开放、破除制约高质量发展的障碍[EB/OL]. (2021-02-09)[2022-07-01].http://bgimg.ce.cn/xwzx/gnsz/gdxw/202102/09/t20210209_36305002.shtml.

神文明协调发展,推动经济建设和国防建设融合发展","要发挥各地区比较优势,促进生产力布局优化,重点实施'一带一路'建设、京津冀协同发展、长江经济带发展三大战略,支持革命老区、民族地区、边疆地区、贫困地区加快发展,构建连接东中西、贯通南北方的多中心、网络化、开放式的区域开发格局,不断缩小地区发展差距"。①

第三,要使绿色发展成为高质量发展的重要遵循。绿色发展理念不仅跳出了传统发展中国家的治理怪圈,而且通过绿色化的生态治理模式,为现代国家的治理提供了一种全新的分析框架,同时现代化环境治理思路的转换和方案的出台,又将绿色发展由理念推向现实,形成了绿色模式与机制,并且面对经济发展动力疲软、生态环境恶化等突出问题,以习近平同志为核心的党中央强调要集中精力做好经济转型这篇大文章,不仅要还清生态文明的历史欠账,而且要用绿色革命为社会的长久发展提供天蓝、山绿、水清的优美环境,为此我们要深入发展绿色发展理念,以人与自然的和谐共生为价值取向,以绿色低碳循环为基本原则,以生态文明建设为主要抓手,为国家治理寻找新的发展模式,共同推进经济发展与自然发展的深度融合,打造绿色发展方式和生活方式。②

第四,要使开放发展成为高质量发展的重要选择。自1978年开始实行对内改革、对外开放政策以来,中国共产党就一以贯之地坚守"以人民为中心"的根本立场,"改革开放富起来"是十几亿人民群众的真切感受,也是中国共产党对初心和使命的践行,开放发展的深层动力来自人民主体性的发挥,来自人民的无穷智慧和蓬勃力量,"富起来"的历史进程是人民群众"开眼看世界"的过程,人民不仅拥有了获得感和幸福感,主体性的素质、能力和观念也得到了整体提升,充分体现了历史前进的客观必然

① 习近平. 习近平:深入理解新发展理念[J]. 内蒙古宣传思想文化工作, 2019(6):4-11.
② 陈元. 论新发展理念与国家治理现代化的耦合性[J]. 学校党建与思想教育, 2022(9): 6-11.

逻辑与主体选择的辩证统一，并且在立足中国实际、坚守中国特色的基础上，我国不断走向世界、持续融入世界，在全球竞争中历练和提升自己，从而不断改变在全球分工体系中被剥削和依附性的角色，在形成完整工业体系和巨大规模市场的同时，实现经济的自主增长和产业的持续转型升级。[①]

第五，要使共享发展成为高质量发展的根本目的。共享发展是中国特色社会主义的本质要求，要让人民生活水平持续提高，让改革发展成果更多、更公平地惠及全体人民，坚持共享发展，意味着发展的重心由效率优先转向兼顾效率与公平，意味着使人民获得感、幸福感、安全感更加充实、更有保障、更可持续。实现高质量发展就需要积极践行共享发展理念。[②]

（二）以供给侧结构性改革为主线

第一，深入推进供给侧结构性改革是推动中国经济实现高质量发展的必然要求，供给侧结构性改革的核心是"供给侧＋结构性＋改革"，主要任务可归纳为"去产能、去库存、去杠杆、降成本、补短板"（简称"三去一降一补"），把处置"僵尸企业"作为重要抓手，推动化解过剩产能，重点是解放和发展社会生产力，用改革的办法推进结构调整，减少无效和低端供给，扩大有效和中高端供给，增强供给结构对需求变化的适应性和灵活性，提高全要素生产率。[③]"三去一降一补"中去产能指的是去除落后的产能，当过剩产能中部分落后产能去除后，将剩余的过剩产能转化为有效产能，并且在政府的有效监管下发挥市场的竞争作用，优胜劣汰去产能；去库存的主要对象是房地产，在一线城市不仅不能去库存，反而要增加有

① 关雯文，王思涛，黄洋，等.逆全球化思潮下开放发展理念的现实挑战、价值坚守及实践路径[J].江苏理工学院学报，2022，28（1）：1-8.

② 赵华林.高质量发展的关键：创新驱动、绿色发展和民生福祉[J].中国环境管理，2018，10（4）：5-9.

③ 张玲，韩璐，周研.供给侧结构性改革背景下财务管理理论与实践发展研究[J].中国农业会计，2022（4）：2-3.

效供给，二线城市要准备走一线城市的路，三四线城市要结合当地的实际消费水平，适当增加一些公租房，让低收入人群住得起；去杠杆是要以财政的加杠杆服务于全局的去杠杆，结合具体实际决定在哪部分加杠杆；降成本不仅要降低企业成本，也要降低制度性成本，比如企业办事需要盖几十个章，时间与资金的成本都很高，要通过综合改革改善此类情况；补短板要具体问题具体分析，各地、各行业的短板都不相同，补短板一定要结合实际，精准定位。[①]

第二，构建新发展格局必须把着力点放在发展实体经济上。推动实体经济繁荣发展，首先，要强化制定和完善实体经济支持政策，从中央的顶层设计层面加以强化，并要多出台中长期、稳定、规划性和针对性强的产业支持政策，兼顾实体经济发展政策的制定与实施的长期性与持续性，要注意各地区间产业政策制定与扶植力度的平衡性，加大对东北等落后地区的财税政策支持力度，特别是对战略性新兴产业、环保和低碳产业的扶持力度，尽可能帮助企业降低生存成本；其次，要因地制宜地发挥地区优势促进实体经济繁荣，针对性地扶持一批符合地区经济、产业发展特点的重点产业和企业，并为其得到更好的发展提供制度、政策等，要与时俱进、灵活地根据地区经济、产业发展的变化与国内外经济、产业、科技的发展变化，不断调整推动实体经济发展的具体措施。[②]

(三) 以构建推动高质量发展的体制机制为保障

实现高质量发展离不开有效的体制机制和良好的制度环境。构建推动经济高质量发展的体制机制是一项系统工程，关键在于通盘考虑、着眼长远、突出重点、抓住关键：一是通过建设高标准市场体系，推进要素市

① 刘鑫宇. 供给侧结构性改革与高质量发展辩证思考[J]. 合作经济与科技, 2022 (8): 32-33.

② 李艳宇. 高质量发展背景下推动实体经济繁荣研究[J]. 大陆桥视野, 2022 (2): 46-48.

场制度建设,以打破要素自由流动的障碍,实现资源配置的效益最大化和效率最优化,以更加成熟稳定的经济制度为推动经济高质量发展保驾护航;二是完善产权制度,完善产权的使用权、收益权与转让权,健全产权保护制度,促进城乡要素双向流动,推动农村承包地所有权、承包权、经营权的三权分置,完善集体经营性建设用地入市制度;三是加快完善金融体系,畅通金融和实体经济循环,首先提升金融业优化资金配置、管理风险的能力,推动金融高质量发展,提高金融服务实体经济高质量发展的能力,其次健全宏观经济政策协调机制和落实机制,通过构建并逐步完善法治化、科学化和制度化的宏观调控体系,增强宏观调控的质量和效能,减少市场无序竞争,最后在创新及完善宏观调控方面以提高发展质量为目标,致力于推进效率变革,以促进高质量发展取得全新进展。①

(四)构建新发展格局,畅通国民经济循环

第一,建设全国统一大市场可以充分发挥我国超大规模市场优势,培育本土的世界一流企业,吸引全球优势要素资源,增强我国市场国际话语权,在建设全国统一大市场的过程中,不要求齐步走,部分区域可以在维护全国统一大市场的前提下,优先开展区域市场一体化建设工作,建立健全区域合作机制,积极总结并复制推广典型经验和做法,这说明建设全国统一大市场不可能一蹴而就,也不要求各地区齐步走,而是允许部分区域优先"组队"率先示范,同时也说明除了市场的部分底层逻辑规则外,其他市场运行规则将处于持续探索、动态更新的状态,以保持市场规则的活力,防止僵化;建设全国统一大市场不排斥产业政策,要出台公平竞争政策与建立产业政策协调保障机制,优化完善产业政策实施方式,各类市场主体在全国统一大市场内公平竞争,优胜劣汰,促使优势要素资源向先进生产力

---

① 任保平. 以深化改革破除制约高质量发展的体制机制障碍[J]. 国家治理, 2021(Z1): 28-34.

聚集,因此,地方政府需要转变产业发展理念,摒弃过去追求小而全的产业发展思路,要根据当地比较优势制定特色产业政策,真正培育出拥有核心竞争力的"专精特新"企业和产业,并加强与周边区域的产业分工合作。[①]

第二,畅通国民经济循环以实现高质量发展。畅通国民经济循环,实现高质量发展,需要在以下3个方面重点突破:一是畅通实体经济与虚拟经济循环,首先,要充分发挥资本市场功能,提高直接融资比重,其次,要进一步减税降费,减轻企业负担,加大金融对中小企业及创新、创业、创造的支持力度,最后,加强金融监管,遏制资金"脱实向虚"在金融体系内部"自我循环",通过多措并举,推动资源向实体经济集聚;二是畅通城乡经济循环,破解城乡经济循环不畅通难题、补齐农村发展短板,除了要用"政府之手"更大力度地把更多公共资源投向农村以外,还必须用好"市场之手",引导生产要素向农村集聚,使农村资源实现高效率配置,推动农村经济高质量发展,补齐农村经济发展长期滞后的短板;三是畅通公有制经济和非公有制经济循环,2018年11月1日,习近平总书记在民营企业座谈会上指出,"公有制经济、非公有制经济应该相辅相成、相得益彰,而不是相互排斥、相互抵消","要鼓励民营企业参与国有企业改革",因此,只有把这些要求落到实处,破除公有制经济和非公有制经济之间的各种障碍,国民经济循环才能真正畅通。[②]

(五) 牢牢把握人才这个第一资源

实现高质量发展,要牢牢把握住人才这个第一资源。人才资源是撬动其他资源的首要资源,是最重要的起着决定性作用的资源,推动高质量发展需要大量创业人才、创新人才、高素质的技工队伍。创业类人才是指

① 陈伟伟. 建设全国统一大市场 要找准症结把握细节[J]. 中国商界,2022(6): 52–55.
② 赵长茂. 实现高质量发展需加紧"补短板"[N]. 经济日报,2019–04–01(016).

那些具有创业精神和经营管理才能的人才,能根据现实的资源要素条件和市场需求潜力,对资源进行整合、组织和运用,并且创业人才的资源整合和组织行为并不是简单被动地接受现实,创业人才不仅能够在现有的资源、政策和体制环境下进行创业,还会通过其创业行为影响和引导各类要素的升级和改进,从而对整个经济的转型升级和质量提升起到重要推动作用。高质量发展需要创新驱动,而创新驱动实际上就是人才的驱动,新理念、新技术、新产品、新业态、新模式的出现及推进经济转型升级,都要靠创新人才的支撑,特别是20世纪下半叶以来,科学技术迅猛发展,以信息技术、人工智能、生命科学等为主导的高新技术日新月异,而创新人才作为高新技术的发明者、创造者、传播者和使用者,已经成为当代科技进步和经济社会发展最重要的资源。改革开放以来经过40多年的发展,我国形成了一支规模日益扩大、结构日益优化、素质逐步提高的高技能人才队伍,但与实现高质量发展的要求相比,与实现制造强国的目标相比,还存在着明显的差距,这不仅表现在技术水平上,也表现在工匠精神的传承上,并且高技能人才不足和结构不合理,已对我国制造业品质的提升形成了制约,因此,我们必须高度重视培养高素质技工队伍,让制造业领域涌现越来越多的大国工匠。[①]

第四节　制造业高质量发展的使命

　　制造业是立国之本、强国之基,是国家经济命脉所系。我国制造业规模已连续多年保持世界第一,在驱动经济发展、参与国际竞争中发挥着不可替代的主体力量。但是当前我国发展的外部环境复杂性凸显,内在要

[①] 张军扩. 牢牢把握高质量发展的三个关键[EB/OL].(2018-06-15)[2022-07-01].http://theory.people.com.cn/n1/2018/0615/c40531-30061563.html.

素条件也发生了深刻变化，制造业大而不强、全而不优的矛盾日益突出，制造业发展步入爬坡过坎的攻坚阶段。在新发展格局下，我国制造业发展将迎来新使命，面对新格局下的新使命，推动制造业高质量发展成为大势所趋。"十四五"规划和《2035年远景目标纲要》明确提出"深入实施制造强国战略"，亟待保持制造比重基本稳定，不断巩固和壮大实体经济根基。[①]

一、制造业的高质量发展使命

国家发展和改革委员会指出，新发展格局下制造业是我国迈向高收入国家的"入场券"、创新驱动经济高质量发展的主力军、带动就业实现共同富裕的强引擎、巩固提升产业链供应链的"定盘星"。[②]

制造业是我国迈向高收入国家的"入场券"。2020年我国人均制造业增加值为2749美元，而高收入国家人均制造业增加值为6010美元，其中德国和日本的人均制造业增加值均超过8000美元，美国和韩国人均制造业增加值均超过为7000美元，显而易见，无论是人均收入还是人均制造业发展水平，我国与主要高收入国家均存在很大差距，这表明，一方面，未来我国经济和制造业发展水平仍有很大的提升空间，另一方面，未来较长时期制造业增加值继续增长仍将是国民经济持续发展和人均收入继续提高的必要条件。2020年中国经济和制造业发展水平国际比较如表2-4所示。

---

① 新格局下我国制造业发展迎来新使命[EB/OL].（2021-12-07）[2022-07-01].https://www.ndrc.gov.cn/wsdwhfz/202112/t20211217_1308310.html?code=&state=123.

② 新格局下我国制造业发展迎来新使命[EB/OL].（2021-12-07）[2022-07-01].https://www.ndrc.gov.cn/wsdwhfz/202112/t20211217_1308310.html?code=&state=123.

表 2-4　2020 年中国经济和制造业发展水平国际比较

	人均GDP/美元（1）	人均制造业增加值/美元（2）	制造业增加值占GDP比重/%（3）	备注
中国	10500	2749	26.2	——
高收入国家	43834	6010	12.7	（2）和（3）为2019年数据
美国	63544	7133	10.9	——
德国	45724	8149	17.8	（2）和（3）为2018年数据
日本	40113	8124	20.7	——
韩国	31489	7855	24.9	（2）和（3）为2019年数据
中高等收入国家	9192	2016	19.4	——
巴西	6797	664	9.8	——
世界	10926	1791	14.5	——

注：2020 年世界银行定义的高收入国家门槛是中高等收入国家4046美元到12535美元；高收入国家高于12535美元。

制造业是创新驱动经济高质量发展的主力军。当前我国已转向高质量发展阶段，但整体创新能力仍不适应未来高质量发展要求。根据世界知识产权组织发布的"全球创新指数"，2015—2020年我国排名从第29位跃居至第14位，这与我国世界第二经济大国和第一制造大国的地位仍然很不相称，比如在2020年我国研发投入强度达到2.4%左右，而2018年，美国、德国、日本、韩国的研发强度分别达到2.83%、3.13%、3.28%、4.53%，上述国家制造业研发投入占总投入的比重分别为46.9%、58.8%、68.7%、71.3%，如表2-5所示，制造业本身的研发投入强度均不同程度高于我国，并且在新发展格局下，国际环境将显著恶化，技术封锁愈演愈烈，特别是美国主导下的技术民族主义兴起，导致我国传统的技术"引进—消化—吸收—再创新"的发展模式遭遇空前阻击，因此，未来我国经济高质量发展需要推动产业链高端化,突破一批关键核心技术,加速科技成果转化应用,培育壮大发展新动能,在这一过程中制造业无疑将是继续承担技术、模式、业态创新的重要载体。

表 2-5　中国研发投入强度和制造业研发投入占比与国际比较

	全社会研发强度/%	年份	制造业研发投入占总研发投入的比重/%	年份
中国	2.4	2020	61.1	2019
美国	2.83	2018	46.9	2017
德国	3.13	2018	58.8	2017
日本	3.28	2018	68.7	2018
韩国	4.53	2018	71.3	2018

数据来源:中国国家统计局;OECD数据库。

制造业是带动就业实现共同富裕的强引擎。改革开放以来,我国制造业成为带动就业的重要载体,也成为提高居民收入的重要引擎。首先,制造业快速发展吸纳了大量劳动力,不仅带动了城镇职工就业,也吸引了大量农民进城务工,并通过关联作用创造了越来越多的就业岗位,极大地推动了我国城镇化进程;其次,我国制造业发展也持续提高了居民收入,根据国家统计局《2020年农民工监测调查报告》,2020年我国农民工月均收入4072元,同比增长2.8%,其中,制造业农民工月均收入4096元,同比增长3.5%,如表2-6所示。从国际比较来看,我国制造业工资水平与美国、日本、韩国等国的差距正在缩小,但是我国促进高校毕业生等重点群体就业的任务仍然艰巨,还有大量农村富余劳动力需要转移就业,制造业高质量发展仍将是带动高质量就业不可或缺的强大引擎。

表 2-6　分行业农民工月均收入及增速

行业	2019年	2020年	增速
制造业	3958元	4096元	3.5%
建筑业	4567元	4699元	2.9%
批发和零售业	3472元	3532元	1.7%
交通运输仓储邮政业	4667元	4814元	3.1%
住宿餐饮业	3289元	3358元	2.1%
居民服务修理和其他服务业	3337元	3387元	1%
合计	3962元	4072元	2.8%

数据来源：国家统计局《2020年农民工监测调查报告》。

　　制造业是巩固提升产业链供应链的"定盘星"。制造业是产业链、供应链体系的重要构成，外部与农业、服务业等产业领域关联互动，内部涵盖了从原材料、中间产品到最终产品生产与流通的系列环节，制造业健康发展是产业链、供应链安全稳定的主要标志和基本前提，制造业为产业链、供应链循环提供着源源不断的产品和要素，为现代经济社会稳定运行和健康发展提供了不可或缺的物质保障。制造业是国际经济竞争甚至综合国力竞争的主战场，是人才、技术、数据等产业要素资源的"练兵场"和"蓄水池"。实践反复证明，我国作为一个大国，重要产品和关键核心技术是要不来、买不来、讨不来的，只有不断增强制造业发展韧性，把关键环节牢牢掌握在自己手里，才能从根本上保障产业链、供应链安全稳定。新发展格局下，国际竞争版图正在重构，我国在发达国家围堵和发展中国家追赶的双重压力下，产业链、供应链的安全稳定受到严峻挑战。近年来，美国和欧盟从我国的进口大幅下降，东盟转而成为我国第一大出口贸易伙伴，同时我国制造业传统阵地也不断被后起国家分流，比如2018—2019年，我国纺织品在美国、欧盟、日本三大市场进口占比分别下降0.6%、3.8%和2.5%，此外，近年来全球气候变化导致各类极端天气更加频发，由此可能带来一系列难以预见的潜在公共危机，也不断对产业链、供应链的安全稳定提出新要求，所以，未来保障产业链、供应链安全亟待重塑竞争优势、稳定制造业比重。

二、制造业各类行业的高质量发展使命

中国的制造业可分为3类，如图2-2所示，一类是轻纺工业，包括食品、饮料、烟草加工、服装、纺织、皮革、木材加工、家具、印刷等，占我国制造业比重为30.2%；一类为资源加工工业，包括石油化工、化学纤维、医药制造、橡胶、塑料、黑色金属等，占33%；一类为机械、电子制造业，其中包括机床、专用设备、交通运输工具、机械设备、电子通信设备、仪器等，约占36.8%。[①]

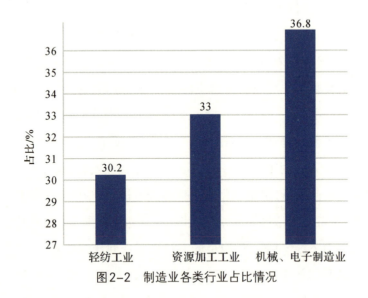

图2-2 制造业各类行业占比情况

① 制造业具体包括哪些行业？[EB/OL].（2021-09-24)[2022-07-01].http://m.canet.com.cn/view-744109-1.htlm.

不同行业高质量发展的使命各不相同，如表2-7所示。

表2-7　制造业各类行业高质量发展的使命

行业		高质量发展的使命
轻纺工业	纺织服装业①	1. 以创新转型破解困境，实现技术、管理方式和发展模式的改变，从规模效率导向向内涵效益导向转变，从弱肉强食规模增长向协同集成均衡转变，从资本主导劳动密集向汇集劳动、知识、技术、管理、资本等一切要素资源创造社会财富转变 2. 抓住全球产业重新布局机遇，以产业转移推动产业升级，以新一轮集群发展推动产业调整结构，重建现代丝绸之路和丝绸之路经济带，开拓新市场，开辟新通道；促进纺织工业化并重振企业家精神
	印刷业②	1. 规模效益稳步提高，数字印刷、印刷智能制造、印刷互联网平台、功能性包装印刷、绿色技术材料等新动能持续增强 2. 产业结构持续优化，出版物印刷产值比重保持稳定，主题出版保障能力和应急保障能力大幅提升 3. 创新能力明显增强，印刷与出版、印刷服务与装备制造、实体生产与信息平台等融合发展巩固提升，打造若干新型协同创新的服务平台 4. 区域布局更加均衡，锻造东部先进产业集群竞争优势长板，提高中部地区承接优质产能转移能力，补齐西部地区特色产能升级短板，推动数字技术赋能产业转型升级，形成点线面结合、东中西互补、数字化贯通的区域布局 5. 国际合作拓展深化，坚持需求"引进来"和产能"走出去"并重，保持对外加工贸易稳步增长，深化标准、技术、文化交流合作，增强我国印刷业的影响力和话语权
	木质家具产业③	1. 通过供给侧结构性改革引导和发掘新的需求，加大对研发的投入，增强技术创新能力 2. 通过创新链延伸加快产业转型升级，大力促进家具企业创新链的构建，增强参与市场竞争的实力 3. 利用产业链集群这个载体大力提高自主创新水平，跃入产业链高端，从而推动整个产业高质量发展 4. 扩大融资渠道，降低融资成本，主动向政府、银行、金融部门寻求融资，并利用好资本市场，促进企业上市

---

① 顾庆良. 时代赋予纺织业机遇和使命[J]. 纺织服装周刊，2013（46）：14-15.

② 佚名. "十四五"——印刷业"十四五"规划聚焦高质量发展[J]. 印刷经理人，2022（1）：13-14.

③ 吴青，谢海涛，谢煜. 双循环战略驱动下江苏省木质家具产业高质量发展路径研究[J]. 中国林业经济，2021（4）：29-31.

续 表

行业		高质量发展的使命
资源加工工业	石油化工行业①	在"十四五"时期的主要任务有以下4点： 1.突出绿色发展理念，采用低碳资源和绿色工艺，优化原料结构，改进生产工艺，完善供应链条，强化节能环保，健全循环体现 2. 提升行业发展效率和质量水平，满足市场差异化需求，生产高附加值产品，探索高端化发展路线 3. 积极促进企业结构的优化，提高综合竞争实力，通过结构优化和整合，发展更多的领军企业，增强我国石油化工企业在国际上的竞争力 4. 提升布局科学化和集约化水平，实施部分产业的战略转移，强化整体规划、分步实施、科学布局、联动发展、安全环保的原则
	橡胶业②	1. 提高信息化的集成度，协同作战，加快创新成果的产业化，培育、爱护品牌，全力推进产学研结合、供给侧融合发展，不断健全完善创新体系 2. 本着轮胎及橡胶制品产业的需求，注重科技、资源、环境和健康；企业兼并重组、提质转型、产品高端化及产能海外转移
	塑料管道行业③	1. 搞好顶层设计，引领行业发展：坚持塑料加工业功能化、轻量化、精密化、生态化、智能化创新方向，结合塑料管道行业特点，提出塑料管道行业发展思路、目标、重点、方法和路径，引领推动行业可持续发展 2. 坚持创新驱动，促进行业由大向强：紧跟国家政策导向，实施创新驱动发展战略，完善创新体系，提升创新能力。推动政产学研金用集成创新，产业链协同创新，供给侧和需求侧精准对接，实现高效创新。激发企业创新主体内生动力，强化技术创新和产品创新，聚焦关键共性、核心技术、替代进口技术及"卡脖子"技术攻关，加强基础研究，提高性能、功能，加强应用研究，提升系统功能；加强特殊功能、特殊应用领域研发，实现一批复杂工艺、高端技术突破

---

① 白颐."十四五"我国石化和化工行业高质量发展分析[J].化学工业,2019,37(4):1-5,11.

② 郑宁来.橡胶业高质量发展新途径[J].合成橡胶工业,2019,42(4):331.

③ 朱文玮.创新引领 推动塑料管道行业高质量发展[EB/OL].(2021-05-27)[2022-07-01].http://www.clii.com.cn/zhhylm/zhhylmHangYeJuJiao/202105/t20210527_3949679.html.

续 表

行业		高质量发展的使命
资源加工工业	塑料管道行业	3. 深化"三品"行动，加快结构调整：积极开展提品质、增品种、创品牌活动；结合塑料管道产品特点，在原料、生产、运输、设计、安装、应用等各环节严格把关，从系统上提升产品整体质量水平；要着力补短板、强长项、优结构，研制新产品，开发新的应用领域，创造新的服务模式；要加强合作与互助，资源共享，畅通产业链、创新链、供应链，以更高水平融入和服务新发展格局 4. 加强行业自律，营造良好的行业发展环境：大力开展诚信自律建设，务实做好产品质量保障联盟工作，倡导精益管理、精品制造、匠心制造精神，引导行业和企业诚信自律，依法守规，和谐有序，创新发展
机械、电子制造业	机床行业①	1. 立足"两个大局"，心怀"国之大者"，以服务国家战略和市场需求为导向，勇担机床产业振兴发展重任，服务构建新发展格局，以做强做优高端数控机床产业的实际行动践行"两个维护" 2. 发挥改革的先导和突破作用，深化体制机制改革，激发企业活力和动力 3. 把高水平科技自立自强作为机床产业发展的战略支撑，大力推进科技创新，不断攻克"卡脖子"核心技术，占领未来发展制高点，保障产业链供应链自主可控、安全高效 4. 向管理要效益，不断提升经营管理水平，着力提质增效
	汽车制造业②	1. 加强基础研究：构建我国汽车制造业创新网络，形成由企业、科研机构和高校、金融机构、技术标准服务、技术孵化等环节组成的创新体系或生态系统，通过建链、补链、延链、强链、扩链，提升基础研究和产业链的整体水平 2. 加快汽车产业结构性改革：要推动汽车产业供给侧结构性改革，解决资源错配问题，提高资源配置效率，在保持或提高汽车制造业比重基本稳定的前提下，着力推动汽车制造业提质、增效和升级转型，以动力变革、效率变革和质量变革重塑中国汽车制造业，在国内国际双循环中培育和增强其竞争新优势

---

① 于旭波. 贯彻新发展理念 推动我国机床产业高质量发展[J]. 现代国企研究, 2021（7）: 6–11.

② 朱盛镭. 推进汽车制造业高质量发展[J]. 上海汽车, 2021（10）: 1–3.

续　表

	行业	高质量发展的使命
机械、电子制造业	汽车制造业	3. 提升汽车产业全球价值链地位：大力发展自主创新，实现汽车制造业由组装、加工向产业链前端以知识和技术为主的研发环节、核心零部件研发环节移动，提升汽车制造业增加值和全球价值链地位，从而实现产业升级 4. 大力推进汽车制造产业间融合发展战略：践行高端化、数字化、集群化、智联化、共享化、国际化、品牌化、绿色化的发展理念，借助大数据、人工智能、互联网等现代信息技术，加快制造业服务化和服务业制造化发展，以及建设"人—车—路—网—端—云"协同的基础设施。推动汽车制造业和全社会的"科学精神""创新精神""工匠精神"和"法治精神"相互融合、相互渗透，形成创新驱动发展的强大力量，通过实现"双碳"目标，共同推动汽车制造业的高质量发展，进而实现汽车制造强国之梦想

三、民营企业的高质量发展使命

民营企业在制造业领域的占比更是高达90%，民间投资超过85%，制造领域的民营企业是实现制造业高质量发展的主力军。[①]然而统计数据表明，在中国，民营企业集团公司的平均寿命为7—8年，远低于世界500强企业42年的平均寿命，与世界1000强企业30年的平均寿命也有显著差距；从全球各区域来看，也低于日本企业30年和欧美企业12.5年的平均寿命，尤其是以民营企业为主体的中小企业，平均寿命仅有2.9年，我国民营企业增长的质量和持续经营问题越来越突出。民营企业短命，归根结底，几乎都与企业文化缺失有关，企业文化影响着企业战略目标的制定、市场领域的开拓、科技开发的投入及财务运作的理念等几乎所有企业管

---

① 王程呈,周群飞：做好先进制造业要"内外并举"[EB/OL].(2019–03–06)[2022–07–01]. http://www.xinhuanet.com/politics/2019lh/2019–03/06/c_137872764.htm.

理中的功能。①

作为民营经济大省的浙江省,民营企业已成为经济社会发展的重要引擎,目前全省民营企业数量超过200万家,个体工商户超过400万户,占所有市场主体的95.8%,民营经济增加值从2002年的5346亿元上升至2017年的3.4万亿元,年均增长13%,基本摆脱了价廉质次、以量取胜的发展路径,成为浙江省的"金名片"。通过借鉴浙江省龙头民营企业的发展经验,民营企业实现高质量发展须做到坚守主业,在创新上下功夫,践行"工匠精神",紧贴市场需求,不断推进产品创新、服务创新、营销创新、技术创新,着力打造企业的核心竞争力,逐步提高主业市场份额;高标准、高起点对标行业龙头,学习借鉴龙头企业先进的生产方式、营销模式、管理方式等,结合自身实际进行消化吸收,取长补短、探索创新;准确分析研判国家产业政策、顺应国家宏观要求,以供给侧结构性改革为主线,进一步扩大对外开放;建立健全现代化选人用人机制,通过市场化手段优化管理团队,并通过人才引进推动企业自身技术创新、服务创新和产品创新,进而增强企业核心竞争力;结合自身行业特色和员工结构特点,循序渐进,逐步形成自身独具特色、能拴心留人的企业文化,让文化真正成为民营企业参与市场竞争的"软实力"、组织变革的"定海神针"。②

党的十九大以来,习近平总书记对于民营经济和民营企业做出了一系列重要论述。习近平总书记强调:"民营经济是社会主义市场经济发展的重要成果,是推动社会主义市场经济发展的重要力量。"③以下从五大新发展理念出发,确立民营企业高质量发展的使命。

---

① 颜节礼,朱晋伟.当前民营企业文化建设瓶颈与推进路径[J].商业经济与管理,2013(9):19−26.

② 胡赛.民营企业如何高质量发展[EB/OL].(2018−12−27)[2022−07−01].https://zjnews.zjol.com.cn/zjnews/zjxw/201812/t20181227_9094059.shtml.

③ 宋水萍,刘琴.以新发展理念引领民营企业高质量发展[J].中共南昌市委党校报,2020,18(4):44−46,51.

以创新发展调整结构,增强动力。创新是引领企业发展的第一动力,是民营企业提升竞争力、实现高质量发展的关键,我国进入新发展阶段,民营企业要想实现高质量发展,必须大力实施创新驱动发展战略,只有创新才能自强、才能争先。党的十八大以来,中共中央、国务院关于民营经济发展的大政方针和决策部署不断出台、落实,从持续创新税负政策、激发企业活力,不断创新金融政策、破解融资难题,接续创新市场准入政策、营造公平环境,不断优化行政审批政策、持续简政放权,健全扶持企业政策、构建新型政商关系,贯彻党的组织发展政策、加强党的建设等方面不断进行政策创新,大力营造民营经济发展环境,推进民营企业创新发展。①

以协调发展整合资源,形成合力。要充分调动和整合企业、政府、社会各方资源,合力攻坚,统筹协调推进民营企业更好、更快地发展:第一,构建亲清新型政商关系,畅通政企沟通渠道,强化政府与企业的双向交流,建立政府领导挂点联系制度,设立民营企业维权服务中心,为民营企业提供政策宣传、法律咨询服务,保障民营企业的合法权益;第二,加强营商环境体系建设,政府要营造公平竞争的市场环境,加大对民营企业的服务保障,强化民营企业信用担保体系,帮助民营企业解决发展中的问题,在资金、人才、用地等方面给予政策扶持,拓宽民营企业融资渠道和方式,解决民营企业融资难、融资贵的难题,精简审批环节,优化营商环境;第三,构建和谐劳资关系,和谐的企业劳资关系是增强企业凝聚力的重要法宝,民营企业要理顺企业内部关系,及时保障和维护员工的合法权益,这样有利于激发和调动员工工作的积极性、创造性,增强企业的凝聚力,实现互利共赢。②

---

① 姚海生.新时代推进地方民营企业创新驱动发展路径探析[J].科技资讯,2022,20(11):113-116.

② 宋水萍,刘琴.以新发展理念引领民营企业高质量发展[J].中共南昌市委党校报,2020,18(4):44-46,51.

以绿色发展丰富内涵,增添活力。实现绿色低碳高质量发展需要各类市场主体发挥合力。一是支持民营企业投身制造业绿色转型,应以更大力度支持民营企业数字化赋能绿色转型,用数字化技术在绿色低碳领域形成新的经济增长点和绿色发展新动力,并鼓励企业全方位推进绿色工艺创新,构建绿色制造体系,搭建绿色信息共享平台,加快数字经济产业与传统制造业深度融合;二是引导民营企业主动开展节能减排,引导民营企业提高节能减排积极性,广泛宣传其重要性和必要性,打造一批国内外知名的低碳民营企业,树立低碳发展新标杆,并完善节能减排市场化交易机制,加强碳交易、电力交易、绿证交易之间的衔接,形成覆盖现货和期货的中长期的多层次市场体系,为民营企业提供政策"集成式"定向支持,加速节能减排技术或专利向生产转化,提高企入效率;三是鼓励民营企业参与风光基地开发建设,为民营企业更好地发挥作用创造条件,加强区域资源统筹,制定鼓励高载能产业向西部清洁能源优势地区集聚的支持政策和实施细则,促进绿电本地消纳,构建东西部协同发展新格局,共同为碳达峰、碳中和做出更大贡献。①

以开放发展拓宽市场,借好外力。为了充分激发民营经济的发展活力,习近平总书记在民营企业座谈会上提出:"要坚持权利平等、机会平等、规则平等,废除对非公有制经济各种形式的不合理规定,消除各种隐性壁垒。"习近平总书记还多次强调,凡是法律法规未明确禁入的行业和领域,都要允许各类市场主体平等进入;凡是向外资开放的行业和领域,都要向民间资本开放;凡是影响市场公平竞争的不合理行为,都要坚决制止。党的十九届五中全会提出,要加快构建以国内大循环为主体、国内国际双循环相互促进的新发展格局,新发展格局是我们党顺应经济发展规律,着眼于发挥我国具有全球最完整且规模最大的工业体系、强大的生产能力、完

---

① 民营企业在绿色低碳高质量发展中大有可为[N].人民政协报,2022-06-23(003).

善的配套能力、超大规模内需市场、投资需求潜力巨大等发展优势,根据我国发展阶段、环境、条件变化提出来的。[①]

以共享发展积极履责,实现共赢。民营企业要调动各方资源实现共建、共创、共赢,同时要合理分配发展的成果,在实践中落实好共享理念:第一,企业间共享发展机遇,共享经济环境下倡导的是资源"共有",民营企业之间可以加强交流合作,信息互通、资源共享、优势互补,可以在同行业或跨行业中寻求机会,互通有无,合力发展,从而实现市场共赢,真正节约、高效地推进企业的发展;第二,与员工共享发展红利,员工为企业创造一定的价值,企业也应让员工感受到自身的价值,提高员工对企业的认同感和归属感,首先,民营企业可以探索股权分配、考核激励等机制,充分发挥员工工作积极性和创造力,让员工更有获得感,激发其更好地为企业发展效力,其次,充分发挥工会作用,让员工享有充分的民主权利,保障员工权益,开展工会活动,增进员工团结,实现企业与职工的共赢发展;第三,让全民共享转型成果,民营企业是国民经济发展的生力军,要着力加强民营企业家队伍建设,引导民营企业家大力弘扬企业家精神,不断强化内部管理,积极履行社会责任,切实提升企业现代管理水平,通过产业扶贫、就业扶贫、智力扶贫、捐赠扶贫、金融商贸等多种扶贫途径,为推动经济社会发展做出更大贡献。[②]

① 庄聪生. 习近平总书记关于民营经济健康发展的重要讲话精神和当前民营企业家关注的问题[J]. 商业文化,2020(36):9–17.
② 宋水萍,刘琴. 以新发展理念引领民营企业高质量发展[J]. 中共南昌市委党校报,2020,18(4):44–46,51.

第三章

我国民营企业高质量发展的现状

第一节　民营企业高质量发展的概况

从广义上看,民营企业只与国有独资企业相对,而与任何非国有独资企业是相容的,包括国有持股和控股企业,因此,归纳民营企业的概念就是:非国有独资企业均为民营企业。从狭义的角度来看,"民营企业"仅指私营企业和以私营企业为主体的联营企业,"私营企业"这个概念由于历史因素不易摆脱歧视色彩,无论是私营企业的投资者、经营者、雇员还是有意推动私营企业发展的社会工作者,都倾向于使用中性的"民营企业"这个名称,这就使"民营企业"在许多情况下成为私营企业的别称,其实,现今我国的民营企业多数是私营企业(私企),由于传统共产主义反对私有制,我们便将它们命名为"民营企业"。①

一、我国民营企业发展的历程

中华人民共和国成立70多年来,我国民营企业发展总体上呈现了一个"U"形轨迹:以1978年改革开放为分界,之前近30年以民族资本为代表的工商业和其他个体私营经济逐渐走向衰落并最终消亡;之后40多年随着中国改革开放的不断深入,民营经济在计划经济体制向市场经济体制转轨的过程中脱胎而生并成长壮大,这是一个凤凰涅槃的过程。后者并不

---

① 王飞.民营企业文化建设研究[D].昆明理工大学,2021.

是前者的延续，而是全新的生命体；后者又可以细分为"再生与成长""快速增长"和"转型发展"3个阶段。[①]民营企业发展历程如图3-1所示。

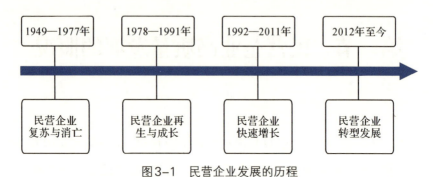

图3-1 民营企业发展的历程

（一）民营企业复苏与消亡（1949—1977年）

民营企业复苏与消亡历程如表3-1所示。

表3-1 民营企业复苏与消亡历程表

时间	阶段性事件	具体内容
中华人民共和国成立前夕	中国共产党领导制定了《共同纲领》，并将其作为新中国成立初期的施政纲领	《共同纲领》规定了新民主主义社会的经济体制是5种经济成分并存的体制：国营经济、合作社经济、农民和手工业者的个体经济、私人资本主义经济、国家资本主义经济，各种社会经济成分在国营经济的领导下分工合作，各得其所，以促进整个社会经济的发展。由此，凋敝的私营工商业很快复苏，并经历了一个短暂的繁荣时期。但是，中华人民共和国成立初期党确立的对民族工商业"利用、限制、改造"的政策，同时也是对工商业者的政策。三大改造的完成，也就是原资本主义工商业作为经营主体的消亡

[①] 郭朝先,李成禅. 新中国成立70年来我国民营企业发展成就及未来高质量发展策略[J]. 企业经济, 2019(9): 14-23.

时间	阶段性事件	具体内容
1951年开始	"三反"和"五反"运动	打击少数不法资本家的"五毒"行为，但在运动中，相当一批工商业者遭到处理，严重影响了私营工商业的持续繁荣
1953—1956年	完成了对农业、手工业和资本主义工商业的社会主义改造	实现了生产资料私有制向社会主义公有制的转变
自1956年之后	私营经济和其他各类非公有制经济基本成为历史	在这一过程中，广大工商业者给予了极大的配合，从而实现了一次经济领域"不流血的革命"。在"大跃进"和后来的"文化大革命"运动中，非公有制经济的最后遗迹基本上被一扫而光，国民经济成为纯而又纯的公有制经济。然而，在这种纯而又纯的公有制经济制度下，整个国民经济发展也出现低效和停滞

（二）民营企业再生与成长（1978—1991年）

民营企业再生与成长历程如表3-2所示。

表3-2　民营企业再生与成长历程表

时间	阶段性事件	具体内容
1978年底	十一届三中全会	拉开了改革开放的大幕，我党破除所有制问题上的传统观念束缚，为非公有制经济发展打开了大门。一方面，党和政府积极落实工商业者政策，为他们"脱帽"；另一方面，随着政策的放宽及市场的发展，个体私营经济和各类非公经济重新发育
1982年	党的十二大	个体经济是"公有制经济的必要的、有益的补充"
1988年4月	通过了《中华人民共和国宪法修正案》	《中华人民共和国宪法修正案》规定了国家允许私营经济在法律规定的范围内存在和发展，保护私营经济合法的权利和利益

时间	阶段性事件	具体内容
1988年6月	国务院颁布《中华人民共和国私营企业暂行条例》	将私营企业发展和管理首次纳入法治轨道。一般地，民营企业包括两大类：一类是私营企业，一类是个体工商户。两者的差别是雇工人数的差别，8人及以上的为私营企业，8人以下的是个体工商户

截至1991年底，全国登记注册的私营企业共有10.8万户，从业人员183.9万人，注册资金123.2亿元；全国登记的个体工商户共有1416.8万户，从业人员2258万人，注册资金488.2亿元。1991年我国民营企业情况见表3-3。

表3-3　1991年我国民营企业情况

民营企业类型	民营企业情况
私营企业（8人及以上）	户数10.8万户
	从业人员183.9万人
	注册资金123.2亿元
个体工商户（8人以下）	户数1416.8万户
	从业人员2258万人
	注册资金488.2亿元

（三）民营企业快速增长（1992—2011年）

民营企业快速增长历程如表3-4所示。

表3-4　民营企业快速增长历程表

时间	阶段性事件	具体内容
1992年	邓小平同志发表了著名的"南方谈话"，同年秋季党的十四大召开	正式确定我国社会主义经济体制改革的方向是社会主义市场经济体制，民营企业迎来了更好的舆论环境，获得了更大发展的体制空间，开始进入快速增长通道

续 表

时间	阶段性事件	具体内容
1997年	党的十五大召开	把"公有制为主体、多种所有制经济共同发展"确立为我国的基本经济制度,明确提出"非公有制经济是我国社会主义市场经济的重要组成部分"
2002年	党的十六大召开	提出了"两个毫不动摇":"必须毫不动摇地巩固和发展公有制经济""必须毫不动摇地鼓励、支持和引导非公有制经济发展"
2004年	宪法修正案	规定了"公民合法的私有财产不受侵犯"
2007年	党的十七大召开	重申要坚持基本经济制度,坚持"两个毫不动摇",平等保护物权,形成各种所有制平等竞争、共同发展的新格局
2007年	通过了《中华人民共和国物权法》	第一次以国家法律的形式明确规定对公有财产和私有财产给予平等保护

(四)民营企业转型发展(2012年至今)

民营企业转型发展历程如表3-5所示。

表3-5 民营企业转型发展历程表

时间	阶段性事件	具体内容
2012年开始	我国经济遭遇"三期叠加"(增长速度换挡期、结构调整阵痛期、前期刺激政策消化期)	经济增长速度明显趋缓,从过去的高速增长转向中高速增长,我国经济进入转型发展时期,民营企业转变经济发展方式的要求更加强烈
2012年11月	党的十八大召开	进一步提出"毫不动摇鼓励、支持、引导非公有制经济发展,保证各种所有制经济依法平等使用生产要素、公平参与市场竞争、同等受到法律保护"

续　表

时间	阶段性事件	具体内容
2013年11月	党的十八届三中全会	提出了公有制经济和非公有制经济都是社会主义市场经济的重要组成部分,都是我国经济社会发展的重要基础;公有制经济财产权不可侵犯,非公有制经济财产权同样不可侵犯;国家保护各种所有制经济产权和合法利益,坚持权利平等、机会平等、规则平等,废除对非公有制经济各种形式的不合理规定,消除各种隐性壁垒,激发非公有制经济活力和创造力
2014年10月	党的十八届四中全会	提出要"健全以公平为核心原则的产权保护制度,加强对各种所有制经济组织和自然人财产权的保护,清理有违公平的法律法规条款"
2015年10月	党的十八届五中全会	强调要"鼓励民营企业依法进入更多领域,引入非国有资本参与国有企业改革,更好激发非公有制经济活力和创造力"
2017年10月至今	党的十九大召开	做出了"我国社会主要矛盾已经转化为人民日益增长的美好生活需要和不平衡不充分的发展之间的矛盾"的重要判断,新时代追求经济高质量发展成为必然,民营企业转型发展方向进一步明确为高质量发展。这一时期在政策上进一步表明要坚持"两个毫不动摇"、促进公平竞争和保护私有产权等

改革开放40多年以来,我国民营经济从小到大、从弱到强,不断发展壮大。2017年,党的十九大把"两个毫不动摇"写入新时代坚持和发展中国特色社会主义的基本方略,作为党和国家一项大政方针进一步确定下来。截至2017年底,我国民营企业数量超过2700万家,个体工商户超过6500万户,注册资本超过165万亿元。2018年11月,习近平总书记在民营企业座谈会上的讲话高度肯定了民营企业发展成就,概括了民营经济"五六七八九"的特征,即贡献了50%以上的税收、60%以上的国内生产总值、70%以上的技术创新成果、80%以上的城镇劳动就业、90%以上的企业数量。同时,针对一段时间以来社会上一些否定、怀疑民营经济的言论,比如有的人提出所谓"民营经济离场论",说民营经济已经完成使

命,要退出历史舞台,有的人提出所谓"新公私合营论",把现在的混合所有制改革曲解为新一轮"公私合营"等,习近平总书记在民营企业座谈会上再次强调,非公有制经济在我国经济社会发展中的地位和作用没有变!我们毫不动摇鼓励、支持、引导非公有制经济发展的方针政策没有变!我们致力于为非公有制经济发展营造良好环境和提供更多机会的方针政策没有变!这3个"没有变"铿锵有力,就是对民营经济最强、最坚定的政策信号。习近平总书记的重要讲话,为民营经济健康发展定调,必定促进民营企业蓬勃发展。①

2012—2021年,我国民营企业数量从1085.7万户增长到4457.5万户,10年间翻了两番,民营企业在企业总量中的占比由79.4%提高到92.1%。民营企业在企业总量中的占比变化如图3-2所示。②

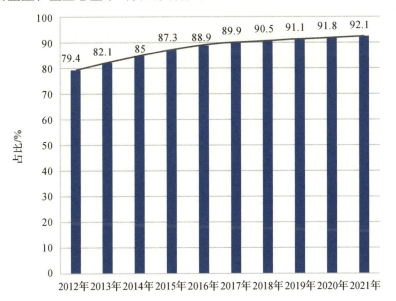

图3-2　民营企业在企业总量中的占比变化图

(数据来源:国家市场监督管理总局)

---

① 习近平.在民营企业座谈会上的讲话[N].人民日报,2018-11-02.
② 林丽鹂.民营企业数量10年翻两番[N].人民日报,2022-03-23(001).

二、民营经济在高质量发展中的作用

习近平总书记在民营企业座谈会上指出，我国民营经济已经成为推动我国发展不可或缺的力量，成为创业就业的主要领域、技术创新的重要主体、国家税收的重要来源，为我国社会主义市场经济发展、政府职能转变、农村富余劳动力转移、国际市场开拓等发挥了重要作用。党的十九大以来，我国民营经济站在一个新的历史起点上，既迎来了新的机遇，也面临着新的挑战，民营经济不仅与国有经济处于平等的竞争地位，也同样承担着国民经济发展的战略性任务，同样接受着国内外市场竞争的严峻考验，并且从国内经济形势看，我国正处于从中高收入阶段向高收入阶段过渡的时期，也是跨越中等收入陷阱的关键阶段，面临着"双转型升级"的巨大压力；从国际经济形势看，世界经济复苏曲折而缓慢，以"互联网＋"和智能制造为代表的新科技革命正在兴起，对传统产业和业态带来冲击和机遇，世界经济格局面临调整、转型和重构，中美贸易冲突不断加剧，新型工业化国家与传统欧美发达国家关系微妙而复杂，国际不确定风险加大。[①]

(一) 民营经济是我国经济高质量发展的推动者

在当前新时代发展环境和趋势下，中国经济势必要摆脱过去过于依赖要素投入的发展方式，这意味着，未来的发展过程是一个不断强化创新的过程，也就是高质量发展的过程。从中国经济多年的发展历程来看，国有企业与民营企业在创新机制上存在一定差异，民营企业更多是依靠市场内生形成的创新，因此，习近平总书记也对民营企业所贡献的70%以上的技术创新成果表示高度肯定，同时在中国经济高质量发展的大环境下，民营经济的发展势必有更广阔的舞台，中国经济的高质量发展也离

---

① 叶颉,谢志忠,林克涛.新时期我国民营经济的角色定位、现实困境与发展路径[J].泉州师范学院学报,2019,37(1):20-26.

不开民营企业。①

(二) 民营经济是促进经济发展的重要支柱

民营经济在我国经济社会发展中的重要性无可争议,"五六七八九"的简明概括受到了普遍认可,也彰显了民营经济的重要地位。同时,民营企业的重要性不仅体现在数量上和责任奉献上,更在于各行各业涌现出一批敢闯敢干、做强做优的高质量发展的大企业,并且它们在规模上不断跨越,效益上不断攀登,中国企业联合会、中国企业家协会发布的2019中国企业500强榜单显示,民营企业有235家,仅比国有企业少30家,而在2010年,这一差距是150家,因此,在大企业这个群体中,民营企业占据了接近半壁江山。②

(三) 民营经济是改善民生的重要抓手

民营企业在产业上不断深耕,在食品生产、服装制造、商业零售、房地产开发和互联网服务等领域表现出强大的发展能力,在中国企业500强中,民营企业在这些领域具有绝对的优势,特别是在服装制造、互联网服务等行业中,民营企业的入围数量占比达到了100%。这些行业涉及衣食住行,民营企业的大发展丰富了人们消费的品类,提高了产品和服务的质量,同时在大街小巷,民营资本积极参与的餐饮服务、教育服务、医疗服务,以及更重要的互联网对各行业广泛渗透而兴起的本地生活服务,都极大地缓解了长期存在的"生活性服务业有效供给不足"这一难题。除此之外,很多民营企业也在积极履行社会责任,在教育、扶贫和医疗建设等方面大有作为,中国慈善榜上正涌现出越来越多的民营企业和民营企业家,

---

① 王志凯.民营经济对高质量发展的重要意义探析[J].国家治理,2018(44):3-13.
② 余逊达.在深化改革中为民营经济发展注入更强动力[J].国家治理,2018(41):17-21.

位次与金额也在不断刷新。[①]

（四）民营经济是走向世界的重要力量

在世界500强的舞台上，我国民营企业已由2010年的1家增加到2019年的28家，在全球化发展布局中，民营企业也在积极进取，在2019中国100大跨国公司榜单中，民营企业有25家，其中既有腾讯这样的互联网领军企业，也有吉利汽车、TCL家电这样的优秀制造企业，还有青山控股集团、海亮集团这样在工业材料领域走出去的供应商。可以说，这些几十年如一日聚焦实业、做精主业的传统制造业民营企业，以及不断创新投入，坚持科技和服务并重的新兴服务业民营企业，正在为中国经济走向更广阔的世界舞台注入源源不断的强大动能。[②]

三、我国各地民营企业高质量发展现状

我国各地积极响应高质量发展的战略目标，深入贯彻落实习近平总书记重要讲话精神，推动民营企业高质量发展，取得了显著成绩，促进了民营企业更加蓬勃发展。我国各地民营企业高质量发展的现状如下。

（一）浙江省民营经济高质量发展的现状[③]

进入新时代，浙江省民营经济作为浙江省的"金名片"，已成为推动经济高质量发展的主力军。浙江省市场监督管理局的数据显示，截至2019

---

① 王志凯.民营经济对高质量发展的重要意义探析[J].国家治理,2018(44):3-13.

② 高蕊.推动民营经济高质量发展有哪些重要意义？[EB/OL].(2019-09-12)[2022-07-01].http://views.ce.cn/view/ent/201909/12/t20190912_33137328.shtml.

③ 刘道学,董碧晨,颜铠晨.江浙民营企业高质量发展比较研究——基于民营上市企业财务数据分析[J].上海管理科学,2021,43(4):83-88.

年底,浙江省共有各类市场主体724.25万户,其中民营经济市场主体占比为96%。千亿军团逐年壮大,新兴科技民企呈快速增长态势。据全国工商联公布的民企500强榜单,2019年浙江有91家上榜,连续21年位列全国第一。近年来,随着中美贸易摩擦升级,加之新冠感染疫情冲击,浙江省民营企业赖以生存的经验、模式及成长惯性都受到较大影响。但也因此倒逼浙江民营企业引领高质量转型发展并呈现出全面开花的五大路径:一是平台企业与新兴互联网企业共同引领技术创新;二是借助小微企业园与海外科技人才;三是大型龙头企业利用全产业链优势成为高质量发展标杆;四是以技术创新为民营企业的核心优势而融入社会发展;五是上市公司及外贸企业等拓展产业链,践行"一带一路"倡议,走出去探索高质量发展新路径。同时,在"低成本优势快速递减"和"新竞争优势尚未形成"的双重压力下,浙江省民营企业高质量发展存在"四难"痛点:一是盈利难,生存发展空间小,产品净利润率一直在低位徘徊;二是升级难,核心技术"卡脖子",行业高端人才、核心人才严重短缺;三是减负难,企业获得感不强,存在各项政策落地、落细、落实难等问题;四是制度健全难,财务质量不够高,企业筹资质量、投资质量、资金运营质量及利益分配质量急需提升。

(二) 江苏省民营经济高质量发展的现状[①]

民营经济已成为江苏省经济发展的重要支撑。改革开放40多年来,江苏省民营经济实现了快速发展,经济实力大大提升,竞争地位不断提高,在国民经济中的作用显著增强,对国民经济和区域经济的贡献率逐年攀高,已经成为社会经济发展的重要支撑力量。2017年,全省民营经济

[①] 中共中央党校(国家行政学院)经济学教研部课题组,曹立,邹一南,等.加快推动民营经济高质量发展——关于江苏省民营经济发展的调查与思考[J].江苏省社会主义学院学报,2019(3):32-41.

对全省GDP增长的贡献率达55.4%。江苏省民营经济实现高质量发展依托五大战略：一是依托雄厚的制造业基础，充分运用物联网、云计算、大数据等新兴技术；二是依托长江经济带战略，在产业空间梯度转移中实现"腾笼换鸟"式的产业升级；三是依托扬子江城市群战略促进区域经济高质量发展；四是依托苏南国家自主创新示范区建设实施创新驱动战略和自主品牌战略；五是依托沿海开发战略走"港产城"联动发展、融合发展道路。

同时，江苏省民营企业高质量发展还面临一些挑战：一是民营企业的营商环境堪忧，地方政府对企业经营干预仍然过多，获得公平待遇的供给不足，惠企政策空转多、落实难；二是融资难、融资贵，主要表现在融资成本高、银行贷款门槛高、融资渠道窄、企业无可抵押担保资产等方面；三是税费负担重，导致民营企业的制度成本过高；四是劳动力成本高，随着社保缴费比例的增高，企业人力成本也逐渐增高；五是环保压力大，部分民营企业面临巨大节能减排、淘汰落后产能的压力；六是用地成本上升，随着国家对工业用地指标从严控制，许多企业发展空间受限，尤其是中小企业的用地需求得不到满足；七是人才"短板"突显，民营企业普遍缺少技术型人才和高层次人才，研发人员数量不足；八是外贸环境恶化，随着中美贸易摩擦加剧，我国出口优势不断削弱，明显加剧了江苏省民营企业扩大外需的难度。

(三) 天津市民营经济高质量发展的现状①

在市委、市政府高度重视和大力支持下，天津市民营企业加快转型升级步伐，不断提高发展质量和效益，努力实现高质量发展。2018年全市民营经济实现增加值8551.76亿元，占全市生产总值的45.5%。截至2019年

---

① 天津市工商业联合会课题组. 天津市民营企业高质量发展的调查与研究[J]. 天津市社会主义学院学报，2019(2): 51-54.

3月,天津市民营企业达50.8万户,其中科技型企业、规模超亿元科技型企业总数分别达到10万家和4400多家,70%的科技型企业、85%的规模超亿元科技型企业集中在新能源、生物医药、节能环保、高端装备制造等战略性新兴产业。

市委、市政府对高质量发展多措并举、全力推动,深入开展"双万双服促发展"(组织万名干部帮扶万家企业,服务企业、服务发展)活动,从2009年开始,全市连续开展"上水平"等活动,服务民营企业,2017年,以"双万双服"为主题,助力企业发展。

天津市着力支持民营企业技术创新,每年安排4亿多元科技专项资金,并与北京市、河北省共同设立10亿元京津冀协同创新科技成果转化创业投资基金,支持企业科技创新;实施民营科技领军企业培育重大项目和产学研用创新联盟建设,组织实施重大项目19项,认定20家领军企业加入产学研用创新联盟。

着力推动民营企业转型升级,市委、市政府将实施转型升级行动作为提高民营企业发展质量、增强核心竞争力的重要举措,从2014年到2016年,启动实施第一轮万企转型升级行动计划,帮助1.2万家中小企业实现转型升级。

着力培育大企业、大集团,优选百户民营大企业、大集团列入全市培育计划,提供个性化咨询诊断服务,实施"一企一策"精准帮扶,连续实施三批咨询诊断项目,对21家入选中国企业500强、中国民营企业500强的民营企业落实资金奖励5100万元。

着力优化投资服务环境,加大政策支持和引导力度,研究出台《关于进一步优化投资服务和营商环境的意见》等文件,促进天津市投资服务环境改善。

(四) 辽宁省民营经济高质量发展的现状①

辽宁省工商业联合会课题组对辽宁省民营企业高质量发展情况进行了专题调研,开展了问卷调查,以下内容是辽宁省民营企业高质量发展情况。

研发得到普遍重视,但总体投入不足。从研发人员占员工总数的比重来看,39%的企业的研发人员占比20%—50%;从研发费用占主营业务收入的比重看,35.7%的企业占比1%—5%,仍有53.8%的企业的研发人员占比不足5%,50%的企业研发费用占比小于1%。

生产质量管理相对规范,品牌建设力度不够。3/4的企业采取了TOM、六西格玛、5C等生产质量管理办法,2/3的企业进行了ISO系列质量认证、CCC认证或其他产品质量管理体系认证。但品牌建设力度不够,62%的企业没有省级以上著名商标,在剩余的有著名商标的企业中,有近1/3的企业自主品牌产品收入比重小于50%。

重视企业管理,但先进理念模式运用不够。在内部管理方面,建立发展规划占23.1%,优化组织架构占13.9%,改进经营流程占13.3%,而企业文化建设只占8%。

重视绿色发展,但转型困难。调查显示,有27.1%的企业推行生态设计,24%的企业打造绿色供应链,16.7%的企业采取提高现有产品环保性能等措施,只有12%的企业选择转向低污染、低耗能产业,88%的企业还是在传统高耗能、高污染行业中,做着修修补补的工作。

企业走出去较多,但质量不高。调查显示,有近80%的企业实现了走出去,其中,23.3%的企业是为了建立营销网络,真正意义上拓展国际市场的只有11.9%,并且多是为了获取国外原材料等资源,68%的企业选择在国内拓展发展空间,但它们离开了辽宁省。

---

① 辽宁省工商业联合会课题组,周福辉,李文涛.辽宁省民营企业高质量发展调研报告[J].辽宁省社会主义学院学报,2018(4):83–90.

（五）山东省民营企业高质量发展的现状①

山东省民营经济发展的经济效益显著增强。按照《山东省国民经济和社会发展统计公报》的数据，2018年山东省民营经济总量为38656.2亿元，居全国第三位，占全省GDP的50.55%。民营企业主体数量不断增加，山东省民营经济市场主体和注册资本金分别占全省市场经济总量的98.1%和72.7%；民营企业质量不断提高，2019年全国工商联发布的2018中国民营企业500强榜单中，山东省民营企业共有73家，居全国第三位。

民营经济发展的社会效益不断提升。民营企业税费逐渐成为山东省地方财政收入的主要来源，2013—2017年山东省民营企业贡献了近70%的税收；民营企业成为山东省扩大就业的主要选择，2013—2017年山东省民营企业贡献率达到了80%以上。

民营经济创新发展能力不断提升。在专利申请方面，截至2017年末，山东省民营企业申请发明专利6.78万件，实用新型专利11.83万件，外观设计专利1.88万件；在注册商标方面，截至2018年末，山东省民营企业注册商标96万件。

然而，山东省民营企业高质量发展还存在一些不足，如市场主体发展滞后，企业规模小实力弱，产能过剩，新旧动能转换出现断层，企业对外开放度不高，等等。

四、中华人民共和国成立以来民营企业发展取得的成就

习近平总书记在民营企业座谈会上指出，民营经济已经成为推动我国发展不可或缺的力量，成为创业就业的主要领域、技术创新的重要主体、国家税收的重要来源，为我国社会主义市场经济发展、政府职能转变、

---

① 齐矗.山东省民营经济高质量发展研究[D].中共山东省委党校，2020.

农村富余劳动力转移、国际市场开拓等发挥了重要作用。民营企业发展成就主要表现在以下5个方面。

(一)民营企业总体规模快速扩张,部分民营企业已成长为国内外具有影响力的大企业

我国民营企业已经成为国民经济重要组成部分,企业数量持续增多,总体规模持续扩张。据统计,2012—2021年,我国民营企业数量从1085.7万户增长到4457.5万户,10年间翻了两番,民营企业在企业总量中的占比由79.4%提高到92.1%,在稳定增长、促进创新、增加就业、改善民生等方面发挥了重要作用,成为推动经济社会发展的重要力量。[1]据统计,在世界500强企业中,我国民营企业由2010年的1家增加到2020年的31家。根据全国工商联发布的中国民营企业500强榜单,历年500强企业入围门槛年年攀升、资产规模快速扩张、利润水平稳步增长、社会贡献持续加大。在2021年发布的民营企业500强榜单中,入围门槛继续增长,达235.01亿元,比2019年超出32.97亿元;2020年营业收入突破3000亿元的共有13家,其中,华为投资控股有限公司(8913.68亿元)、京东集团(7686.24亿元)、恒力集团有限公司(6953.36亿元)、正威国际集团有限公司(6919.37亿元)、阿里巴巴(中国)有限公司(6442.08亿元)等5家企业营业收入超过6000亿元。[2]2011—2020年民营企业500强入围门槛如图3-3所示。

---

[1] 从2012年1085.7万户增长到2021年4457.5万户 民营企业数量10年翻两番[EB/OL].(2022-03-23)[2022-07-01].https://www.samr.gov.cn/xw/mtjj/202203/t20220323_340715.html.

[2] 黄荣.2021中国民营企业500强发布报告[J].中国产经,2021(19):51-53.

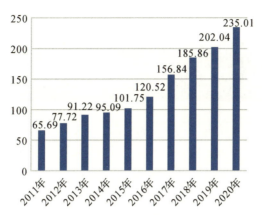

图3-3　2011—2020年民营企业500强入围门槛（单位：亿元）

（数据来源：《2021中国民营企业500强调研分析报告》）

（二）民营企业以实体经济为本，成为制造业领域的主力军

长期以来，我国民营企业以制造业和实体经济为本。据国家统计局发布的数据，2021年我国规模以上私营工业企业为408732家，资产总计达到40.91万亿元，主营业务收入为50.92万亿元，利润总额为2.91万亿元，企业单位数和利润总额与1998年相比分别增长28.08倍和434.3倍。近年中国规模以上私营工业企业发展情况如表3-6所示。

表 3-6　近年中国规模以上私营工业企业发展情况

年份	企业单位数			资产总额		
	全国总计/个	私营企业/个	占比/%	全国总计/万亿元	私营企业/万亿元	占比/%
1998	165080	10667	6.46	—	—	—
2010	452872	273259	60.34	59.29	11.69	19.71
2017	372729	215138	57.72	112.19	24.26	21.62
2018	378440	235424	62.21	113.44	23.93	21.09
2019	377815	243640	64.49	120.59	28.28	23.45
2020	399375	286430	71.72	126.76	32.2	25.4
2021	408732	299541	73.24	—	40.91	—

年份	企业单位数			资产总额		
	全国总计/个	私营企业/个	占比/%	全国总计/万亿元	私营企业/万亿元	占比/%
1998	6.41	—	—	0.15	0.0067	4.47
2010	69.77	20.78	29.79	5.3	1.51	28.47
2017	113.32	38.1	33.63	7.5	2.3	30.74
2018	104.95	31.2	29.73	6.64	1.71	25.83
2019	106.74	36.11	33.83	6.58	2.07	31.38
2020	105.34	38	36.07	6.85	2.38	34.74
2021	127.92	50.92	39.81	8.71	2.91	33.41

数据来源：根据国家统计局数据整理所得。

（三）民营企业成为就业主渠道，"稳就业"作用十分明显

据统计，1990年前后在民营企业就业人数只有2000万人左右，2005年已经超过1亿人，2013年超过2亿人，2017年我国在民营企业就业人数达到3.4亿人。当前，民营企业提供八成城镇劳动就业岗位，其发展对促进就业和"稳就业"发挥着十分重要的作用。根据《2021年中国民营企业500强调研分析报告》（以下简称：《分析报告》），2020年民营企业500强员工总数为1109.11万人，占全国就业人员比重为1.48%，较2019年涨幅为6.26%。[①]从就业结构来看，第三产业始终是私营企业就业主渠道。在2008年以前，私营企业第二产业就业比重呈上升趋势，而2008年之后，私营企业第二产业就业所占比重呈下降趋势。这主要是受国际金融危机的影响，我国出口订单减少，进而影响到私营制造业就业；另外一个重要原因是，随着新常态下传统工业行业产能过剩越发严重，产品销售变得困难，私营工业企业不得不减少生产和从业人员。

---

① 全国工商联经济部.2021中国民营企业500强调研分析报告[R/OL].(2019-09-15)[2022-07-01].http://www.acfic.org.cn/zt_home/2021my5bq/2021my5bq_1/202109/t20210915_266454.html.

（四）民营企业是科技进步的重要驱动力量，在战略性新兴产业中作用更加突出

习近平总书记在民营企业座谈会上指出，民营经济贡献了70%以上的技术创新成果。一批民营企业如华为、百度、腾讯、阿里、京东等进入战略性新兴产业和新经济领域，快速崛起，推动了我国科技创新。根据《2018中国民营企业500强调研分析报告》可知，2017年民营企业500强的研发投入力度增大，研发人员占比在10%以上的企业数量达到189家，比2016年增加12家，占全部民营企业的47.85%。[①]根据《分析报告》可知，2020年500强企业申请国内外专利412711项，较2019年增长了14507项，研发人员占比在10%以上的企业达到120家，涌现出了一批以华为为代表的在关键领域掌握核心技术的高科技企业。2016—2020年民营企业500强研发人员占比及研发经费投入强度情况如表3-7所示。

表3-7　2016—2020年民营企业500强研发人员占比及研发经费投入强度情况

单位：家

比例	研发人员占比					研发经费投入强度				
	2020年	2019年	2018年	2017年	2016年	2020年	2019年	2018年	2017年	2016年
≥10%	120	186	184	189	177	7	5	6	6	4
4%—10%	109	135	144	116	136	55	54	63	65	70
1%—3%	59	69	54	64	67	106	106	116	111	96
<1%	52	24	27	26	24	271	242	229	223	224
合计	340	414	409	395	404	439	407	414	405	394

数据来源：《2021中国民营企业500强调研分析报告》。

[①] 全国工商联经济部.2018中国民营企业500强调研分析报告[R/OL].(2018-08-29)[2022-07-01].http://www.acfic.org.cn/zztjg-327/nsjg/jjb/jjbgzhdzt/2018my5bq/2018my5bq-bgbd/201808//t2018020-55528.html.

（五）民营企业社会贡献持续加大，有力促进国家发展战略和计划的实施

习近平总书记在民营企业座谈会上指出，民营经济贡献了50%以上的税收。根据《分析报告》可知，仅民营企业500强2020年纳税总额就达13642.05亿元，占全国总税收的比重为8.84%，比2018年提高了4.6%，比2016年提高了2.71%，在2020年民营企业500强中，共有477家企业参与了国家重大决策部署，占比达95.4%，如图3-4所示。

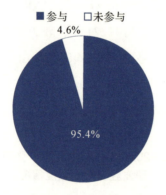

图3-4 2020年民营企业500强参与国家重大决策部署情况

（数据来源：《2021中国民营企业500强调研分析报告》）

2020年，参与国家重大决策部署的477家企业中有191家企业参与"一带一路"建设，与2019年持平；354家企业参与乡村振兴战略，较2019年增加63家，增幅为21.65%；246家参与了"两新一重"建设；183家参与了混合所有制改革，参与区域协调发展战略的企业共有350家，占比70%，2020年民营企业500强参与国家战略情况见表3-8。

表 3-8　2020 年民营企业 500 强参与国家战略情况

战略类型		企业数量/家	参与各战略的形式
国家重大决策部署	乡村振兴战略	354	其中 269 家企业参与精准脱贫,改善民生保障,占比 53.8%;206 家企业参与促进产业兴旺,带动农民增收,占比 41.2%;170 家企业参与保护青山绿水,美化人居环境,占比超过 34%;120 家企业参与强化基层党建,提升治理能力,占比 24%;参与繁荣农村文化、培育文明新风、引进优秀人才、培育新型农民的企业均为 81 家
	"一带一路"建设	191	其中 166 家企业参与丝绸之路经济带("一带")建设;124 家企业参与 21 世纪海上丝绸之路("一路")建设
	"两新一重"建设	246	其中 162 家企业参与新型基础设施建设,占比 32.4%,161 家企业参与新型城镇化建设,占比 32.2%,78 家企业参与交通、水利重大工程建设,占比 15.6%
	混合所有制改革	183	其中 90 家企业通过参股、控股形式参与国有企业混合所有制改革,占比 18%;105 家企业与国有企业共同发起设立新企业,占比 21%;59 家企业引入国有资本,占比 11.8%
	区域协调发展战略	350	其中 170 家企业参与长三角一体化发展,占比 48.57%;参与长江经济带发展、西部大开发、粤港澳大湾区建设的企业数量分别为 159 家、122 家、122 家,占参与区域协调发展战略企业的比例分别为 45.43%、34.86%、34.86%;参与京津冀协同发展、中部崛起的企业数量分别为 114 家、111 家,占参与区域协调发展战略企业的比例分别为 32.57%、31.71%

数据来源:《2021 中国民营企业 500 强调研分析报告》。

根据《分析报告》可知,在绿色发展方面,2020 年民营企业 500 强中有 409 家已参与污染防治攻坚战,占 500 强企业的比例为 81.8%,较 2019年增加 6 家。参与污染防治攻坚战的 409 家企业中,358 家通过加强资源节约与利用、降低能耗物耗的方式参与,占参与企业的比例为87.53%,317家通过引进先进环保技术和装备、加强治污减排的方式参与,占参与企业的比例为77.51%。在碳达峰、碳中和任务目标的引领下,民营企业500强持续加强节能降耗、治污减排,加大节能环保技术装备的创新与投入,主动调整产业结构,为打好污染防治攻坚战做出积极贡献,推动企业绿色发展。从参与污染防治攻坚战的民营企业500强行业分布情况来看,参与企业数量超过20家(含)的行业有6个,共201家企业,合计占已参与污染防治攻坚战的500强企业的49.14%,分别为黑色金属冶炼和压延加工业,建筑业,综合,房地产业,电气机械和器材制造业,石油、煤炭及其他燃料加工业。其中黑色金属冶炼和压延加工业仍然是参与企业数量最多的行业,共59家,占已参与污染防治攻坚战的500强企业的14.43%。2020年民营企业500强参与污染防治攻坚战的主要方式如表3-9所示。

表3-9 2020年民营企业500强参与污染防治攻坚战的主要方式

参与方式	企业数量/家	占参与企业比例/%
加强资源节约与利用,降低能耗物耗	358	87.53
引进先进环保技术和装备,加强治污减排	317	77.51
加强绿色产品创新,建设绿色工厂	243	59.41
调整产业结构,淘汰落后产能	242	59.17
积极投资节能环保产业、清洁生产产业、清洁能源产业	191	46.7

数据来源:《2021中国民营企业500强调研分析报告》。

第二节 技术创新与转化

一、技术创新在民营企业高质量发展中的作用

技术进步与技术创新无疑对当下和未来的中国经济高质量发展具有特别重要的意义,党的十九届五中全会审议通过的《中共中央关于制定国民经济和社会发展第十四个五年规划和二〇三五年远景目标的建议》指出,"坚持创新驱动发展,全面塑造发展新优势","坚持创新在我国现代化建设全局中的核心地位,把科技自立自强作为国家发展的战略支撑",提升企业技术创新能力是实现这一目标的重要途径。[①]

首先,民营企业可以利用创新的技术获取超额利润,同时可以防止自身被市场淘汰。民营企业以市场为导向,以利润为中心,在创新过程中,企业通常会将新技术做到更精、更细、更具有差异性,从而形成更高的进入壁垒并维持更长期的超额利润,这样的企业竞争策略就会使得整个社会进入"差异化"竞争时代,全社会的技术水平也会因此不断提升。[②]

其次,民营企业需要把重点聚焦在产业链集群与技术创新。近年来,许多产业集群开始向更高级的"产业链集群"演化,集群内产业链上的关联企业、研发和科技服务机构正加速聚集,企业之间围绕产业链形成了创新链和资金链,并且已经出现了跨行业、跨区域的创新型产业链集群。在这个过程中,许多民营企业在关键设备和关键链点上力求实现自主创新,并通过创新主动"补链、强链和延链",集群和产业链中许多民营企业自

---

① 剧锦文.民营企业的技术创新:实现高质量发展与形成竞争新优势[J].天津社会科学,2021(6):93-99.

② 岩井克人.未来的公司[M].张永亮,陶小军,译.北京:东方出版社,2018.

然地实现了技术重构和技术创新,形成了新的竞争力优势。[①]

最后,数字技术革命为广大民营企业的技术创新提供了全新的发展机遇和发展空间。历次科技与产业革命都具有技术创新密集发生、多点突破、交叉融合的特点,数字技术革命的不同之处在于,它以人工智能、新一代信息技术、新生物技术、新能源技术和新材料技术等为创新的主要方面,并且这些新科技都以网络和数字技术为核心,其创新的指向是"去中心化"和智能化,这就使得本次科技革命具有了广泛性和多层次性,而这恰好与我国为数众多、规模不等、涉足广泛的民营企业相契合,为广大民营企业成为新一轮科技革命的弄潮儿提供了绝佳的机会。更多民营企业的参与不仅有助于我国整体技术水平的提升,也为我国解决关键技术领域的"卡脖子"难题汇聚了巨大潜能。[②]

二、技术创新与转化情况

根据《分析报告》可知,民营企业500强继续加强产学研工作,强化科技成果转化,采取多种方式提升企业创新能力,推动企业转型升级,实现高质量发展。民营企业500强调研报告中关于技术创新与转化情况的分析,显然具有较强的代表性。

(一)研发投入

民营企业500强继续加大研发投入。《分析报告》指出,从研发经费投入强度看,研发费用排名前五位的500强企业,涉及计算机、通信和其

---

① 卫龙宝,阮建青,傅昌銮.产业集群升级、区域经济转型与中小企业成长:基于浙江特色产业集群案例的研究[M].杭州:浙江大学出版社,2011.

② 数字化转型已是时代趋势 数字化转型对企业的意义与发展机遇[EB/OL].(2021-07-08)[2022-07-01].https://www.chinairn.com/news/20210708/112359745.shtml.

他电子设备制造业,互联网和相关服务,汽车制造业3个行业,其中华为投资控股有限公司以1419亿元继续位居榜首,其研发费用为第二至第五位民营企业研发费用总和的1.05倍。2020年民营企业500强研发费用前五位的企业如表3-10所示。

表3-10　2020年民营企业500强研发费用前五位的企业

排名	企业名称	所属行业	所在省份	研发费用/亿元	研发经费投入强度/%
1	华为投资控股有限公司	计算机、通信和其他电子设备制造业	广东省	1419	15.92
2	阿里巴巴(中国)有限公司	互联网和相关服务	浙江省	545.21	8.46
3	腾讯控股有限公司	互联网和相关服务	广东省	389.72	8.08
4	浙江吉利控股集团有限公司	汽车制造业	浙江省	218.11	6.7
5	百度公司	互联网和相关服务	北京市	195.133	18.22

数据来源:《2021中国民营企业500强调研分析报告》。

(二) 产学研

《分析报告》指出,在2020年与高校、科研院所开展合作的500强企业有393家,较2019年减少6家。从合作方式看,仍以开展项目合作为主。开展项目合作的企业数量为348家,较2019年增加22家;191家企业共建研发机构,较2019年增加20家;66家企业共建学科专业,较2019年增加7家。2020年民营企业500强与高校、科研院所的合作形式如图3-5所示。

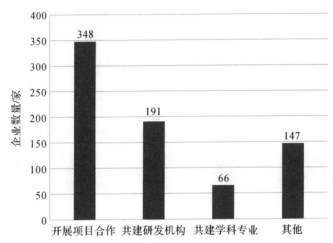

图3-5　2020年民营企业500强与高校、科研院所的合作形式

（数据来源：《2021中国民营企业500强调研分析报告》）

未与高校、科研院所开展合作的500强企业共有69家，影响产学研合作的因素主要有高校院所的技术与市场脱节、对企业研发支持力度不大、技术转让费用高、科技成果的所有权不清晰、与高校院所沟通不畅，其中高校院所的技术与市场脱节因素占比最大，为19.8%。

（三）创新能力

另外，《分析报告》指出，民营企业500强采取多种方式提升创新能力，在企业关键技术来源方面，采取自主开发和研制、引进技术或人才、产学研合作的500强企业数量分别为394家、343家、321家，采取自主开发和研制的企业数量较2019年有小幅下降，采取产学研合作的企业数量较2019年有所上涨。2019—2020年民营企业500强关键技术来源情况如表3-11所示。

表3-11　2019—2020年民营企业500强关键技术来源情况

单位：家

序号	关键技术来源		2020年	2019年
1	自主开发和研制		394	402
2	引进技术或人才	引进人才	343	335
3		引进技术		265
4	产学研合作		321	316
5	企业并购或合资	并购企业	101	73
6		设立合资企业		59

数据来源：《2021中国民营企业500强调研分析报告》。

（四）科技成果转化情况

科技成果转化是指为提高生产力水平而对科技成果所进行的后续试验、开发、应用、推广直至形成新技术、新工艺、新材料、新产品、新服务、新标准，发展新产业等活动。根据以上定义，《分析报告》提及了以下关于"支持政策""知识产权保护"及"产业技术供给"的现状。

支持政策效应逐步显现。民营企业500强在科技成果转化方面获得的支持主要有：专项资金支持或财政补贴、税收减免、人才引进与培养。2020年，获得专项资金支持或财政补贴、税收减免、人才引进与培养、用地等要素保障、知识产权质押贷款等支持的企业数量分别为308家、232家、172家、47家、16家，较2019年分别增加18家、41家、9家、11家、4家，涨幅分别为6.21%、21.47%、5.52%、30.56%、33.33%；获得信用担保、科技保险支持的企业有15家，较2019年减少8家，降幅为34.78%。2019—2020年民营企业500强科技成果转化中获得的政策支持情况如图3-6所示。

知识产权保护体系日趋完善。在专利方面，2020年民营企业500强国内申请专利158253项，其中发明专利79050项，国内专利授权量80102项，

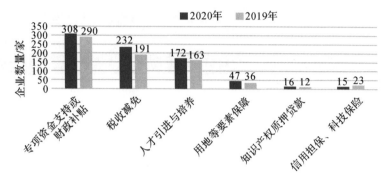

图3-6 2019—2020年民营企业500强科技成果转化中获得的政策支持

（数据来源：《2021中国民营企业500强调研分析报告》）

其中发明专利授权量29508项。国内外有效专利合计为412722项，其中国内有效专利389289项，增幅为40.18%。

不断加强产业技术供给。在参与科技创新平台建设方面，参与"国家重点实验室"的企业有48家，参与"国家工程研究中心"的企业有41家，参与"领域类国家科技创新中心"的企业有40家；近5年获得国家级科技奖励的企业有60家，拥有经认定的省部级研发机构954个。2020年民营企业500强参与国家科技创新平台建设情况如图3-7所示。

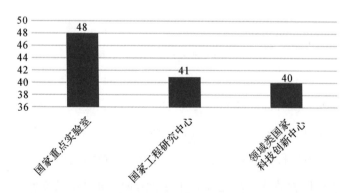

图3-7 2020年民营企业500强参与国家科技创新平台建设情况（单位：家）

（数据来源：《2021中国民营企业500强调研分析报告》）

（五）制约企业科技创新的外部因素

《分析报告》指出了制约民营企业500强科技创新的主要外部因素仍是技术成果产业化困难、缺少技术创新服务平台。2020年，认为"技术成果产业化困难""缺少技术创新服务平台"的500强企业数量分别为238家、177家，占500强企业比例分别为47.6%、35.4%；认为"外部市场不确定性大""相关政策落实不到位"的500强企业数量分别为157家、153家，占500强企业比例分别为31.4%、30.6%。2020年制约民营企业500强科技创新的主要外部因素如表3-12所示。

表3-12　2020年制约民营企业500强科技创新的主要外部因素

制约科技创新的外部因素	2020年	
	企业数量/家	占500强企业比例/%
技术成果产业化困难	238	47.6
缺少技术创新服务平台	177	35.4
外部市场不确定性大	157	31.4
相关政策落实不到位	153	30.6
技术市场不健全	142	28.4
缺乏公平的竞争环境	76	15.2
知识产权保护力度不够	102	20.4
支持创新的氛围不够	91	18.2

数据来源：《2021中国民营企业500强调研分析报告》。

第三节　质量标准与优化

一、标准化在民营企业高质量发展中的作用

党的十八大以来,以习近平同志为核心的党中央围绕深化标准化工作改革、推进标准化创新做出一系列重大决策部署,标准化在推进国家治理体系和治理能力现代化中基础性、引领性作用更加凸显。2021年10月发布的《国家标准化发展纲要》强调,要实现标准供给由政府主导向政府与市场并重转变,充分释放市场主体标准化活力,建立标准创新型企业制度、标准融资增信制度和企业标准领跑者制度。[①]

标准助力企业抢占市场先机。在经济全球化的今天,谁制定标准,谁就拥有话语权,谁掌握标准,谁就占据制高点,因为标准不仅是企业组织生产的依据,更是企业开创市场继而占领市场的"排头兵"。而且民营企业通过自我声明公开的企业标准,高于国家标准,引领行业标准,反映了企业对高品质的追求,是企业在战略上主动出击、业务上创新突围的表现,特别是通过强化产品和服务标准体系建设,围绕消费需求旺盛、与群众日常生活息息相关的新型消费品领域,构建新型消费品标准体系,不仅可以有效地促进形成"消费选领跑"的社会氛围,强化企业的竞争优势,助力企业抢占市场先机,而且可以促进实现供给质量提升和消费提质扩容,从而扩大内需,是广大民营企业深度参与构建新发展格局中的重要一环。[②]

标准助力核心关键技术攻关。企业是技术创新的主体,也是技术标准化的主体,标准领跑的实质是技术的领跑、效益的领跑,助推先进技术创

---

① 中华工商时报评论员:让企业标准"领跑"民营经济高质量发展——扎实推进《国家标准化发展纲要》贯彻落实[EB/OL].(2021-11-18)[2022-07-01].http://www.acfic.org.cn/yw/qwgd/202111/t20211118_269862.html.

② 陈春丽.标准化是民营企业腾飞的翅膀[J].世界标准化与质量管理,2006(1):40-41.

新成果转化并引领行业发展,高质量发展需要由先进标准做基础和支撑,高质量发展的成果需要先进的标准来体现。企业标准"领跑者"制度,通过竞争机制鼓励企业争做标准"领跑者",凝结、蕴含着当今企业最先进的科技创新技术,代表了行业当前最先进的技术水平和发展方向,是推动高质量发展标准体系建设的重要组成部分。同时,标准"领跑者"的评价指标体系除了包含具体技术指标,也包括标准背后的技术创新和标准实施效益;对真正能落地的新产品、新工艺,尤其是核心关键技术,给予充分的市场激励和政策激励,实现"创新—收益—再创新"的良性循环,大大地激励了民营企业加大投入研发创新的积极性,有效助力了技术攻关。[①]

标准助力培育标准创新型企业。企业标准化建设是企业生产、经营、管理的重要组成部分,争当标准创新型企业,需要企业瞄准市场需求,扎实打好标准化工作基础,健全科技创新成果转化标准机制,积极参与国内外标准化活动,并将标准付诸实践,进行规模化生产,取得较好的标准化效益,积极争做标准"领跑者",构建标准创新型企业。建立和实施企业标准体系,不仅可以在企业内部形成最佳的生产秩序、技术秩序、安全秩序、管理秩序,而且可以在推广标准体系和模式中提高企业的核心竞争力。民营企业具有灵活性、竞争性,可以利用敏锐的市场嗅觉,将市场需求转化为企业标准,在标准创新型企业的构建中有所作为,逐步从标准跟随者、遵循者向创新者、引领者转变。[②]

新阶段推动民营经济高质量发展离不开标准的基础支撑,标准决定质量,有什么样的标准就有什么样的质量,只有高标准才有高质量,要通过实施ISO9000、卓越绩效等先进管理标准,提高质量和效率,实现生产经营管理的科学化、规范化,节约资源、节约人力,夯实高质量发展基础。

---

① 黎昀. 标准化与中小民营企业的核心竞争力[J]. 邵阳学院学报, 2004(5): 17–19.

② 许宝华, 赵月江. 浅谈企业标准创新与实践[J]. 机械工业标准化与质量, 2014(2): 48–49.

同时,进入新发展阶段之后,标准在推动民营经济科技创新、产业转型升级,增强产业链、供应链稳定性和提升产业综合竞争力等方面的地位和作用更加重要。要突出民营企业市场主体,激发利用标准化手段提升质量和培育品牌的内生动力;提升民营经济标准化创新能力,加快构建技术、专利、标准联动创新体系;加快培育和发展适应市场和创新需要、具有市场竞争力和国际影响力的商会团体标准体系;参与国际标准化活动是我国民营企业做精做优、做大做强的关键一环,鼓励企业积极参与国际标准化活动,全方位推动中国标准"走出去"、抢占国际话语权,将标准化建设的成果转化为推动高质量发展的强大动能,助力建设更高水平开放型经济新体制。^①

国家市场监督管理总局党组成员、副局长,国家标准化管理委员会主任田世宏指出,民营企业标准化对提升发展质量、支撑科技创新、拓展市场规模、增强品牌效应、扩大国际贸易发挥了重要的技术支撑作用。随着市场竞争程度的加深,越是严格执行标准的企业,越有市场中的发言权,越是主动制定标准的企业,越有市场中的话语权。而且他强调,标准既是创新成果的累积,又是再次创新的起点和平台,只有创新成果标准化,才能实现创新产业化;只有提高创新成果转化为标准的效率,才能提高把握市场先机的能力;只有将每一次创新与标准结合得更加紧密,才能为再一次创新降低成本、明晰方向、提高效率;只有通过标准形成科技创新扩散效应,才能形成创新产品加快推广、市场规模加快拓展的经济效应。他要求,要大力提升民营经济主体标准化意识,推动民营经济主体进一步由执行国家强制性底线标准向对标质量提升高线标准转变、由被动执行标准跟随标准向主动研制标准引领标准转变、由单一注重产品和服务标准向

<hr/>

① 中华工商时报评论员.抓住新时代民营经济标准化工作发展的新机遇——扎实推进《国家标准化发展纲要》贯彻落实[EB/OL].(2021-11-09)[2022-07-01].http://epaper.cbt.com.cn/epaper/uniflows/html/2021/11/09/01/01_69.htm.

更好运用管理体系标准转变。①

二、民营企业质量标准化情况

（一）标准化

民营企业作为标准化的主要实践者,已成为标准创新的重要力量。浙江省是最早实施标准化战略的省份之一,民营经济标准化是浙江省全面实施标准化战略的最大特色。早在2006年,时任浙江省委书记的习近平同志就做出重要批示,"加强标准化工作、实施标准化战略,是一项重要和紧迫的任务,对经济社会发展具有长远的意义。要加强领导,提高认识,积极推进,取得实效"。作为民营经济大省,浙江省认真贯彻习近平总书记指示精神,努力构建符合高质量发展要求的新时代浙江标准体系和标准化工作体系,不断擦亮民营经济的"金字招牌"。②

民营企业是制定标准的主要力量,近5年来以浙江省为主制定了2019项国家标准、行业标准,其中80%以上由民营企业主导或参与,浙江省累计研制"浙江制造"标准近1800项,民营企业主导制定的占80%以上,实施比重达到90%以上,另外民营企业有以下3点优势。第一,民营企业标准构成浙江标准体系的主体内容。在全国统一平台中,浙江省以民营企业为主体的公开企业数量全国第一、标准数量全国第二,有4.4万家浙江省企业自我声明公开19.6万项标准,同时全国评出的381个企业标准"领

---

① 标准引领民营企业高质量发展 标准赋能商会更充分发挥作用——2021民营经济标准创新大会综述[EB/OL].(2021-11-03)[2022-07-01].http://www.acfic.org.cn/yw/qlyw/202111/t20211103_268964.html.

② 浙江省市场监督管理局党委书记、局长章根明:标准化助推民营企业健康发展[EB/OL].(2020-10-13)[2022-07-01].http://www.acfic.org.cn/fgdt1/zjgd/202010/t20201013_246162.html.

跑者"中,浙江省占60个,基本都是民营企业。在这些"领跑者"之中,民营企业在产业对标达标提升中起主导作用,在全国"百千万"对标达标行动中,浙江省188个产业、9500多家民营企业参与对标达标,发布对标方案730多个,形成对标结果1.4万多项。此外,专项行动排名前10位的试点城市中,浙江省占了6席。第二,浙江标准化是民营经济的"主引擎"。一是标准助力民营企业"走出去",浙江省创新"一份标准、一次认证、多国证书"模式,发出国际合作认证证书198张,打造民营企业出海的标准"通行证",加强"一带一路"标准化研究,组建金砖国家标准化研究中心,举办义乌国际小商品(标准)博览会,助力构建全面开放新格局;二是标准助力民营经济"强起来",打造支撑区域公共品牌的"品字标"标准体系,2019年"品字标"企业营业收入约7252亿元,增幅6.3%,领跑全省(5.9%),优于全国(5.6%),台州市通过制定实施优于日本标准的智能坐便器团体标准,智能马桶产业质量合格率从12.5%迅速提升至100%,产值由20亿元增长到75亿元;三是标准助力民营经济"数字化",依托阿里巴巴、海康威视等龙头企业,争取ISO/TC321秘书处落户杭州市,主导制定电子商务领域2项国际标准,发布23项地方标准,并且建设了数字经济标准创新联盟、智能制造标准联盟,助力电子商务、新零售、eWTP等新业态、新模式健康发展。第三,民营经济领域是浙江标准化的"主战场"。一是强化标准意识,让民营企业制标、对标、采标、达标、提标更加自觉,全面开展"标准化+"行动,研究出台鼓励商会开展团体标准化工作的实施意见,组建全省团体标准联盟,完善团体标准带动产业发展的机制,全省团体标准制定组织268家,发布团标2600余项,数量居全国第一;二是强化政策激励,让民营企业制标、对标、采标、达标、提标更加积极,设立标准化战略专项资金,支持民营企业参与标准化试点示范项目建设,设立省政府标准创新贡献奖,最高奖励100万元,评出获奖单位24家,其中民营企业12家,确立了支持民营企业标准创新的鲜明导向;三是强化改革赋能,让民营企业制标、对标、采标、达标、提标更为便利,建成由12项地方标准构成的"最多跑一次"标准体系,主导制定《审批服务便民化工作指南》等国家标准,以标准化推进营商环境最优省建设。①

《分析报告》指出,2020年民营企业500强在参与制定标准方面,主导或参与的国际标准、国家标准、行业标准、团体标准分别为3271项、5385项、4089项、2450项,在"企业标准信息公共服务平台"公开标准6044项。2020年民营企业500强主导或参与标准情况如表3-13所示。

表3-13　2020年民营企业500强主导或参与标准情况

标准	国际标准	国家标准	行业标准	团体标准	平台公开
主导或参与的标准数量(项)	3271	5385	4089	2450	6044

数据来源:《2021中国民营企业500强调研分析报告》。

(二)质量情况

中国质量奖是中国质量领域的最高荣誉,于2012年经中央批准设立,每两年评选一次,已开展了四届评选表彰活动,中国质量奖旨在推广科学的质量管理制度、模式和方法,促进质量管理创新,传播先进质量理念,激励引导全社会不断提升质量,推动建设质量强国。民营企业等踊跃参评,获奖组织中民营及混合所有制企业占将近一半,显示了中国民营经济不断进发的质量创新活力。②在第四届中国质量奖获奖名单中,获得中国质量奖的企业或组织共有9家,其中民营企业有3家;获得中国质量奖提

① 章根明.标准化助推民营企业健康发展[EB/OL].(2021-10-13)[2022-07-01].http://www.acfic.org.cn/fgdt1/zjgd/202010/t20201013_246162.html.

② 树立质量标杆 建设质量强国 第四届中国质量奖评选结果正式揭晓[EB/OL].(2021-09-16)[2022-07-01].https://www.samr.gov.cn/xw/zj/202109/t20210916_334786.html.

名奖的企业或组织共有80家，其中民营企业至少有17家。第四届中国质量奖民营企业获奖名单如表3-14所示。

表3-14 获得第四届中国质量奖、第四届中国质量奖提名奖的部分民营企业

序号	组织名称	奖项	质量管理模式
1	美的集团股份有限公司	中国质量奖	"5全5数"智能质量管理模式
2	福耀玻璃工业集团股份有限公司	中国质量奖	"四品一体双驱动"质量管理模式
3	京东方科技集团股份有限公司	中国质量奖	"双向驱动'屏'质取胜"质量管理模式
4	内蒙古伊利实业集团股份有限公司	中国质量奖提名奖	"三线促零"质量管理模式
5	浙江吉利控股集团有限公司	中国质量奖提名奖	打造自主核心能力的"梦想成真"品质经营管理模式
6	广州金域医学检验集团股份有限公司	中国质量奖提名奖	以质量为生命的"健康哨兵"五维质量管理模式
7	宁波方太厨具有限公司	中国质量奖提名奖	方太幸福质量管理模式
8	万向钱潮股份有限公司	中国质量奖提名奖	从田野走向世界的万向"四驱动四个一"质量管理模式
9	威高集团有限公司	中国质量奖提名奖	"以守护健康与尊严为己任的WEGO五携手"管理模式
10	江苏上上电缆集团有限公司	中国质量奖提名奖	以"四个人人"为核心的全员质量绩效管理模式
11	海南金盘智能科技股份有限公司	中国质量奖提名奖	采用数字化制造与卓越绩效管理相结合的质量管理模式
12	桂林南药股份有限公司	中国质量奖提名奖	基于"双循环＋双驱动"的产品生命周期质量管理模式
13	隆基绿能科技股份有限公司	中国质量奖提名奖	"隆基品牌质量屋"质量管理模式
14	歌尔股份有限公司	中国质量奖提名奖	"4P 6零"预见式质量管理模式
15	科大讯飞股份有限公司	中国质量奖提名奖	基于人工智能开放创新平台的赋能型质量管理模式

续　表

序号	组织名称	奖项	质量管理模式
16	江苏中洋集团股份有限公司	中国质量奖提名奖	全产业链"鱼天下"服务质量管理模式
17	威海拓展纤维有限公司	中国质量奖提名奖	"三驱动、三牵引"的拓展质量管理模式
18	福建福光股份有限公司	中国质量奖提名奖	"两用技术"质量管理模式
19	浙江精诚模具机械有限公司	中国质量奖提名奖	"让技术更艺术"的360°定制服务质量管理模式
20	瀚高基础软件股份有限公司	中国质量奖提名奖	以创新为导向,以顾客为中心,以质量为基石的强融合质量管理模式

第四节　产业结构转型与提升

一、转型升级在民营企业高质量发展中的作用

大力促进民营企业高质量发展是适应新发展格局的必然要求,在供给侧结构性改革背景下,民营企业高质量发展必须以转型升级为抓手,依托转型升级促进民营企业优化产业配置、增强企业软实力。[①]

一是推动民营企业转型升级是应对疫情冲击、适应经济新常态发展的必然选择。全球新冠感染疫情的持续对我国经济的影响是巨大的,尤其是对民营经济发展产生巨大冲击,让依托能源高消耗的民营企业出现亏损甚至破产,因此民营企业必须依托转型升级实现经济的高质量发展。一方面,民营企业基于新冠感染疫情常态防控要求要主动调整产业结构,构建最优化的资源配置结构。基于新冠感染疫情的影响,线下营销受到

[①] 李成霞. 以转型升级推动民营企业实现高质量发展[J]. 中小企业管理与科技（中旬刊）, 2021（10）: 118-120.

巨大影响,电子商务成为新兴产业;另一方面,推动民营企业转型升级是适应经济新常态的必然选择,当我国进入经济新常态发展期之后,大力发展节能绿色产业是实现经济高质量发展的重要举措,民营企业传统的粗放型经营模式难以满足经济发展要求。因此,民营企业必须通过转型升级方式向新兴产业方向发展,以此适应未来经济发展的趋势。[①]

二是推动民营企业转型升级是实现增长动能转换的必然选择。目前,"国内大循环"是我国经济发展的重要战略,推进民营企业转型升级是带动国内消费、实现动能转换的重要路径:一方面,民营企业转型升级可以对社会资源进行优化配置,带动国内经济发展,同时民营企业通过转型升级可以有效地带动高新产业的发展,从而形成连锁反应,以华为为例,华为通过转型升级有效地带动了我国电子产业的发展,为我国5G技术发展提供重要支撑;另一方面,推动民营企业转型升级可以有效地带动环保产业发展,推动我国产业结构转型升级。[②]

三是推动民营企业转型升级是降低企业生产成本、提升市场竞争力的必然选择。近年来,民营企业生产成本不断增加,一是原材料价格不断上涨,如基于环保政策的实施,民营企业购买原材料的价格呈现上涨趋势,尤其是电子产品的价格在近两年上涨趋势较为明显;二是受国际环境影响,民营企业产品出口受到挫折,出口利润出现大幅下滑;三是用工成本增加,民营企业大部分是用工密集型企业,人力资源成本的增加,加重了民营企业的负担。所以,基于经营成本的增加,民营企业必须加快转型升级,以此适应当前经济发展环境,通过降本增效提升企业的市场竞争力。[③]

[①] 任爱莲,秦俊文. 新形势下民营企业转型升级研究[J]. 理论探讨,2019(3):106–112.

[②] 张钰,梁四安."云广交"视角下中国外贸企业数字化转型研究[J]. 北方经贸,2021(8):137–139.

[③] 毛怡萱."疫情常态化时代"浙江民营经济面临的挑战与对策[J]. 太原城市职业技术学院学报,2021(5):18–21.

二、民营企业500强产业结构持续调整

根据《分析报告》可知,民营企业500强产业结构分布仍以第二产业为主,但第二产业资产规模占比持续降低,第三产业各项指标较2018年有较大提升。制造业依然是民营企业500强的主导产业,黑色金属冶炼和压延加工业继续位居行业榜首。

第一,第三产业占比进一步提高。2020年,第一产业入围企业数量为4家,较上年减少1家;第二产业入围企业数量为319家,较上年减少12家;第三产业入围企业数量为177家,较上年增加13家。第三产业保持稳步增长,第二产业略有减弱。2018—2020年民营企业500强三次产业入围企业数量柱状图如图3-8所示。

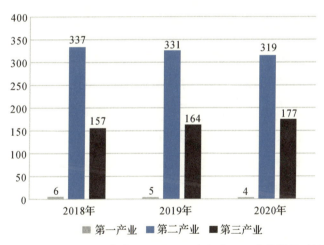

图3-8 2018—2020年民营企业500强三次产业入围企业数量(单位:家)
(数据来源:《2021中国民营企业500强调研分析报告》)

第二,制造业继续保持主导地位。民营企业500强依然以制造业为主,企业数量为277家,占500强企业比重为55.4%;制造业企业营业收入总额为190792.47亿元,占500强企业比重为53.1%;制造业企业纳税总额为

6089.74亿元,占500强企业比重为43.3%,较上年减少了557.96亿元,在一定程度上体现出政府减税降费的成效。

第三,前十大行业结构略有变化。民营企业行业分布结构继续变化,前四大行业与2019年保持一致,黑色金属冶炼和压延加工业、房地产业继续位居第一、第二,综合类超过建筑业位居第三。

三、民营企业500强转型升级情况

根据《分析报告》可知,面对新冠感染疫情影响和复杂多变的国际环境,民营企业500强聚焦主业,立足国内大市场,持续加强技术创新、管理创新,突破关键核心技术,推动企业转型升级,不断增强核心竞争力。

(一)企业持续推动转型升级

民营企业500强转型升级的首要动因是做优做强企业,80.2%的企业为做优做强而转型升级,53.4%的企业为实现产品技术升级换代而转型升级,53%的企业因政策支持引导而转型升级。越来越多的民营企业500强立足新发展阶段,贯彻新发展理念,着力提升创新能力和水平,在服务国家重大决策部署中,加快推进企业转型升级。2020年民营企业500强转型升级的动因如表3-15所示。

表3-15　2020年民营企业500强转型升级的动因

转型升级动因	企业数量/家	占500强企业比例/%
做优做强企业的愿望	401	80.2
产品技术升级换代	267	53.4
政策支持引导	265	53
国内经济增长趋缓	179	35.8

续　表

转型升级动因	企业数量/家	占500强企业比例/%
成本负担上升	174	34.8
企业生存的压力	146	29.2
行业产能过剩	125	25
现有模式不可持续	95	19
国际市场持续低迷	64	12.8

数据来源:《2021 中国民营企业 500 强调研分析报告》。

(二)民营企业500强主要通过提升核心竞争力、加强技术和管理创新、提升质量水平等途径实现转型升级

民营企业 500 强转型升级采取的主要途径依然是聚焦主业、技术创新、提升产品质量、管理创新等。同时,企业注重运用互联网、大数据、人工智能技术,发展新业态、新模式,数字化、智能化将逐步成为未来 500 强企业转型升级的重要途径之一。2020 年民营企业 500 强转型升级的途径如表 3-16 所示。

表 3-16　2020 年民营企业 500 强转型升级的途径

类型	转型升级的途径	企业数量/家	占500强企业比例/%
依靠产业升级	聚焦主业,提升核心竞争力	429	85.8
	整合产业链资源,向产业链上下游延伸布局	377	75.4
	发展生产性服务业,提供制造加服务的整体解决方案	195	39

类型	转型升级的途径	企业数量/家	占500强企业比例/%
依靠创新	通过技术创新，提升关键技术水平	429	85.8
	提高产品附加值，走"专、精、特、新"发展道路	336	67.2
	实施技术改造和设备升级	349	69.8
	通过管理创新，提升管理水平，降低成本，提高效率	412	82.4
依靠质量品牌	严格把控质量，提升产品质量	414	82.8
	参与行业标准制定	307	61.4
	打造知名品牌，提升市场影响力	397	79.4
依靠绿色环保	提高现有产品环保性能	390	78
	研发生产绿色产品	264	52.8
依靠两化融合	运用互联网、大数据、人工智能等技术，发展新业态、新模式	392	78.4
	推进智能化生产，实现信息化和工业化深入融合	361	72.2
依靠国际合作	建立国际化销售渠道，拓展国际市场	298	59.6
	境外投资设厂，面向全球配置要素	136	27.2
	实施海外并购，增强国际竞争力	108	21.6

数据来源：《2021中国民营企业500强调研分析报告》。

（三）民营企业500强数字化转型情况

民营企业500强从战略规划、企业管理、专业人才和业务经营等方面，多措并举加快实施数字化转型，推动提升企业经营管理水平。2020年九成左右的500强企业在战略层面、管理层面、人才层面已实施或计划实施相关数字化转型工作。战略层面，已制定或着手制定数字化转型战略规划的企业数量分别为250家、154家，占500强企业比例分别为50%、

30.8%；管理层面，根据数字化转型需要进行整体布局或局部布局的企业数量分别为244家、151家，占500强企业比例分别为48.8%、30.2%；人才层面，已有数字化专业人才、拟培养和引进数字化专业人才的企业数量分别为232家、171家，占500强企业比例分别为46.4%、34.2%；业务层面，已实现降本增效的企业265家，占500强企业比例为53%。2020年民营企业500强数字化转型情况如表3-17所示。

表3-17　2020年民营企业500强数字化转型情况

措施		企业数量/家	占500强企业比例/%
战略层面	已制定数字化转型战略规划	250	50
	着手制定数字化转型战略规划	154	30.8
	尚未考虑	30	6
管理层面	已根据数字化转型需要进行整体布局	244	48.8
	已进行局部布局	151	30.2
	尚未布局	37	7.4
人才层面	已有数字化专业人才	232	46.4
	拟培养和引进数字化专业人才	171	34.2
	尚未考虑	30	6
业务层面	已实现降本增效	265	53
	成效不明显	34	6.8
	投入期尚未见成效	93	18.6
	尚未投入	35	7

数据来源：《2021中国民营企业500强调研分析报告》。

第五节　外部环境支持与协调

一、外部环境在民营企业高质量发展中的作用

改革优化外部环境，可以更大地激发市场活力，增强发展内生动力，促进民营企业高质量发展。外部环境可分为法治化营商环境、市场化营商环境、金融营商环境（融资营商环境）、基础设施营商环境和政务营商环境。[①]以下是不同外部环境对民营企业高质量发展的影响情况。

一是法治化营商环境为民营企业高质量发展提供制度保障。因为社会主义市场经济是法治的市场经济，只有全力打造法治化市场经济才能为民营企业家创新创业提供可预期的营商环境，同时法治化营商环境也是民营企业高质量发展的基础性制度保障，其重要特征之一是能够有力保护民营企业家的财产权，保障私有产权和公有产权同样受到保护，增强民营企业家的安全感，使其心无旁骛地创新创业。必须平等保护各类所有制主体的产权，特别是要保护好民营企业家从创业投资中获得的利润，以便激励其将利润更多地用于再投资，而非用于消费；同时，还应全面保护各类产权，尤其是在发明专利、商标等无形资产对民营企业高质量发展越来越重要的情境下，只有切实保障民营企业家完全获得从其创新中获得的收益，才能激励其持续不断创新，而创新正是民营企业高质量发展的重要体现。[②]

二是市场化营商环境为民营企业高质量发展提供公平竞争的市场环境。市场化营商环境对民营企业高质量发展的影响主要体现在4个方面：

---

① 邵传林.地区营商环境与民营企业高质量发展：来自中国的经验证据[J].经济与管理研究，2021，42（9）：42-61.

② 路晓霞.法治化营商环境建设研究：以华侨试验区为样本[M].上海：上海人民出版社，2018.

其一，在市场化营商环境越完善的地区，民营企业进入所有行业的阻碍越小，越有助于其基于市场价格信号合理配置各种生产要素，提高资源配置效率，从而获得高资源配置效率所内生的高收益；其二，市场化营商环境改善还意味着产品市场和要素市场的竞争较为充分，在激烈市场竞争压力之下，民营企业家精神会得到充分激发，这有助于促进民营企业提高自身生产效率和技术含量，否则便可能被市场淘汰；其三，在市场化营商环境改善程度较大的地区，地方政府较少干预企业决策，民营企业会基于利润最大化原则做出进入或退出市场的决策，而非迫于各种外部压力做出投资决策，否则民营企业各类微观决策会在不同程度上受制于所在地政府的干预和引导，进而偏离最优水平并产生效率损失；其四，在市场化营商环境越完善的地区，行政性垄断和行业性垄断程度会越低，这就为民营企业进入垄断领域营造了相对公平的竞争环境，在一定程度上有利于鼓励民营企业进入金融、电力、电信、石油、铁路、公路等垄断行业。①

三是金融营商环境为民营企业高质量发展提供高质量的金融服务和通畅的融资渠道。因为金融营商环境侧重于强调民营企业能否以较低融资成本获得资金支持，所以，融资营商环境较完善的地区能够为民营企业发展提供多元化的融资渠道和融资方式，有更多的办法解决民营企业家创新创业时所遭受的融资歧视问题，出台较为有效的措施减少民营企业融资约束，使资金来源问题不至于成为阻碍民营企业家创新创业的"瓶颈"，进而促进民营企业高质量发展。同时民营企业高质量发展离不开融资环境的优化，优良的融资营商环境还能为民营企业家的创新行为进行市场定价，或者说发达的金融市场能够给予从事高附加值创新活动的民营企业家充足的激励。②

---

① 覃家琦，邵新建.交叉上市、政府干预与资本配置效率[J].经济研究，2015（6）：117-130.

② KAMOTO S.Managerial innovation incentives，management buyouts，and shareholders' intolerance of failure[J].Journal of Corporate Finance，2017，42：55-74.

四是基础设施营商环境为民营企业高质量发展提供低成本的运营条件。基础设施营商环境侧重于强调民营企业能否便利地获得用水、用能、用地、入网、交通等基础设施服务。事实上,基础设施营商环境不仅包括能否便利获得水、电、土地等最基础的公共服务,还包括公共基础设施建设、阅读便利度、教育、医疗等服务供给。总而言之,水、电、燃气等生产要素在不同地区具有不同价格,这会体现在企业的生产成本中,对企业净收益产生直接影响。[①]

五是政务营商环境为民营企业高质量发展提供不可或缺的政府服务。因为政务营商环境直接关系到民营企业获得"合法性"的制度性成本,所以,首先,民营企业若要获得"合法性",则须事先到相关政府机构办理注册登记、纳税、行政审批、施工许可等事项,但这些事项的办理均须支付高昂的制度性遵从成本,而且不同地区具有迥然的政务营商环境,且各地在落实中央商事制度改革的力度上存在差异;其次,企业实施项目建设能否高效获得官方许可也依赖于政务营商环境建设状况,随着"放管服"改革的深入推进,中国项目建设许可指标有了较大改进,但距离发达国家的水平仍存在较大差距。因此,在企业创办便利度和项目建设便利度较差的地区,为获得"合法性",民营企业家的主要精力将用于获得政府的各类许可和审批上,而非用于市场开拓、研发创新等生产性行为上,这会导致民营企业家才能的无谓浪费和企业家精神的抑制,进而对民营企业高质量发展产生不利影响。此外,政府的办事效率、司法保护等政务服务保障及税费负担也是政务营商环境的重要组成部分,会影响民营企业高质量发展。[②]

---

① 张光南,宋冉. 中国交通对"中国制造"的要素投入影响研究[J]. 经济研究,2013(7):63-75.

② 潘颖,祝皓晨,卜楷媛. 企业税费负担对全员劳动生产率的影响研究——来自新三板挂牌企业的经验证据[J]. 税收经济研究,2017(5):81-87.

二、外部环境对民营企业 500 强发展的影响

(一) 国内营商环境

营商环境是市场主体面临的制度性条件,是民营企业生存发展的土壤,一个好的营商环境就是生产力、竞争力。2020年,《优化营商环境条例》正式公布,国务院办公厅印发《关于进一步优化营商环境更好服务市场主体的实施意见》(以下简称:《意见》),各级党委、政府聚焦市场主体关切,深化"放管服"改革,持续打造市场化、法治化、国际化营商环境。《意见》提出,为持续深化"放管服"改革、优化营商环境,更大激发市场活力,增强发展内生动力,现提出以下意见:一是持续提升投资建设便利度,包括优化再造投资项目前期审批流程、进一步提升工程建设项目审批效率、深入推进"多规合一";二是进一步简化企业生产经营审批和条件,包括进一步降低市场准入门槛、精简优化工业产品生产流通等环节管理措施、降低小微企业等经营成本;三是优化外贸外资企业经营环境,包括进一步提高进出口通关效率、拓展国际贸易"单一窗口"功能、进一步减少外资外贸企业投资经营限制;四是进一步降低就业创业门槛,包括优化部分行业从业条件、促进人才流动和灵活就业、完善对新业态的包容审慎监管、增加新业态应用场景等供给;五是提升涉企服务质量和效率,包括推进企业开办经营便利化、持续提升纳税服务水平、进一步提高商标注册效率、优化动产担保融资服务;六是完善优化营商环境长效机制,包括建立健全政策评估制度、建立常态化政企沟通联系机制、抓好惠企政策兑现。[①]

根据《分析报告》可知,2020年影响民营企业发展的因素仍主要集中

[①] 国务院办公厅.关于进一步优化营商环境更好服务市场主体的实施意见[R/OL].(2020-07-21)[2022-07-01].http://www.gov.cn/zhengce/content/2020/07/21/content_5528615.htm.

于用工成本上升、税费负担重、融资难融资贵等方面,其中用工成本上升连续6年成为影响民营企业500强发展的最主要因素。[①]2018—2020年影响民营企业500强发展的前五大因素如表3-18所示。

表3-18　2018—2020年影响民营企业500强发展的前五大因素

序号	2020年		2019年		2018年	
	影响因素	企业数量/家	影响因素	企业数量/家	影响因素	企业数量/家
1	用工成本上升	327	用工成本上升	334	用工成本上升	313
2	税费负担重	269	税费负担重	304	税费负担重	269
3	融资难融资贵	253	融资难融资贵	274	融资难融资贵	265
4	国内市场需求不足	181	国内市场需求不足	192	国内市场需求不足	185
5	市场秩序不够规范	165	市场秩序不够规范	166	市场秩序不够规范	169

数据来源:《2021中国民营企业500强调研分析报告》。

《分析报告》指出,在市场环境方面,用工成本上升、融资难融资贵、国内市场需求不足依然是主要影响因素;在政策政务环境方面,企业对税费负担、节能减排的关注度较高;在法治环境方面,市场秩序不够规范和对知识产权的保护力度不够的问题仍比较突出;在政商环境方面,对民营经济的负面舆论较多仍是企业关注的焦点。2018—2020年民营企业500强发展影响因素如表3-19所示。

---

① 全国工商联经济部.2021中国民营企业500强调研分析报告[R/OL].(2021-09-15)[2022-07-01].http://www.acfic.org.cn/zt_home/2021my5bq/2021my5bq_1/202109/t20210915_266454.html.

表 3-19　2018—2020 年民营企业 500 强发展影响因素

影响因素		企业数量（家）		
		2020 年	2019 年	2018 年
市场环境	用工成本上升	327	334	313
	融资难融资贵	253	274	265
	国内市场需求不足	181	192	185
	土地供应紧缺	109	102	102
	人民币汇率变动	106	102	110
	出口订单减少	105	85	59
	能源供应紧张	83	67	81
政策政务环境	税费负担重	269	304	269
	节能减排压力大	145	154	160
	垄断行业开放度不高	81	83	87
	民间投资政策实施细则落实不到位	68	76	85
	"卷帘门""玻璃门""旋转门"	52	57	62
	垄断行业门槛过高	52	53	48
	公共服务不到位	32	39	35
法治环境	市场秩序不够规范	165	166	169
	对知识产权的保护力度不够	105	98	121
	民营企业在司法审判中的地位不够平等	90	88	72
	对企业和企业主合法财产权保护不够	63	63	61
	依法行政不够规范	50	59	53
	对企业主人身权益保护不够	29	23	—
政商环境	对民营经济的负面舆论较多	139	137	138
	地方保护主义	70	65	64
	政府沟通不畅	38	39	46

影响因素		企业数量（家）		
		2020 年	2019 年	2018 年
政商环境	政府部门和国企拖欠账款较多、较久	37	25	—
	政府官员帮扶企业意识差	33	38	—
	政府干预过多	22	31	37
	政府官员懒政、怠政	21	26	15
	地方政府诚信缺失	19	23	20
	政府官员存在吃拿卡要现象	4	4	—

数据来源：《2021 中国民营企业 500 强调研分析报告》。

　　根据《分析报告》可知，随着营商环境的优化，民营企业的营商环境有所改善，且获得感和满意度不断提升。在融资支持方面，有 280 家企业认为融资难融资贵问题得到改善，占 500 强企业比例为 56%。与 2019 年相比，融资难融资贵问题具体改善的方面均有不同程度的提升，在金融机构对民营企业的信贷投放力度加大、普惠金融定向降准政策进一步完善、贷款需求响应速度和审批时效提高方面受到更多 500 强企业的认可，企业数量分别为 171 家、112 家和 101 家，占 500 强企业比例分别为 34.2%、22.4% 和 20.2%，其中，认为普惠金融定向降准政策进一步完善的企业数量较 2019 年增加 29 家；认为对民营企业票据融资的支持力度加大、金融机构对民营企业的信贷投放力度加大的 500 强企业数量，较上年分别增加 26 家、23 家；银行私募可转债两项与 2019 年相比有较明显改进，500 强企业数量分别增加 17 家、5 家，增幅分别为 106.25%、71.43%。

　　《分析报告》指出，在民营企业 500 强对营商环境的感受方面，有 267 家企业认为政府服务企业力度加大，占 500 强企业比例为 53.4%；有 224 家企业认为税费负担有所降低，占 500 强企业比例为 44.8%；认为市场监管进一步加强、有利于民营经济发展的舆论氛围进一步加强的企业分别为220家、217家，占500强企业比例均超过了四成。2018—2020年民营企业500强对营商环境的感受情况如表3-20所示。

表3-20　2018—2020年民营企业500强对营商环境的感受情况

营商环境	企业数量/家	占500强企业比例/%
政府服务企业力度加大	267	53.4
税费负担有所降低	224	44.8
市场监管进一步加强	220	44
有利于民营经济发展的舆论氛围进一步加强	217	43.4
亲清政商关系进一步确立	188	37.6
有利于科技创新的氛围进一步加强	187	37.4
市场信用体系建设有所改善	166	33.2
融资支持有所改善	156	31.2
政府诚信有所改善	124	24.8
土地、劳动力、水电气等要素支撑有所改善	117	23.4
市场准入有所改善	109	21.8
司法公正进一步加强	99	19.8
产权保护有所改善	86	17.2
涉企执法更加公正	74	14.8
企业维权难度降低	47	9.4
清理拖欠民营企业账款工作成效显著	28	5.6
填报企业数量	458	—

数据来源：《2021中国民营企业500强调研分析报告》。

根据《分析报告》可知，民营企业500强希望政府围绕减税降费、降成本等方面进一步出台支持政策。2020年，希望进一步减免税收、降低税率的企业有424家，占500强企业比例为84.8%；希望进一步优化电价、降低企业用电成本、进一步降低物流运输成本的企业均为262家，占500强企业比例为52.4%；希望统筹安排产业链上下游政策优惠，统筹安排税费改革、合理调整税费种类设置,加快出台鼓励企业创新的税收优惠政策的企业,占500强企业比例均超过了四成。民营企业500强希望政府围绕减税降费进一步完善的方面如表3-21所示。

表3-21 民营企业500强希望政府围绕减税降费进一步完善的方面

项目	企业数量/家	占500强企业比例/%
进一步减免税收、降低税率	424	84.8
进一步优化电价、降低企业用电成本	262	52.4
进一步降低物流运输成本	262	52.4
统筹安排税费改革、合理调整税费种类设置	229	45.8
统筹安排产业链上下游政策优惠(避免出现税收优惠的转嫁等)	229	45.8
加快出台鼓励企业创新的税收优惠政策	223	44.6
（1）计提科技开发风险准备金	52	10.4
（2）新技术产业化资产投资免税制度	91	18.2
（3）对企业创新活动出现亏损的减免税支持力度	86	17.2
（4）对创新平台、创投企业的税收优惠力度	114	22.8
进一步优化税收征管程序,优化办税服务(简并优化纳税申报、积极推进异地纳税的便利化等)	198	39.6
进一步加大政策宣传、提高税务主管部门税收减免服务的主动性	197	39.4

数据来源:《2021中国民营企业500强调研分析报告》。

《分析报告》指出,民营企业500强走出去面临困难,从国内方面来看,外部影响因素,主要有金融支持不够、外汇管制严格、缺少境外投资的统筹协调、信息咨询机构不健全等,其中金融支持不够和外汇管制严格对民营企业500强走出去影响较大。2018—2020年影响民营企业500强走出去国内方面的外部因素如表3-22所示。

表 3-22　2018—2020 年影响民营企业 500 强走出去国内方面的外部因素

影响因素	企业数量/家		
	2020 年	2019 年	2018 年
金融支持不够	128	149	150
外汇管制严格	125	132	141
缺少境外投资的统筹协调	110	124	112
信息咨询机构不健全	70	68	76
出入境手续烦琐、不便利	63	70	64
法律服务机构不健全	53	50	53
投资服务机构不健全	47	43	45
人才培训机构不健全	36	31	35
双重征税	35	47	52
尚未出台外保内贷的政策	30	36	39
对企业境外投资保护、领事保护不及时不到位	25	24	26
会计服务机构不健全	23	13	17
海关通关不便利	22	25	22

数据来源：《2021 中国民营企业 500 强调研分析报告》。

（二）国际环境

根据《分析报告》可知，2020 年有 61 家 500 强企业遭遇国际贸易摩擦，其中木材加工和木、竹、藤、棕、草纸制品业，农业，软件和信息技术服务业等 3 个行业遭受国际贸易摩擦的影响较为严重。中美经贸摩擦对民营企业 500 强的影响主要有对美出口成本增加、正常中美技术交流活动受限、政治因素影响海外雇员的工作稳定性、合法商业活动遭受不公正待遇、海外研发受到影响、国内员工裁员减薪、出口下滑、业务萎缩、美国营商环境不确定因素增加、美国市场投资受到影响。民营企业 500 强为了应对中美经贸摩擦带来的影响，主要采取了向高质量发展转型、进一步提升国内市场、开拓新市场、加大对"一带一路"沿路国家的出口等措施。2020年民营企业500强应对中美经贸摩擦所采取的措施如表3-23所示。

表3-23　2020年民营企业500强应对中美经贸摩擦所采取的措施

项目	企业数量/家	占500强企业比例/%
企业向高质量发展转型	161	32.2
(1) 优化人员结构	84	16.8
(2) 提升研发水平	105	21.0
进一步提升国内市场	147	29.4
提升产品、服务质量	143	28.6
开拓新市场	131	26.2
提高产品、服务科技或技术含量	114	22.8
优化生产制造流程	103	20.6
加大对"一带一路"沿路国家的出口	77	15.4
加大对其他国家的出口	39	7.8

数据来源:《2021中国民营企业500强调研分析报告》。

根据《分析报告》可知,关于民营企业500强走出去面临的困难,从外部因素国际方面来看,主要有国际贸易保护主义、单边主义抬头,东道国法规、政策不完善等重要因素,其中国际贸易保护主义、单边主义抬头因素对民营企业500强走出去影响较大。2018—2020年民营企业500强走出去面临的困难——外因国际如表3-24所示。

表3-24　2018—2020年民营企业500强走出去面临的困难——外因国际

影响因素	企业数量/家		
	2020年	2019年	2018年
国际贸易保护主义、单边主义抬头	154	148	—
东道国法规、政策不完善	105	108	112

续　表

影响因素	企业数量/家		
	2020 年	2019 年	2018 年
东道国基础设施落后	83	78	76
东道国政局动荡	80	72	89
东道国汇率波动	79	91	107
东道国劳工政策或工会影响	63	66	74
东道国文化和宗教信仰影响	63	60	61
东道国市场秩序差	59	52	64
安全没有保障	49	39	44
东道国投资审批困难	47	52	56

数据来源:《2021 中国民营企业 500 强调研分析报告》。

(三) 新冠感染疫情影响

《2020 中国民营企业 500 强调研分析报告》指出,受到疫情影响的民营企业 500 强共涉及 50 个细分行业,主要分布在黑色金属冶炼和压延加工业,房地产业,综合类,房屋建筑业,石油、煤炭及其他燃料加工业等前十大行业,企业数量合计为 303 家,占民营企业 500 强的 60.6%。除互联网和相关服务行业受影响比例为 50% 以外,其余行业的 500 强企业受影响比例较高,40 个行业受影响比例达到了 100%。企业受疫情影响方面,生产经营成本高、有订单但无法正常生产经营、市场订单减少是主要 3 个因素。有 321 家企业认为生产经营成本高是主要影响因素,占民营企业 500 强的 64.2%;有 304 家企业认为有订单但无法正常生产经营是主要影响因素,占民营企业 500 强的 60.8%;有 274 家企业认为市场订单减少是主要影响因素,占民营企业 500 强的 54.8%。其中,生产经营成本高方面,物流、人工、原材料等成本增加的影响较大,受影响的企业数量分别为 170 家、

142家和135家；有订单但无法正常生产经营方面，主要为发货或物流通道受到影响、员工无法正常返岗，受影响的企业数量分别为188家和129家。此外，认为企业经营现金流受到影响的企业有248家，其中，因营业收入减少而造成流动资金紧张的企业有177家。认为停工、停业造成生产进度拖延的企业有216家。①新冠感染疫情对民营企业500强生产经营的主要影响如表3-25所示。

表3-25　新冠感染疫情对民营企业500强生产经营的主要影响

项目	受影响企业数量/家	占民营企业500强比例/%
生产经营成本高企	321	64.2
（1）人工成本支出增加	142	28.4
（2）原材料成本上涨	135	27
（3）物流成本增加	170	34
（4）税费压力大	69	13.8
（5）财务费用高	69	13.8
（6）其他	35	7
有订单但无法正常生产经营	304	60.8
（1）缺乏防疫物资	54	10.8
（2）员工无法正常返岗	129	25.8
（3）原材料供应商无法供货	86	17.2
（4）发货或物流通道受到影响（运输管制）	188	37.6
（5）其他	35	7
市场订单减少	274	54.8
企业经营现金流（资金）影响	248	49.6
（1）营业收入减少，流动资金紧张	177	35.4

① 全国工商联经济部.2020中国民营企业500强调研分析报告[R/OL].（2020-09-04）[2022-07-01].http://www.acfic.org.cn/zzjg_327/nsjg/jjb/jjbgzhdzt/2020my5bq/2020my5bq_bgbd/202009/t20200904_244200.html.

续　表

项目	受影响企业数量/家	占民营企业500强比例/%
（2）企业无法偿还贷款等债务，资金压力大	20	4
（3）无法按时履行交易合同需支付违约金	19	3.8
（4）企业短期融资能力下降	44	8.8
（5）其他	35	7
停工、停业造成生产进度拖延	216	43.2
交通、物流等方面的影响	190	38
产品市场需求受到抑制	174	34.8
原材料等上游供应链出现断裂	131	26.2
融资难度大	69	13.8

数据来源：《2021中国民营企业500强调研分析报告》。

（四）新发展格局下

《分析报告》指出，新发展格局下，民营企业500强将迎来科技创新带来的机遇，国内超大规模市场带来的机遇，新型城镇化和城乡区域协调发展带来的机遇，重大工程、重大项目建设带来的机遇，消费潜力释放带来的机遇，实施国际化、融入全球经济带来的机遇，金融更好服务实体经济带来的机遇和构建现代物流体系带来的机遇。迎来机遇的同时也有挑战要面对，认为面临的主要挑战是"新冠感染疫情持续蔓延""产业链、供应链风险加大"的企业数量分别为251家、219家，占500强企业比例分别为50.2%、43.8%；认为面临的挑战主要是"科技竞争日益加剧""企业自身在创新、人才、管理等方面尚存在短板""逆全球化的冲击"的企业数量分别为195家、165家、149家，占500强企业比例分别为39%、33%、29.8%。新发展格局下民营企业500强面临的挑战如表3-26所示。

表 3-26   新发展格局下民营企业 500 强面临的挑战

项目	企业数量/家	占500强企业比例/%
新冠感染疫情持续蔓延	251	50.2
产业链、供应链风险加大	219	43.8
科技竞争日益加剧	195	39
企业自身在创新、人才、管理等方面尚存在短板	165	33
逆全球化的冲击	149	29.8
供求脱节、国内有效需求不足	56	11.2
我国生产体系内部循环不畅	48	9.6

数据来源:《2021 中国民营企业 500 强调研分析报告》。

根据《分析报告》可知,民营企业 500 强积极调整企业发展战略,"聚焦实业、做精主业、防范化解风险""进一步加强创新,参与或实施关键领域核心技术攻坚""实施数字化转型,培育新业态、新模式"的企业数量分别为 368 家、339 家、333 家,占 500 强企业比例分别为 73.6%、67.8%、66.6%。民营企业 500 强适应新发展格局调整企业发展战略情况如表 3-27 所示。

表 3-27   民营企业 500 强适应新发展格局调整企业发展战略情况

项目	企业数量/家	占500强企业比例/%
聚焦实业、做精主业、防范化解风险	368	73.6
进一步加强创新,参与或实施关键领域核心技术攻坚	339	67.8
实施数字化转型,培育新业态、新模式	333	66.6
积极扩大有效投资,实现自身结构调整	286	57.2
充分利用国内国际两个市场、两种资源,实现高质量引进来和高水平走出去	213	42.6
积极参与新型城镇化和城乡区域协调发展	199	39.8

数据来源:《2021 中国民营企业 500 强调研分析报告》。

第六节　民营企业高质量发展的难题与瓶颈

一、从外部环境来看

（一）国际环境影响

国际环境日趋复杂，气候变化、生态危机、恐怖主义、网络安全、跨国犯罪、流行病等传统性全球问题不断加剧，单边主义、保护主义、霸权主义抬头，英国脱欧、中美贸易摩擦、逆全球化思潮兴起等新问题进一步加剧了国际环境的不确定性，经济全球化遭遇逆流。具体而言：由于美国在亚洲影响力下降而中国影响力不断上升，中美摩擦成为影响全球稳定性的重要因素，美国为了阻止中国可能出现的经济超越，对华实施了一揽子遏制政策，比如贸易领域的"301调查"及一系列贸易政策，海外投资领域美国外国投资委员会（CFIUS）对我国企业海外并购案件的限制，技术领域升级《瓦森纳协议》对高端设备和产品出口予以限制，以及将中国高科技企业列入"实体名单"，这些都将影响我国民营企业高质量发展；以美国为首的发达国家发起新一轮的"贸易保护主义"，导致贸易保护主义盛行，对贸易环境、汇率、市场预期等方面产生了不利影响，加之新冠感染疫情的冲击，全球产业大循环的流量和速度受限，对我国民营企业的发展造成了巨大冲击，部分民营企业存在盈利困难、回款账期延长、资金难以为继等问题，诸多不利因素叠加影响了民营企业向高质量发展的速度；另外，由于国际贸易冲突的增多，传统海外市场不确定性增强，特别是以北美为主要市场目的地的企业受到较大影响，海外市场份额不仅很难持续扩大，甚至遭受其他国家出口企业的蚕食，在应对海外市场变动时，虽然民营企业通常较为灵活，但对于创新能力不强、基础较为薄弱、拓展市场能力不强的企业来说,依然会陷入被动,面临被淘汰的风险。[1]

(二) 国内环境影响

1.营商环境不佳

虽然民营企业的营商环境优化问题在中央层面被足够重视且有一系列中央政策对接化解,但统计数据显示民营企业目前依然面临着较大的经营困难,长期看是民营企业在生产要素获取和市场经营等方面遭遇了壁垒,反映了制度要素供给在民营企业经营层面的缺失。[2]以下对民营企业营商环境不佳的原因进行分析。

从市场环境来看,市场准入存在"玻璃门"和不公平的现象,部分招投标项目刻意提高标准和条件,影响民营企业参与,一些领域或行业仍然没有实质性对民营企业开放,甚至出现垄断和地方保护。民营企业进入某些领域实际门槛依然未降低,民营企业所处的营商环境为国有企业在工业产业链的上游把握着电力、石油、煤炭等行业的主要控制力,又在对市场主体的资金供给层面通过控制主要大型金融机构发挥着巨大而独特的影响力,加上我国价格形成机制与利率传导机制尚不健全,导致民营企业尤其是制造业民营企业会在购入能源产品与大宗原材料时承受较高的成本。[3]

从政务服务环境来看,个别政府部门仍然存在着行政效率不高的问题。虽然"门"已好进了,但事情仍然难办,部分地方"口号"喊的多,真招、实招的少,同民营企业沟通不畅,政策"一刀切"及存在"旋转门"的现象。

---

[1] 锁箭,杨梅,李先军.大变局下的小微企业高质量发展:路径选择和政策建议[J].当代经济管理,2021,43(10):9-16.

[2] 苏京春,盛中明,孙蕾.疫情影响下民营企业营商环境相关问题研究[J].财政科学,2020(7):5-18.

[3] 魏下海,董志强,张永璟.营商制度环境为何如此重要——来自民营企业家"内治外攘"的经验证据[J].经济科学,2015(2):105-116.

特别是一些地方因领导更换,承诺的政策得不到兑现,存在"新官不理旧账"的问题,个别地方仍然存在向企业乱收费、乱罚款的问题。而且从政策措施来看,各有关部门聚焦民营企业面临的突出问题,出台了一系列含金量高的政策和举措,但部分政策的协同性不够、精准度不高、操作性不强,如企业申报认定科技型企业、高新技术企业、国家技术创新示范企业等称号涉及多个主管部门,并且称号企业种类繁多、功能相近,但申报的标准、条件、时间等存在较大的差异,给企业带来了不少的麻烦和成本支出。一些地方"过度"服务企业,政府部门直接为企业规划"蓝图",要求企业设立机构,开展各类活动,甚至要求企业超能力扩大生产上项目,无限放大"政府有形之手"。①

从法制环境来看,一是平等保护原则体现得不够充分,市场准入不平等,民营企业市场准入政策中还存在一些隐性门槛、隐性壁垒,影响了民营资本进入;二是依法行政不够规范,少数地方政府仍然存在"新官不理旧账"的现象,前期谈好的合同条款、优惠条件面临被改变的风险,一些地方规划和产业结构调整存在"一刀切"现象,没有给民营企业留下整改转型的"缓冲期",并且执法不公和违法行政时有发生,个别政府部门出于自身利益考量,重处罚轻管理,甚至存在以罚代管现象,比如个别政府执法部门检查随意性大、过于频繁,牵扯企业主要负责人精力太多;三是民营企业权益救济渠道不畅通,法院裁判执行难,民营企业司法维权中案件久拖不判、执行不到位现象仍较为突出;四是公益性法律服务平台缺失、资源有限,小企业普遍反映受人财物等方面的限制,企业难以单独设立法律事务部门,相关部门虽然开展了一些"法律服务进企业"活动,但多局限于一般性法律咨询,针对性不强、覆盖面窄,难以满足企业的法律需求,并且我国司法行政机关提供的法律援助中"人少案多"的矛盾越来越突

---

① 胡兴旺,赵艳青. 新阶段民营企业高质量发展路径研究[J]. 财政科学,2022(4):58-67,81.

出，针对民营企业的公益性司法服务存在效率不高、服务质量不优等问题。①

2.融资贵融资难

虽然国家出台了一系列普惠金融政策，不断完善金融体系，为我国民营企业提供更加稳定的融资渠道和更好的融资环境，但融资难融资贵始终是民营企业尤其是中小民营企业面临的一个主要问题。造成融资难融资贵的原因是多方面的，从融资渠道来看，中小企业主要通过银行、小贷公司、民间机构进行融资，融资渠道偏窄；从融资方式来看，中小企业缺乏股票、债券、基金等多元融资形式，融资方式单一；从融资成本来看，银行通过公证、保险、担保、抵押、上浮利率等方式对冲贷款风险，或者降低贷款额度，中小企业只能通过民间机构高息借贷，融资成本偏高；从融资能力来看，中小企业普遍存在管理水平低、信用不佳、抵押资产价值低等问题，加之在利润分配中"重消费轻积累"，企业内源融资匮乏，自身融资能力偏弱。②以下对民营企业融资困难的原因进行分析。

企业治理机制存在缺陷，部分中小民营企业沿袭"家长式"管理，所有权与经营权高度统一，严重缺乏现代企业治理理念，并且银行评估企业贷款违约风险难度很大，多数银行因贷款监控成本高、风险大而不愿放贷。③

企业整体素质偏低，民营企业管理者的科学管理理念不足，对财务管理缺乏重视，未能形成高效管理体制，特别是对资金规划不足，难以获得内源融资，极易出现资金断裂的风险。④

---

① 涂永珍，赵长玲.我国民营经济法治化营商环境的优化路径[J].学习论坛，2022(3)：131-136.

② 董泽强.中小型民营企业融资问题研究[J].行政事业资产与财务，2021(22)：52-53.

③ 赵新宇.民营企业融资问题研究[J].江苏科技信息，2020，37(29).

④ 张玉鹏.民营企业融资问题的探讨[J].财经界，2020(29).

缺乏多元融资平台,虽然资本市场为民营企业开设了创业板、新三板,但上市门槛较高,多数中小民营企业很难上市融资。同时中小民营企业普遍对股票、债券、基金等多元金融市场缺乏了解,多数企业寻求间接融资,而银行等金融机构由于信息不对称不愿意给中小民营企业贷款,进而形成民营企业融资难的困局。[①]

政府优惠政策扶持力度不够和社会信用体系不全,虽然政府将民营企业纳入普惠金融范畴,不断加大对中小民营企业融资扶持力度,但是相当一部分是政策性指标,贷款激励性措施较少,同时多数政策的宣传力度不够,企业获取普惠政策的渠道有限。而且由于国家有关社会信用的法律法规尚未完善,对信用良好企业有效激励不足,对失信企业惩罚力度不够,加上信用评估机构起步较晚,社会信用观念较为淡薄。银行为了降低信贷风险,愿意接受房产、土地、机器、设备等有形资产作为抵押物放贷,而中小民营企业一般很难满足银行抵押要求。[②]

3.税费负担重

我国宏观税负与国外相比并不算重,并且减费降税的政策可谓"真金白银",但仍有部分企业感到税费负担比较重、减费降税的"获得感不强",造成成本负担增加。我国涉企收费项目繁多,而收费项目的背后是一系列繁杂的手续,企业在履行手续的过程中,不仅要承担资金成本,还要承担相应的人力、时间、机会成本,而这些成本最终都会转化为企业的资金成本。"三角式"银行派生货币创造机制所形成的"通货膨胀税",对民营企业造成一定的挤压。从本质上来说,"三角式"的通胀制造机制是一个财富分配的闭环,在这个闭环中,赢家是有贷款特权的负债者,而很多民营企业,特别是正在转型中的企业,它们的收益率比较低,通胀对它们的

① 杨依.中国民营企业融资问题及对策探析[J].现代商业,2020(20).
② 胡恒松.中国民营企业融资难融资贵问题研究[J].区域经济评论,2019(6).

微薄利润是一种蚕食,这也在一定程度上造成企业家做实体经济的愿望降低,转向收益率较高的金融业,最终造成经济一定程度的"脱实向虚"。①

4.负面舆论较多

习近平总书记在民营企业座谈会上指出,社会上有的人发表了一些否定、怀疑民营经济的言论。比如,有的人提出所谓"民营经济离场论",说民营经济已经完成使命,要退出历史舞台;有的人提出所谓"新公私合营论",把现在的混合所有制改革曲解为新一轮"公私合营";有的人说加强企业党建和工会工作是要对民营企业进行控制。在每一个发展的关口上,社会上总有一些人,戴着有色眼镜看待民营经济,有的质疑我国社会主义基本经济制度,增强民营企业家的不安全感;有的用一些似是而非的谬论抹黑混合所有制改革;有的把某些民营企业出现的产品质量问题影射到所在行业的所有企业;有的把企业家个人问题或企业正常生产经营存在的问题无限扩大;有的"标题党"为了一己私利,用断章取义、哗众取宠的卑劣手段赚眼球、博流量,这些噪声和杂音,毒化了民营经济舆论环境,伤害了广大民营企业家,不利于"两个健康",也不利于我国经济社会持续健康稳定地发展。此外还有部分媒体、自媒体机构片面解读当前民营经济发展面临的困难和挑战,影响民营企业发展信心,放大民营企业个别负面现象,抹黑民营企业群体,造成公众对民营企业群体信任缺乏、认可度下降。②

5.新冠感染疫情的影响

全球新冠感染疫情肆虐,给民营企业生产经营造成冲击,2019年末国内新冠肺炎疫情的暴发,已对国内企业尤其是民营企业造成严重冲击:一

---

① 殷贺,孙梦珂,刘楠楠.我国民营企业税费负担的综合分析[J].中国商论,2018(10):112–116.

② 加强舆论引导 营造良好舆论环境——十论学习贯彻《关于营造更好发展环境支持民营企业改革发展的意见》[EB/OL].(2020–01–28)[2022–07–01].http://www.acfic.org.cn/fgdt1/zjgd/202001/t20200128_152468.html.

是直接的生产经营冲击,一些产业如制造业、餐饮业、电影业、旅游业等收入锐减,疫情期间,民营企业承担的房租、五险一金、贷款本息偿还、各种费用摊销等成本仍居高不下,企业生产经营成本相对于营业收入而言更高;二是对营商环境的影响,一些有利于企业发展的"放管服"改革被迫暂停或停止,新冠感染疫情持续蔓延,对全球经济造成负面影响,全球产业链受到显著影响,中国民营企业也难以独善其身。[1]

二、从民营企业自身出发

当前,中国特色社会主义进入新时代,意味着经济也要实现转型,在这个过程中,我国民营企业在迎来新的发展机遇的同时,也面临着新的难题与瓶颈,以下从民营企业自身出发探讨民营企业高质量发展面临的难题与瓶颈。

(一)发展创新动力不足

在推动民营企业高质量发展过程中遇到的最大的困难与挑战就是企业创新动力不足。这主要表现在以下几个方面。一是企业自主创新能力不强,转型困难。中国经济发展进入新常态,这意味着我们不再简单追求发展速度,而是更加注重发展质量,部分企业不愿直面新的发展趋势,对企业转型具有恐惧心理,面对我国消费结构发生变化的情况,无法很好地应对,产品无法满足消费者多样化的需求,进而导致大量消费群体流失。二是技术创新投入不够。民营企业先天发展就存在一些不足,如果在技术方面缺乏创新,那么企业将毫无竞争力可言,并且现代科学技术发展飞

---

[1] 杨晓琰,郭朝先,张雪琪."十三五"民营企业发展回顾与"十四五"高质量发展对策[J].经济与管理,2021,35(1):20-29.

速，云计算、人工智能、大数据被广泛应用到各行各业中，一些传统民营企业对这些技术的深入研究与应用远远不够。[①]

(二) 缺乏高层次人才

目前民营企业的发展缺乏高层次人才，主要表现在以下几个方面：首先，人才吸收机制不具优势，由于部分民营企业规模较小、核心竞争力不强、薪资水平不高、发展空间相对较小，再加上受到传统就业观的影响，大部分高端人才的首选并不是到民营企业工作，同时，部分民营企业采取的是家族管理模式，在用人上，多是家族成员，这就造成了企业人员相对封闭，外来人员很少；其次，优秀人才队伍建设不足，民营企业的大多数员工的学历有限，高层次管理经营人才、高技术人才匮乏，尤其是核心科研人员较少；最后，优秀人才分布的领域不平衡，在高科技行业优秀人才较多，传统的制造业和服务业缺乏优秀人才，对产业发展的带动优势没有充分发挥出来。

(三) 企业家质量管理意识淡薄

多数经营者只关注当前市场和利益，没有用心抓质量，缺乏质量管理的自觉性和主动性，导致不少民营企业的质量管理还停留在"人治"管理层面，质量职能不明确，质量责任没有有效落实，现场指挥随意性大，没有将质量体系文件上升到企业法规这个高度上来认识，导致质量承诺流于形式，与ISO9000标准的基本要求差距较大。[②]

---

① 王铮铮. 民营企业高质量发展的困难及对策分析[J]. 现代商业, 2022 (6): 148–150.
② 翁士增. 民营企业质量管理问题、原因及高质量发展对策[J]. 安徽行政学院学报, 2019 (4): 59–64.

（四）企业家精神及企业文化缺乏、管理理念落后

经过40多年的迅猛发展，民营经济中涌现了一大批具有国际视野和战略眼光，思维敏锐、开拓创新的现代企业家，但是，与我国庞大的民营企业数量相比，具备真正意义上的企业家精神的企业领导人还很少，家族式企业的大量存在，导致了企业管理方式简单粗放，部分管理人员任人唯亲，真正高效的现代企业制度尚未完全建立。而且面对经济高质量发展的新形势，企业缺乏先进的管理模式、管理理念，难以吸引专业化高端人才，企业的创新能力得不到保证，民营经济的高质量发展和成长壮大难以形成，并且数量庞大的"大而不强"的民营经济在转型过程中举步维艰，再加上新冠感染疫情带来的国际国内的影响及经济压力，民营企业目前的困难可想而知。①改革开放初期国内民营企业大多以利益为导向，企业文化缺少核心创新力，主要以"复刻"为主，由于受到国内环境的限制，国内民营企业缺乏文化多元化意识，很难融入国际市场，产品主体相对单一，缺乏创新意识。在当前新常态的经济形势下，互联网等媒介发达，电商已经成为广大消费者购物的重要渠道，很多民营企业重视媒体宣传，但并不重视塑造企业长期的核心文化，导致出现很多产品质量问题。②

（五）缺乏社会责任意识

民营企业通常关注经济利益的实现，对企业社会责任履行缺乏根本上的认识。与国有企业相比，民营企业面临的问题更多，比如，融资、产品销售、市场占有等激烈的外部竞争环境，再加上私有财产权意识浓厚，导致民营企业很少关注企业外部相关利益群体的利益，只是以单纯逐利

---

① 杨琪. 新形势下促进民营经济高质量发展探究[J]. 中共郑州市委党校学报，2020(6)：52–54.
② 赵思敏. 新时代背景下民营企业高质量发展浅析[J]. 科技创新与生产力，2022(1)：114–116.

为目标,不具备社会责任意识。[①]

　　综上所述,不管是从国际环境、国内营商环境来看,还是从企业自身来看,内外部环境对民营企业高质量发展均有较大的影响。根据《分析报告》汇总出影响民营企业500强高质量发展的内外部因素,如表3-28所示。

表 3-28　影响民营企业 500 强高质量发展的内外部因素

内外部因素	影响
中美经贸摩擦	出口下滑,业务萎缩 正常中美技术交流活动受限 合法商业活动遭受不公平待遇 海外研发受到影响
市场环境	用工成本上升 融资难融资贵 国内市场需求不足 土地供应紧缺
政策政务环境	税费负担重 垄断行业开放度不高及门槛过高 民间投资政策实施细则落实不到位 "卷帘门""玻璃门""旋转门"
法治环境	市场秩序不够规范 对知识产权的保护不够 民营企业在司法审判中的地位不够平等 依法行政不够规范
政商环境	对民营经济的负面舆论较多 地方保护主义 政府沟通不畅 政府官员帮扶企业意识差

---

① 徐升华,王曲舒.民营企业发展升级的瓶颈、问题及治理[J].理论探讨,2019(3):99-105.

内外部因素	影响
新发展格局下面临的挑战	新冠感染疫情持续蔓延 产业链、供应链风险加大 科技竞争日益加剧 企业自身在创新、人才、管理等方面存在短板 逆全球化的冲击 供求脱节、国内有效需求不足 我国生产体系内部循环不畅
500强企业走出去面临的困难——企业内部原因	缺国际经营管理人才及专业技术人才 对东道国政策、投资环境、市场信息了解不够 缺乏境外自我保护和维权能力 缺资金 本土化经营能力不够 投资的战略规划不足 产品或服务缺乏竞争力
500强企业走出去面临的困难——国内国际外部原因	金融支持不够 外汇管制严格 缺少境外投资的统筹协调 国际贸易保护主义、单边主义抬头 东道国法规、政策不完善

第四章

全球典型民营企业的基本特征
和经验借鉴

第一节　全球典型民营企业的发展历程

在美国、日本、英国、德国、法国等大多数发达国家,中小企业的数量几乎占了国家所有企业的99.3%—99.7%,这些企业提供了一个国家75%—80%的就业机会和60%以上的GDP。由此表明,中小企业是国家重要的经济组成部分,为了增强自身的经济活力,许多发展中国家也在大力支持中小企业,为其发展创造良好的环境,以下主要介绍美国、日本、韩国和俄罗斯企业的发展历程。[①]

一、美国企业的发展历程

19世纪中叶,由于资本主义金融市场的发达,企业并购活动越来越活跃,其中又以对美国公司的收购活动最具标志性。企业并购对全球经济尤其是中美洲经济发展产生了重要影响,到目前为止,在美洲及西欧等发达地区已经历过了5次企业并购的大潮,其规模也一次比一次大。美国近100多年来,经过了5次公司兼并浪潮,产生了若干大型和超大型公司。有了这些大企业,美国可以在世界经济强国中排名第一,美国百年并购历程如图4-1所示。[②]

① 姜虹宇.俄罗斯中小企业发展研究[D].黑龙江大学,2021.
② 陈志敏.美国企业并购的发展历程及启示[J].云南财经大学学报,2007(S1):164-166.

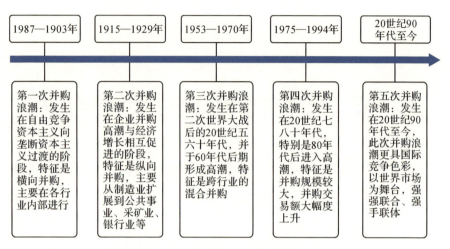

图4-1 美国百年并购历程

美国的第一次并购浪潮发生在自由竞争资本主义向垄断资本主义过渡的阶段，在1897—1903年，这一浪潮以横向并购为特征，主要在钢铁、铁路、石油、矿业等各个行业内进行，有联合钢铁、美孚石油、美国烟草、杜邦等公司，这种并购主要是优势企业对劣势企业的并购。生产规模的扩大普遍提高了工业化程度，因此，在此次并购中，共有2653家企业被并购，总资产超过63亿美元。美国的产业结构发生了永久性的变化，100家最大公司的规模翻了四番，控制了美国40%的工业资本，收购方获得了规模经济和巨大的垄断利润，这次并购浪潮是5次并购浪潮中最重要的一次，也是对美国经济结构影响最为深远的一次，它不仅创造了大量大型企业，使之成为支撑美国产业结构的基础，而且还确定了现代企业管理的基本模式，即伯利和米恩斯在1932年的《现代公司与私有财产》一书中倡导的所有权与经营权分离。[①]

美国第二次并购浪潮发生在并购高潮与经济增长相互促进的阶段，大约是1915—1929年。这一浪潮的特点是纵向并购，由于1914年《克莱

[①] 宋玉玲.美国第一次企业并购浪潮研究（1873—1904)[D].辽宁大学,2013.

顿法案》的颁布实施，横向并购的势头得到遏制，纵向和混合并购逐渐占据主导地位，因此，在这一时期，新的垄断企业并不多，但寡头垄断企业却很多，并购主要从制造业扩展到公用事业、采矿业、银行业等，仅在工业领域，就有4万多家企业进行了并购。第二次并购是在行业一定垄断的基础上进行的，主要是大企业并购中小企业，以进一步增强资本实力，扩大市场范围。在这一次并购浪潮中，美国有近12000家公司被并购，其中包括2750家公用事业公司、1060家银行和10520家零售企业，它们的规模和数量远远大于第一次并购，因此，第二次并购浪潮形成了巨大的联合企业，生产规模进一步扩大，规模经济日益显著，劳动生产率提高，资本进一步集中，市场垄断程度增强，给企业带来了巨大的经济效益。[①]

美国的第三次并购浪潮发生在第二次世界大战后的20世纪五六十年代，并在20世纪60年代末达到高潮，大约在1953—1970年。这一波浪潮的特点是跨行业的混合并购，1280家资本超过100万美元的企业被合并，原有200家最大企业的资产在并购中增加了15.6%，与此同时，美国最大的500家企业中有110家通过并购从500强名单上删除，从而增强了大型企业的竞争力。在激烈的市场竞争下，企业的经营风险与日俱增。为了分散经营风险，增强市场垄断力，一些实力雄厚的大企业实施了强联盟，企业规模扩大，行业高度集中，公司垄断实力增强，一些大型混合型企业拥有雄厚的资金，在新技术研发方面处于领先地位，成为市场价格的领导者。[②]

美国第四次并购浪潮发生在20世纪七八十年代，尤其是20世纪80年代之后，大约是1975—1994年。这次并购浪潮的特点是大规模并购，并购量大幅增加，尤其是单笔交易量大的并购数量急剧增加，同时，在本次并购中，企业间混合并购的比例有所下降，并购对象主要选择与本行业相

① 徐兆铭，乔云霞.美国五次并购浪潮及其历史背景[J].科技情报开发与经济，2003，13（5）：3.
② 邬义钧.企业兼并及美国企业五次兼并浪潮的启示[J].中南财经大学学报，2000（1）：6.

关的企业。与以往的并购浪潮不同，此次并购浪潮中出现了"小企业兼并大企业"的现象，例如，1985年，销售额仅为3亿美元，经营超市和杂货店的帕特雷·普莱得公司意外以17.6亿美元的价格收购了年销售额达24亿美元，经营药品和化妆品的雷夫隆公司。通过此次并购，大企业内部结构得到调整，进行了优化重组，并出现了杠杆收购，即举债收购，这便是小企业并购大企业的结果。①

美国的第五次并购浪潮发生在20世纪90年代，并以强劲的势头发展。此次并购浪潮的主要特点与过去不同，它具有更加明显的国际竞争色彩。它以世界市场为舞台，强者与强者相结合。1994年企业并购交易额达3419亿美元；1995年并购9152起，涉及金额5190亿美元；1996年并购10200起，涉及金额6588亿美元；1997年共有7941起并购事件，并购金额高达7026亿美元。美国大公司面对信息革命的新形势和国际市场的新格局，出现了迪斯尼公司收购美国广播公司（ABC），波音公司收购麦道公司。在此次并购浪潮中，跨国公司并购和大企业合并蔚然成风，其并购规模之大，涉及金额之多，覆盖行业之广，激烈程度之剧，并购时间之长都是空前的。②

美国通过5次大并购，使美国大型企业在国内外市场竞争中进行了调整，提高了竞争力，促进了一批巨型和超巨型跨国公司的出现和发展，完成了资产规模的快速扩张和提升，促进产业升级，优化全社会资本结构配置。因此，5次并购浪潮对美国经济发展具有一定的深远意义。正如许多经济学家在研究了美国的5次并购浪潮后得出的结论："几乎没有一家美国的大公司，不是通过某种方式、某种程度的兼并或合并成长起来的，几乎没有一家大公司是主要靠内部扩张成长起来的。"

---

① 萧琛.美国企业第四次兼并浪潮[J].世界经济,1991(12):6.
② 徐兆铭,乔云霞.美国五次并购浪潮及其历史背景[J].科技情报开发与经济,2003.

二、日本中小企业的发展历程

在世界经济发展过程中,特别是在发达国家,中小企业发挥了不可替代的作用,因此,许多发达国家都非常重视扶持中小企业的发展。在发达国家中,日本的中小企业数量最多,发展最好,据统计,日本中小企业占日本企业总数的99.1%,解决的就业人口占全国就业人口的70%,在第二次世界大战后的日本经济发展过程中,中小企业起到了不可或缺的重要作用 ,已成为日本经济迅速崛起的重要杠杆,第二次世界大战后日本中小企业发展历程如图4-2所示。①

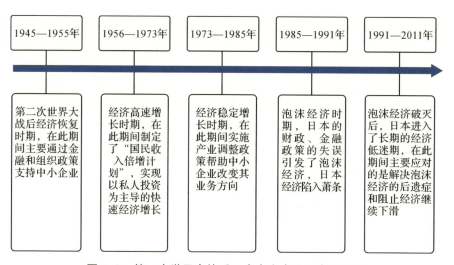

图4-2　第二次世界大战后日本中小企业的发展历程

第二次世界大战后日本经济恢复时期（1945—1955年）。从第二次世界大战到20世纪50年代中期,日本经历了经济恶化和第二次世界大战后早期"战争特殊需求"的出现,在此期间,为了增强中小企业的竞争力,

---

① 王洪斌,徐世刚. 日本中小企业的生存发展及创新模式研究[J]. 现代商业,2021(12):130-134.

日本主要通过财政和组织政策支持中小企业，1948年，日本政府成立了中小企业部，以确保经济和市场稳定，并为中小企业创造公平竞争的机会，中小企业部根据实际情况为中小企业提供相关的法律和政策支持。在金融政策方面，日本于1949年成立了"国民金融公库"以向小企业提供贷款，并于1953年成立了"中小企业金融金库"以提供长期贷款，并制定了《信用保证协会法》，为中小企业向民间机构贷款提供担保，创设了信用保险制度。在组织政策方面，先后制定了《中小企业合作法》《中小企业安全法》《百货店法》等，以促进中小企业的发展。[①]

经济高速增长时期（1956—1973年）。20世纪60年代后，日本经济进入快速增长阶段，在此期间，日本制定了"国民收入倍增计划"，通过技术引进实现了大规模的技术创新，带动了设备投资的快速增长和私人投资推动的经济快速增长。然而，在这一时期，日本的技术创新主要集中在重化工领域，中小企业的地位一开始并没有得到改善，针对这种情况，日本政府于1963年制定了一系列法律法规，并开始系统地推动中小企业的设备现代化和专业化。因此，中小企业实现了一定程度的现代化和专业化，大企业可以利用中小企业的专业化生产能力，从而形成以大企业为中心、多家中小企业为支撑的多层次金字塔结构。特别是在重工业领域，中小企业一般利用大型企业提供的图纸或样品为其生产零部件，并为其提供装配和生产服务。此外，随着专业化分工的发展，日本经济各个领域都出现了骨干企业，这些骨干企业是由中小企业发展而来，具有较强的竞争力和管理能力。[②]

经济稳定增长时期（1973—1985年）。20世纪70年代，日本经济进入稳定增长期，在此期间，为了使中小企业适应环境变化，日本实施了产

---

① 谢玮.资产负债表衰退：日本经验[M].北京：社会科学文献出版社，2018.
② 王章耀.日本1956—1973年期间经济高速增长原因探讨[J].日本问题研究，1992（4）:5.

业调整政策,帮助中小企业改变经营方向,同时,多次修订《中小企业现代化促进法》,成立了"中小企业振兴小组",帮助中小企业改善经营结构。在政府的支持和指导下,大量中小企业开展小批量、多品种生产,产品技术含量高、质量定位高。此外,中小企业的分工协作能力和加工装配水平不断提高,专业分工更加明确,从分包企业到专业零部件制造企业的发展提高了它们在日本经济中的地位。20世纪70年代末,日本中小企业开始注重自身技能的提高,一些骨干企业以独特的技术或产品确立了自己的市场地位。①

泡沫经济时期(1985—1991年)。1985年,《广场协议》签署后,日元大幅升值,日本财政和金融政策的失误,引发了泡沫经济,一些中小企业也进入了房地产和证券市场。随着泡沫的破灭,日本经济陷入萧条,而需求的下降也导致了大量中小企业的破产。自20世纪90年代以来,信息技术的应用为世界经济的发展带来了新的动力,使企业从关注商品和技术转变为关注消费者的多样化需求,在这种情况下,日本中小企业的发展更加困难。②

泡沫经济破灭后的经济低迷期(1991—2011年)。1991年以后,日本进入了长期的经济低迷期,被称为"失去的20年"。这一时期,日本政府主要应对的是解决泡沫经济的后遗症和阻止经济继续下滑。这个时期,政府在扶持、促进中小企业发展方面采取的措施主要是把中小企业的企业所得税从18%调低到11%,实施促进中小企业技术开发制度等综合政策,支持中小企业创业,出台了《禁止歧视中小企业法》,其中对禁止大企业利用自身优势压低收购中小企业产品价格或加价强卖给中小企业的行为等做了具体的规定,这些法律法规及政策都有利于促进中小企业的发

---

① 谢玮.资产负债表衰退:日本经验[M].北京:社会科学文献出版社,2018.
② 瞿强.日本"泡沫经济"时期的货币与财政政策及其教训[J].金融论坛,2001(9):5.

展。中小企业在此过程中,有的完成了产业转型,有的进行了原有产业产品技术升级与创新,在汤森路透评选出的"2015全球创新企业百强"榜单里,日本以40家高居榜首,力压美国的35家;"2016全球创新百强"榜单中,日本占34家,仅次于美国的39家"。[1]

三、韩国大企业的发展历程

韩国大型企业不仅是韩国经济的支柱,而且在世界经济舞台上占有一席之地,短短几十年,韩国迅速完成工业化,创造了震惊世界的"江汉奇迹",成为世界"经济强国"和"贸易强国",被誉为"亚洲四小龙"之一和"发展中国家经济复兴的典范"。韩国经济快速发展和成功的原因有很多,关键因素是其大型企业财阀在经济发展和工业化中发挥了支柱作用,韩国大企业的发展历程如图4-3所示。[2]

萌芽期(20世纪30年代—40年代中期),当时,韩国一批年轻人利用日本侵华战争和太平洋战争扩张带来的"军需热潮",以及日本财阀向朝鲜半岛转移部分产业的有利时机,在日本殖民统治的夹缝中,开始涉足工业世界,从事商业和服务业,他们通过掠夺土地和从事大规模商业经营,完成了原始资本积累,并逐步扩大了经营范围,组建了"三阳""和欣""开封"等大型企业集团,这些第二次世界大战前形成的财阀规模较小,直到20世纪50年代和60年代,它们才发展成为垄断财阀,因此也被称为"原始财阀"。[3]

成长期(20世纪40年代末—50年代中期),韩国大企业主要借助韩国

① 悦涛. 从全球创新百强榜看日本的创新[J]. 市场观察, 2016(1): 4.

② 钟坚. 韩国大企业发展模式的历史反思与制度分析[J]. 深圳大学学报(人文社会科学版), 2001(5): 76-83.

③ 郑恩雅. 大企业支撑的韩国经济发展模式优劣势研究[D]. 哈尔滨工业大学, 2019.

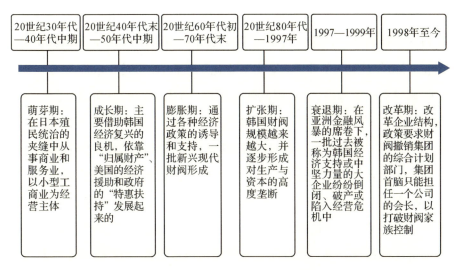

20世纪30年代—40年代中期	20世纪40年代末—50年代中期	20世纪60年代初—70年代末	20世纪80年代初—1997年	1997—1999年	1998年至今
萌芽期：在日本殖民统治的夹缝中从事商业和服务业，以小型工商业为经营主体	成长期：主要借助韩国经济复兴的良机，依靠"归属财产"、美国的经济援助和政府的"特惠扶持"发展起来的	膨胀期：通过各种经济政策的诱导和支持，一批新兴现代财阀形成	扩张期：韩国财阀规模越来越大，并逐步形成对生产与资本的高度垄断	衰退期：在亚洲金融风暴的席卷下，一批过去被称为韩国经济支柱或中坚力量的大企业纷纷倒闭、破产或陷入经营危机中	改革期：改革企业结构，政策要求财阀撤销集团的综合计划部门，集团首脑只能担任一个公司的会长，以打破财阀家族控制

图4-3　韩国大企业的发展历程

经济复兴的良机，依靠"归属财产"、美国的经济援助和政府的"特惠扶持"发展起来。1947年，美国占领当局将没收日本殖民所有（包括2575家企业及其库存物品和不动产及相当于朝鲜半岛15%的土地，相当于韩国总资产的80%）的所谓"归属财产"，经李承晚政府之手，几乎无偿地"处理"给私人企业。1945—1961年，美国向韩国提供了大约21.5亿美元的物质援助，韩国政府将其出售所得占当时财政收入的40%左右，以此充当对工商业贷款和投资的来源，那些与政府有密切关系的官商利用这一机会，通过购买"归属财产"、美国援助分配和政府在金融等方面给予特惠等途径发展，形成一批特权财阀，如"三星""乐喜金星""大韩""东洋"等，它们因此而被称为"特惠财阀"。[①]

　　膨胀期（20世纪60年代初—70年代末），20世纪60年代初，朴正熙上台后，曾采取一些措施试图改变财阀对国民经济垄断的局面，但韩国政府很快发现，在市场体制不健全、企业缺乏竞争力的情况下，财阀是一支

——————
① 梁志. 美国对外开发援助政策与韩国的经济"起飞"[J]. 当代韩国, 2009（1）：9.

可发挥作用的经济力量,因此通过各种经济政策的诱导和支持,在政府一系列五年计划和出口导向战略的实施过程中,形成一大批新兴现代财阀,20世纪60年代初,在韩国"重化工业化"浪潮中,得益于政府优惠贷款、税收减免等政策倾斜,大批财阀转向钢铁、石化、造船、汽车、电子等产业领域,形成一批"借款财阀",如"现代""鲜京""大宇""韩国火药""双龙""韩进""东亚"等,新一代财团都是借韩国经济起飞,即借助政府实行开放政策而迅速积累资本(外资)形成的,因而被称为"现代财阀"。[①]

扩张期(20世纪80年代—1997年),在此期间,由于韩国政府产业政策的引导和综合经济援助,韩国财阀的规模越来越大,并逐渐形成了对生产和资本的高度垄断,1987年,13家韩国企业入选世界500强,其中"三星"和"现代"入选世界50强企业,1993年,韩国前30大财团的销售额达到107.2万亿韩元,占当年韩国国内生产总值113.1万亿韩元的94.8%,1995年,韩国政府启动了"全球化战略",推动了大型企业财阀的投资和规模进一步扩大。[②]

衰退期(1997—1999年),1997年,在亚洲金融风暴的席卷下,一批过去被称为韩国经济支柱或中坚力量的大企业纷纷倒闭、破产或陷入经营危机中,如"起亚""汉拿""韩宝""真露""三美""海天""高丽""大宇""NEWCORE""HAITAI"等,"现代""三星""LG""SK"等财阀负债累累,韩国经济遭受重创,"大马不死"的神话也由此破灭。[③]

改革期(1998年至今),韩国爆发金融危机后,国际货币基金组织(IMF)直接介入了其改革和调整方案的制定,其中一项重要内容是改革企业结构,改革主要对象是财阀,政府要求财阀撤销集团的综合计划部门,集团首脑只能担任一个公司的会长,以打破财阀家族控制;要求财阀卖掉

① 张红果.朴正熙政权与韩国现代化模式的形成[D].延边大学,2010.
② 郑恩雅.大企业支撑的韩国经济发展模式优劣势研究[D].哈尔滨工业大学,2019.
③ 郑恩雅.大企业支撑的韩国经济发展模式优劣势研究[D].哈尔滨工业大学,2019.

非核心企业,资金用于补充核心企业的资本,实行专业化经营;禁止集团子公司相互提供贷款担保;要求每个财团集中力量经营3—5个大的产业部门,并采取交换的方式放弃集团的弱势产业,"三星"只经营电子、金融和贸易服务业,"现代集团"致力于建筑、重工、化工、电子、汽车和金融服务业,"大宇"则从事重工、汽车、贸易和证券业;"LG"集中发展电子、石化、服务和金融业,"鲜京"则经营能源化工、信息通信、金融和运输业。从最近的情况来看,韩国推行财阀体系改革遇到较大阻力,一旦触及财阀的切身利益,还会引发新的政治或经济危机。[①]

四、俄罗斯中小企业的发展历程

中小企业的发展是俄罗斯由国家计划型经济向市场经济过渡的重要手段之一,具体作用包括:中小企业的发展有助于扩大俄罗斯的中产阶层,该群体是国家经济发展和社会福利的重要基础;中小企业的发展有助于驱动俄罗斯的技术创新;中小企业创造新的就业机会,能降低俄罗斯的失业率,缓解社会紧张局势。俄罗斯中小企业主要由独资企业(57.6%)和微型企业(38.7%)组成,有710万俄罗斯人在中小企业就业,约占总就业人数的37.9%,在各经济部门中,中小企业占比最高的是贸易和服务业,约占47%,制造业中有16%的中小企业,建筑业中有13%的中小企业。俄罗斯中小企业的发展历程如图4-4所示。[②]

---

① 郑恩雅.大企业支撑的韩国经济发展模式优劣势研究[D].哈尔滨工业大学,2019.

② 雅娜.俄罗斯中小企业的发展[D].吉林大学,2013.

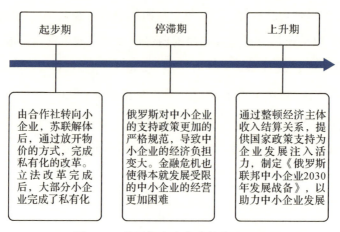

图4-4　俄罗斯中小企业的发展历程

发展起步期,自1990年以来,小企业一直以有限责任公司的形式存在,这些公司通常是从以前的合作社演变而来的,直到2007年,"中小企业声明"首次出现在俄罗斯政府的官方文件中。俄罗斯小企业发展的第一阶段始于20世纪80年代末,此时,合作社仍然是小企业的主要存在方式,企业家群体通过合作社的经济形式完成了最初的资本积累,促进了大众市场心理的形成。1990年8月8日,苏联部长会议通过了《关于建立和发展小企业的措施》,为小企业的发展提供了新的动力。1990年俄罗斯开始向市场经济转轨,此时的经济发展类型属于粗放型,苏联解体后,俄罗斯经济走进了制度危机的死胡同,于是选择放开物价的方式挽救经济,俄罗斯的小企业正是在1991—1992年价格自由化期间开始步入正轨快速发展的。1991—1994年,小企业的数量从26.7万家增加到89.7万家,小企业的就业人数从540万人增加到880万人。根据俄罗斯国家统计委员会的资料,1995年俄罗斯有小企业90多万家,产值占工业产值的9%,占社会零售商品流转额的20%。将其按照所有制划分,国家所有制占2%,市政所有制占2%,社会组织所有制占1%,混合所有制占10%,私人所有制占

85%。1994年,俄罗斯的小企业数量比1991年增加了19倍,其中,科学和科学服务业小企业增加了75倍,餐饮小企业增加了33倍,建筑小企业增加了1倍。小企业在复杂的社会经济形势下依然保持了良好的增长态势,到1996年,俄罗斯已经有104万家小企业,为历年之最。[①]

发展停滞期。1996年以后,俄罗斯对中小企业的扶持政策更加严格和规范,中小企业的经济负担也更加沉重,直接导致中小企业数量大幅下降,由于成本上升和利润下降,小型企业的数量大幅减少至84万家。1998年的金融危机给小企业带来了沉重的打击,俄罗斯小企业在这场危机中损失高达120亿美元,损失惨重,危机发生后,25%—35%的小企业停止了经营活动,这意味着只有60万家小企业在危机中幸存下来,但此时,小企业经过一段时间的发展,已经学会了独立适应市场。[②]

发展上升期。普京执政后,俄罗斯中小企业的发展成为俄罗斯经济发展的重要议题,为了稳定经济,俄罗斯政府采取了许多措施,针对中小企业的措施主要集中在通过整顿经济主体收入结算关系,提供国家政策支持为企业发展注入活力。俄罗斯政府多次立法,为中小企业发展提供政策支持,普京也多次公开督促有关部门重视中小企业的发展,2002—2003年,俄罗斯小企业的数量有所增加,在国内生产总值中的份额也由9.6%增加到了10.4%,为社会多创造了55万个就业岗位。到2008年之前,俄罗斯中小企业在国民经济中所占的份额大幅度增加,2008年达到峰值29.5%。随着国家不断为中小企业发展注入动力,2018年俄罗斯中小企业创造的国内生产总值所占份额终于恢复到26.7%。2018—2024年,国家将拨款4814亿卢布用于发展国家项目,其中中小企业获得的财政资源就

---

① 郭连成.俄罗斯中小企业改革发展历程与政府扶持政策[J].俄罗斯东欧中亚研究,2021 (6):97–115,154–155.

② 熊玉珍.俄罗斯中小企业发展状况及其对经济改革的影响[J].俄罗斯中亚东欧市场, 2004(11):46–50.

高达2618亿卢布,占比54.4%,这势必会大大地促进中小企业的发展。[①]

五、《财富》全球500强民营企业(部分企业)的简要介绍

　　《财富》全球500强一直是衡量世界大公司最著名、最权威的榜单之一,被称为"终极榜单",由《财富》杂志每年发布。2021年8月2日,最新的《财富》全球500强名单发布,沃尔玛连续8年成为全球最大的公司,中国国家电网公司上升至第二位,亚马逊首次进入前三名,苹果上升至第六位。2021年《财富》全球500强民营企业(部分企业)如表4-1所示。[②]

表4-1　2021年《财富》全球500强的民营企业(部分企业)

排名	公司名称(中文)	营业收入/百万美元	利润/百万美元	国家
1	沃尔玛	559151	13510	美国
3	亚马逊	386064	21331	美国
6	苹果公司	274515	57411	美国
8	联合健康集团	257141	15403	美国
9	丰田汽车公司	256721.7	21180.1	日本
10	大众公司	253965	10103.5	德国
15	三星电子	200734.4	22116.4	韩国
31	托克集团	146994.3	1699.2	新加坡
33	微软	143015	44281	美国
44	华为投资控股有限公司	129183.5	9361.6	中国
47	福特汽车公司	127144	−1279	美国
48	本田汽车	124240.6	6210.6	日本

① 雅娜. 俄罗斯中小企业的发展[D]. 吉林大学, 2013.
② 2021年《财富》世界500强排行榜[EB/OL]. (2021-08-02)[2022-07-01]. https://www.fortunechina.com/fortune500/c/2021-08/02/content_394571.htm.

续　表

排名	公司名称 （中文）	营业收入 /百万美元	利润 /百万美元	国家
59	京东集团股份有限公司	108087	7160.2	中国
63	阿里巴巴集团控股有限公司	105865.7	22224	中国
76	戴尔科技公司	94224	3250	美国
79	雀巢公司	89852.9	13031.1	瑞士
86	Facebook公司	85965	29146	美国
88	索尼	848983.1	11053.6	日本
99	乐购	81248	7948.4	英国
150	西门子	63935.5	4509.4	德国
182	惠普公司	56639	2844	美国
338	小米集团	35632.6	2950.1	中国

　　财富《全球》500强企业有大部分是百年企业，其成功经验对于当前我国中小企业的发展均有借鉴意义。

（一）沃尔玛——美国[①]

表4-2所示为沃尔玛的发展历程。

表4-2　沃尔玛发展历程

发展节点	发展历程
小镇开小店 （1950—1960年）	从1950年开设第一家"沃尔顿5分—1角商店"开始，山姆一赚到钱就马上投资开新店，到了1960年，他已经拥有了15家杂货店，分布在本顿威尔周围地区，年营业额达到140万美元

---

① 武智慧，牟歌. 解读沃尔玛的发展历程[J]. 技术经济与管理研究，2005（6）：67–69.

续 表

发展节点	发展历程
小镇开大店（1960年）	1960年，积累了一些资金的山姆在密苏里州人口只有1500人的圣罗伯特开了第一家大型商店"沃尔顿家庭中心"，占地1200平方米，年销售额200万美元，超过了山姆原来所有杂货店的总和
沃尔玛折扣店的诞生与快速成长（1960年—20世纪70年代初）	山姆经历了"小镇开大店"的成功后，又发现了折扣商店这一新的零售经营模式。而后不断扩张，至1971年，沃尔玛折扣店数量达到25家，销售额4400万美元
行业萎靡正是决胜之时——迅速扩张（20世纪70年代中后期）	从1970年到1979年，沃尔玛分店数从18家到276家，营业额从3100万美元增长到12.48亿美元，同期净利润从120万美元增至4100万美元，年均增长速度约为45%，成为全美唯一的年销售收入超过10亿美元的区域性零售公司
从区域第一到全国第一（1980—1991年）	进入20世纪80年代，沃尔玛已经是纵横美国中西部、全国最大的区域性折扣百货连锁公司。1981年，沃尔玛通过并购进入了东南部地区，此后以每年100多家的速度急剧扩张，1990年已拥有分店1402家，1991年以326亿美元销售额实现了全国第一的夙愿
称霸世界（1991年至今）	1991年7月，沃尔玛进军国际市场，当年新建海外分店10家。2002年1月，沃尔玛已在世界范围内拥有4294家连锁店（美国本土3006家，其他国家1288家），并以2198亿美元的销售业绩首次名列《财富》全球500强榜首。2021年沃尔玛仍占据着《财富》全球500强榜首

沃尔玛成功的关键主要有4点：坚持走小镇路线，小镇路线的好处有用地价格低、经营成本较低而利润较高、能避开与大公司的直接竞争。沃尔玛奉行的小镇路线恰恰让它避开了与大公司的激烈竞争，并获得较高的利润，为它日后的崛起打下了坚实的基础；注重降低进价，沃尔玛十分注重采购环节，尽量降低商品进价，这种做法自"小镇开小店阶段"就让它尝到了甜头并逐渐成了沃尔玛的一种工作宗旨；决胜于物流，沃尔玛的物流能力不仅满足了各分店供货需求，也使沃尔玛有可能绕过中间商直接进货，增强了砍价的能力，最重要的是使沃尔玛拥有了物流管理的宝贵

经验,强大的物流使沃尔玛同时具备了低成本和快速扩张的能力;天天平价,"天天平价"是沃尔玛一个响亮的口号,也是沃尔玛长期奉行的宗旨,这里的平价不是定期或不定期的减价促销活动,而是长期稳定地保持商品低加价率,沃尔玛把物美价廉看作顾客满意的关键,天天平价为沃尔玛赢得了顾客。

(二) 亚马逊——美国[①]

表4-3所示为亚马逊的发展历程。

表 4-3　亚马逊发展历程

发展节点	发展历程
奠定发展基础 (1994—1997年)	亚马逊最初利用互联网销售图书开展业务,1994年由杰夫·贝佐斯创立于美国西雅图。1995年,亚马逊的测试网站上线并收到了第一份订单。在开业30天内,它收到了来自美国50个州和其他45个国家的订单。1996年初,其月收入增长了30%—40%。亚马逊通过技术手段,充分发挥网上书店的优势,不断提升消费者的购物体验,各种创新超越了实体书店的传统功能。到1997年底,亚马逊拥有超150万用户
急速扩张及市场出现泡沫(1998—2000年)	亚马逊将自己的目标从网上书店扩展到成为最大的综合网络零售商。亚马逊通过并购的方式扩大自己的业务范围,先后并购了近30家互联网公司。到1999年,亚马逊新增用户1070万,累计用户从1998年的620万增至1690万,商品销售范围已经遍及全球150多个国家和地区。2000年3月开始,资本市场之前累积的网络经济泡沫开始破裂,很多科技和互联网企业倒闭或受到严重冲击,亚马逊的资金链也几近断裂。但从其实际运营情况来看,销售额却取得了大幅增长,比上年增长了68%,这说明市场需求仍然旺盛,亚马逊的未来发展值得期待

---

① 高旭涛.从美国亚马逊的发展看线上与线下融合[J].中国流通经济,2017,31(5):105-116.

发展节点	发展历程
从危机中恢复 （2001—2002 年）	得益于互联网增长阶段带来的网民人数的增长和亚马逊长远的投资战略，以及始终坚持以顾客为中心，尽管亚马逊受到了沉重的打击，但仍然存活了下来。2002年，亚马逊的库存增加了18倍，配送中心处理订单的时间比上年缩短了17%，在美国提供的消费类电子产品数量相当于大型电子产品商店的10倍，顾客满意度指数连续3年获得高分。到2002年底，亚马逊净销售额同比增长了26%
稳步增长 （2003 年—至今）	到2003年，首次实现盈利3500万美元，从危机中恢复并开始进入稳步发展阶段。实现盈利之后，亚马逊的发展势头越来越不可阻挡，继续扩大销售的产品种类，销售规模得到迅速扩大。2004年，收购卓越网进入中国市场，并稳步发展成为品类齐全、与阿里巴巴和京东竞争的电子商务网站。2010年以后，陆续进入意大利、西班牙和巴西等国的市场。到2015年，已有172个国家的商户入驻亚马逊第三方市场，在线上消费的顾客遍及189个国家和地区。2015年，有至少一次购买行为的活跃用户数量超过2.85亿

亚马逊成功的关键主要有4点：第一，亚马逊的目标就是成为"最以消费者为中心"的公司，因此，亚马逊一直把提升消费者体验视为公司的生命，并切实做出了很多努力，比如网络商品搜索与推荐、物美价廉的商品选择、快速的物流支持、优惠的售后政策等，这些都为亚马逊赢得了很好的口碑，从而带来更多的市场份额；第二，亚马逊并不把自己看成一家网络零售商而是一家技术公司，将技术作为其核心竞争力之一，这使其在网站选购商品的易用性、订单履行系统的智能化、非主营业务的云计算等方面超越很多竞争对手；第三，亚马逊虽然通过网络开展业务，但实际上线下的支持系统也非常到位，最主要的表现是其强大的订单履行能力，它承诺美国境内全部地区的会员都可享受2日免费送达的物流服务，部分地区可以当日送达甚至更快，这都是在其高效、大范围覆盖的仓储物流网络的支持下实现的；第四，亚马逊上市伊始，就在致股东信中阐明了公司着

眼长远的发展策略,坚持长期大规模投资技术和物流系统而不惜牺牲眼前的利益,最终获得市场统治地位。

(三)苹果公司——美国①

表4-4所示为苹果公司的发展历程。

表4-4 苹果公司发展历程

发展节点	发展历程
初创阶段	苹果公司成立于20世纪70年代,1976年,由21岁的商业奇才史蒂夫·乔布斯同好友一起创办,此时个人电脑市场尚处于萌芽期。1977年,苹果公司不失时机地迅速占领个人电脑市场这片未开发的空白领域,随着Apple II的发布,苹果公司取得了巨大的成功
再次崛起阶段	苹果公司再次请回公司创始人史蒂夫·乔布斯,随后推出新的传奇产品iMac,并取得了巨大成功。2001年3月,苹果计算机革命性地推出新一代操作系统macOSX,此系统具有稳定性强、处理速度快和操作界面优秀等特性,成为苹果进行市场宣传的重点所在
开创数字时代新纪元	2001年苹果公司创造性地对外宣布了一项重大的公司长期战略:数字中枢战略。实现数字中枢战略的第一步是对视频的整合,开发了iMovie;第二步是对音乐的整合,发布了iTunes软件。2007年夏季,推出了iPhone智能手机,成为全球最瞩目的一款手机。在过去10年里,苹果公司凭借iPad、iPhone等几款产品,销售额得到迅速增长,公司利润额持续保持行业内最高水平,一举成为消费类电子产品的领导企业

苹果公司成功的关键主要有4点。持续的创新能力是苹果公司取得成功的根本,产品、技术的创新奠定了苹果公司成功的基础。首先,苹果公司注重产品的工艺设计,崇尚用户体验至上,因而其设计出的产品简洁精巧、技术超前。苹果公司的技术创新能力虽然不是最强的,但产品创新设计能力确是世界一流。iPod最被看好的是其精巧的转盘式炫酷设计,

---

① 陈蓓蕾. 美国苹果电脑国际有限公司iPhone系列产品营销策略研究[D]. 华东理工大学, 2013.

iPhone最吸引人的则是可以直接用手指操作的全触摸屏。其次,商业模式的创新催生了产品和技术的创新,成就了苹果公司的辉煌。苹果公司的成功充分说明了商业模式创新的重要性,如果只注重产品和技术的创新,会使苹果公司很难脱离同行竞争的红海。通过为客户提供独特的价值主张,以及为实现客户的价值主张所聚集的资源和独特的业务流程,使苹果产品的替代性大为降低,苹果公司终于开创出一片"蓝海"。再次,成功地阻止竞争对手的模仿是苹果公司获得持续竞争优势的关键,苹果公司将保密工作做到了极致,并且整合了全球最优资源,对关键零配件进行控制,为了阻止竞争对手的模仿,苹果公司采用了阻击式的大订单采购,以控制上游的资源。苹果公司这样做的目的,一方面是保证自己零配件的供应,另一方面是有效地打击竞争对手,使竞争对手在短期内难以买到与苹果公司类似的零配件,从而无法模仿其产品。采用最优成本供应商战略,并借此阻击竞争对手。最后,苹果公司通过牺牲部分产品性能以换取成本的降低、零部件标准化、提前大规模预购触摸板和显示屏等零部件、关键零部件和软件自我研发、软件通用同一个系统、采用多供应商策略、对世界各地的苹果自营店实行标准化的设计和管理的方式控制成本,苹果公司就是依靠这种低成本与差异化的结合为自己构筑起了模仿壁垒,并借此获得长久的竞争优势。①

---

① 王春香. 苹果公司成功的奥秘及对中国企业的启示[J]. 辽宁经济职业技术学院学报,
2012(3): 1–4.

（四）丰田汽车公司——日本[①]

表4-5所示为丰田汽车公司的发展历程。

表4-5　丰田汽车公司发展历程

发展节点	发展历程
诞生阶段 （1933—1954年）	1933年丰田汽车公司的创始人丰田喜一郎在纺织机械制作所设立汽车部；1935年造出第一辆A1型轿车和G1型卡车；1936年新工厂建成；1937年成立了"丰田汽车工业株式会所"；到了1940年丰田生产了约15000辆汽车；1945年丰田公司决定在原有的卡车批量生产体制的基础上组建小轿车工厂；1947年，第一辆小型轿车——丰田SA的样车试制成功
逐步壮大阶段 （1955—1989年）	1955年诞生了CROWN(皇冠)，在日本销量巨大；1967年以后，丰田进入全盛时期，世界各地均设有厂房；1971年，年产量达到了200万辆，成为世界第三大汽车制造商；1982年，丰田汽车工业公司和丰田汽车销售公司重新合并，正式更名为丰田汽车公司；1983年，推出了佳美系列，此系列成了除皇冠以外最受欢迎的车型
稳定发展阶段 （1990—2004年）	到了20世纪90年代，丰田汽车公司进入稳定发展期，并且开始进行组织架构的重组，重组完毕之后，小型汽车用的新型发动机及车款的设计都交给大发工业，而货车的开发则交给日野汽车。至于燃料电池车及以汽油和电池驱动的环保车型的开发，则与松下集团一同协作。1990年，在欧洲成立丰田欧洲公司后，丰田汽车公司开始向世界各地市场开拓发散，随后在印第安纳州、弗吉尼亚州等建立分公司；到了1999年，丰田汽车公司决定在纽约和伦敦交易所正式上市
多重危机阶段 （2005年至今）	到了2005年，在福布斯颁布的世界前500强公司的名单中，丰田汽车公司已经排名第八，截至2008年第一季度，丰田汽车的产量已经达到241万台，取代产量为225万辆车的美国通用汽车，成为全球第一大汽车公司。然而，由于随后受到2009年全球金融危机影响，丰田汽车公司公布公司出现了第二次世界大战以来的首次赤字，2008年至2009年3月底丰田累计亏损达4369亿日元。受2011年日本大地震影响，丰田两家工厂的车间和生产线损失严重，同年11月，丰田汽车恢复了满负荷生产状态

---

① 石川庆悟.丰田汽车公司的发展经验及其对中国的启示[D].河北大学，2013.

丰田汽车公司成功的关键主要有4点。第一,独特的生产方式,"准时生产"——从相反的方向观察生产流程,该方式通过改善活动去消除隐藏在企业里的各种浪费现象,从而达到降低成本的目的;自动化——防止生产不合格品的装置,该方式可以防止不合格品从前工序流入后工序,防止不合格品对后工序造成影响,并以此保证准时生产;"看板方式"——实施准时生产的手段,看板方式是协调地管理全公司的生产——将必需的产品、在必需的时候、按必需的数量制造出来的一个信息系统。第二,降低成本的优良措施,一是实时协同设计,丰田汽车公司规定在产品设计阶段就要考虑产品的成本问题,并将产品开发的相关人员聚集在一起讨论,减少了整个设计流程所需的时间,加快了产品的设计周期;二是协商采购共节省,丰田汽车公司向供应商传授"精益生产方式",帮助供应商降低零件生产成本,达到与供应商的共赢;三是细节控制,丰田汽车公司不仅限于对生产、制造、采购等大的方面的控制,任何一个微小的细节都不放过,比如减少门把手零件、打字纸反面贴信封、大小会皆算成本、午休关掉办公室等,将节约的概念贯彻到底。第三,先进的人才培养及管理经验,一是精挑细选的招牌策略,丰田汽车公司每年花大量的人力、物力寻求企业需要的人才,并完全以企业文化的标准来衡量一个人才,只有符合其文化理念的人才才有可能获聘;二是严格的招聘程序,应聘者要经历6个阶段的严格考核才能够顺利成为丰田汽车公司的正式员工;三是职业职能的课堂教育,通过有计划地实施企业教育,丰田汽车公司努力把公司各个层次的工作人员都培养成具有独立工作能力、充满干劲和独特风格的丰田式人才。第四,成功的销售策略,丰田汽车公司在中国市场上的汽车生产和销售是分开的,生产公司只负责生产,销售公司只负责销售及售后服务,充分利用了分工的优势,调动各自的积极性和创造性,发展核心能力,并且丰田汽车公司利用广告、人员推销、销售促进和公关等方式进行促销,并有一套完善的售后服务制度。

（五）三星电子——韩国①

表4-6所示为三星电子的发展历程。

表4-6 三星电子发展历程

发展节点	发展历程
诞生阶段	三星电子成立于1938年，当初只是一家从事干鱼、蔬菜、水果等出口贸易的小公司，但发展颇快，到20世纪50年代初，便成长为韩国的头号贸易公司。朝鲜战争后，三星进军生产领域，先后生产白糖和布料等，进展还很顺利，到20世纪六七十年代，三星成长为韩国最大的生产企业之一，并开始扩张到石化、造船、航空及金融等各个领域
逐步壮大阶段	第二次世界大战以后，电子工业在世界先进国家闪亮登场，作为一门新兴工业吸引着人们的眼球。为促进国家电子工业的发展，韩国继日本1956年推行"电子工业振兴法"之后，也于1969年实施本国的"电子工业振兴法"，走上了把电子工业作为国家先进主导工业的发展道路。三星以此为契机，同年成立三星电子公司，由此转变了公司的航向，改变了公司的命运。发展至今，三星电子已是集电子、机械、化工、金融及贸易于一身的国际特大型企业，其中电子是重中之重，收入约占公司总收入的1/3
稳定发展阶段	截至2006年，三星电子已在全球申请了12.7万件专利，超过了日本以创新闻名的索尼（125万件），并曾多次获得世界设计大奖，这为公司不断开发新产品、提升产品价值提供了根本保证。今天的三星电子已是韩国独占出口总量15%的旗舰公司，在世界上，它不仅全面超越了以往学习模仿的榜样——日本"老大哥公司"，而且是使日本公司感到"畏惧"的亚洲巨鳄，并正奋力追赶美国老牌巨头。据《财富》杂志最新发表的2021年世界500强企业榜单，三星电子以营收2007.3亿美元，从2020年的排名第19位跃升到了第15位

三星电子成功的关键主要有5点。第一，坚强有力的政策指导，韩国的"747计划"起到了经济推手的作用，"官产学"紧密合作体制下的"电子工业振兴计划"和"VLSI集成电路研究所"等关键之举，将本国电子工

---

① 陶然. 韩国三星电子公司发展模式的启迪[J]. 电子产品世界, 2010, 17(8): 4-6.

业作为主导工业加以培植,使半导体业乘势而起,发展到全球盟主的地位。第二,明确的战略方向,三星电子采取了日本"80年代的半导体战略""90年代的FPD战略",未来将发展绿色能源、生物医疗电子,顺应了世界发展潮流。第三,严格的竞争管理,三星电子自上而下的管理十分严格,到处充满竞争,一切凭业绩说话,比如同时进入公司的两个人,5年后的地位、待遇可能相差悬殊。第四,从学习模仿到自主创新,韩国公司不是简单的学习模仿,而是依靠"官产学"体制上下同心,努力研发,自主创新,并且三星电子的产品开发战略十分得体,切合实用。第五,坚持集中垂直经营,三星电子坚持综合垂直的一条龙生产经营体制,自己生产的元器件保证供应自己生产的整机,而且产品相对集中,至今主打集成电路、LCD、手机和平板电视等,并逐渐走向多元化。

(六) 微软——美国[①]

表4-7所示为微软的发展历程。

表 4-7 微软发展历程

发展节点	发展历程
诞生阶段	微软由比尔·盖茨和保罗·艾伦在1975年合伙创建,初期主要发展埃尔塔8800和销售BASIC解释器,20世纪80年代中期凭借MS-DOS在家用电脑操作系统市场上取得长足进步,随后的Windows使得微软逐渐统治了家用台式电脑操作系统市场。同时微软也开始扩张业务,进军其他行业和市场:与NBC合资创建MSNBC,拓展有线电视新闻业务;创建MSN门户网站及英卡特多媒体百科全书;在计算机硬件市场上,微软鼠标及Xbox、Xbox360、Zune和MSN TV家庭娱乐设备也随后出现

---

① 段玲.从微软的强大谈中国软件企业的发展[J].企业技术开发,2011,30(14):3-4,25.

续 表

发展节点	发展历程
逐步壮大阶段	1987年,微软为原始设备制造商提供了首款OS/2版本。1995年至今,致力于操作系统、浏览器、办公软件等产品的发展和完善。2010年4月12日,微软在旧金山举行记者会,发表以"Kin"命名的新一代智能手机。2012年,Windows 8操作系统发布,并应用于计算机和平板电脑等设备
稳定发展阶段	目前,微软提供的产品涉及多方面,如Windows操作系统、office办公软件、IE浏览器、SQLserver、MSN、Windows Live Messenger、微软鼠标等众多产品,微软将这些产品整合成一条条产业链,为其不断发展和壮大奠定了基础。总而言之,微软自创立以来,在短短的40多年里,创造了一个个现代神话,并创造了童话般的"微软帝国",毫不夸张地说,整个地球现在都笼罩在微软的光环之下

微软成功的关键主要有5点。一是技术的不断创新。微软依靠自身强大的技术优势,不断对原有产品更新换代,使新产品兼容原有产品,从而完成老客户对新产品的自然过渡,巩固了客户的占有率,并用技术创新保持竞争优势,维护其市场领先者地位。二是行业标准的巨大优势,微软作为办公软件、操作系统开发的领先者,率先推出产品,并推入市场为用户广泛接受,从而形成强大的规模效应,久而久之,微软的产品标准将会成为这块市场的行业标准,并对后来者形成屏障,加上微软的产品呈现链条式的发展,并对原有产品持续更新升级,如果原有客户继续使用新产品并追随下去,会加强标准的力量。三是捆绑销售的营销策略,微软实行操作系统与IE浏览器捆绑销售的策略,其实IE浏览器和操作系统都是独立的产品,这种策略既推广了操作系统和浏览器,也在无形中培养了消费者的使用习惯,利于形成消费者锁定,其结果是给微软带来大批忠诚的用户,由此可见,捆绑销售的营销策略也为微软的强大做出了贡献。四是马太效应与市场领先者的融合。微软通过不断努力和创新,公司实力逐渐

壮大,成为整个行业的领先者,加上处于主动地位的优势企业对后来者有明显的排挤作用,而领先的竞争者很难被轻易超越,并且领先者的优势地位会带动企业更好地发展。五是用户习惯的力量,微软在升级的过程中,始终遵循用户习惯及软件功能完善的原则,在兼容原有功能的基础上,对软件进行完善、更新,完成用户习惯的自然过渡,从而减少用户流失,保持用户占有率。

(七)华为投资控股有限公司——中国[①]

表4-8所示为华为投资控股有限公司的发展历程。

表4-8 华为投资控股有限公司发展历程

发展节点	发展历程
初创期 (1987—1994年)	初创期的华为基本还是一家贸易型公司。公司从1991年开始投入全部资金和人力开发和生产自主品牌的新型用户程控交换机;1994年,华为的第一台C&C08万门交换机开局成功,终结了无产品、无技术的贸易时代,开始进入新的发展阶段。尽管华为在1992年时的销售收入已经突破1亿元,但公司整体实力依然较弱,内外部资源都比较贫乏,受到了人力、财力、物力等诸多方面的限制
高速成长期 (1995—2005年)	1995年后,华为开始高速成长,1996年的销售收入达26亿元。1997年以后,华为开始进行多元化经营,除原有的电话交换机外,还增加了数据业务、无线通信等领域的主导产品。2000财年,华为以220亿元销售额和29亿元利润位居全国电子百强首位
稳定发展期 (2005年以来)	华为从2003年开始逐渐进入欧洲市场,进而打入日本、南美和北美市场,在2005年之后已经与全球的几百家客户从原来的甲乙方关系转变为相互依存、相互促进的战略伙伴关系,也就是在这一年,华为在海外的销售额首次超过国内。这一时期的华为进入了成熟发展期,国际化发展路线逐渐明朗,3G产品的签单成功带来了海外业务的迅猛发展。2013年7月,华为公布了公司的上半年业绩:实现销售收入1138亿元,与2012年同期相比增长10.8%

① 刘昕. 华为的发展历程及其薪酬战略[J]. 中国人力资源开发,2014(10):76-83.

华为投资控股有限公司成功的关键主要有4点。第一，华为实行员工持股的股份合作制，这是一种集体所有制形式，每年评选优秀员工，评选后奖励企业的认购权，拿真金白银买股票，离开公司的时候可以变现，这样一种所有制形式，能够调动资本和劳动的积极性，能够最大限度激发劳动和资本的潜力。第二，华为实行劳资3∶1的分配比例，体现了按劳分配为主和要素参与分配的分配制度，华为在价值分配上，按劳分配占比75%，按资分配只占25%，这样一个分配比例，体现了社会主义按劳分配为主的分配原则，价值分配向第一线从事研发、国外营销等一些贡献比较大的人倾斜，同时也照顾资本所得，这两方面很好结合，既调动了劳动者的积极性，又调动了资本的活力。第三，华为把提高研发强度作为企业发展之本，很长一段时间内，华为把研发投入占销售收入比例不低于15%作为一个原则，由于是员工持股，特别是管理层持股、技术骨干持股，所以华为更注重企业的长远发展，这样一个股权结构和分配方式，形成了一种在研发上舍得投入、注重投入的机制。第四，华为能够充分利用全球资源来发展全球业务，20世纪90年代初，华为实行两头在外，设计和装备在国内的策略，由于零部件国内造不了，所以国外采购，销售市场也在国外，并且华为把数据研究设在俄罗斯、把互联网研究设在美国、把材料研究设在瑞典、把工艺研究设在德国，充分利用各国人才为华为服务。[1]

（八）福特汽车公司——美国[2]

表4-9所示为福特汽车公司的发展历程。

---

① 郑新立. 华为成为全球领先企业的五点经验[J]. 国企, 2021 (19): 23-24.
② 凯斯·斯华德. 亨利·福特和他的汽车公司[M]. 北京: 新华出版社, 1982.

表4-9 福特汽车公司发展历程

发展节点	发展历程
初创期	福特汽车公司成立于1903年6月16日,那天亨利·福特和11位合伙人在密歇根州递交了成立公司的申请报告。福特汽车成立后仅几个星期,便向加拿大的一位客户售出了一部A型汽车,从此开始了福特走向世界的伟大历程。10年间,福特汽车已经遍销欧洲、南美和亚洲
成长期	1908年福特汽车公司生产出世界上第一辆属于普通百姓的汽车——T型车,世界汽车工业革命就此开始。1913年,福特汽车公司又开发出了汽车行业中的第一条流水线,这一创举使T型车一共达到了1500万辆,缔造了一个至今仍未被打破的世界纪录,福特先生为此被尊为"为世界装上轮子的人"
稳定发展期	2009年7月,由于主要竞争对手通用汽车公司破产重组,出售了8个品牌中的4个,市场份额下降,福特汽车公司成为全美最大汽车制造商,但和全球最大的丰田汽车公司仍有较大差距。福特汽车公司在2008年爆发的国际金融危机中坚决拒绝了美国联邦政府的注资援助。福特旗下还拥有美洲豹汽车公司、阿斯顿·马丁·拉贡达公司(Aston Martin Lagonea Ltd),并拥有马自达33.4%的股份和起亚汽车公司近10%的股份。福特在世界30多个国家拥有生产、总装或销售企业。福特卡车与轿车的销售网遍及6大洲200多个国家,经销商超过10500家。福特的企业和员工形成了国际网络,在世界各地从事生产、试验、研究、开发与办公的福特员工超过了37万人。福特及其众多子公司组成了两大业务集团:福特汽车业务和金融服务集团

美国福特汽车公司成功的关键主要有4点。一是重视高科技的开发和利用。福特汽车公司历来重视依靠科学技术提高产品质量、增加产量和降低成本,1913年,福特汽车公司首创汽车生产流水线,进入20世纪90年代后,科学技术迅猛发展使得福特公司更加重视高科技的开发和利用,并将质量、安全性能、经久耐用和符合用户的不同要求作为追求的最高目标。福特汽车公司用于研究和开发的经费1989年为31.67亿美元,1990年为35.58亿美元,1991年达到37.28亿美元,在强大的财力支持下,福特公司率先推出最先进的新式刹车系统和电子控制的空气悬挂装置。在汽车制

造领域，福特汽车公司又是首先采用电子控制系统，依靠这套系统，可以有效地控制耗油量和保障行驶的安全性。在汽车行业普遍研制和采用防碰撞安全气袋的过程中，福特起到了领先的作用。二是重视职工培训。福特汽车公司为保持产品质量，每年拿出相当于全体雇员工资额2.5%的经费对职工进行培训，每当一种新汽车研制出来，在产品进入装配车间之前，每个装配车间的雇员都必须接受80—120小时的理论和操作培训。高技术课程应用高技术手段来传授，福特汽车公司的每一个工厂和办公室都配备有学习中心，中心内设备齐全，装备有电脑、学习软件及录像设备。由于始终将技术开发和职工培训放在首位，福特汽车公司装配线的生产率始终处于世界前列。三是顾客和产品质量第一。福特汽车公司把顾客的需要和质量始终放在重要位置，福特汽车公司的汽车制造部和公众服务部的一项重要任务就是想方设法寻找新的方法改进产品质量和服务，1991年福特新型汽车质量在美国市场上超过3家日本汽车公司和8家欧洲汽车制造公司，为了搞好售后服务，福特汽车公司在美国为顾客设立了免费24小时服务热线电话，并且福特汽车公司与销售商建立了标准服务体系，销售商直接对顾客负责，公司直接对销售商负责，这套标准服务系统从顾客购买汽车时进行联系到把汽车交给用户，直至售后服务连接为一个整体，中间没有任何纰漏。四是将改善环境和保护自然资源作为生产汽车时的重要因素。福特汽车公司积极采用新技术，不再使用对臭氧层有破坏作用的氟氯烃，1994年底，在所有生产线上取消氟氯烃的使用，另外，所有雇员阅读的报纸、工作考勤卡、代理人报告、季度报告、供股东阅读的年度报告等都选用再生利用纸张，不断地重复再生利用。福特汽车公司生产的替代燃料汽车数量在北美市场居第一位，在电动汽车技术领域，福特汽车公司将发明使用硫酸钠电瓶作汽车动力的技术。①

---

① 福特汽车公司是怎样取得成功的[J]. 科技与企业，1998（7）：45-47.

（九）京东集团股份有限公司——中国[①]

表4-10所示为京东集团股份有限公司的发展历程。

表4-10 京东集团股份有限公司发展历程

发展节点	发展历程
初创期 （1998—2006年）	1998年京东在中关村海开市场成立，主卖光磁产品，截至2001年底，京东已拥有中国60%的刻录机市场，2001年京东开始从批发转向零售。2003年，受"非典"影响，京东开始尝试网络销售，并于2004年推出自营模式网站，至此京东转型进入电商领域。2005年京东尝试做IT数码全品类，2006年底京东销售额达到8000万元
蓬勃发展期 （2007—2011年）	2007年，京东逐步推进IT产品的品类扩充，获得第一笔大额融资，开始搭建物流体系。京东在品类扩充和自建物流上持续发力。京东在2008年6月完成3C产品的品类扩充。2009年京东继续扩大融资规模，同时在第一季度开始单独售卖上门服务。2010年京东推出"211限时达"极速配送和上门取件服务，引领了网上零售行业新标准，并于年底正式运营开放平台。2010年京东年销售额达102亿元，次年京东获得15亿美元融资，移动客户端上线，推出包裹跟踪系统，提高服务水平，增加"7×24小时客服电话"，正式进军B2C在线医药和奢侈品领域。京东全品类逐渐完善，逐步转型为综合型网络零售商
资本化战略布局期 （2012—2016年）	在此阶段，京东开始追求规模化、专业化，京东逐步通过收购、投资和战略合作扩大集团实力与影响力。2012年京东提供在线客服服务，推出火车票订购、酒店预订等业务，6月京东关联公司获得国内首批快递经营许可证，4个月后，获得3亿元的融资，收购网银在线，11月京东开放物流服务系统平台，正式布局开放物流服务和支付体系。2013年10月，京东金融集团成立。2014年3月，京东与腾讯形成战略合作伙伴关系。2014年5月，京东赴美上市，股票代号为"JD"。2016年，京东物流首次面向公众服务，提供第三方物流服务，同年，京东与国际零售巨头沃尔玛成为全球性战略合作伙伴

[①] 韩晨辉.京东集团盈利模式的案例研究[D]. 中国财政科学研究院，2021.

续　表

发展节点	发展历程
全面转型期 （2017年至今）	2017年4月成立京东物流集团，同年6月，京东金融正式从京东集团中剥离，而后更名为京东数字科技集团。2019年成立零售集团。在这期间，为了辅助京东的核心业务、给广大业务合作伙伴创造巨大的价值，京东凭借庞大的业务规模、完善的零售基础设施和先进的技术，开始提供全面的供应链服务，向第三方输出物流服务和技术解决方案。截至2019年底，京东业务涉及零售、数字科技、物流、技术服务、健康、智联云和海外等领域。2019年底，京东集团的定位从"领先的技术驱动的电商公司"转变为"领先的以供应链为基础的技术与服务企业"。京东开始从"零售"全面转型至"零售＋基础设施服务商"。2020年6月，京东在香港二次上市。2021年中国民营企业500强榜单中，京东集团以7686.24亿元的营业收入位居第二

　　中国京东集团股份有限公司成功的关键主要有4点。第一，市场定位精准，互联网的用户以25—35岁的青年为主，在京东商城购买商品的用户中，25—35岁的消费者的数量占比为56%，说明京东商城的主流消费人群与互联网的用户重合度很高，精准的市场定位是京东成功的基石，在此基础上京东不断地扩展自身的业务。第二，低价策略配以品质保证，当今中国消费者的观念是购买性价比高的商品，无论京东的价格怎么低，它对于产品的品质都有较高的保证，虽然达不到零投诉，但京东的市场美誉度高于任何一个电商对手，所以低价策略及品质保证是京东的根本。第三，自建物流体系，先从一线城市建立仓储点、城市配送站，再逐渐向二线城市发展，相继提出"211限时达"配送服务和GIS包裹实时跟踪追随系统等，获得消费者一致好评，快递配送速度和服务质量大幅度提升，京东的自建物流体系可以节省成本，将服务质量掌握在手里，确保企业发展在一个可控的范围内。第四，大胆创新的商业模式，2006年6月，京东开创业内先河，全国第一家以产品为主体对象的专业博客系统——京东产品博客系统正

式开放,为广大网友提供了发表产品技术或者使用方面的评论、增强购物体验、提高购买满意度的交流平台,同时也为经营者听取消费者呼声、改进服务质量提供了一个良好的途径。2009年2月,京东商城尝试出售一系列特色服务,包括上门装机服务、电脑故障诊断服务、家电清洗服务等,这不仅可以使消费者在京东商城买到物美价廉的商品,还能够获得更多贴心服务,安享舒适生活。[①]

(十) 阿里巴巴集团控股有限公司——中国[②]

表4-11所示为阿里巴巴集团控股有限公司的发展历程。

表4-11 阿里巴巴集团控股有限公司发展历程

发展节点	发展历程
初创期 (1999—2003年)	阿里巴巴网络技术有限公司于1999年在中国杭州正式成立,当时互联网在中国引发热潮,中小企业缺少贸易渠道,阿里巴巴开始累积初始资源,准备占领中小企业B2B这一新兴市场,于是创立了阿里巴巴B2B电子商务平台。随着eBay进入中国市场,阿里巴巴为击败eBay,进入C2C市场,创建了淘宝网。在创建淘宝网的过程中,阿里巴巴在继续执行免费战略的同时进一步实现了差异化战略和平台包围战略
成长期 (2004—2007年)	在电子商务设施不健全和网上交易缺乏信任的背景下,阿里巴巴创立了支付宝,转向多元化战略,开始扩张,支付宝成为新核心资产,用户资源得到强化;在新业务发展需要资金支持和搜索与电子商务联系日渐紧密的背景下,阿里巴巴与雅虎达成战略合作,形成了新的核心能力——资本运营能力,初步实现多元化战略;在B2C电商发展迅速和各项业务存在重叠、缺乏效率的背景下,阿里巴巴调整了组织架构,实现了"Work at Alibaba"的多元化战略,通过资源整合形成了新的核心能力——平台服务能力

---

① 吕文丰.京东商城的竞争战略研究[D].山东大学,2014.

② 杨斐.电商企业战略演进过程案例研究[D].吉林大学,2017.

发展节点	发展历程
成熟期 （2008年至今）	在传统IT系统难以满足企业需求和云计算、大数据成为未来发展趋势的背景下，阿里巴巴成立阿里云计算公司，搭建云计算基础设施并开发数据产品，数据资源开始成为新的战略资源。阿里巴巴认识到中国电子商务基础设施的不足，积极整合企业内部积累的各项资源，构建以自身为核心的电商基础设施体系，实施"大淘宝"战略和"大阿里"战略，形成了商业生态系统的资源基础。阿里巴巴识别到中国电商市场的竞争形式正在向生态竞争转变，利用投资、并购及合作的方式，不断为其商业生态系统引入相匹配的企业种群，通过数据资源的共享、基础设施的开放，使成员间达到深度合作和整合，并最终完成商业生态系统的搭建

中国阿里巴巴集团控股有限公司成功的关键主要有5点。一是明确的组织使命与愿景。阿里巴巴的使命是让天下没有难做的生意，阿里巴巴的愿景是旨在构建未来的商务生态系统，让客户相会、工作和生活在阿里巴巴，并持续发展最少102年，阿里巴巴的使命与愿景体现了阿里巴巴的定位是为中小企业服务，符合中国实际的市场需求，与环境相适应，顺应时代的发展。阿里巴巴准确的使命和愿景制定与实施，为企业准确地定位及发展指明了方向。二是高质量的管理团队和企业文化。阿里巴巴有6个价值观，分别为客户第一、团队合作、拥抱变化、诚实正直、激情乐观、敬业认真，阿里巴巴在多年的发展经营中，招纳并积累了一大批经验丰富的优秀人才，他们认真、执行力强、有担当、有责任心，为企业的发展做出了重要的贡献。另外，建立起以员工为中心的激励文化，满足员工的需求，增强员工的凝聚力，用始终如一的真诚来善待员工，这也是集团在用人方面的独到之处。三是自主创新能力强。淘宝网的成立为许多消费者和商家提供了交易平台，支付宝的创立更是方便了人们进行交易活动，而后逐步发展成为中国最大的第三方支付平台、全球最大的移动支付厂商，集团电子商务不断尝试新的商业机会、需求、规则和挑战，不断探索

未来信息产业的发展方向、未来商务活动的发展方向,淘宝、天猫、支付宝等相继占领市场,阿里巴巴几乎每年都有新项目跟进、每年都有产品的更新。四是完善的电子商务体系。阿里巴巴为完善整个电子商务体系,自2003年开始,先后创办了淘宝网、支付宝、阿里妈妈、天猫、一淘网、阿里云等国内电子商务知名品牌,其电子商务业务涵盖行业范围广,内容丰富,从发展B2B、B2C、搜索到支付、中小企业管理等,从商品的生产、销售、付款机制、实时通信,到广告的营销,在国内市场整个商品流通环节的电子商务进程中占据了绝对优势,建立起较为完善的电子商务体系。五是品牌渗透率高。在2014年网络购物市场品牌渗透率榜单中,淘宝网、天猫、京东的品牌渗透率位居前三位,分别为87%、69.7%和45.3%,遥遥领先于同类竞争对手,阿里巴巴旗下公司淘宝网、天猫、支付宝的品牌渗透率处于绝对的领先地位,品牌的价值带来的巨大影响和效益,为企业带来众多会员,庞大的会员数目,知名度的提升,品牌的树立使阿里巴巴的信息覆盖面越来越广,吸引了众多商家的到来。[1]

---

[1] 朱宁. 阿里巴巴成功因素探讨[J]. 现代商业, 2016(17): 103–104.

（十一）戴尔科技公司——美国[①]

表4–12所示为戴尔科技公司的发展历程。

表 4–12 戴尔科技公司发展历程

发展节点	发展历程
初创期	1984年5月戴尔以1000美元资本创建戴尔电脑公司,选择了面向最终用户的直销模式。第一个月营业额高达18万美元。1986年3月公司年利润3400万美元。1988年公司年销售利润达到5900万美元
成长与快速发展期	1988年6月戴尔上市,发行普通股3500万股,每股价值850美元。开始向全球发展,后在加拿大和西德创办了全资子公司。1989年公司年利润2.5亿美元,并分别在法国、瑞士、爱尔兰开设分公司或办事处。1991年3月成立爱尔兰欧洲制造中心。1992年4月进入《幸福》杂志美国前500家大公司排行榜。1994年戴尔创办了www.dell.com网站,在其网页上开设"BUYA DELL"按键,客户可按自身要求选择不同的电脑芯片、内存配置和预装软件,下达订单,36小时内交货。这标志着戴尔进入"黄金时代"。1997年,戴尔销售额已达77亿美元,收益53亿美元。1997财年营业收入达78亿美元,比1996年增长91%。其成功的原因在于:技术领先、产品线拓宽和丰富的增值服务。2003年,其以16.9%的市场份额保持在全球PC市场排名第一的地位。2004年、2005年经营收入突破400亿美元,分别是450亿美元、490亿美元
转型期	由于市场环境发生变化,戴尔的直销模式已经不能适应市场需求,因此戴尔决定转型。从2008年开始,戴尔通过调整业务部门及一系列的并购,由一家硬件厂商转变为服务提供商。2009年以39亿美元收购信息服务提供商佩罗系统公司,并在同年收购毕博管理咨询(上海)有限公司,通过并购及调整公司内部业务,将业务正式延伸到IT技术服务领域。并且戴尔提供基于服务的各行业的整体解决方案,包括教育市场、医疗市场、政府等。为了迎合新兴市场消费者的购习习惯,戴尔进军传统销售渠道,与全球主要的销售商签署10—20份关键性的协议,由后者在全球的渠道、商店中销售戴尔的产品,并开设零售店面。戴尔通过"交易引擎",把自己和供应商连接在一起,专注于自己最擅长的领域,把不擅长的环节给行业中做得最好的企业去做

[①] 赵东. 戴尔商业模式转型分析[D]. 内蒙古大学, 2011.

美国戴尔科技公司成功的关键主要有以下几点。一是建立贴近顾客的直接关系。贴近顾客是企业竞争的利器，但很多公司只是从单一角度与顾客建立关系，而戴尔则是根据客户的需要、特性和规模来建立与不同顾客的直接关系，事实证明，这样的关系已成为戴尔最大的竞争优势。二是关注需求而不是关注产品。电脑业不断在科技上推陈出新，许多新技术会不断进入戴尔的产品当中，但对顾客而言，科技的分量很容易就会超过他们所能承受的程度和预期，在这一点上，戴尔力图做顾客的顾问，帮助顾客做正确的决策，在戴尔，主要科技人员经常以题写报告、介绍新科技的方式来向顾客介绍电脑业的发展趋势，其员工会帮助顾客了解 Pentium IV 微处理器为什么超越前一代产品，帮助他们了解最新的微软作业系统中哪些功能有助于把个人电脑管理得更好，戴尔还要求最顶尖的软件和硬件工程师必须定期或不定期地与顾客举行研讨会，讨论未来科技发展趋势。三是直线销售和直接提供资源。直线销售关注的是与顾客建立一种直接的关系，让顾客能够直接与厂家互动，戴尔建立了这种直线销售模式，通过这种互动，不管是通过国际互联网，还是通过电话，或者与销售员面对面互动，戴尔的顾客都可以十分方便地找到他们所需要的机器配置，戴尔则可以按照客户的订单制造出完全符合顾客需求的计算机，同时，戴尔也将直线销售模式引入服务领域，如果顾客的机器出了问题，他只需拨一个全国统一的免费电话，戴尔的工作人员就可以直接在电话上为他解决问题，如果是硬件问题，戴尔可以直接到顾客那里去为他维修，而且戴尔的这种服务是全国性的。四是注重客户反馈。"所谓最好的顾客，是能给我们最大启发的顾客，是教导我们如何超越现有产品和服务，提供更大附加价值的顾客，是能提出挑战，让我们想出办法后也可以嘉惠其他人的顾客"，迈克尔·戴尔称这种状况为"机壳外"增加价值，"我们的最佳顾客扮演着前导指示的角色，告诉我们市场的走向，提供各种点子，让我们精益求精"，戴尔为所有戴尔用户设立客户档案，他们可以随时随地联系到专门的戴尔的客户代表，在戴尔，还建立了客户账户团队，它通常由技术销售专家、产品市场专家、产品服务专家、服务客户经理组成，能根据客户的不同需求，制定出最适合的IT解决方案，这种"单一客户负责人"制度避免了传统营销模式"售前"与"售后"服务脱节的现象，极大地完善了戴尔所提倡的"最佳客户体验"。五是采用行业标准技术。戴尔模式的一个含义就是依靠工业标准，迈克尔·戴尔解释说："这就像热力学第二定律，是事物发展的必然规律，你别无选择，从长远看，所有技术都朝着低成本的标准发展。"戴尔只想向外界传达这个信息，即标准化是进入经济全球化市场的入场券，标准化将改变IT行业的全球化竞争，只有标准化的产品和技术，才能最大限度地降低IT投资风险，为客户带来最优化的投资回报。戴尔的标准化为其全球用户带来极大的价值，主要体现在节约成本、具有更佳的可控性及可管理性、提高服务标准及运营效率、提高应用及可获性。六是按需定制。在计算机行业，绝大多数厂商不提供整机更改配置，产品选择余地较小，而戴尔对客户承诺实行按需定制、按单生产，戴尔允许客户自定义其喜欢的产品，客户可以自由选择和配置计算机的各种功能、型号和参数，这样每台计算机都是不同的，整个销售过程就好像直接在电脑城里随心所欲地组装一台完全属于自己的电脑。在为客户提供更好服务的同时，由于公司是根据订单订购配件，无须囤积大量配件，公司也获得了更多的利润；低成本一直是戴尔模式的核心，迈克尔·戴尔最为看重的是公司市场销售的运营利润，他认为为了戴尔的长期利润，公司必须使自己的产品有足够的价格优势，但价格的竞争力并不等于要做赔本买卖，这就要求公司管理阶层在压缩开支方面想尽办法，低成本必须通过高效率来实现，力求精简是戴尔提高效率的主要做法，戴尔在简化流程方面拥有550项专利，而这些专利也正是其他公司无法真正复制貌似简单的"戴尔模式"的最主要原因。为尽可能多地降低成本增加利润，戴尔在每种新产品推出的各个环节上都严格计算以保证自己始终在生产最赚钱的产品，而且戴尔会量化在媒体上所做广告的直接效果，戴尔在每个媒体上所刊登的电话不同，从电话打入量上来检验媒体的传播率，从而选择那些最有效的媒体进行持续广告刊登。

（十二）雀巢公司——瑞士[①]

表4-13所示为雀巢公司的发展历程。

表4-13　雀巢公司发展历程

发展节点	发展历程
初创期	1864年，当时还是一名药剂师的雀巢创始人亨利·内斯特尔（Henri Nestle）利用自己的医学知识，为那些无法实现母乳喂养婴儿的母亲发明了一种用牛奶与麦片混制而成的婴儿食品——营养麦片粥，挽救了很多婴儿的生命，受到了母亲们的广泛欢迎。内斯特尔也看到了其中的商业价值，于1867年创建了以自己姓氏命名的雀巢公司（Nestle），主要生产婴儿食品，并注册了鸟巢的商标。从此，开创了雀巢的百年历程
成长与快速发展期	1875年，由于陷入经营困境，无力继续发展，内斯特尔只好把雀巢卖给了瑞士商人朱勒斯·蒙耐瑞特，条件是不得改变公司的名称和商标。此后，公司的经营方向聚焦在浓缩牛奶市场，雀巢进入了朱勒斯·蒙耐瑞特时代。19世纪后期，随着各国相继制定农业保护政策，蒙耐瑞特开始在海外进行大量收购，以"在当地生产"的做法打破各个国家的关税与贸易壁垒，进军海外市场。雀巢超过百年的并购史从此拉开帷幕

---

① 李思. 雀巢跨国并购经验分析及对我国企业的启示[D]. 首都经济贸易大学, 2014.

续　表

发展节点	发展历程
成长与快速发展期	1898年,雀巢收购了一家挪威的浓缩牛奶公司,不久后又在美国、英国、德国和西班牙等国收购和兼并了一批牛奶公司,并开设新工厂,规模迅速扩大。"二战"结束后,雀巢确立了向全球发展的长期目标,并为此采取了一系列的投资及并购行动。1947年,雀巢决定与同样在"二战"期间迅速成长的美国食品公司美极(Maggi)建立合作关系,成功将经营范围延伸到方便食品行业,销售额也从833亿瑞士法郎提高到13.4亿瑞士法郎。2001年,雀巢斥资百亿美元购买美国第二大宠物食品制造商罗尔斯顿·普瑞纳公司,一跃成为全球第二大宠物食品制造商。2002年,雀巢从美国通用磨坊公司(General Mills)购买了哈根达斯品牌的全部股权,2003年,雀巢又将美国第三大冰激凌生产企业德雷尔(Dreyer)和德国Schoellers公司纳入旗下,一系列的收购使雀巢在美国冰激凌市场的份额猛增至60%,与宿敌联合利华形成对抗
转型期	基于国际市场并购扩张的成功,雀巢开始在中国复制这一模式。20世纪末,雀巢成功收购了中国鸡精行业第一品牌太太乐,短短几年后,雀巢又拿下了中国第二大鸡精生产商四川豪吉60%的股权,经过这两次并购,雀巢在中国市场上同时拥有了美极、太太乐、豪吉三大鸡精品牌,市场占有率得到大幅度提升。2012年4月,雀巢打败了达能、美赞臣、亨氏等竞争对手,以118.5亿美元的高价拿下了包括惠氏在内的辉瑞制药旗下所有婴儿食品业务,从而占据了国内婴幼儿奶粉市场份额的首位。通过一次又一次成功的并购和扩张,雀巢的经营范围逐步拓展到婴儿食品、饮料、糖果、冰激凌、调味品、宠物食品、药品等各个领域,最终成为世界上最大的食品生产商,也是有史以来最为成功的跨国公司之一

　　瑞士雀巢公司成功的关键主要有4点。一是共赢的本土化策略。雀巢共赢的本土化发展策略,使其获得许多国家的市场准入证而快速切入新兴市场,雀巢明白,要想在不同国家站稳脚跟,就必须把企业的各项业务融入所在国的文化中去,考虑当地民众利益,赢得他们的好感,并以极大的耐心培育帮助当地农民种植、养殖进而解决原料供应问题。在印度,为了使投资兴建的奶制品工厂有可靠的产品质量,雀巢贷款给当地农民

打井种草并免费提供兽药和兽医技术,很快就使当地农民可以为雀巢提供充足的奶源。二是成功的资本运作,雀巢从朱勒斯·蒙耐瑞特时代就知道,一个企业要想不断突破各种竞争阻力,迅速切入新兴市场,并在竞争激烈的市场中取得稳定的优势地位,不断投资并购是必经途径和有效方法。据统计,从1985年到2000年的15年中,雀巢共花了260亿美元购买其他同行企业,从1999年到2003年雀巢收购了至少32家水务公司,雀巢在世界各地所并购的企业大多是行业龙头企业,通过控制这些龙头企业,雀巢就可以控制住市场并获得庞大的客户群使企业获得快速的增长。三是出色的市场推广。在中国,雀巢一直强调要为中国人提供适合中国人口味的优质食品,配合公司的整体发展策略,从20世纪80年代雀巢进入中国到现在,雀巢生产的产品已经从奶粉、咖啡拓展到了饮用水、冰激凌等领域,1997年雀巢在涉足中国饮用水市场的时候,根据中国消费者的用水特点,决定在北方生产矿泉水,在南方生产纯净水。四是注重品牌的文化亲和力,雀巢重视"可持续发展",强调"要融入所在国家的文化和传统",雀巢产品进入中国,在宣传策略上就强调要使用中国人的形象,让黄皮肤、黑头发的中国妇孺,有活力的中国青年出现在雀巢的广告片、招贴画中,一句经久不变的广告语"雀巢,味道好极了"拉近了雀巢和中国民众的距离。[1]

---

[1] 张惠. 雀巢集团可持续发展战略分析[J]. 许昌学院学报,2011,30(1):140-142.

（十三）索尼——日本[①]

表4-14所示为索尼的发展历程。

表4-14　索尼发展历程

发展节点	发展历程
初创期	1945年，井深大在东京日本桥地区的百货公司仓库成立"东京通信研究所"。盛田昭夫在井深大的邀请之下加入共同经营，公司还获得盛田酒业19万日元资金，于1946年正式成立"东京通信工业株式会社"，并迁址到品川区御殿山。在逐渐迈入国际化时，盛田昭夫感觉公司全名实在过于冗长，有碍于国际化发展，于是结合拉丁文"Souns"和英文"Sunney"，命名公司为"SONY"。索尼最初从黑白电视起家，20世纪50年代，索尼的黑白电视在市场上占有很大份额，但其在技术方面却毫无优势，后续研发和生产的彩色电视的品质亦不理想，导致公司亏损不断加大，甚至已到达破产的边缘。1967年，索尼发表了由井深大亲自加入开发的特丽珑（Trinitron）映像管技术，这项技术使得索尼电视在全球热卖，从日本开发银行借的巨额开发债务也在3年内全部还清
成长与快速发展期	1970年，索尼与JVC、松下共同发表了磁带录影系统，正式为日后的录像带规格竞争揭开序幕，1975年4月，索尼发表了全球第一台针对民生用市场Beta规格的SL-300，这一举措奠定了索尼成为全球的消费性电子影像大厂的地位。同年，日本JVC为应对来自索尼的挑战，邀请松下加盟，推出了VHS规格。在竞争开始阶段，由于Beta录像时间只有1小时，同时索尼不愿意开放规格的授权，VHS针对这一弱点，迅速抢占市场。索尼仍对Beta规格技术充满信心，坚持对抗由全世界公开规格的VHS联盟，最后长达14年的规格主导之争终于在1988年索尼毅然加入VHS阵营，Beta退出市场而结束。1979年3月，索尼开始其历史上最成功的产品——Walkman的研发。最初将Walkman定位于青少年市场，强调年轻活力与时尚，并创造了耳机文化，1980年2月Walkman在全世界开始做销售，并在1980年11月开始全球统一使用"Walkman"这个非标准的日式英文为品牌，直到1998年为止，"Walkman"已经在全球销售突破2.5亿台

---

① 李海建.索尼LCD产品的协同设计方案及实施策略研究[D].华南理工大学，2014.

续　表

发展节点	发展历程
转型期	1989年9月25日，在盛田昭夫的主导下，索尼陆续并购了哥伦比亚广播公司的电影与音乐部门，使它成为索尼影视娱乐的旗下子公司。但是，这一日本历史上金额最高的收购案也使索尼一度成为日本历史上亏损额度最高的企业。20世纪80年代末期，日本爆发了泡沫经济危机，而索尼电影事业部门也因为票房不佳，成为当时索尼获利的主要障碍。直到1997年，霍华德·斯金格主导改革，逐渐获利，并于2004年11月并购了历史悠久的米高梅电影公司。从1993年开始，索尼成立电脑娱乐部门，并开始研发新一代游戏机，也就是后来著名的PS-X（PS的机芯主要在惠州索尼生产），全力对抗任天堂所主导的游戏市场。1994年索尼正式推出PS，获得了市场认可。2000年3月推出PS2，2004年12月推出PSP，2006年11月推出PS3，2011年12月17日推出PSVITA。经过不断的改进，PS系列游戏机在市场受到热捧，PS-X系列是继Walkman后，索尼在全球最为成功的产品。2012年，索尼将移动设备业务、数字影像业务和游戏业务列为索尼电子业务的核心，同时努力扭转电视业务衰颓的局面，积极开发新业务，同时提出one sony战略，以期集合全集团力量

索尼成功的关键主要有4点。一是敏锐发展商机。迅速调整经营策略，公司成立之际正值日本战败不久，当时日本不少中小企业都在大量组装电子管收音机，而索尼却没有加入这一竞争行列，而是选择了开发新产品、建立自己的独立生产体系的道路。随着现代生活节奏的不断加快和人民生活的逐步改善，人们对录音机的需求量会越来越大，其市场空间将会是无限广阔的，井深大与盛田马上做出决策，不再开发钢丝录音机，转而研究试制磁带录音机，并且公司根据市场调查，及时改进产品，将录音机小型化，利用日本学校普及视听教育的契机，成功地打进了教育领域，至此，公司的发展开始步入良性循环的阶段。二是勇于创新。敢为天下先，索尼在创业之初就将"从事大企业不敢做的业务，走在别人前面"的企业理念写在了公司的宗旨中，为了磁带录音机的研制成功，公司投入了全部资金、全部的技术力量，使公司全体员工共同处于背水一战的境地，"只能

成功,不能失败"的念头促使大家全力以赴地投入了此项产品的生产,经过公司上下齐心协力、大胆探索、刻苦钻研,他们终于完成了第一个重要产品的开发。索尼的这种技术创新、敢为天下先的经营理念一直渗透在企业的整个发展与成长中,对技术创新的重视,使索尼能够不断地根据消费者需求开发新产品,在一些技术上赶超了东芝、松下等老牌大型企业,并在以后漫长的发展过程中创造了许多"世界第一"和"日本第一"。三是引导消费者,创造新的市场。在对磁带录音机这个新产品的市场培育过程中,公司的领导层决定将创造新的市场作为推销活动重点,在应用技术、指导培训和传播新产品使用价值方面加大力度,以培养出新产品的消费群。索尼在注意新产品的"使用价值"的同时,更加注重产品质量的提高和售后服务的加强,作为当时还是中小企业的索尼,毅然决定投入大量资金,建立起自己的经销网,以自己的技术实力为基础开展售后服务,以此在新市场上建立起良好市场信誉。四是重视产品研发,索尼正是因为重视创新与产品研发,才创造出日本第一台磁带录音机、第一台晶体管收音机、第一台小型晶体管收音机,世界第一台小型台式计算机等。[①]

---

① 王爱新. 创新与超越: 索尼公司的成功基石[J]. 企业文化, 2001 (3): 25-27.

（十四）西门子——德国 [①]

表4-15所示为西门子的发展历程。

表4-15　西门子发展历程

发展节点	发展历程
公司创立	1847年10月1日，维尔纳·冯·西门子在其发明的使用指针是来指出字母顺序而不是莫尔斯电码的电报技术基础上建立了公司。1848年，公司建造了欧洲第一条远距离电报线，从柏林到法兰克福跨度为500千米。公司不断地成长并开始涉足电气列车和灯泡行业，1897年，西门子和哈尔斯克（Halske）联合成立了公司S&H，1919年，S&H和其他两家公司共同成立了欧司朗灯泡公司，1923年，成立了日本分公司
"二战"期间	在20世纪20年代至30年代之间，S&H开始生产收音机、电视机和电子显微镜。在第二次世界大战之前，S&H被卷入了德国的秘密战备。在1937年至1938年间（日军进行南京大屠杀），德国西门子公司驻南京办事处经理拉贝以自己时任德国国家社会主义工人党（纳粹党）南京分部副部长的特殊身份，在南京建立南京战时安全区，并出任安全区委员会主席，保护了约25万中国人民，被称为"活菩萨""中国的辛德勒"
"二战"后发展	在20世纪50年代，S&H开始生产计算机、半导体设备、洗衣机和心脏起搏器。1966年，西门子股份公司成立。1967年，西门子股份公司和罗伯特·博世有限公司成立主要生产白色家电的合资企业博西家用电器公司（BSH），后成为德国和西欧家电市场的领导者。1980年，公司的第一台数字电话交换机下线。1988年，西门子和通用电气收购英国防务和技术公司Plessey
20世纪90年代	1997年，西门子推出了第一款彩屏GSM便携式电话。1999年，西门子的半导体业务分离出来，成立了一家新的公司——英飞凌科技公司。同年，西门子利多富信息系统股份公司成了富士通-西门子电脑公司的一部分。2004年，西门子移动向市场推出65系列移动电话，良好的用户界面、人性化的操作、实用的功能设计使65系列手机受到广泛欢迎。2006年10月30日，西门子在北京宣布成立西门子中国研究院

[①] 黄迎燕. 解读西门子[J]. 中国发明与专利，2004（3）：2.

续　表

发展节点	发展历程
进入中国	1872年,西门子成立25年之后,和中国开始了业务往来。西门子在中国的第一笔订单是向中国提供指针式电报机,这标志着中国现代电信事业的开展。1904年,在华业务的迅速拓展,推动西门子在上海设立了第一家永久办事处,这是西门子在华业务的重要里程碑。1910年,西门子创建西门子中国电气工程公司,总部位于柏林,分支机构设在上海。在接下来的4年中,西门子将业务扩展到北京、广州、武汉、哈尔滨、香港、青岛和天津。1985年是西门子与中国开展合作的又一里程碑,双方在北京签署《西门子公司与中华人民共和国在机械工业、电气工程和电子工业等领域开展合作的备忘录》,西门子是第一家应邀与中国进行如此深入合作的外国企业。2006年10月,西门子中国研究院在北京正式成立。该研究院和西门子美国研究院成为西门子在德国以外的2个最大和最重要的研究基地。2007年,上海世博会事务协调局与西门子公司在上海共同签署协议,西门子正式成为"中国2010年上海世博会创新型基础设施和医疗保健全球合作伙伴",这是首家独立成为上海世博会全球合作伙伴的跨国公司

德国西门子成功的关键主要有4点。第一,机构设置推行事业部制,西门子对机构进行了改革,由原来纵横交叉的矩阵式改成事业部制,西门子目前设立16个事业部,各部与西门子财团的关系除了领导关系外,主要是经济关系,事业部按照规划或年度计划上缴公司利润,而经营与管理都由事业部自身决定,调动了基层部门的积极性。第二,重视开发新产品和职工教育,西门子的员工都毕业于大学和技校,新来的人员入厂后还要进行几年的培训,公司老职工和领导层人员每年也要培训,一般为3周,有的还被送到国外培训,这既有利于学习更新知识,又能通过和国外市场接触,为做生意打好基础。第三,以市场为导向,把用户放在首位,西门子编制的企业内部计划程序是在产品技术要求、为用户服务的程度、产品寿命周期、竞争程度和收益状况5个方面的前提下开展市场调研,确定选定的目标市场,再确定远景性应达的市场占有率,最后安排生产计划,西门子一贯奉行把顾客放在首位的方针,它们倡导"宁可丢失一批订货,不

能丢失一个顾客"的原则。第四,重视营销工作,西门子公司非常重视营销工作,把营销看作企业运行的首要环节,对外接待的人员都是销售部门经理或经理助理主导,其他部门配合,销售人员业务熟练、素质高、综合能力强,他们既懂销售也懂生产,还了解财务和成本,销售人员在厂中所占比例也较高,例如西门子在埃尔兰根市所属的一个工厂中,销售人员占工厂职工总数的16%,重视销售的程度可见一斑。[①]

(十五)惠普公司——美国[②]

表4-16所示为惠普公司的发展历程。

表4-16 惠普公司发展历程

发展节点	发展历程
公司创立	惠普由比尔·休利特和戴维·帕卡德于1939年创建。该公司建在帕罗奥多市的一间汽车库里,第一个产品是声频振荡器,它是音响工程师使用的电子测试仪器。"二战"期间,美国政府对电子仪器的需求日益增大,惠普的产品销量越来越大。此后,惠普新产品不断增加,并且建造了第一座公司大楼。1943年,惠普因研发出提供给海军研究实验室的信号发生仪及雷达干扰仪,从而进入微波技术领域。第二次世界大战中,惠普因其成套系列的微波测试产品而被公认为信号发生器行业的领先者。1958年,惠普成功收购F. L. Moseley公司,这次收购标志着惠普已进入绘图仪行业。1961年,惠普收购Sanborn公司,从而进入医学领域。1965年,惠普收购F&M科技公司,从而跻身分析仪器领域。1968年,世界第一台台式科学计算器HP 9100A问世,它是惠普今天高性能工作站产品线的前身

① 梁燕君. 西门子公司的成功诀窍[J]. 监督与选择, 1995(5): 40.
② 罗伯特·A.伯格曼, 韦伯·麦金尼, 菲利普·E.梅扎, 等. 惠普创业记[J]. 二十一世纪商业评论, 2018, 207(10): 82-86, 88.

发展节点	发展历程
快速发展期	惠普坚持其锐意创新的传统,并推出第一台袖珍式科学计算器。至20世纪70年代末,公司的盈利状况取得了大幅增长。1973年,惠普小型通用计算机系统成为计算机界第一套数据分布式处理系统。到20世纪80年代,惠普凭其系列计算机产品而成为业界一家重要的厂商,其产品从桌面机到功能强劲的微电脑可谓门类齐全。1970—1979年,这10年标志着惠普已成功步入打印机市场中,因为它成功地推出了可与个人电脑连接的喷墨打印机和激光打印机。1993年,惠普推出3磅重的HP OmniBook 300 "超便携式"个人电脑,在横跨美国的飞行旅途中,其电池电力足够让电脑连续运行。1997年,惠普并购电子支付系统行业领先厂商VeriFone,从而增强了惠普的电子商务能力,并发起以"扩大潜在价值"为主题的为期多年的新消费营销计划
稳定发展期	2001年9月4日,惠普以价值250亿美元的股票收购对手康柏电脑公司。2006年第四季度,超越戴尔(Dell)成为全球第一大PC厂商。2008年,财政营收额突破1000亿美元。2014年,惠普正式一分为二:惠普企业和惠普公司2家上市公司。惠普企业着力发展云计算解决方案,惠普公司则着力生产打印机和PC个人电脑。2022年,惠普发布了该公司的2022财年第二财季财报,报告显示惠普第二财季净营收为165亿美元

　　美国惠普公司成功的关键主要有4点。一是依靠利润进行发展。赢利是第一目标,产品销售现购现付,不予赊销,通过为顾客提供优质产品和服务而不是降价来扩大市场份额,将大部分利润用于再投资,职工购买股票的资金和其他现金收入作为发展所需的资金,而不依赖长期贷款。二是致力于创新。惠普一直在开发真正代表技术进步的产品并努力领会顾客的潜在需求,生产了数以千计的革新产品,1966年公司建立了惠普实验室作为公司的中央研究机构,多年来,惠普每年用于研究与开发的支出约占销售额的8%—10%,近几年已超过了10%,惠普把现有的力量用于最可能获得成功的项目上,选择那些能够满足市场实际需要的新技术重点开发。三是倾听顾客的意见。在惠普,为顾客服务的思想首先表现在

提出新的思路和技术上,在此基础上开发有用的重要产品,顾客反馈的意见是很重要的,有助于设计和研制出满足顾客实际需要的产品。惠普要求推销人员与顾客密切合作,以便用最恰当有效的办法解决他们的问题,从而提高惠普产品和服务的价值。将发明创造与顾客的要求相结合的典型例子是惠普喷墨打印机的成功,从1984年到1994年的11年间,惠普共卖出300万台。四是组织的扩展。20世纪60年代,惠普通过兼并取得了迅速的扩展,随着公司规模的扩大和向多样化发展,为避免机构臃肿,惠普采取了分散经营的策略,惠普建立了一系列的分部,以进一步明确各自的目标和责任提高效率,每个分部独立地负责它自己的产品开发、制造和销售,与此同时,惠普致力于各事业部之间的协调效应,以实现公司协调发展的目标。[1]

(十六)小米集团——中国[2]

表4-17所示为小米集团的发展历程。

表4-17　小米集团发展历程

发展节点	发展历程
公司创立	小米正式成立于2010年4月,是一家专注于高端智能手机、互联网电视及智能家居生态链建设的创新型科技企业。小米成立后,开始在手机领域里谋篇布局,规划从系统和软件入手,逐步打造属于自身的硬件设备手机。随后2个月,MIUI内测版首次推出,并在不久后又推出了米聊Android。小米没有与当时如日中天的BAT争夺软件流量入口,而是将目光往前一步,另辟蹊径去抢占用户硬件入口,从而形成错位竞争

① 中外著名企业十大管理法[J]. 冶金管理, 2000(5):4-6.
② 吴佳宸. 双层股权结构对上市公司绩效的影响研究[D]. 江西师范大学, 2021.

续　表

发展节点	发展历程
快速发展期	2011—2014年,小米迎来了发展的黄金时期。小米以小米手机的发布为基础,上游配合系统软件,下游配合互联网营销形成组合拳,迅速切入移动互联网市场并抢占了极大的市场份额。小米以"为发烧而生"的高性价比特点受到了互联网用户极大的欢迎,手机出货量从2011年的小米1的30万台,激增到2014年的6000万台,成为首个打破国内Android市场三星霸主地位的国产手机,市场份额高达13%。除了智能手机市场,小米还将目光投在了当时仍处于萌芽期的物联网市场。得益于手机硬件和系统软件的基础,小米通过生态链企业"投资＋孵化"策略迅速进入物联网市场,成为全球IoT生活消费品龙头厂商。2015—2016年,小米开始陷入泥潭。首先是消费升级带来的对小米品牌的质疑,再次是智能手机市场的OPPO、vivo厂商也开始着重三四线城市市场及性价比,导致小米智能手机业务发展一再受阻。2015年下半年小米手机的出货量开始下滑,据统计,2015年小米手机市场份额为15%,而在2016年市场份额仅剩9%,下降幅度高达40%,市场份额跌出国内前五
稳定发展期	2016年以后,小米智能手机业务开始转移战略重心,从已经成为"红海市场的国内迁移至仍处于蓝海市场的印度。据IDC统计,小米在2016年进入印度智能手机市场后市占率一路上升,从2016年的6.6%的市占率跃升至2018年的28.9%,位居印度智能手机市场占有率头座,并且有与第二位三星进一步拉大的趋势。除了智能手机,小米也开始发力IoT平台。小米的竞争优势是IoT产品种类繁多且价格大众化,且能够通过米家App进行无缝集成和统一控制,在CR仅仅为4%的国际市场上,小米就占据了1.9%的市场份额,可以说是发展迅猛

中国小米集团成功的关键主要有4点。第一是成本领先。小米模仿了戴尔的直销模式,即采用在互联网上直销的方式,不需要实体店面,这样就降低了成本支出。顾客在小米官方网站上下单后,由其旗下凡客诚品的物流渠道进行产品派送,这样又省去了中间商(代理商、零售商)的成本费用,大大降低了同行业的竞争威胁,从而实现了成本领先。第二是差异化。差异化主要体现在其核心业务上,即小米手机、小米聊天和MIUI操作系统,小米手机是中国第一款双核高性能发热智能手机,由小米自主

研发，MIUI也是中国第一个基于互联网模式开发的移动操作系统，其系统将根据爱好者的反馈不断更新和迭代。根据用户的想法和建议开发系统几乎不可能，但小米是一个特例，这些优势使小米无可比拟。第三是渗透式的口碑营销策略。小米运用的口碑营销有3个节点，即快、好看、开放。快主要从两点来说：一是通过优化小米手机整个桌面的动画帧速，让用户的指尖体会到丝绸般的流畅感。二是把通话、短信2个模块优化，使用户体验更好，并觉得速度更快。好看就是使手机的主题千姿百态。开放就是将国外用户的良好体验反馈给国内，使更多的人参与进来。在三大口碑节点做好的基础上选择高效的社会化传播渠道，即论坛、微博等，以此作为口碑传播的加速器等，小米能在短时间内被大家所熟知，这种渗透式的营销策略无疑是一个很成功的战术应用。第四是揭秘式的饥渴营销策略。小米很好地掌握了饥饿营销的本质，在推出小米手机之前，首席执行官雷军在市场上做了一个噱头，声称小米是根据中国人的习惯专门为中国人设计的手机，其配置性能不亚于苹果，最重要的是价格更便宜，可以说是物美价廉，这样就充分吊足了消费者的胃口而被议论纷纷。①

第二节　全球典型民营企业的战略分析和启示

全球典型民营企业的战略模式、路径方法等对我国民营企业未来的高质量发展之路将起到非常重要的启发作用，具有宝贵的借鉴意义。所以本节将对全球典型民营企业的战略路径进行介绍分析，对成功的模式和方法进行比较系统深入的归纳梳理，探究其中的核心机理和普遍性规

---

① 李智伟. 浅谈小米公司成功之处及面临问题[J]. 商场现代化, 2014(29): 36–37.

律,对标我国民营企业进一步思考未来前行之路。

　　在全球范围内,我们聚焦于一些比较有代表性的民营企业,分别对它们的成功战略路径进行深入系统的剖析,思考它们成功路径和战略模式内在的核心要素、基本特征和内在规律。结合我国民营企业的实际情况,以期对探索我国民营企业未来的高质量发展之路有所借鉴和启发,帮助我们设计规划出我国民营企业的高质量发展路径。

一、日本“母工厂”

　　“母工厂”是日本制造企业建设在本土的具有最高技术和管理水平的工厂,它作为整个企业的“大脑”,负责给其他工厂提供技术、管理、人才等方面的支持。“母工厂”模式已经被广泛应用于佳能、丰田等日本企业,成为日本企业巩固全球制造业领先地位和谋划全球化布局的成功路径,它的重要战略地位主要体现在4个方面。一是作为日本强化制造业竞争优势的重要载体,主要通过开发新的生产工艺,提升自身技术水平和生产能力,形成规范的标准,之后将新的生产技术、制造工艺和经营管理模式向海外“子工厂”进行推广,全方位指导“子工厂”的生产运营;二是作为日本规避制造业空心化的重要途径,日本为防止制造工程大量流失到国外造成国内就业下降和产业空心化的不利情况发生,利用“母工厂”建设来维持本国制造业的创新活力和竞争力,同时也为国内各地保住并创造更高层次的就业机会;三是作为日本企业全球布局的核心节点,由于“母工厂”掌握着技术和产品研发等方面的主导权,日本企业将高品质、变更频繁的产品放在“母工厂”进行多品种、小批量生产,而将设计变更较少的产品放在海外进行少品种大批量生产,以此保持本国企业的技术垄断;四是用于对海外“子工厂”进行技术支援,对海外人员进行培训指导,“母工厂”将掌握的最先进的技术支援新工厂,使企业内各工程保持统一的高制造水平。日本"母工厂"的主要功能如图4-5所示。[①]

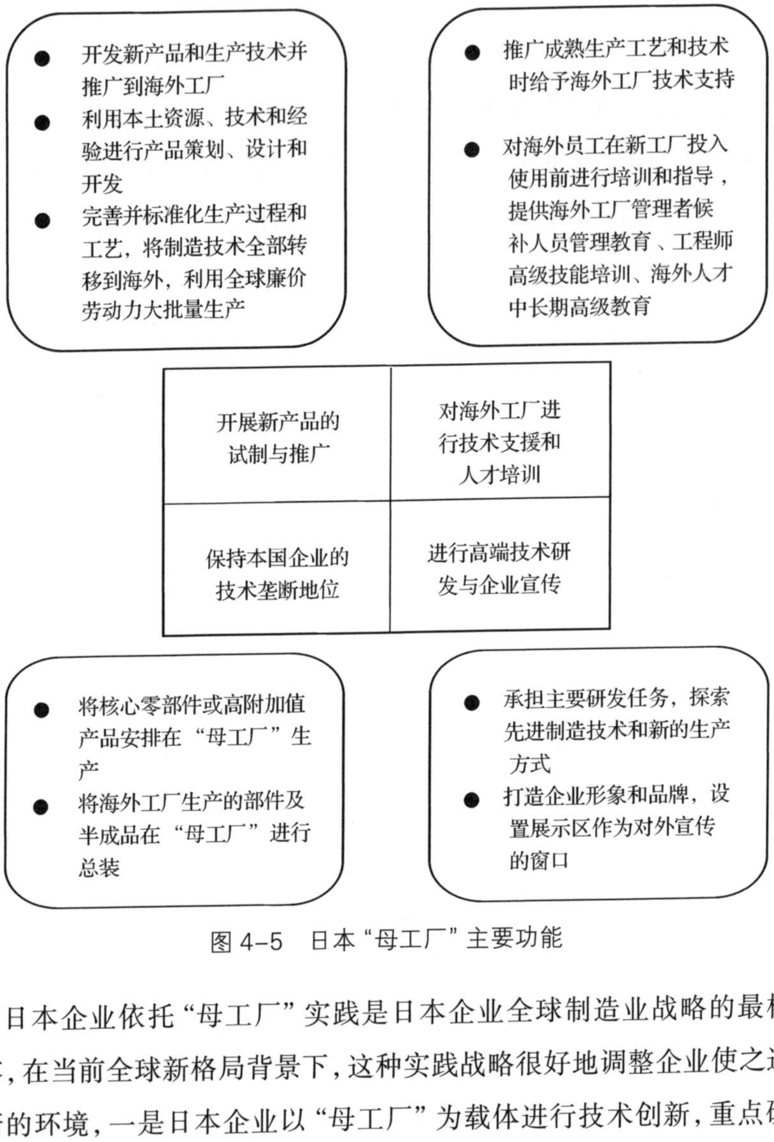

- 开发新产品和生产技术并推广到海外工厂
- 利用本土资源、技术和经验进行产品策划、设计和开发
- 完善并标准化生产过程和工艺,将制造技术全部转移到海外,利用全球廉价劳动力大批量生产

- 推广成熟生产工艺和技术时给予海外工厂技术支持
- 对海外员工在新工厂投入使用前进行培训和指导,提供海外工厂管理者候补人员管理教育、工程师高级技能培训、海外人才中长期高级教育

开展新产品的试制与推广	对海外工厂进行技术支援和人才培训
保持本国企业的技术垄断地位	进行高端技术研发与企业宣传

- 将核心零部件或高附加值产品安排在"母工厂"生产
- 将海外工厂生产的部件及半成品在"母工厂"进行总装

- 承担主要研发任务,探索先进制造技术和新的生产方式
- 打造企业形象和品牌,设置展示区作为对外宣传的窗口

图 4-5 日本"母工厂"主要功能

日本企业依托"母工厂"实践是日本企业全球制造业战略的最核心内容,在当前全球新格局背景下,这种实践战略很好地调整企业使之适应于新的环境,一是日本企业以"母工厂"为载体进行技术创新,重点研究突破成本瓶颈的新技术,例如使用机器人和无人搬运机的自动化工程和

① 日本"母工厂"建设实践对我国的启示[J].中国工业评论,2017(8):109-111.

无人工厂,多能工的"细胞生产方式"等;二是通过研发部门和"母工厂"的协作加快创新速度,在开发尖端技术的研究开发部门附近设立拥有尖端生产技术的制造部门,这样可以及时反馈,大大提高了技术创新效率,更有利于开发出更好的产品;三是从战略上重视"母工厂"的生产技术开发能力,日本企业的全球化发展战略是利用国外廉价劳动力进行大批量生产来降低成本赚取利润,"母工厂"需要提供适合国外工厂的先进量产技术,包括对国外工厂的设备、工序标准化和员工培训标准化,还要保障工序、设备和员工的协同配置最优化;四是全球视角构建"母工厂"体系,随着日本企业全球化业务大幅拓展,日本企业开始在全球范围内打造"母工厂"体系,例如丰田汽车公司设立的全球生产中心 (GPC),在美国、英国和泰国都设置了GPC的下属组织,此举大大地提高了企业的技术支援能力和效率。[①]

日本"母工厂"模式经过长期探索、实践和改进,日益完善精进,已经取得了非常大的成效,而且其他一些国家和企业也对日本"母工厂"模式进行了深入学习和研究,并结合自身的情况和特点,形成了具有自己国家和企业特色的"母工厂"模式,可见该模式具有不错的适应性和借鉴价值。通过对这一成功战略模式进行深入研究分析,我们可以了解到该模式内在的一些典型特征和规律,这些会给我国民营企业的未来发展带来非常大的启示,主要包括几个方面:第一是在产业发展规划和相关产业政策制定时要把重心放在产业的特定价值链环节;第二是在新产品技术突破的同时,需要协同发展适应于新产品技术的新生产制造工艺,保障新生产工艺及时跟进配合新产品技术;第三是重视人员的技能提升和现场管理优化的综合改善,使之最大化适应于先进的生产技术,能够发挥出生产技术的最大潜能。我国民营企业需要借鉴日本"母工厂"制造和建设工业基础

---

① 贺俊,刘湘丽.日本依托"母工厂"发展先进制造的实践及启示[J].中国党政干部论坛,2013(10):27–30.

能力再造的核心工厂,在生产制造层面围绕"工业四基"集成要素、优化流程、培育人才,最终形成适合我国民营企业的中国"母工厂"模式。

二、日本"产学研一体化"

日本是通过提高本国企业创新能力成为世界经济与科技先进国家的少数国家之一。2000年以来,日本每年新增专利近20万件,新增专利数连续10多年位居世界前三位。以企业为主体的产学研合作是日本创新体系的重要特点,在20世纪70年代之前,日本的产学研合作主要由半官方的行业组织推动,以产学合作为主,重点培育产业人才。20世纪80年代后,日本已成为世界经济和技术大国,面临经济全球化的新竞争环境,以企业作为产学研合作主体,以促进产业技术创新为目的,政府大力支持产学研合作。20世纪90年代后,日本进一步加大了产学官合作力度,重大产业研究开发计划采取产学研合作的实施机制,政府积极鼓励产业技术综合研究所和中小企业事业团组织产学研合作。[1]

日本产学研按照组建方式可划分为5种模式,如表4–18所示。

表4–18 日本产学研根据组建方式划分的5种模式[2]

模式	具体内容
委托研究模式	1995年,日本政府推出"促进特殊法人等部门有效利用政府资金开展基础研究"制度,注重政策引导,构建激励机制,推动日本国立大学实施委托研究模式。得益于日本自20世纪80年代以来建立的产学研相结合的委托研究模式,目前日本已有20余人获诺贝尔自然科学奖,超过英国、德国、法国,仅次于美国,位居全球第二位

① 刘彦.日本以企业为创新主体的产学研制度研究[J].科学学与科学技术管理,2007(2):36–42.
② 郑军,赵娜.中日产学研协同创新模式的比较分析及启示[J].大理大学学报,2019,4(1):111–117.

续　表

模式	具体内容
共同研究模式	1983年日本创设"国立学校与民间企业等的共同研究制度",在促进可持续竞争力发展的进程中具有举足轻重的意义,这种模式使得高校的科研能力和企业的技术能力有机结合起来,创造出先进而实用的科技成果
接纳受托研究员合作模式	日本的接纳受托研究员合作模式开展较早,企业根据发展需求投入资金,支持研究者在大学研究以提高素质和现职技术人员的竞争力,在协同中使各方主体获得更大经济效益
合作研究中心模式	进入20世纪80年代,日本政府制定《科学技术基本计划》,打破传统孤立状态,明确高校、企业和科研机构间的优势互补合作关系,包括设立"合作研究中心"规范知识成果产权制度,成立产业技术孵化中心接纳民间科研人员合作和委托开发项目,促使协作研究项目数呈逐年增加趋势
科技城和高新技术园模式	科技城和高新技术园模式是日本学习美国硅谷经验的结果,实质是投入大量资金在全国兴建关西科学城、筑波大学科学城等基地的一种人才培养模式,日本政府在全国建立科学城、高新技术园地,以期在产学研协同创新的过程中产生集群规模效应,加速产学官协作研究成果迅速转化为生产实用技术,集约、规模地促进新技术、新产业和新产品的研发

对日本产学研发展路径和战略进行深入分析,可以看出其中的一些主要特征。一是设立促进科研成果转化的中介服务机构,日本高校通过设立产学研合作办公室等中介服务机构,将传统高校与企业的非契约合作模式转变为以高校产学研合作办公室为媒介的契约合作模式,这些中介服务机构在技术评估、产权交易、法律咨询等方面发挥着不容忽视的作用,极大地促进了高校与企业之间的信息沟通与资源共享,化解了各方利益冲突和利益纠纷,有效地应对各方在合作中遇到的突发状况,有利于缩短科研成果的转化周期,提高产学研合作的质量和效率。二是改革高校产学研合作的体制,日本为适应产学研合作的机制,对高校的体制进行了一系列改革,包括设立共同研究中心,开设大学知识财产本部,成立TLO(技术转移组织) 组织,日本高校通过这几项措施大大提高了产学研合作的效率,有

效降低了出现利益冲突的风险，有利于推动产学研合作顺利进行。三是创新产学研合作的模式，日本在发展中不断创新产学研合作的模式，形成了独具特色的"科技城和高新技术园"合作模式，即日本以研究型高校为轴心，在周围创建科技城与高新技术园区，园区内设研究所、企业等机构，各方围绕高校形成一个整体，这既能使高校及时掌握企业需求与市场动向，又能有效促进科研成果的共享与信息、技术的交流。大学城在开发新技术、研发新产品、培养新技术人才等方面发挥了重要作用，高校还能带动本区域内经济、科技等方面的发展，能有效发挥区域带动作用。四是改革课程、教学及人才培养模式，日本高校为适应产学研合作的新趋势，培养具有跨学科思维的创新型人才，对课程和教学进行了积极改革，注重开发综合课程。高校开设的课程与企业的实际生产紧密相关，获得的研究成果可直接满足企业的需求。五是创新人才培养机制，日本的产学研合作培养了大批复合型高层次人才，高校通过创新人才培养机制，开展校企产学研联合培养人才模式，注重发挥共同研究中心等机构的教育功能，结合高校和企业双方专长共同研究，提升科研效率，培养合适的人才，形成了"高校—共同研究中心—企业"这样一条完整的人才培养通道。日本高校的人才培养机制，有利于促进理论知识与实践操作的高效融合，发挥了巨大的人才开发效能，培养出的人才也更具针对性和竞争力。六是改革人才评价机制与激励机制，日本高校注重评价的全面性和先进性，注重以教师科技成果的转化情况及社会贡献度作为评价教师工作绩效的重要指标，消除了以往只重研究数量不重质量的弊端。在人才激励机制上，日本高校注重激励机制的合理性，通过颁布法律和政策等手段，激发人才参与产学研合作的积极性。日本设有先进的激励机制，激励政策具有动态性和时效性等特点，同时采用多重措施激发教师的科研热情。[①]

---

① 樊冲.日本高校产学研合作创新实践及其启示[J].创新与创业教育，2021，12（6）：139-144.

从对日本产学研战略的分析,可以归纳出一些对我国民营企业发展具有启发作用的做法和经验:政府制定有效的产学研扶持政策,加强产学研立法建设,采用灵活多样的产学研合作模式,制定政策来鼓励企业积极参与产学研;构建和更新科学的产学研绩效评估体系,充分发挥各类技术转移组织的中介作用;注重培养产学研专业管理人才,建立产学研委托研究院制度,强化产学研专业机构建设,大力推进中小企业与大学的产学合作;重视产学研国际化管理人才的培养,激活产权激励在产学研合作中的作用,深化产学官合作。[①]

三、美国《先进制造业国家战略计划》

先进制造业作为一种新兴产业,是未来经济增长的驱动力,它的一个显著特点是生产过程不断改进,新产品不断产生,正是先进制造业的这种催生全新产业和生产方法的能力使其最可能具有"根植性"。随着技术的生命周期缩短,先进制造业的全球竞争越来越激烈,美国制造能力与全球平均水平的差距导致其承担了巨大的经济利益损失,并影响美国的国家安全及国家经济安全。国防生产行动委员会(DPAC)指出,美国目前无法通过安全可靠的国内生产来满足政府需要的一些重要产品,因此,美国国家科学和技术委员会(NSTC)依照2010年美国第102号《竞争再授权法》制定了一项战略计划,即2012年2月正式发布的《先进制造业国家战略计划》,用以指导联邦政府支持先进制造业的研发活动。该计划客观描述了全球先进制造业的发展趋势及美国制造业面临的挑战,分析了美国先进制造业的生产模式和趋势,揭示了联邦政府制定加快先进制造业发展所面临的机遇及维护其健康发展所面临的挑战,明确提出了实施美国

---

① 张同建,王敏,常光辉.日本产学研发展路径及对我国的启示[J].科学管理研究,2020, 38(4):157–163.

先进制造业战略目标,规定了衡量每个目标的近期和远期指标,计划中勾画了一个强大的创新政策,将有助于缩小研发与先进制造业创新应用间的鸿沟,解决技术全生命周期中的问题,具体政策如表4-19所示,主要包括完善先进制造业创新政策,加强"产业公地"建设,优化政府投资。《先进制造业国家战略计划》给定了需要实现的五大目标,以及针对目标给出的相应对策,如表4-20所示。[①]

表4-19 美国《先进制造业国家战略计划》中的创新政策

具体政策	政策内容
完善先进制造业创新政策	先进制造业国家战略的核心原则就是采取一个有凝聚力的措施来研究、开发和应用,这一措施需要联邦政府加强研发及对生产工人的教育和培训
加强"产业公地"建设	"产业公地"(Industrial Commons),是指许多制造商(尤其是中小企业)所共享的知识资产和有形设施,公共部门,特别是联邦机构可以在产业公地中扮演先进制造商合作投资者的重要角色,提供系统接入、测量和试验方法的标准,以及多领域的平台技术等在产业集群中可以充分利用的资产
优化政府投资	有效的先进制造业国家战略应该对私营部门的需求做出反应,公共和私营部门在国家层面上关于研究、技术和劳动力需求的磋商将补充已经存在于全国各地的州级和区域级的协商,总统的"先进制造伙伴计划"(AMP)在国家层面上提高了私营部门的参与性

表4-20 美国《先进制造业国家战略计划》中的目标与策略

目标	策略
目标1:加快中小企业投资	加强公共和私营部门联合投资
	加强政府对制造商产品的采购
	加强国家安全相关领域的投资

---

① 左世全,王影,金伟,等.美国也要振兴制造业——美国先进制造业国家战略计划编译[J].装备制造,2012(5):76-81.

续　表

目标	策略
目标2：提高劳动力技能	及时更新制造业劳动力
	强化先进制造业工人培训
	为未来工人提供教育和培训
	加强对下一代的教育
目标3：建立健全伙伴关系	鼓励中小企业参与合作
	加强基于集群的伙伴关系
目标4：调整优化政府投资	加强先进制造业投资组合
	加强跨领域的机构投资
目标5：加大研发投资力度	加强研究和试验（R＆E）税收减免
	加大政府投资力度

美国《先进制造业国家战略计划》对于我国加快发展先进制造业也起到很大的启发作用，主要包括：加强顶层设计，制定先进制造业国家战略计划，完善先进制造业创新政策来提升企业创新能力；借鉴美国"产业公地"建设经验，帮助我国完善产业集群创新政策，统筹推进政府和社会各方的投资，壮大先进制造业人才队伍。[①]

国际金融危机后，欧美等发达国家重新认识到发展实体经济特别是制造业的重要性，纷纷提出"再工业化"战略，以抢占世界经济和科技发展的制高点。第一是贯彻落实"再工业化"战略，美国《先进制造业国家战略计划》是对美国"再工业化"战略的贯彻落实，该计划是依据上述政策从国家战略层面提出的促进先进制造业发展的政策措施；第二是应对先进制造业发展新挑战，全球先进制造业技术生命周期不断缩短，而美国的研发投入及创新竞争力开始下滑，先进制造业的制造能力也在持续下降，这为美国制造业的发展带来新的挑战，企业需要及时抓住机遇进行规

---

① 左世全.美国"先进制造业国家战略计划"对我国的启示[J].经济，2012（6）：142–143.

模化生产,2009年,美国的研发强度(R&D投入占GDP的比重)虽然在工业化国家中排名第八,全球创新基础的竞争力在44个工业化国家和地区中排名第四,但以2000年以来创新竞争力和创新能力的进步来衡量,美国排倒数第二,美国为应对先进制造业发展的新挑战,需要加快创新能力及制造能力建设;第三是抢占先进制造业发展制高点,金融危机后,发达国家及新兴国家纷纷将先进制造业作为发展重点,以抢占世界经济和科技发展的制高点,欧洲于2009年在《欧洲2020智慧、可持续、包容增长战略》中提出以信息、节能、新能源和先进制造为发展重点,日本提出通过技术创新发展高附加值的先进制造业,我国也出台了《国务院关于加快培育和发展战略性新兴产业的决定》,推动高端装备制造业、新能源汽车等先进制造业的发展,美国《先进制造业国家战略计划》的目的是力争在各国新一轮先进制造业竞争中取得优势地位。[①]

四、美国硅谷模式

美国硅谷是由市场自发形成的科技创新中心,即创新主体在市场竞争压力下,自发集聚创新要素,形成创新合力,发展为当地主导产业,并在时机优势的推动下,提升产业影响力,带动全球产业大变革,形成具有全球影响力的科创中心。硅谷的兴起源于政府大量的国防采购,以及斯坦福大学产业园区的建立,硅谷所在的旧金山在早期是美国海军的研发基地,具有无线电和军事技术基础,"二战"爆发后,美国国防部大量采购电子产品,许多电子类的技术公司得以发展壮大,而后,斯坦福大学教授特曼发现在大学建立工业园的商机,工业园区的建立极大地加强了大学研究员与产业领域中工程技术人员之间的互动,为硅谷的发展奠定了良

---

① 左世全.美国"再工业化"之路——美国"先进制造业国家战略计划"评析[J].装备制造,2012(6):65-67.

好的基础。由于军工产品的大量需求,20世纪60年代后期,硅谷开启计算机时代,硅谷成为半导体工业中心和半导体发明生产基地,半导体产品占军用市场比重约为50%。在半导体技术发展的基础上,英特尔公司发明了世界上第一个微处理器,开启了个人计算机发展的时代,IBM推出首个个人电脑IBM-PC处理器,苹果公司推出人类历史上第一台个人电脑Apple II。随着硅谷计算机工业的支配地位逐渐提高,硅谷的核心产业从半导体生产转变为计算机生产,硅谷的计算机产品出口额几乎占当时全美国电子产品出口总量的1/3。金融界、产业界、学术界等多业界之间的广泛对接和紧密合作使硅谷始终位于全球创新前沿,1995—2000年,硅谷风险投资额年均增加63.22亿美元,年均增长率为179.2%,交易量年均增加330 笔,年均增长率为133.5%。硅谷爆炸性的增长,使互联网的发展呈现一片繁荣之势,虽受到互联网泡沫的影响,硅谷的风险投资有所降温,但硅谷强大的创新生命力使其仍能以较快的速度恢复生机,2002—2014年硅谷的风险投资额从72.6亿美元增加到255.8亿美元,年均增加15.27亿美元,年均增长率为11.1%,交易量从824笔增加到1483笔,年均增长55笔,年均增长率为98.2%,风险投资一直保持较高水平的增长态势。[①]

　　硅谷创新生态系统的形成是一个复杂和动态的过程,硅谷创新集群的发展源于其孕育形成了多主体反馈、互联、协同的创新创业生态系统,具体体现在:硅谷拥有高度发达、形式多样的科技服务主体,包括负责制定政策法规、营造科技服务业制度环境、保障科技创新主体利益的联邦政府,在塑造技术轨迹和基础科学方面广泛发挥作用的地方政府,共生、竞争、在"开放式创新"和"知识产权保护"之间实现良好平衡的企业集群,以斯坦福大学、加州大学伯克利分校等为首的全球顶级大学和科研机构,以律师事务所、会计师事务所为代表的多层次、多样化的科技服务中介机

---

① 吴妡.全球主要城市科技创新发展模式比较研究[J].统计科学与实践,2021(5):23-26.

构；硅谷形成了非常有利于创业公司和科技服务业发展的创新生态网络，大企业和中小企业共生，大企业引领科技创新，影响行业前沿的关键理论问题能够得到大学的及时反馈，大学科技成果转化途径多样并有法律保障，各种专业化技术转移中心、风险投资评估机构为企业提供技术知识和客户资源筛选，发达的市场、高度流动的人力资源池及接受失败的文化为硅谷创新集群发展营造了丰沃的土壤，美国硅谷产业集群创新生态系统特征如表4–21所示。[①]

表 4–21　美国硅谷产业集群创新生态系统特征

大学、行业和政府间的多向交流互动	大学与行业的双向交流
	大学技术转移办公室的重要作用
	普遍的学术创业行为
	政府在研究型大学发展中的关键作用
大企业和初创企业共生的商业系统	大企业和初创企业的共生关系
	最具竞争力的风险投资、商业基础设施和人力资源池
以区域科技联盟为平台的协作机制	信息服务，经济援助服务，管理和业务发展援助，社区服务延伸，产业集群支持
以小企业为核心的科技服务网络	小企业管理局（SBA）
	小企业发展中心（SBDC）
	支持小企业创新的专项计划
联邦政府的法律规范和引导机制	国家级科技服务机构的推动作用
	联邦政府规范科技服务业发展的法律体系

① 郭丽娟，刘佳.美国产业集群创新生态系统运行机制及其启示——以硅谷为例[J].科技管理研究，2020，40（19）：36–41.

五、美国纽约湾区

美国纽约湾区是政府与市场合作形成的科技创新中心。纽约成为科创中心城的过程是曲折的,2001年互联网泡沫破灭后,纽约大量科技公司破产,电子科技公司规模收缩。为应对危机,纽约区域规划协会发布了《危机挑战区域发展》,重新强调了形成高效交通网络的重要性,促进了纽约城区的发展。2007年,美国爆发金融危机,华尔街又一次受到重创。纽约政府认识到,必须寻求多元发展方式,并将高科技产业作为新的发展方向,才能增强城市发展动力和抗风险能力,纽约一方面不断加大人才吸引力,另一方面开始培养自己的高科技人才,时至今日,纽约已成为可以与硅谷并誉的第二大科技重镇。纽约科创兴起机制主要包括:政府引导与投入,定位准确,通过区域一体化协调和科学的城市规划,统筹资源配置,与硅谷形成错位发展。21世纪初期,硅谷高科技泡沫破灭之际,纽约政府抓住机遇,积极引导,快速发展,形成具有纽约特色的科技中心,纽约的业务大多集中在互联网应用技术、社交网络、智能手机及移动应用软件上,创业者们注重把技术与时尚、传媒、商业和服务结合在一起,挖掘出互联网新增长点,目前纽约已呈现出适合互联网和通信移动初创企业成长的业态系统。虽然纽约商务综合成本很高,但政府为支持创新,颁布了一系列政策,创造了良好的创新生态环境;现代化产业体系、强大的经济基础和庞大的资金支持,纽约作为国际金融中心,拥有完善的资金链和丰富的顾客群,易获得资金来源,众多知名的创投公司或天使投资人为创业人提供了大量的机会和资金支持,科技创新离不开科技、人才和资本高度聚合的创业生态圈,在这种集聚效应下,纽约湾区所有企业就像一个个网络节点,信息、资源、人才、资金在这个网络中通过相近的节点实现高速流动,纽约人口密度高,活动频繁,多元性强,包容度高,这都是创业者的巨大资源,创业团队能接触到多类型的客户,更容易产生人性化设计思路。纽约贴近市场,是解决市场问题的绝佳之地,纽约凭借其独特的金融、人才和基础设施优势强势崛起,并在区域优势、高技术创新资源和产业基础上加以通盘考虑,形成全面协同的创新行为和产业布局,逐渐发展成为具有吸附效应的科技创新中心。①

纽约湾区是一个跨州建设的大都市区,除了涉及城市之间的关系,还涉及跨不同司法主权的州之间的关系,纽约湾区的区域合作同时依赖政府和民间的力量,不仅建立了独立统一的规划组织——"纽约都市圈规划组织"和"区域委员会",共同促进区域合作发展,分别负责交通建设和经济发展的协调规划工作,而且建有民间智库——"区域规划协会",作为不可或缺的民间力量为纽约湾区的决策者提供规划方案。作为独立的统一规划组织,"纽约都市圈规划组织"的成立节省了手续、流程上无效的消耗,提升了效率,实现了规划协同的绿色运转,在区域的合作发展中强调基础设施建设尤其是交通方面的有效规划,引导城市改善和缓解区域交通的负担,促进纽约湾区的网络化发展和可持续发展。"区域规划协会"推出过4轮区域规划,包括20世纪20年代启动了大量的基础设施建设和城市建设,20世纪60年代规划强调利用轨道交通连接区域内的新区,解决老城区中心衰退等问题,并首次提出"公众参与的区域规划",20世纪90年代进一步强调在区域内形成高效的交通网络,提升经济活力,21世纪开始关注湾区如何应对海平面上升和气候变化、社会公平、健康湾区问题,纽约湾区的创新在政府和民间的推动下共同进行,利用区域规划的手段形成以纽约为枢纽的对外交通网络,高效便捷,不断地强调自然生态环境保护和社会环境维护,与城市开发并行,不仅协调不同等级政府和部门之间的诉求和关系,还鼓励公众参与。②

---

① 吴妩.全球主要城市科技创新发展模式比较研究[J].统计科学与实践,2021(5):23-26.
② 樊明捷.区域协同:旧金山、纽约与东京湾区借鉴[J].城市开发,2019(22):39-41.

六、德国"隐形冠军"

赫尔曼·西蒙在研究德国出口贸易获得巨大成功的经验时发现了德国出口贸易之所以取得持续发展主要得益于中小企业,特别是那些在国际市场上处于领先地位的中型企业。[①]尽管这些中小型企业并不出名,但数十年来,它们在全球范围内的经营业绩却不同凡响,而且这类企业几乎存在于全球所有角落——从欧洲到美国,从韩国到南非再到新西兰,到处都有类似的中小型企业,赫尔曼·西蒙称之为"隐形冠军"。[②]

隐形冠军企业在追求卓越的道路上表现出了独特的个性,隐形冠军企业最大的特点是经营专业化与区域多元化相结合,这在很大程度上决定了隐形冠军企业的经营模式,从隐形冠军企业的业务特点来看,大致有以下3种经营模式。一是"搭车型"经营模式。隐形冠军企业的产品,如饮料标签机、金属过滤器、书籍封面布及汽车遮阳篷等大多数应用在生产流程中或是包含在成品之中,通常不为大众消费者所注意。"搭车型"经营模式使隐形冠军企业节约了大量的经营成本,这是由于它们不需要对市场的终端客户做大量的市场推广工作,如市场调查、消费者需求分析,许多隐形冠军企业的市场营销甚至停留在较低的水平上,因为它们只要与"车"建立密切的关系即可"搭车"前进,它们就可以将全部精力用于提升自己的产品或服务的品质,即使客户需求发生变化,市场风险也是首先由"车"承担,然后才会波及隐形冠军企业,从而为自己赢得应对的时间。二是"排他型"经营模式。一些隐形冠军企业采取了"排他型"经营模式,这些企业开创了属于它们自己的利基市场,并且通过持续的品质改进及搭建极高的市场进入壁垒等方法维护它们的市场垄断地位,这些企

---

① SIMON H. Lessons from Germany's Midsize Giants[J]. Harvard Business Review, 1992 (3-4): 115–123.

② 赫尔曼·西蒙.隐形冠军——全球500佳无名公司的成功之道[M]. 北京: 新华出版社, 2001.

业生产和销售不可替代的产品,常规的市场规模和市场份额的概念完全不适合于这类公司。对于它们而言,占领市场的最佳途径就是创造市场,它们不愿接受既定的市场定位,而用自己独特的产品去定位市场,采用"排他型"经营模式的企业其产品必须符合2个基本的条件,对于客户而言,其产品必须是有价值的和不可替代的,对于企业而言,其产品必须是独特的,而且是不可模仿的。三是"结盟型"经营模式。在特殊的条件下考虑到文化、语言、分销等方面的差异,隐形冠军企业又会表现出很高的灵活性,而与其他企业进行结盟,在开拓市场方面,尤其是在目标市场难以进入的情况下,隐形冠军企业的表现并不刻板,例如在隐形冠军企业看来外包和战略联盟的决定应该不仅仅考虑成本因素,而且应该考虑对质量、技术和核心能力的影响,在制造核心部件方面保留自己的关键技术和核心能力比通过外包和战略联盟降低成本更加重要,隐形冠军企业的成功因素如表4-22所示。[①]

表4-22　隐形冠军企业的成功因素

成功因素	具体内容
注重追求自身经营品质	隐形冠军企业在提升产品和服务的品质方面有着近乎偏执的热情
	隐形冠军企业一贯奉行的经营战略是将技术创新与全球化市场开拓相结合
	隐形冠军企业有意实行一种目标明确的竞争战略,即主要追求特色优势而非成本优势,这样可以有效地进行差异化经营和错位式竞争,为企业赢得发展空间和市场地位
强调与客户的互动关系	隐形冠军企业的生存和发展在很大程度上依赖于其客户
	隐形冠军企业领先的市场地位也造就了客户对企业相当程度的依赖
	隐形冠军企业充分认识到企业和客户之间是一种相互依赖的关系
	隐形冠军企业着眼于与客户建立长期的合作关系

---

① 李庆华,李春生."隐形冠军企业"研究:战略逻辑、经营模式与关键成功要素[J].东南大学学报(哲学社会科学版),2008(6):40-45,134.

第五章

我国民营企业高质量发展的路径

　　前面我们全面深入地分析了国内外当前的局势和未来发展方向,对我国民营企业的现状进行了系统的了解,对国外典型企业的成功经验和启示进行了梳理总结,进一步明确了我国民营企业现在存在的诸多不足之处,在发展过程中遇到的瓶颈和困境。为了真正实现民营企业的高质量发展目标,深刻贯彻高质量发展理念,努力提高我国民营企业的国际竞争力,为实现质量强国、科技强国、制造强国的梦想及满足人们对高质量高品质美好生活的需求助力,我们迫切需要对民营企业未来发展进行战略制定和路径设计,突破发展瓶颈和困境,填补不足和空白,找出问题的症结和对应的解决方法,提出一些有效对策、建议,助力我国民营企业高质量发展,最终实现从全球价值链中低端迈向高端地位的目标。

　　本章给出了民营企业高质量发展路径对策的整体构成示意图(见图5-1),建立了以产业链生态创新为核心,协同政府、高校及研究所、NQI一站式平台,以质量发展、标准引领、认证认可、科技创新、品牌提升、转型升级等为主要路径,推动民营企业高质量发展、提升民营企业国际竞争力的方法。

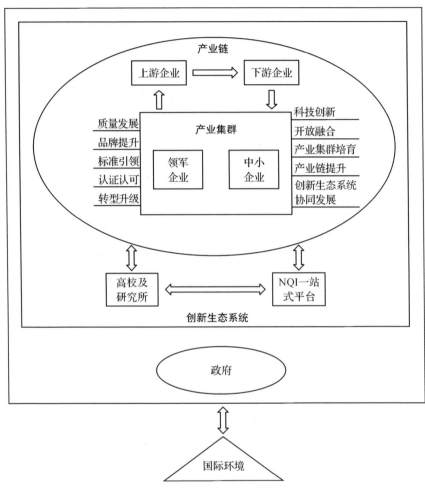

图 5-1 高质量发展路径对策整体构成

第一节 质量发展

一、卓越绩效模式推广

1987年，马尔科姆·波多里奇国家质量奖以立法的形式确立，其评审依据是"卓越绩效准则"，旨在增强美国经济的竞争力和绩效。随后世界上许多国家和地区的质量奖都引用或参考了该准则,目前该准则几乎已成为组织实现卓越的"国际标准"。为确保始终处于"被证明有效的领导和绩效管理实践最前沿"的状态,波多里奇卓越绩效框架每两年更新一次。最新的2021—2022年版波多里奇卓越框架基于先进性和适用性的平衡,增加了"组织韧性"以反映应对外部风险的能力、"数字化"和"大数据"以反映应对未来组织场景的发展趋势等。我国在2004年由原国家质量监督检验检疫总局和国家标准化管理委员会发布了GB/T 19580《卓越绩效评价准则》(国家标准)和GB/Z 19579《卓越绩效评价准则实施指南》(国家标准化指导性技术文件),并在2012年修订换版,标志着我国质量管理工作经过TQC、TQM、ISO 9000、6Sigma,进入了进一步与国际接轨、提升国际竞争力的新阶段,但无论是"波多里奇卓越绩效框架"还是我国的"卓越绩效评价准则",都属于集成化的管理框架和管理成熟度诊断测量仪。[①]

卓越绩效模式是以前瞻性的领导、顾客驱动的卓越、组织和个人的学习、重视员工和合作伙伴、敏捷性、注重未来、促进创新的管理、基于事实的管理、关注社会责任、注重结果和创造价值、系统的视野为核心价值观,通过企业领导者时刻关注市场需求,确定企业的创新方向,制定企业的发展战略,营造创新的文化氛围,通过组织和个人的学习来实现创新能力的提升,通过重视员工和合作伙伴来实现知识的获取和共享,通过敏捷性、注重未来的理念、促进创新的管理和基于事实的管理,来改进绩效、关注社会责任、实现利益相关者价值,以系统的视野来管理企业,保证企业的行动与战略保持一致。卓越绩效模式强调企业领导者从追求持续发展的愿景出发,考虑影响企业发展的长期因素,制定创新战略,引导创新,改进关键过程,通过资源配置和各要素的相互作用来实现顾客满意和绩效改

---

① 陈得泉. 推行卓越绩效模式 探索企业核心竞争力提升路径[J]. 上海质量, 2021(9): 61-64.

进,实现企业的持续经营,追求企业的卓越绩效。[①]卓越绩效模式的卓越管理思想有助于民营企业实现高质量发展的目标,我国民营企业需要注重培养卓越质量的理念,积极导入卓越绩效模式,改进原有的管理方式,以追求卓越作为发展目标,提高企业的活力和生机。

二、政府质量奖争创

政府质量奖是以政府的名义对自愿报名参加评奖的导入卓越绩效模式的企业,通过公平、公正、公开的原则,依据评价准则,评选出在卓越绩效管理中取得显著的、突出的成绩或成就的组织或个人设立的奖项,其关注和合理分配供应链上下游等相关方的利益与价值,提高了企业经营管理水平,加快了区域经济与社会文化的发展和繁荣,巩固和推动了改革事业的顺利进行。[②]中国质量奖是我国在质量领域的最高荣誉,每两年评选一次,设"中国质量奖"和"中国质量奖提名奖"。参评对象既可以是组织,也可以是个人,其中组织涵盖制造业、服务业、工程建设行业生产经营组织,国防工业、武器研发制造维修设计单位,医疗机构,教育机构,一线班组(包括各领域 QC 小组)等多方面。中国质量奖(组织)的评价指标由 4 个一级指标、10 个二级指标和 25 个三级指标构成,主要评估组织在质量、技术、品牌和效益等 4 个方面的能力。除国家层面外,北京、上海、深圳及广东、浙江等省、市亦先后结合各自实际发展情况设立质量奖奖励制度,其中上海是全国范围内最早进行政府质量奖奖励工作的城市,深圳是全

---

① 单泪源,李盈. 基于卓越绩效模式的企业持续创新机制研究[J]. 科技进步与对策, 2010,27(15):92–95.

② 项喧,熊伟. 基于卓越绩效模式的企业管理创新与质量奖研究——以浙江省为例[J]. 科技管理研究,2015,35(8):199–202,209.

国首创"市长质量奖"的城市。[①]为了进一步推广卓越绩效模式,除了国家、省、市、县（市区）4级政府外,我国某些镇级基层政府也开始设置质量奖,譬如浙江省温岭市大溪镇于2022年5月27日颁布了《大溪镇政府质量奖管理办法（试行)》。

为推动我国经济社会发展迈向"质量强国"时代,国家需要大力推动政府质量奖的发展,坚持以创新驱动发展、推进两化融合、着力品牌建设、提升发展质量为关注重点,切实发挥政府质量奖的作用。从政府层面来看,政府通过参与质量奖的设立和评选,可以提升企业对质量工作的认识,进而引导企业关注市场竞争的焦点,重视产品质量、服务质量,推进产业结构调整和经济发展方式转变,提升产业的核心竞争力,推动经济发展的前瞻性、科学性,从而实现跨越发展。可以树立企业学习标杆,提高管理水平。通过设立政府质量奖,实施自上而下的管理和督导,树立以质取胜的标杆和样板,建立质量工作的政府激励机制,引导企业不断重视质量并形成良性的激励环境。同时,为企业提供"比、学、赶、超"的目标,激励和引导企业向国内乃至世界标杆企业看齐,学习和应用更先进的全面质量管理标准与方法,全面推进质量进步,提升企业经营管理整体水平。从企业层面来看,申报奖项过程也能为企业调整质量管理方向,细化目标实施方案并培养质量管理人才,帮助企业寻找差距,实现持续改进。还可以帮助企业更客观、更专业地认识自身所存在的问题,企业可以根据申报奖项过程和专家评审报告,自上而下地进行自我评估,并依据卓越绩效标准,有组织地学习、导入和实践,识别企业自身优势,找到自身经营管理中存在的不足甚至缺陷,并进行优化,从而改进经营管理框架,明确提升经营绩效的努力方向。[②]民营企业在推广实践了卓越绩效模式后,可以

---

① 霍哲珺,贾佳.国内外质量奖简析[J].对外经贸,2021（8):19-21.
② 张涛.浅析新时期的政府质量奖[J].品牌与标准化,2018（5):31-33.

以政府质量奖为契机,进一步优化提升产品质量和服务质量,推动企业系统性变革和升级。

三、质量人才培养机制完善

质量要发展,人才培养需先行。企业需要全面完善创新人才优先保障和激励机制,进一步完善创新人才培养和发展机制,建立创新驱动背景下创新人才不同发展阶段的新型培养体系;对现有晋升标准、奖罚制度、激励政策进行完善,充分激发人才的创新意识与创新能力,鼓励人才进行创新。而在创新人才绩效管理方面,国家可采用多次追加投入和根据绩效及时淘汰的进出结合的动态培养机制,提供充足的资源、良好的工作环境与合理的竞争机制;推进创新人才协同培养机制,积极鼓励不同层次、不同行业的中小型企业创新人才合作与沟通,大力实施创新人才分层开发计划,通过激励政策和丰厚的待遇来吸引高水平的人才、团队、专家等,带领团队通过帮扶、指导等途径,培养出更多的自身企业的创新人才;开放共享创新人才资源,通过合作、指导、学习等途径,促进中小型企业发展;鼓励高成长性的中小型企业向大型企业学习,积极与大型企业合作,学习培养创新人才的方法,并结合企业的现状进行改革,优化自身企业创新人才培养的模式和对策。[①]

我国民营企业需要重视质量人才培养,完善配套的人才支持机制。质量发展主要依赖于人才和团队,全球技术领先的民营企业都非常重视人才培养和团队创建,以及企业配套平台和机制的支持辅助。例如很多大型民营企业设立了自己的实验中心,甚至在全球多个国家设立多个实验室,在全球范围内大量招聘人才和组建团队。这些团队和人才给企业

---

① 林蒙艳,王子彬. 创新驱动背景下中小型企业创新人才培养模式及对策研究[J]. 经营与管理,2022(6):88-93.

注入了源源不断的生机和活力,让企业能够一直保持国际领先地位和稳固的核心竞争力。我国民营企业需要重视质量人才培养与发展,完善人才引进支持政策,为人才提供方便有利的环境氛围,吸引人才加入,健全人才培养发展政策,促进人才的成长和发展。首先,需要解决人才的住房、医疗等各类实际生活问题,其次,为人才提供良好的企业内部工作环境和发展平台,注重人才的学习发展,企业对于人才交流合作方面给予支持和鼓励,以开放政策促进内部的人才走出去,外面的人才走进来,定期组织员工去国外企业或相关机构交流学习,也欢迎国外人才到企业里建立合作关系。我国民营企业要不断完善人才支持机制,逐渐建立合理优化的选人和用人模式、科学适宜的长效激励策略、持续促进人才自身发展的规划方案、良好舒适的工作和生活环境等全方位多层面的人才支持系统,最终达到吸引人才、留住人才、发展人才的目标。

利欧泵业："泵"发力量　利欧世界

图5-2　利欧集团泵业有限公司

【样本意义】 "德以立事，精以求成；速以得胜，行以致远。"利欧集团泵业有限公司专注发展安全高效的泵与系统，为利益相关者创造价值，立志提升中国泵与系统行业形象，成为可持续发展的行业领跑者。

2022年7月22日，国家知识产权局公布第二十三届中国专利奖获奖项目名单。利欧集团泵业有限公司（以下简称：利欧泵业）发明专利"一种自动花园喷射泵及其运转控制方法"（专利号：CN201310172426.0）荣获中国专利优秀奖，实现了温岭企业中国专利奖零的突破。

摊开世界地图，将利欧泵业相关业务逐一标记：全球五大制造基地、145个国家及地区品牌授权代理、1200多家国内销售服务商、15000多个全球销售服务网点及5亿全球用户……正如企业宣传册里所写的那样，"利欧中国，利欧世界"。

"泵是看不到的，却存在于我们生活的方方面面。"谈起泵，利欧泵业董事长颜士富难掩内心的激动。回溯利欧泵业不同时期的发展，每一次更新迭代与转型升级，都让他对这个行业充满热情与敬畏心。如今，作为中国制造业民营企业500强之一利欧集团的核心板块，利欧泵业已成为行业的深耕者与引领者。

把握未来趋势，泵业拥有巨大想象空间

利欧泵业是一家专业从事各类泵与系统研发、生产、销售、服务的高新技术企业，拥有民用泵、商用泵、工业泵、智慧水务四大产品矩阵，服务于空调暖通、给水排水、水利水务、节能环保、园林机械、能源冶金、石化军工等领域，涉及的行业和领域非常之广，并获得CE、GS、UL、FFU、CB、EMC、EMF、户外噪声等国际知名认证。

"智慧水务是一个相对宽泛的概念，对于利欧泵业来说，我们要从单一水泵工厂，变成泵与系统提供商。"颜士富表示。随着物联网、大数据、云计算及移动互联网等新技术不断融入传统行业各环节，新兴技术和智能工业不断融合，城市水务管理要获得长足提升和发展，确保居民用水安全，解决城市取水、供水、用水、排水等问题，就需要全面应用新科技和互联网思维，利欧泵业就在其中充当了泵与系统的提供商，促进各应用场景联动。

随着加快构建以国内大循环为主体、国内国际双循环相互促进的新发展格局，以往注重海外市场的利欧泵业开始加大国内市场的布局。颜

土富表示，无论是乡村振兴"农饮水改造"，还是未来大力发展清洁能源，都需要泵在其中发挥作用。当企业发展顺应国家经济大趋势，就拥有了顺势而为的巨大想象空间。

生产力铸就专业，技术引领行业风向

2022年，"增强制造业核心竞争力"首次被写入全国"两会"政府工作报告。在当前，新一轮科技和产业革命为我国制造业带来"换道超车"的有利契机，在数字化改革浪潮席卷浙江之际，利欧泵业始终充当着制造行业转型升级的"排头兵"。

目前，利欧泵业在全球拥有浙江温岭、湖南湘潭、辽宁大连三大制造基地及印度尼西亚、匈牙利等两大海外制造基地，实现了研发、设计、生产、营销、售后一体化的产业之路。"在智能智造上，我们是'摸着石头过河'，一轮改革下来，给我们带来很大收益，工厂整体效率提高40%以上。"颜土富说。

2015年，利欧泵业"农机农业用泵制造数字工厂建设项目"被列入工信部2015年智能制造专项；2018年4月，项目验收通过。通过物联网技术，对制造过程中每个车间、每台设备、每个检测结果进行实时采集，实现智能化、少人化生产，实现产品从设计、加工、检测到装配的全流程智能化、数字化管理。此外，通过云计算和大数据应用，实现对生产计划、加工工艺的监控与调整，最终实现高品质、低成本、短交期的生产目标。

生产力是制造行业的核心竞争力，关键核心技术则是战略制高点。在颜土富看来，利欧泵业要想在行业内起到引领作用，关键还是要靠技术。

利欧泵业在国内外都设有研发中心，每年研发投入占总营收的4%。目前，已拥有2家CNAS认证检测中心、500多人的研发团队、近700项专利，同时还是国家高新技术企业、国家企业技术中心、博士后科研工作站等，有超过10位博士后,技术力量十分雄厚。

海外本地化服务,让民族品牌走向世界

品牌一直是利欧泵业立足行业的核心优势之一。2008年,公司从以OEM(代工)为主转向成立自主品牌并向全球范围推广,如今已在全球拥有5亿用户。"一方面能够树立和弘扬民族品牌,另一方面能够让'LEO'品牌在水泵市场拥有更多话语权。"颜土富说道。

经过20多年发展,利欧泵业"LEO"商标被认定为"驰名商标",拥有国家科学技术进步奖1项、中国机械工业科学技术奖2项、国家火炬计划项目3项和省部级科技进步奖4项;成为国家智能制造试点示范企业、第三批国家制造业单项冠军培育企业、首批国家绿色工厂、国家高新技术企业、国家节能标准化示范企业;浙江省首批"雄鹰行动"培育企业、第四批大数据应用示范企业、第二批上云标杆企业、专利示范企业、台州市政府质量奖和温岭市首届标准创新贡献奖企业等。

图5-3　利欧泵业生产指挥中心

目前，"LEO"品牌已拥有145个国家及地区授权代理、1200多家国内销售服务商及15000多个全球销售服务网点。利欧泵业虽走出了全球化第一步，但在颜土富看来，在面向未来广阔市场时，注重海外本土化服务才是至关重要的，这也是今后利欧泵业加大力度投入的领域。

利欧泵业一直有着"利欧中国，利欧世界"的格局与雄心。"从整个集团发展来说，我们有志于把泵业做大做强，"颜土富说，"我们追求的目标是，成为全球排名靠前的国际化工业企业，成为可持续发展的行业领跑者。"

·案例2·

万邦德制药：做民族医药品牌

图5-4 万邦德医药控股集团股份有限公司

【样本意义】 精于研发、忠于品质，万邦德医药控股集团股份有限公司致力于实业发展、科技创新，成为中国医药企业的佼佼者，更成为该行业内"执牛耳者"。

2022年7月12日，在"2021年度中国医药工业百强系列榜单"颁奖仪式上，万邦德医药控股集团股份有限公司（以下简称：万邦德制药）成功位列"2021年度中国中药企业TOP100排行榜"第五十七位。

万邦德制药是一家专业从事现代中药、化学原料药及制剂研发、生产和销售的高新技术企业,持续获得"中国医药行业成长50强企业""中华民族医药百强品牌企业""中国医药工业最具成长力企业""中成药企业100强"称号。

"未来5年,万邦德制药将持续通过与国内知名高校、科研院所合作,建成立体式的高端仿制药及创新药研发中心,加快推进制剂国际化战略布局,把企业做精做大做强。"万邦德制药掌门人赵守明对未来充满信心。

转型升级,诞生一家新药企

轴承是赵守明的老本行,"20世纪90年代末,美国对中国实行大规模的'反倾销',轴承行业受到很大冲击。"谈起"转型"的契机,赵守明记忆犹新。"当时,正好温岭制药厂要转让,我觉得医药行业的前景不错,可以试试。"于是,2002年8月,赵守明开始积极调整产业结构,并进行资产重组,收购了老国企温岭制药厂,大胆地迈出了企业转型升级的第一步。

当时,赵守明可谓医药行业"门外汉",不过,他深谙企业经营管理之道,依然把企业打理得井井有条。通过两年的努力,万邦德制药终于在国家限定GMP认证期限内,顺利完成了标准化厂房的搬迁,并一次性通过了固体制剂等车间的国家GMP认证,随后,原料药车间也通过了GMP认证。至此,万邦德制药已基本形成了兼具标准化厂房与一定生产规模的综合性制药企业。

值得一提的是,通过不断并购重组,万邦德制药拥有了186个药品生产批准文号,成为浙江省内拥有药品品种较多的制药企业。

一片小小银杏叶开启了万邦德制药在医药领域的新征程。

2017年4月15日,由万邦德制药主办的"银杏叶滴丸医研企协同创新联盟成立大会暨首届万邦信诺康银杏叶产品研究与发展高峰论坛"正式拉开序幕。会上,中国药科大学药学院院长郝海平教授和万邦德制药董事长赵守明共同为"银杏叶滴丸医研企协同创新联盟"揭牌。该联盟由中国工程院院士王广基教授担任主席,汇集了中国人民解放军第二军医大学张卫东教授、北京市药品检验所郭洪祝教授、浙江大学范骁辉教授等24位业内顶尖专家。至此,万邦德制药的银杏叶产品在国内拥有了至高话语权。

银杏叶滴丸是预防、治疗心脑血管疾病的一线用药,又是现代中药传统口服制剂创新产品,也是万邦德制药的明星产品。赵守明介绍,"滴丸剂型添加辅料少,用药相对安全,生物利用度高,而且该产品还是国内独家品种,已被列入科技部火炬项目、国家中药保护品种、国家医保目录、国家基本药物目录,也是中药临床疗效和安全性评价国家工程实验室、天然药物活性组分与药效国家重点实验室示范研究品种"。

医药产品的安全性、有效性、质量可靠性,关系消费者、病患者的健康和生命安全。为能守好质量大门,万邦德制药启动全流程把控程序。在原料流程把控上,万邦德制药分别在江苏邳州及浙江温岭拥有原料生产基地,确保原料来源质量;在生产流程把控上,万邦德制药通过综合运用装置建模、智能控制、装备优化、故障诊断、数据挖掘技术和工艺技术,建立DCS等自动化系统,解决一系列重大装备、工艺优化与控制难题,实现智能制造和数字化生产;在生产工艺上,万邦德制药掌握了固体分散技术、微丸湿法制粒等技术,为"大品种、大品牌、大市场"提供了技术支撑;在质量监控上,万邦德制药质量系统成员从刚收购时的10来名成员到如今上百名,重视从原料采购到检验、储存、生产、销售的全过程监控,并设立了药品安全委员会、药物警戒工作小组,及时开展药品安全性评价,从而保证药品的质量;在质量检测上,万邦德制药质量检验场所从最初的600平方米发展到现如今近万平方米,人员配置上百人,引入美国Agilent OpenLAB CDS色谱工作站系统、Agilent ECM 管理系统、日本shimadzu LabSolution 色谱工作站系统,通过对数据网络化及操作流程审计追踪,满足实验数据完整性要求，实现前期实验室反复设计，实验室换气次数高达30次/小时。目前，公司年检验批次从2019年3509批提高到如今4398批次，大幅度的提升检验类别和检验能力；在质量体系管理上，依据GMP要求，建立与新药法相适应的药品生产质量管理文件4000多份，确保产品质量管理有"法"可依、有据可循，形成质量管控"法制化"环境。

国际首创，为企业插上腾飞翅膀

作为全知识产权核心产品之一的石杉碱甲，是治疗老年痴呆症的药物。万邦德制药取得石杉碱甲原料药及系列制剂研究领域丰硕成果，启动了二次腾飞的新引擎。

万邦德制药的石杉碱甲产品曾获第三届全国发明博览会金奖。"石杉碱甲已突破了关键的技术壁垒，从纯中药提取转化成化学合成，大大降低了成本，并已申报了合成石杉碱甲的国际和国内发明专利。"赵守明自豪地说，同时，石杉碱甲产品已获得中、美、日、欧盟的共10项发明专利，开发的独家品种石杉碱甲注射液已成功上市，也是全国独家剂型产品。

此外，万邦德制药重点产品盐酸溴已新片，为祛痰类OTC甲类药品，列入国家基本药物目录、国家医保目录，为全国首家通过一致性评价品种，市场占有率达60%以上，其中重点产品的联苯双酯滴丸和氯氮平原料药也荣获"浙江省优质产品"称号，间苯三酚注射液也为全国首家通过一致性评价品种。

目前，万邦德制药已形成"以天然植物药为特色，以心脑血管和神经系统用药为主，呼吸系统及其他领域用药为辅"的产品格局，产品覆盖心脑血管、神经系统、呼吸系统和消化系统疾病等多个治疗领域。

图5-5　万邦德制药生产车间

科技引领，助力企业高质量发展

创新引领发展，创新赢取未来。科研平台是创新动力之源，也是万邦德制药科研体系基础构架和发展要素。一直以来，万邦德制药致力于科研平台创新，系全国首家药企组织建立医研企联盟，与中科院上海药物所唐希灿院士合作建立"院士专家工作站"、与北京大学、浙江大学、中国药科大学、中国中医科学院、北京安贞医院等高校、医院组建医研企协同创新联盟，组织科技攻关、学术交流和产学研合作，促进研发成果转化。

2015年，万邦德制药与中科院上海药物所合作建立"院士专家工作站"，开发的全国独家产品石杉碱甲注射液批量生产销售，启动了阿尔茨海默氏病新药石杉碱甲控释片临床 I 期试验；联合唐希灿、王广基、赵继宗、周良辅等院士团队，就石杉碱甲注射液对减少颅脑全麻手术（MVD）术后谵妄发生、在颅咽管瘤方向、改善脑梗死昏迷患者脑功能保护有效性、安全性临床研究，以及辅助手术治疗儿童先天性脊髓栓系综合征伴尿失禁单中心等临床研究，定位石杉碱甲的临床价值。

2017年起，万邦德制药联合中国药科大学、浙江大学、中国中医科学院、第二军医大学、北京安贞医院、四川大学华西医院、广州中医药大学第一附属医院等医药科研机构专家和教授，由王广基院士牵头成立国内首个医药产品医研企协同联盟——银杏叶滴丸医研企协同创新联盟，专注公司主打产品银杏叶滴丸的深入研究，发表科技论文21篇；取得专利11项；被纳入14个临床指南、专家共识及国家卫健委指导编写的《临床路径释义》等。

另外，万邦德制药还与悉尼大学合作成立"万邦德—悉尼大学研究生奖学金"，用于研究与评估银杏叶滴丸等产品对视网膜退行性疾病影响；与浙江大学共建"浙江大学—万邦德中药现代化联合研究中心""浙江大学药学院—万邦德联合研究中心"，用于系统开展银杏叶滴丸二次开发研究及石杉碱甲注射液二次开发研究；与中国药科大学共建"中国药科大学—万邦德药物联合研发中心"，开展银杏叶滴丸、石杉碱甲注射液等药物二次开发研究。目前，公司已拥有国家授权专利30项，其中发明专利26项，值得一提的是，2023年，万邦德制药的"一种具有聚集诱导发光特性的荧光探针及其制备方法和应用"这一发明专利（专利号：ZL201510108446.0）荣获第二十四届中国专利优秀奖；72个品种进入《国家基本药物目录》（2021年版）、13个品种进入《浙江省基层医疗卫生机构基本药物目录外常用药品清单采购目录（增补药物）》。

"功以才成，业由才广。我们将充分利用院士专家工作站和校企合作平台，建设博士后工作站、企业技术中心，引进各类研发人才，为公司的科研开发和创新发展储备高层次人才，科技助力企业高质量发展。"赵守明说道。

开拓创新，永无止境。万邦德制药蜕变，积极地促进中医药产业高质量发展，加快推进中医药现代化、产业化和国际化进程，因为在它心中拥有一个梦想——做一个真正的中国民族品牌企业。

东音科技：起于东方　蜚声海外

图5-6　浙江东音科技有限公司

【样本意义】　30年来，浙江东音科技有限公司以"国际东音，品质如今"为品牌内涵，以"品质卓越，安全实用"为产品形象，以井用潜水泵为拳头产品，致力于为广大用户提供最合适的水泵产品，带给人们生产和生活更大便利。

"大音希声"出自《老子》，可以诠释有实力却韬光养晦，专注于品质和自我提升，勇敢面对各种挑战，不断提升自己，不鸣则已，一鸣惊人。这正是浙江东音科技有限公司（以下简称：东音科技）的写照和缩影。

1993年诞生在中国浪漫的滨海之城温岭，崛起在"中国水泵之乡"大溪的东音科技，历经30年的风雨，经过一次次的凤凰涅槃，已发展成为全球最大的井用潜水泵制造商和出口商，成为一匹充满激情和活力的泵业"蓝马"。

定方向，填补国内产业短板

在创业初期，对于东音科技未来的发展方向，以及选择什么样的产品和市场是创始人方秀宝经常思考的问题。

"在一次走访市场的过程中发现，井用潜水泵作为地下水资源的开采工具市场需求量越来越大，但当时的井用潜水泵市场多被欧美等发达国家设备制造商所垄断。"公司受访副总经理介绍："井用潜水泵长期浸没在五六十米甚至几百米的水下进行作业，对泵质量的稳定性要求非常高，如果坏了，维修和替换的成本远高于泵本身的价格。当时的中国制造给人的印象就是质量不过关，国产井用潜水泵难以得到市场的认可。"

"让中国制造走出国门、替代进口"，认准了这个方向之后，董事长兼总工程师的方秀宝组建了自己的专业团队，一头扎进实验室，夜以继日地进行产品研发，先后攻克了水下高压密封性、海水耐腐蚀性等多项技术难题，同时亲自带着东音科技生产的水泵参加国内外的各种展会，最终使得东音科技成为第一批出口海外的井用潜水泵制造商，填补了国内产业短板。

抓品质，打造国际自主品牌

秉承"品质如金"的东音科技，特别注重产品质量的提升。笔者在采访中发现，东音科技狠抓品质的途径除了通过技术研发不断地提高产品性能外，还注重产线的升级。通过自动化、标准化的生产流程提高产品的稳定性。

在技术研发方面，东音科技一直保持着较高比例的研发投入，重视研发人才的引进和培养，并配有设备先进的产品研发实验室、测试室。值得一提的是，2023年，东音科技的发明专利"一种潜水电泵"（专利号：

ZL201210470344.X）荣获第二十四届中国专利优秀奖。

在产线升级方面，东音科技自2019年以来加大对自动化设备及信息化系统的投入，最近几年设备及信息化软件投入超3亿元。从配件生产到成品组装，东音科技逐步实现了各条产线的自动化、智能化升级，同时利用实时感知、视觉识别、可视化生产、远程互动等技术手段，建成了具有"柔性化、集成化、智能化"特征的井用潜水泵智能工厂，并因此获得国家发改委增强制造业核心竞争力专项资金补助。

通过多年的技术沉淀和经验积累，东音科技先后攻克了水下高压密封性、海水耐腐蚀性、永磁电机、变频控制等多项技术难题，同时掌握了高精度机器人自动化焊接、金属材料表面强韧化处理等先进工艺，并实现各条产线的在线实时检测，确保产品质量的稳定性，逐步成为全球井用潜水泵市场的名牌产品、行业标杆。

图5-7　东音科技生产车间

贵坚持，实现三级跳远

创建于1993年的东音科技，于2020年6月从温岭大溪迁移至温岭经济开发区，新厂区面积超26公顷，二期约13公顷扩建工程也已经上马，整体规模不亚于一个大学城。

在这里走访，因为厂区大，车间大，观察点多，笔者无法步行参观，第一次坐在观光车上采访和调查，就感受到东音科技的气派和现代化气息。

翻阅东音科技的发展历程，笔者发现其历史上有过3次厂区迁址，最早的厂区占地面积不足1公顷。每一次迁厂都是东音科技的一次华美转身，亦是新的起点、新的开始。30年来东音科技在董事长方秀宝的带领下，坚持不懈，从未停止前进的步伐。2021年，东音科技首次实现了20亿元的销售目标，成为温岭水泵业名副其实的翘楚。

如今，东音科技又站在新的发展起点上，面临新的机遇和挑战。凭着多年的技术积淀和市场积累，依托温岭"中国水泵之乡"的资源优势，东音科技将以"专业、规模、高起点、国际化形象"为根基，充分挖掘并整合系列化优质泵类产品，继续专注于产品研发和品牌运营，倾力打造富有国际视野和开拓精神、充满激情和活力的泵业"蓝马"。

东音科技又将迎来崭新的"春天"。

·案例4·

跃岭股份：做全球轮毂售后的引领者

图5-8　浙江跃岭股份有限公司

【样本意义】 做优产品、做强企业、做大市场，才能打造中国汽车改装、升级轮毂的第一品牌，才能成为国内轮毂售后的引领者。几十年来，无论市场如何变化，道路如何坎坷，浙江跃岭股份有限公司始终坚定不移、筑梦前行。

从1983年以前生产鼓风机、汽车配件，到1998年开始生产卡车轮毂和铝合金车轮；从2014年初在深圳证券交易所成功挂牌上市、铝合金车轮产量持续在全国同行中排名第六、出口金额名列全国前十,到出口国际售后改装市场国内排名第一;从一家小微民营企业,到国家汽车零部件出口基地企业、国内汽车铝合金车轮重点出口企业,浙江跃岭股份有限公司(以下简称:跃岭股份)在迭代跃升、提质增效中完美嬗变。

智能制造铸就优质产品

2022年初春,笔者在跃岭股份采访,副总经理陈圳均对笔者说:"跃岭的产品从低端到高端,从国内到国外,一个主要原因就是敢于从传统制造向智能制造转型,从智能化、数字化中提质增效。"

2014年跃岭股份上市后,企业加大了技术改造的力度,投资3亿多元用于年产230万件铸旋汽车铝合金车车轮项目,随后,一大批新技术、新工艺崭露头角、领先行业。

跃岭股份投巨资建设的信息化卡车轮毂制造车间项目以"绿色、创新、智能、高效"为宗旨,综合运用自动化、IT、物联网、人工智能、大数据、工业互联网、5G技术等,构建PDM系统、ERP系统、MES系统、WMS系统等,实现信息化卡车轮毂智能制造新模式。

"该项目实施后,人员减少50%,良品率达到95%以上,比原来提高7%,项目被评为2020年浙江省'四个百项'重点技术改造示范项目。"陈圳均说。

以领先的技术拓市场

在产品的研发中,跃岭股份近几年来研发投入均占销售额的3%以上,年投入两三千万元。董事长林仙明说,企业只有不断提升创新能力、强化研发,才能在市场竞争中有超前的新产品以打响品牌。

瞄准市场需求，跃岭股份以新取胜、以质拓市。公司自主研发的FFP强力旋太铝合金轮毂，大大增强了金属的延展性，使产品质量更轻、机械性能更优异、韧性更好，该技术是日本旋压技术的创新强化版，制造出来的产品深受高端客户的喜欢，具有强劲的市场竞争力。

来自陕西的技术部负责人田勇说，研发的双边旋压高强度轻量化铝合金轮毂获得了浙江省经济和信息化厅高新技术产品荣誉，2021年，该产品销售4000万元，2022年再增长20%。如今，田勇举家来到跃岭股份上班。他说："一个会创新、重质量的企业是有前途的企业，我没有理由不爱这样的企业。"

面对国际中高端市场，跃岭股份建立省级企业技术中心、省级高新研发中心、省级企业研究院，成为省级新一代信息技术与制造业融合发展试点示范企业、省智能工厂（数字化车间）。企业现拥有21项发明专利，268项实用新型专利和218项外观设计专利。公司已在铝合金车轮轻量化技术、铝车轮表面多色涂装技术、重力铸造双边浇技术、旋压制造技术等方面处于国内领先水平。

先进的技术、超前的工艺，形成了跃岭股份特有的生产经营模式，"小批量、轻量化、差异化、美观化"成了跃岭股份轮毂产品的最大特色。大量自主设计、庞大的模具库，多姿多彩的表面处理技术等，构成了跃岭股份产品的绚丽面孔，形成了跃岭股份独具一格的技术核心竞争力，跃岭股份的产品从国内走向国外，销往包括欧、美、日在内的80多个国家和地区。

像做时装一样做轮毂

坚持"像做时装一样做轮毂，把轮毂产品做成时尚产品"，这是跃岭股份的质量理念。为此，公司形成了特有的生产经营模式和管理模式。

跃岭股份始终将产品质量放在第一位。

为了提升全员质量意识和管控能力,跃岭股份建立了全员培训体系、激励机制、考核机制。每月开展公司级、部门级和班组级3级4次培训。所有新员工进行安全、质量、规章制度等入职培训。每年开展评优活动,把创优争先保质量贯穿生产的全过程。

"产品质量是设计和制造出来的,不是检出来的。为此,我们要求员工在生产过程中,在第一道工序中就做出优质品。"田勇说。

制造二部二分厂整组线的员工刘辉,在工作中把降低报废率放在首位。跃岭股份规定年报废率不得超过0.55%,刘辉以工匠之心,精心作业,把报废率控制在0.22%以内,排名部门第一,被公司评为"二十佳品质标兵"。他说:"产品质量不但是企业的生命,也是我们员工的饭碗,马虎不得。"

跃岭股份建立品保部,设立首席质量官,对生产现场实行最严格的现场管理和考核制度。"2021年,我们出台了《2021年度客诉考核专项奖罚办法》,要求将客户投诉率控制在6‰以内。如果当年客诉金额比2020年有所下降,从中提取80%的金额用于奖励分管领导和相关人员。"跃岭股份管理中心经理江冬夫对笔者说。

跃岭股份首席质量官彭来金说,这一考核办法实施后,员工质量意识强化,自主管理、自主考核蔚然成风,几十道工序、数十道品控检测层层把关,在首检、过程检、品保部"三检"中,员工自己当好品保员,把好质量关,促进客诉率大幅下降。公司在2021年提取20万元用于奖励相关人员,极大地推进了品质升级。

原来涂装安装面有黏粉沾漆现象,影响下一道工序装配。主要原因是流水线治具不干净、工艺把控不严格。实行严格的管控制度后,跃岭股份推行精细化管理,在细节上下功夫、细微上做文章,确保成品在无瑕疵后再进入下一道工序,管理上的"零容忍",实现了产品的"零投诉"。优质的产品成了国际市场上的抢手货,如出口日本的产品,2021年与上年相比增长了20%以上。

为了确保产品的万无一失,在强化全员质量管理的同时,跃岭股份紧跟时代潮流,在制造业数字化转型中,实现人机合一、软硬结合、线上线下融合。如每一款产品上市销售前,均需通过JWLVIA认证实验室＋20%标准的严格测试。企业在轮毂生产前进行严格的原材料检测、分子结构光谱测试等,保证轮毂铸造各个项目100%检测,确保交付高强度、高韧性、轻量化、具有最高安全性的轮毂产品。

图5-9　跃岭股份轮毂产品展示

优质的产品,铸就了品牌。跃岭股份先后获得"浙江省出口名牌产品""浙江省名牌产品""浙江省著名商标"等荣誉称号。

2021年,在复杂多变的国际环境和新冠感染疫情的影响下,跃岭股份沉着应对,苦练内功,深耕市场,脚踏实地做好自己的事,实现主营业务收入9.44亿元,同比增长30%。

连年来,跃岭股份的产品相继亮相上海国际轮胎展、中国进出口商品交易会、中国国际轮胎博览会、美国拉斯维加斯车展等,用过硬的技术、优秀的产品,接受客户的检验,以打造中国汽车改装、升级轮毂第一品牌的雄心壮志,在风云变幻的国际市场中一路跨越、一路跃升。

· 案例5 ·

大元泵业：全心全意做好泵

图5-10　浙江大元泵业股份有限公司

【样本意义】 30多年品质追求、30余载品牌底蕴把一家传统小作坊变成了不断壮大的现代化企业。在坚守实业的道路上，浙江大元泵业股份有限公司精于设计、精于管理、精于制造，全心全意做好泵，精雕细琢铸精品，用工匠精神站上了行业领先的制高点。

30多年来,大元泵业股份有限公司(以下简称:大元泵业)就做一件事,把水泵做到极致。董事长兼总经理韩元富带领员工心无旁骛,一路奔跑。"最近,世界最大的水泵企业美国赛莱默也与我们建立了业务合作关系。"在5月的一次采访中,大元泵业技术质量副总经理毛剑云对笔者说。

在国家屏蔽泵行业标准的起草工作中有大元泵业的身影;在军工、化工、核电、航空航天、冶金等多个领域有大元泵业的产品;在美国、韩国、欧洲等10多个国家和地区的市场上,大元泵业的产品同样享有盛誉。

说到大元泵业,毛剑云的话语中透出几分自豪和欣慰。

产品不仅讲究"能用",还要讲究"用户体验"

"产品的质量要满足用户最基本的'产品能用'的要求,如性能技术指标、安规和环保要求达到相关标准和指令的要求,但我们认为,仅仅讲究能用还不够,还要讲究用户对产品的体验评价,这在质量考核上的要求就会更高。"在说到"用户的体验"时,毛剑云的"质量观"让人耳目一新。

毛剑云说:"产品的使用价值是对产品的基本要求,其实,现在的用户想买你的产品,不仅看质量方面的各项指标,而且考虑怎么用得舒心,看重使用过程的体验效果。我们将用户的这一体验拓展到用户使用时的感觉,产品的认知度、美誉度就会超人一筹。如大元泵业生产的家用水泵,要让客户觉得好看、美观;耳朵听到的声音要柔和,没有异响,触感振动小;在使用过程中安装方便、容易操作。从用户的角度考虑使用时的体验效果,我们在设计制造时就会有一个质量观念的转变,从设计、制造到销售,都会从用户的需求和感受出发。如我们在销售过程中,还会让技术人员或委托经销商对用户进行选型、安装和使用等方面的培训,甚至包括管路计算的培训。"

"商用泵使用情况非常复杂,如何选型更重要。为了让用户用得更好,在用户选型时，我们会全程介入，在产品的匹配等方面都会基于用户的角度做好选型。过去我们只做产品、卖产品，现在我们考虑除了产品本身外，用户还想要什么。"毛剑云说。

一切从用户的需求出发，让用户享受使用过程中的快乐，大元泵业从源头做起，精于设计。

笔者了解到，水泵是流体机械，其原理比普通机械更为复杂。要将流体力学的相关原理应用到产品中，要通过先进的手段对产品进行流动分析。过去，产品通过设计试制实物样品，反复设计、测试和改进，费时费力，直到满意为止。现在采用计算机数值模拟仿真技术，对水泵内部进行流动分析，根据分析结构不断优化流道，以达到设计目标。

在设计室，工程师徐定一边用计算机设计，一边对笔者说，仿真设计和有限元分析能精准掌握应力分布状况，优化结构设计，使水泵在满足强度的状态下有更好的经济性，同时也大大降低了出错的风险，提高了研发效率。

"公司的计算机模拟仿真设计已达到了国内行业先进水平。"毛剑云对笔者说。

运用先进的设计和分析手段，大元泵业的部分泵效率得到明显提升，效率提升了5%—6%，同时，抗气蚀性能也明显提升，振动和噪声减弱。

如今，大元泵业2000多个销售服务网点遍布全国，产品还出口国际市场，出口销售额占总销售额的40%。大元泵业的商标还在意大利、德国、泰国等多个国家注册。"大元"商标被原国家工商总局认定为"中国驰名商标"，产品多次获"浙江名牌产品"等称号。

对产品实行全生命周期管理

精于设计从源头做起，精于管理则强化产品全生命周期的管理。

为此,大元泵业投入巨资引进一整套先进的质量管理模式和设备,从设计的评审到制造过程的操作、检测和产品出货的把关,全过程精准管理零死角、零缺陷、零容忍。

质量管理部经理李海军说,采用DFMEA工具(设计潜在失效模式分析),对设计中潜在的失效进行识别,然后制定出预防的方法和策略。采用PFMEA工具(制造过程潜在失效模式分析),将制程中潜在的失效解决在当下。

公司为此制订了相应的作业指导书,要求员工严格按照操作规程作业。指导书上图文并茂,标有操作指南、具体要求。由于对员工的作业要求更加规范了,产品品质及一致性得到了保障,以前一次下线合格率为94.7%,现在达到了98.5%。

近年来,大元泵业投资近千万元购置高低温环境模拟试验设备、水锤试验设备、抗沙耐磨设备等各种先进的检测设备,同时电子实验室也基本建成。用智能化、数字化手段保质量、创品牌。如2022年,大元泵业投资50多万元引进先进的光谱仪,能快速准确地测定材料的化学成分。投资70多万元,添置RoHS检测设备,检测材料中的有毒、有害物质含量,进一步确保符合国内外对材料环保的要求。

近年来,大元泵业通过CE、GS、TUV、RoHS等各类认证,获"台州市政府质量奖"等称号,全生命周期的质量管理功不可没。

智能时代的新跨越

1990年创业的大元泵业,经过30多个春秋的艰难跋涉,早已今非昔比。

企业从小到大,生产方式从手工迈向现代,产品档次从低端走向高端,管理模式从传统跨入智能化、数字化,一个全新的大元泵业在行业内名声远播。

图5-11　大元泵业生产车间

2017年，大元泵业在上海证券交易所上市，大元泵业站上了新的起点。

从上市仪式上那洪亮的钟声敲响那一刻起，韩元富深感自己的责任更大了，目标更远了。跻身中国上市公司的行列，多年的梦想在这一刻成真，他在谋划着新的蓝图，开始了新的征程。

以实业为己任的韩元富，认准了水泵这一主业。他说："企业上市不是圈钱，而是要用资本运作更好地发展自己，目的也是要进一步精于制造，做精、做优、做久，做到国内领先、国际先进水平。"

顺应发展的时势，适应行业的发展，2017年开始，大元泵业投入上亿元，走上智能化、数字化转型之路，产品向高端化、绿色化、国际化发展。

人事行政经理梁卫东说，投资800万元的全自动一体式井用潜水泵生产线投入生产，原来需要20多个生产员工，现仅需要7个，效率提高2倍多，产品的一次性、稳定性大幅提升，合格率达100%。

投资3000万元的智能化立体仓库更是让人大开眼界。原来需要50多个仓管人员进行管理运作，现在不到5人就能全程完成。中转、出入库的自动化作业，以及出入货的全程数字化管理，让现代管理变成现实。

随着自动化转子压铸设备的投入使用，使原来劳动强度大，质量不能保证,生产环境不太好的生产状况发生了很大的变化。实行自动化操作后,加工的物料自动进入加工区,通过机械手完成,每班工作人员减少一半,工效提高一倍,成本降低50%,质量大幅提升。

　　一步一个脚印,一年一大变样。大元泵业在合肥建成国内规模最大的屏蔽泵研发生产基地;大元泵业的屏蔽水泵用于卫星发射燃料注入;大元泵业投资10亿元的20万平方米的新厂房于2021年动工建设;大元泵业2021年营收突破14亿元;大元泵业在先后获得"国家高新技术企业""省级企业技术中心""浙江省标准创新企业"等称号后,2021年又获国家级专精新特"小巨人"企业殊荣……

　　"走向未来,还是那个水泵,还是那个大元,但用户的体验效果会更好,产品会更具人性化、差异性和科技含量。"毛剑云充满自信地说。

· 案例6·

多方联动推动地方产业做强做大
温岭这家"马路市场"成了全国的交易中心

图5-12　中国·浙江工量刃具交易中心

【样本意义】　温岭市温峤镇名不见经传，却有着在国内外都颇有影响力的工量刃具交易市场——浙江工量刃具交易中心，年交易额占全国工量刃具总交易额的12%，稳居行业龙头地位。这样一个在全国工量刃具领域颇有影响力的市场，前身却是疏于管理、规模松散的"马路市场"。温岭市市场监督管理局、温峤镇政府和当地党员干部群策群力，通过科学引导和管理，使得一盘散沙凝聚成塔，最终成长为一个运作成熟、管理完善的大型交易市场。

一到下午3点，浙江工量刃具交易中心就开始忙碌起来，进进出出的快递员、大大小小的运输车，将打包好的工量刃具送往全球各地。

温岭聚商贸易有限公司是浙江工量刃具交易中心600多家入驻企业中的一家。店铺里整齐地罗列着数千种不同品牌的工量刃具，店员们在频繁响起的"叮咚"声中，按照订单分拣出不同品种的产品。经过归类、包装、封箱等步骤，一箱箱产品被统一运往市场南门，通过快递公司发往全国各地。

很难想象，这个规模庞大、运作规范的工量刃具专业市场，前身只是温岭市温峤镇的一个"马路市场"，经过几十年的发展和蜕变，在当地政府的规划和党建的引领下，浙江工量刃具交易中心逐渐发展成为全国规模最大的工量刃具专业市场，并带动工量刃具产业在台州这片民营经济持续活跃的土地上不断发展壮大。

散沙般的经营户被规范起来了

2020年，浙江工量刃具交易中心市场党支部副书记赵志辉63岁，是当时最早的一批入行者，也是1985年交易市场组建党支部时的第一任党支部书记。对于镇里的工量刃具产业的发展，赵志辉就像看着自己的孩子，慢慢长大。

20世纪70年代，温岭市温峤镇在每逢农历初一、初六的集市日时，沿着马路边，一摊摊搭起临时商铺，各类工量刃具琳琅满目、应有尽有。但是因为缺乏统一管理，这些经营户犹如一盘散沙，监管困难不说，产品质量也是参差不齐。

"当时要把市场管理起来并没那么容易，所以我们镇里首先成立了一个党支部，先将经营户中的党员们都吸纳进来，通过党建的方式团结党员经营户，再带动其他经营户一起走向规范经营。"

一开始，包括赵志辉在内的市场党支部成员总共才5人，一路走来，靠着不断吸纳经营户成员，发展到现在的80人，其间也相继成立了8个党支部。在市场日常运作中，党员的作用日益彰显。

"我们市场在2009年经历了一次搬迁。自那之后，党员网格责任制便成了我们市场独特的管理制度之一。"赵志辉介绍，目前市场被划分为40个网格，每个网格配备1—2名党员，每名党员负责联系5—7户经营户。如果在交易过程中发生了矛盾，就由负责联系的党员就近协调化解。"这个制度实施以来，经营户间的交易纠纷基本上都由网格负责党员解决了。"

在交易中心，走过一家家店铺，最耀眼的便是店铺上方的"党员经营户"标识。在创建浙江省五星级文明规范市场的过程中，交易中心提出了创建五星党建这一市场党建品牌。按照五星党建要求加强市场党建规范化建设，以魅力之星、创业之星、服务之星、网商之星、活力之星充分调动和发挥市场党员的先锋模范作用，积极构建区域化党建新模式，通过让党员经营户"亮身份、亮责任、亮承诺、亮形象"，从而树立良好的信誉度。2021年，市场共评选出五星级党员经营户5户、四星级4户、三星级25户。

此外，市场还与周边9个村的村党组织结成党建结亲团，定期开展座谈和学习交流，开展党建互动。借助交易中心的发展，周边6个村通过入股的形式，融入市场发展中，使村级经济与市场同发展、共命运。

星星之火，可以燎原。在党建引领下，党员的先锋模范作用得到充分发挥，市场运营日渐规范。

政府搭台助力交易中心上市

2017年11月，浙江工量刃具交易中心启动香港H股挂牌上市计划；2020年12月16日，正式公开招股。12月30日，浙江工量刃具交易中心在

图5-13　浙江工量刃具交易中心中的商铺

香港证券交易所主板挂牌上市，成为台州市首家租赁市场上市公司，同时也是全国工量刃具交易中心"第一股"。

温岭市温峤镇党委书记罗荣华说，"政府搭台，才能确保发展；政府有规划，才能走得更远。市场能够繁荣发展并顺利上市，很大程度上得益于政府的主导。"

1983年，温西工量刃具市场初具规模，简陋的环境满足不了经营户和采购商的需求，经营户们就集资建了一幢办公大楼，时间上也由原来的"一六集市"转变为每天经营。1984年，温峤镇政府召开会议决定，在各村抽调1名干部，于1985年组建了工量刃具市场的第一个党支部。为了提升市场知名度，1997年1月，温峤镇政府又召集供应商、采购商汇聚一堂，召开了工量刃具交易会，并于当年5月成立了非公企业工具市场党支部,助推市场发展。

2015年,浙江工量刃具交易中心曾经历过一段经济低迷的时期。市场主办者审时度势,提出了补助政策等措施,连续两年补贴给市场里的经营户共计1000多万元,才让市场走出困境。

2017年11月,浙江工量刃具交易中心启动香港H股挂牌上市计划。相比在内地上市,浙江工量刃具交易中心股份有限公司需要花更大的精力,以应对严格的上市要求。在筹备期间,市、镇两级政府积极协调沟通,出面与相关部门交涉,并定期召开会议商议、解决遇到的难题,为市场上市开辟出一条"绿色通道"。

"3年的上市路,如果没有政府出面协调,我们将面临重重困难,"浙江工量刃具交易中心副总经理周桂林说,"当时,上市过程中办理合规证,需要到22家单位盖章证明,如果按正常程序,几个月都跑不下来。但在政府开辟了'绿色通道'后,我们顺利地在短时间内完成提交,算是效率惊人。"

"市场上市后,融资变得简单,财务得到规范,企业会走得更加稳健。后续通过股权激励、股份分红等制度,也能吸引更多的人才留在工量刃具市场。"周桂林说。

企业加快促进转型升级

多年的发展,让浙江工量刃具交易中心在全国范围内有了很大的名气,"全国工具温岭买、温岭工具卖全国"也逐渐流传开来。2021年,交易中心销售收入58亿元,约占全国工量刃具销售总额的12%,处于行业龙头地位。

在2009年交易中心整体搬迁时,工量刃具产业迎来了发展新机遇。为了加快促进产业转型升级,保持发展活力,2016年8月,位于交易中心3

层的"电子商务园区"正式营业。电子商务园区以工量刃具网上交易为核心，由广大电商产业链上、下游企业及第三方服务商进驻，以市场为依托，以线上为主导，工贸并举、以贸促工，做大做强市场。

"我们依托工量刃具交易中心，以低廉的价格、正品保证的销售承诺，为客户提供采购渠道，"刀具联盟负责人潘文正说，"目前，我们拥有上万名客户，几乎遍布全国各地。可以说，交易中心是我们最大的资源基地，也是我们成为全国行业内最大销售平台的底气所在。"据了解，刀具联盟一天的销售额就能达到五六十万元，最高一天可以达到150万元，日平均接单300—400单。

"作为台州市第一家专业市场上市公司，我们有必要在国际市场打响品牌。"温岭浙江工量刃具交易中心股份有限公司总经理潘海鸿说，根据计划，交易中心上市后募集所得款项的70%，将用于建设工量刃具科创园。

"产贸融合、平台服务、生态创新"，是科创园的规划理念。潘海鸿说，科创园将成为集研发、设计、生产、服务于一体的国际级工量刃具产业集聚区，解决当下工量刃具企业存在的规模偏小、布局分散、产业层次低、用地难等问题。

科创园现在已经竣工，通过销售加出租的形式，吸引上海斯威克螺纹工具有限公司、渤晗机械科技（上海）有限公司、力锋精密工具（浙江）有限公司等18家知名企业入驻，预计企业年产值可达4亿元。

·案例7·

进发轴承:"进无止境"强质量

图5-14 进发轴承有限公司

【样本意义】 把"壮大民族产业,替代进口轴承"作为企业的使命,以"成为中国轴承领域第一品牌"为愿景,路虽长,却不停息;难虽大,却不放弃。进发轴承有限公司用行动证明:进无止境,发展无限。

"用'CGJF中国进发'作为企业的品牌,就是前进、发展的意思,简单明了,也可以理解为:进无止境,发展无限。"说到企业的"CGJF中国进发",进发轴承有限公司(以下简称:进发轴承)总经理李仙红爽朗地说。"办企业做轴承,就要成为'机电轴承等各个领域的首选品牌'!我们本着精益求精的工匠精神,诚实守信的经营准则,满足客户需求。"这位土生土长的温岭女强人感叹道。

在转型中强基固本

李仙红和她的丈夫李建平原来经营着一家经销轴承夫妻店,并把生意做到了全国。1999年,从经营中发现商机的夫妻俩,决定自己办企业生产轴承。从卖轴承到办企业,仍旧是夫妻搭档,李建平当董事长,李仙红任总经理,一个管外,一个主内。

夫唱妻随,开始了第二次创业。

"当时,我们白手起家,租厂房、招工人,从20余人发展到如今260余人。因之前我们经营国营单位的轴承,质量不是很理想,不少企业出现了亏损,有倒闭的,也有改行的。我们深知没有质量就无法竞争,没有品牌就难以立足。"李仙红以切肤之感,顶着压力把企业办好,把质量做好,让客户满意,用品牌吸引客户。

2014年,企业实施转型升级,投资4000万元购入约2.6公顷土地,旨在打造国内一流、单体规模最大的轴承生产基地。并先后投资2亿元,引进和更新了包括国内最先进的盐浴淬火炉、集中过滤净化环保设备、数控磨床、自动上料机、智能提升机、通道式超声波清洗机等在内的先进设备600多台套、自动生产线20条、各类先进检测仪器45台套,有效地改善了劳动条件,提升了产品品质和产能,确保了公司设备在行业中的领先水平。

在进发轴承的生产车间,笔者看到,全自动轴承加脂压盖机等自动化设备整齐排列。李仙红说:"原来2条生产线要9位员工,现仅需3位员工,生产效率、产品质量大大提高。"通过提高生产设备的自动化程度,改进工艺技术水平,推行精益生产,提高了产品质量,提升了产品的品牌知名度和美誉度,进发轴承成为台州规模最大的轴承制造企业、台州市专精特新"小巨人"企业。

以先进设备为基础,公司紧密关注市场前沿需求,找准差异点,前瞻性地进行高技术含量、高附加值的产品研发,重点在结构、材料组合、加工工艺等方面寻求突破。通过引进各类高素质人才,强化技术和产品开发,并与洛阳轴承研究所、杭州轴承试验研究中心等科研单位建立合作关系,加快新产品的研发。

在新产品研发中,为获取比较性和竞争数据,进发轴承邀请经销商、国际知名品牌产品的顾客进行评价,通过与竞争对手横向对比获取信息,以此对标先进,使产品更加完美、优质。

目前,公司成为浙江省高新技术企业研究开发中心,拥有36项有效的国家授权的发明专利,其中"6309-2RZ低噪音深沟球轴承"被认定为浙江省高新技术产品,并连续两届被中国机械工业联合会列入"名、优、新机电产品目录",获得"品字标浙江制造"认证。公司于2004年颁布《企业质量诚信制度》,落实质量诚信教育培训制度,强化企业质量诚信意识,提高整体质量诚信素质。2015—2017年公司连续3年为国家标准起草单位。2018年通过了ISO14001环境管理体系和ISO18001职业健康安全管理体系认证,并于2019年通过了"品字标浙江制造"认证及知识产权管理体系认证。

在管理中提升质量

"公司视质量为企业的生命,建立了一整套质量管理体系进行精细化管理,实行质量安全问题'一票否决制'。"李仙红对笔者说。

公司遵循"关注顾客需要,控制产品标准,制造优良产品,提供满意服务"的质量方针,质量、环境和职业健康安全三合一体系贯穿企业的管理过程。

　　笔者在进发轴承了解到,质量管理领导小组、质检部对原材料、半成品、成品层层把关,严格落实首件检验、生产作业准备验证及关键特性指标监控制度,把控、规范工艺流程,增强员工的质量意识,强化监督,不断优化产品工艺结构,确保产品出厂合格率达100%。

　　公司质检部部长阮海斌说:"公司推行基于'质量风险'的质量管理方式,合理使用'五大质量工具',全面提升产品质量,目前成品一次合格率达98.67%,远高于行业平均水平。"

　　公司导入创新管理模式,培养了近10名卓越绩效自评师,定期开展自评和改进工作。同时,不定期邀请专家开展《卓越绩效评价准则》的培训,对公司绩效和产品质量改进进行指导,对在推进卓越绩效过程中涌现出来的各类先进进行表彰,以此推进质量建设。

　　实实在在地从微小细节到工艺流程的监管,从现场管理到客户的满意度,无不遵循精细化管理。进发轴承导入ERP系统化管理后,历经多年实践,无论"供销存"关系还是系统化数据管理,都取得了质的跨越。对于现场管理,公司从订单确定的那一刻起,就实施精准的生产计划、有效的"PDCA"监管、人机料法环的整合、成本浪费的环节管控、资源有效的合理利用等,高标准、严要求地做好每一套轴承。

图5-15　进发轴承生产车间

在服务中创造价值

原来只能销售几千、几万元的轴承,后来卖到了几百万、几千万元,现在年销达到了2亿元。你无法想象这是一家没有营销人员的企业。

"现在就我老公一个人联系推销业务,后面跟上三四个人发货。"李仙红说。

在长期的生产经营中,李建平与客户建立了广泛的业务关系。当原先的经销商成为进发轴承的客户后,人脉变成了渠道。对李建平的认可,对进发轴承产品的认同,让这些客户不但成了公司的铁杆朋友,还带来了新的客户。

铁棒不是一日磨成针的。

诚信在日积月累中形成,品牌在日复一日中炼成。"要让客户满意,要学会做人、待人,才能让人服你。"李仙红说了这样一件事,"有位客户在使用别的厂家的轴承时,由于装配不当无法正常运转,这事虽然不是我们公司的分内事,但客户电话相求后,建平热情帮助解决,直到客户满意为止。客户总是夸他不但人好,公司的产品也好。"

只要客户有事相求,不管大客户还是小客户,夫妻俩总想办法去办。"小客户也会大起来。"李仙红说。公司本着合作共赢的理念,通过微信、相互访谈、年度会议等形式,提供"门对门"直接服务,保证"3小时响应,24小时到现场",形成了一条互信互惠、共建共赢的客户链、价值链。

把认真做好客户服务、满足客户要求视作无上光荣,公司的客户群、朋友圈越来越大。

"每年慕名打电话订货的都有几十家。有一年,客户上门排队来订货。山东一个市场有四五家客户专门销售我们的产品,每年的销量有上千万元。"李仙红说。

品牌响了,自然有人来冒牌,也有人上门商量贴牌。"用我们的产品,贴上你们的牌子去销售,不仅省力,而且利润高,这个钱白赚,为何不赚?"有的客户上门游说,但夫妻俩异口同声拒绝:"我们不用。"

铁下心靠货真价实办企业,收获了客户的信任。近3年,公司的客诉受理率、结案率和投诉处理满意率均为100%。公司被评为"浙江省诚信企业""中国诚信企业质量达标单位"。

"像小孩一样把企业带大,和客户一起成长,企业才能长盛不衰。"李仙红对此深有体会。如今,公司商标被认定为"浙江省著名商标",公司产品被评为"浙江省名牌产品",广泛应用于电机、机床、汽车等行业,客户在全国扩大到1000多家,企业迈进"全国行业品牌20强"行列,被评为"温岭市重点百强企业"。2022年3月,又获得"2021年温岭市政府质量奖"称号。

"我们凭借先进的生产设备、专业的技术研发团队和严格的质量管理,2022年首季订单源源不断,营收预计能比2021年增长10%—20%。"李仙红说。

使命在胸,以质为本,以诚为轴,在品牌创建的新征程上,进发轴承必将迎来又一次"进发"!

·案例8·

博星涂料：将涂料做到"化妆品"一般精细讲究

图5-16 浙江博星化工涂料有限公司

【样本意义】 涂料生产，要说门槛高，其实也高不到哪儿去，无非是几样原材料掺到一起。可要说门槛低，那也绝不是件容易的事情，原材料质量、原料比例、添加顺序、搅拌时间、四季气温的细微差别，都可能影响涂料的整体质量，不可谓不是精细活儿。

浙江博星化工涂料有限公司（以下简称：博星涂料）为了提升自身产品的质量，拿出壮士断腕的勇气，不仅在原材料上精益求精，在各个生产细节中也融入大量的心血和时间，最终以无懈可击的质量，获得各方的认可和认证。

博星涂料成立于1992年，是一家集涂料研发、生产、销售及施工于一体的国家高新技术企业。别小看这家规模不是很大的企业，它所生产的涂料在业内有口皆碑，影响力不小。

该企业生产的涂料，先后通过了ISO9001质量管理体系、ISO14001环境管理体系、ISO45001职业健康安全管理体系、中国环境标志产品、中国绿色产品、中国绿色建材产品等认证。获得国家质量免检产品（2003年、2006年）、国家高新技术企业、省级高新技术企业研究开发中心、浙江省AAA级守合同重信用企业、浙江省涂料行业三十强、浙江省建筑涂料十佳品牌等几十项荣誉。

然而纵使有这么多的荣誉和奖项，博星涂料的总经理王君瑞依然低调地表示："我们企业还有很多需要继续努力的地方，前面还有很长的路要走。"

化学研究生扎进涂料行业，刚生产的涂料染墙更染服装

王君瑞穿着低调，笑容淳朴憨厚，是个正儿八经的高才生，是化学领域的研究生。

化学涉及面很广，可以说身边的衣食住行都跟化学有关系。而浙大化工系研究生王君瑞最感兴趣的领域则是化工涂料。30年前，离开国有企业回温岭后，王君瑞和家人一起创办了博星涂料。

创业之初，公司生产低档的聚乙烯醇类水溶性内墙涂料。由于该产品技术含量低，在刷白了墙面的同时"染白"了衣服。

1996年,公司开始生产平涂乳胶漆。由于缺乏经验,出过不少"洋相":有一个项目的涂料因色浆选择错误,上墙不到两年就严重粉化,另一个项目的涂料因色浆抗碱性不合格,边刷边褪色……

回想起这些经历,王君瑞羞愧难当,技术不如人,对不起客户。在退赔得到客户谅解后,他认识到涂料的研发、生产技术看似简单,其实配方的合理性(优化)、原料的筛选把控都是至关重要的。

苦心钻研提升涂料品质,为提升质量不惜"淘汰"老供应商

"对不起,你们企业生产的产品已经不符合我们的生产需要了,我们不得不终止合作"。组建实验室以来,王君瑞发现部分原材料已经无法达到公司产品的基础要求了,为此不得不淘汰了部分供应商,这些供应商中包含不少"老朋友"。

王君瑞透露,好原料是制作出好涂料的基础。涂料的主要成分——乳液和颜料是质量的关键,其成本占到配方成本的60%以上。市场上不同厂家生产的乳液的质量指标相差甚远。最关键的白颜料——钛白粉有国产和进口之分,也有金红石型和锐钛型之分,价格相差一倍以上。当时伪劣、不正宗的钛白粉充斥市场(现在好很多),如用其他粉料冒充钛白粉,国产翻包冒充进口,锐钛型的冒充金红石型的等。这些钛白粉的耐老化性、耐粉化性大不一样。最终,公司只能选当时最高耐候性的杜邦R-902钛白粉,并且直接从一级代理商处采购。其他助剂也严格按类似标准优化选择。

属于薄浆涂料的平涂乳胶漆也有其自身缺点:抗裂性不好。由此,博星涂料转向研发弹性涂料、质感涂料、真石漆等厚浆抗裂产品。这些产品技术指标更多、要求更高。然而,指标要求可以达到高品质,也可以制造"噱头",市场上出现了如"纳米涂料",以及用柔性冒充弹性等的现象。

而博星涂料没有跟风,坚持按原质原味优质厚浆涂料的标准生产产品。

通过研究,博星涂料发现影响产品漆膜质量的不仅仅是原材料的质量,生产过程也至关重要。为此,企业引入了管理体系认证。

思路对了,行动也就对了

产品定位"合格"还是"优质"是企业发展的关键,博星涂料认为如果只做勉强合格的产品,一旦客户的使用环境达不到标准施工的要求,就可能造成漆膜质量不合格,这是对客户的不负责。所以,博星涂料要求所有产品的关键技术指标都要远高于合格品的指标要求,把一等品作为公司的合格品生产,如弹性拉毛断裂延伸率达到300%—400%(行业标准要求≥150%),乳胶漆耐洗刷性≥10000次(国家标准要求2000次无异常)。

市场上出现了很多以次充好的现象:弹性拉毛假弹性,真石漆乳液减少、纤维素增加……这些都能降低生产成本,但博星涂料不采用,始终坚持"定位高端",绝不跟风。

王君瑞认为"思路对了,行动也就对了""所有步骤都高要求,生产的产品自然有高品质"。为了践行公司定位,博星涂料做了许多保障产品品质的工作,加检了许多同行不检测的指标,如砂子电导率、乳液耐黄变等,从原料,到半成品,再到成品,全过程严格把关,确保产品"优质高端"。

借东风,博星稳定发展

2005—2016年,借着房地产行业蓬勃发展的"东风",博星涂料也迎来了稳健发展,先后完成温岭新城开发区新厂、上马工业园厂区的厂房建设。

企业的研发创新工作快速推进,一直走在行业前沿,研发了弹性涂料,质感涂料、真石漆、岩片真石漆、多彩涂料（即四代仿石漆），环氧地坪漆，工业漆，保温装饰一体板，反射隔热涂料等各种产品，而且产品品质仍秉持"高端优质"。

目前，博星涂料是中国涂料工业协会、浙江省涂料工业协会、浙江省粘接技术协会建筑涂料分会的理事单位，在行业内有一定的知名度，是浙江省涂料标委会委员单位。

博星涂料积极参与涂料行业标准化工作，为涂料行业的发展贡献自己的一分力量，起草、参与研制涂料相关标准近30项，同时企业也取得了多项发明专利。

近年来，国家进一步强调涂料的绿色环保，推动"高固含""低VOC""油性漆水性化"的行业转变，博星涂料积极响应，2012年开始停止了油性漆的生产和经营，第一批申请并通过了中国绿色产品认证（2018年）和中国绿色建材产品认证（2022年）。

通过去美国、日本及欧洲各国考察，参观当地企业智能化的生产设备，学习先进的管理方法，博星涂料更加认识到自身的不足。

图5-17 博星涂料生产车间

低价潮来袭，对低价低质说"不"

2016年，房地产重新定位，相关行业开始洗牌。许多房地产企业出现资金紧缩、付款不良等现象，建筑涂料市场萎缩，建涂企业面对许多困境和挑战。国内个别一线品牌为抢占市场，率先发起了价格战，比如真石漆价格突降30%左右，以接近成本甚至要贴钱的价格来抢占市场，其他主要建筑涂料品牌也跟风而动。原有建筑涂料市场主要分为3块：公建、房地产、民营企业。大型房企优先选择降价的一线品牌，公建项目有品牌库，也倾向于知名度高的一线品牌，博星涂料面对市场逐渐萎缩，只能在小房企、民营企业中生存。

面对如此恶劣的竞争环境，博星涂料召开多次会议，商议是生产合格品还是坚守中高端品质的产品。经过认真讨论，最终确定继续坚守产品品质。但为了应对价格竞争，公司通过加强管理降本增效，在保证品质的前提下适当调低价格让利给客户，从而应对低价潮，同时在新产品、新基建等的机遇中挖掘商机。

经历疫情考验，越发从容自信

2019年以来，博星涂料越发从容自信，证明之前做的决定是正确的。

企业通过学习精益化管理（TPS）、PDCA循环管理法等先进有效的管理方法，提高了管理效率，减少了同类问题的重复出现，降低了出错率和纠错成本，让降本增效成为现实。

为新基建市场研发的防火防霉的无机涂料在北京、上海、广州、深圳、杭州等20多个城市50多条地铁、轨道交通项目中得到应用，与中铁、中建等企业签订相关合同200余份，尽管单份合同金额不大，但也提升了博星涂料的知名度，让博星涂料在公建项目中有了一席之地，企业因此被评为

2022年度浙江省"专精特新"中小企业。

水性工业漆产品取得了长足的进步，不管是在产品性能还是在客户数量上都有所突破。

工程管理系统化、标准化，专业的施工团队和管理人员让博星涂料有了好口碑。

企业内部管理走向标准化、自动化，更加清晰的岗位职责，更加完善的流程和制度，在纠错的基础上也在逐步提高员工的素质。

一路走来，博星涂料有很多欣慰的事情。首先，很多老客户说企业的涂料质量相当不错，中远海运总裁金备军介绍说，路桥刚泰艺鼎项目外墙涂料虽然是博星涂料15年前做的，但现在看变化不大（这些老客户的认可令人欣慰）；其次，企业有一定的效益，每年都在稳步成长，纳税也比较稳健，对社会负责；最后，企业内部有一些成效，股东满意，员工凝聚力比较强。

作为负责人，王君瑞也很自责：一是由于自己经营能力不足，让企业错失了许多商机，与优秀同行相比，博星涂料近10年发展迟缓，目前仍是小微企业，对社会的贡献极其有限；二是企业厂房设计欠合理，生产设备的升级、流水线改造与同行比落后，智能化较低；三是企业后续人才仍需培养；四是完善企业管理仍任重道远。

·案例 9·

美日机床:"美"名远播　"日"胜千里

图5-18　台州美日机床有限公司

【样本意义】 一个企业就像一个孩子,是一步步茁壮成长起来的。台州美日机床有限公司从研发、制造、管理到销售,严格执行质量管理、环境管理、职业健康安全管理三体系,瞄准国际市场,不断提高效率,不断转型升级,实现华丽转身。

一个夏日的上午,笔者走进坐落在温岭经济开发区的台州美日机床有限公司（以下简称：美日机床）。

与董事长虞荣江一照面，笔者便涌出似曾相识的感觉——原来，数年前，一次大型公益活动中他们偶遇过，当时，有人还揶揄虞荣江不干正事。

"我不能再'不务正业'了。"在这似茶室的董事长办公室，虞荣江依然保持幽默，他风趣地讲述了美日机床的成长故事。

笔者从中感受到美日机床凤凰涅槃、华丽转身的秘诀。

打造精品，瞄准国际

一家从事小型专用刀具磨床的企业要想打造成该领域的知名企业，务必要在"精密"上做文章，即提供高科技含量的优质产品。

"我们只有不断创新，才能演绎高速发展的新节奏。"虞荣江明白。

近些年，由于经济环境及市场竞争激烈，部分中小型企业为了生存被迫加入价格战的恶性竞争，反而导致生存艰难。

于是，虞荣江思考着如何调整企业的发展战略，决心要另辟蹊径，在稳定国内市场的前提下，瞄准国际市场，通过国际贸易，扩大出口，并不断开发新产品，大力拓展海外市场，从而创造一个生机蓬勃的新美日机床。

说起如何敲开世界机械这扇大门，不得不说一段虞荣江的创业插曲。

技术工人出身的虞荣江，创业之初睡过候车室，受过骗、上过当，他更忘不了创业之初的第一笔生意，那是一个缺乏经验的惨痛教训。

2006年的上半年，虞荣江带着自家产品来到了上海国际模具展。那个时候，他没钱去租展位，只能在展厅门口发传单，除了要忍受路人异样的眼光外，还得时刻提防保安的驱赶。

"有一天，一位自称从温州赶过来的客户说想买我的研磨机，当时我开价2200元一台，可是这个人嫌贵，跟我说了一大堆理由。"虞荣江回忆，当时都被那人绕晕了，破天荒地以1800元一台卖给了他。这么低的价格卖掉一台机床,成了机床业广为人知的笑话,这个"笑话"就是虞荣江创业之初的第一笔生意。

沧海桑田,随着在机床界摸爬滚打,美日机床也逐渐稳定了江湖地位,形成了自己的品牌和特色,虞荣江依托国际知名展会,不断把美日机床推向全球,"像国际上知名的德国汉诺威工业展、美国芝加哥工业展、韩国机械展及日本、马来西亚的展会我们都不会缺席。"

通过各种展会,美日机床产品的实用性和高性价比赢得了众多国外用户的青睐,公司也在国外发展了一些代理商和贸易公司来销售美日机床的产品。现在美日机床的产品已经销往美洲、欧洲、中东及东南亚等,并在国外已有多家代理商和服务点。

引凤筑巢,自主创新

短短几年,凭着执着的坚持和对机床设备的精益求精,美日机床在品质方面实现了大提升,可是在转型升级的过程中,也会遇到一些市场里的"潜规则"。

在不久前的一次重要展会上,美日机床竟然受到了某地区4家机床企业的多方为难,他们质疑其展品的创新能力。

"展会开场不久,我就见一位律师带着知识产权相关部门的工作人员来到了我们的展位,他们声称是受当地4家机床公司的委托,说美日机床的产品存在侵权行为,仿造了他们的产品。主办方协调当地知识产权部门进行调查后,确定美日机床没有侵权。"在这次展会上,美日机床自主研发的新型便携式专用刀具磨床吸引了许多客商的关注,当场获得了40多万元的订单。

这件事让虞荣江陷入了沉思:"我们的产品,在研发力度、创新性上都不比其他企业差,但在质量上仍与它们存在着一定的差距。此外,我们的一些企业知识产权保护意识较为薄弱，这让我们的产品在境外市场上吃了很大的亏。"

在技术创新加快的当今时代，要想在竞争中求生存、求发展，就必须创造高品质的产品，不断提升企业竞争力。虞荣江告诉笔者，美日机床虽然成立时间不长，但是产品都是自主研发的，而且从研发、制造、管理到销售都严格贯彻ISO9001：2001质量管理体系，并已获得近百项国家专利，为制造品质产品提供保障。

"肯定好，是我做的。"

"可以不干，干就要干好。"

"有我在，没有解决不了的问题。"

…………

走在美日机床车间，笔者注意到，这里有关质量宣传的标语特别有意思，让人倍感温馨，每条标语都非常通俗和人性化，注重员工的责任意识和自主创新意识。

走访中，笔者还了解到美日机床对创新人才的渴求和呵护。不久前，公司在杭州开了一家分公司，不生产机床，但引凤筑巢，专门与大专院校对接，捕捉最新的市场信息和产品前沿更新。最近，美日机床又瞄准了北京的一批老专家，设立了一个办公室，将这批老人当宝贝一样召集起来。

眼下，美日机床生产的钻头研磨机、铣刀研磨机、丝攻研磨机、倒角机等系列产品在市场上一经推出就受到了新老客户的大力支持和推崇，并取得了不错的经济效益，产值年年翻番，2021年产值接近亿元。

带货直播，电子商务

进入互联网时代，电子商务风生水起。

作为传统工业的机床产品，之前人们很难想象通过网络进行销售，有

图5-19 美日机床生产车间

些企业也没有自己的营销网站,以前的机床销售大多是以展会为主要销售模式,自从有了电子商务这个平台,销售模式发生了翻天覆地的变化。

美日机床也赶上了这场变革。

据了解,美日机床从2019年开始组建网络技术开发团队,邀请专业的信息维护人员,提供24小时线上线下销售服务,逐步建立起网络营销团队。

2021年,一个颇有特色的"带货直播室"成立,笔者也慕名进行探访。据悉,最近一段时期,台州、温岭两级的政府主要领导也陆续前来参观和指导,给予了高度的肯定和赞扬。

很有意思的是,董事长虞荣江自己也时不时进行演播。

他介绍说,作为传统工业产品,要想实现传统销售理念向互联网思维的转变,除了自身要学习以外,还要善于利用高层次人才,挖掘产业潜能。"我们传统的销售模式只是一个点,但互联网不一样,它可能就是一个面,不光是国内的,还有全球的,都能搜到我们的信息,这一点对我们来说是非常有利的。这样,我们可以节省很多的时间和精力。现在互联网销售份额占到我们销售总额的20%，我相信以后的比例会越来越大。"

探访临近结束，当谈及美日机床的未来发展时，虞荣江说："当下美日机床的产品及技术正在全面升级，一些新的专利正在审核中，未来几年，美日机床还将继续新产品的研发，狠抓质量，并将进一步扩大销售队伍，更好地拓展全球销售业务，伴随全球客户一起成长。"

厚积薄发，奋进路上，美日机床将"美"名远播，"日"胜千里！

·案例10·

中研技术：品质的三把"抓手"

图5-20　中研技术有限公司

【样本意义】　中研技术有限公司以技术研发为先导，以先进制造为基础，专注动力传动领域，不断探索，以前瞻意识持续推动产品优化与创新，缔造机电行业受尊重的和谐企业，打造行业领先口碑。

让每一转动，都助力时代前进。

让每一转动，都开启无限可能。

···········

创建于1997年的中研技术有限公司（以下简称：中研技术），正如它的名字一样，近30年来，秉承"顾客至上，品质第一，不断创新，持续改进"的宗旨,以质量为抓手,开发出安全、节能、环保的产品回馈社会和消费者。

2020年9月,在名次有限、竞争激烈的比赛中,中研技术夺得了温岭市政府质量奖,在同行中赢得声声喝彩。笔者走进中研技术,探秘其狠抓质量的"三把手"。

精良的工序攥在自己手心

中研技术的前身叫台州清华机电制造有限公司。公司坐落在温岭东部新区,创建于1997年,是一家专业设计、制造、销售三相异步电动机、三相异步制动电动机、蜗杆减速机、无级变速器、齿轮减速机及自动化立体仓储设备的民营企业。概括起来,其生产的就是两大产品系列:传动产品和自动产品。

"之所以改名中研,就是告诉自己和客户,我们就是要认认真真做优质产品。"带笔者参观传动产品车间时,公司行政总监林敏波开门见山地说。

和别的一些机电厂家一样,一开始某些配套部件离不开采购,但中研技术明白,别人提供的零部件无法在动力传动过程中发挥举足轻重的作用,关键的工序还得靠自己。"工序就是产品制造的'牛鼻子',工序精良与否直接决定产品的好差"。林敏波说。

为此,近30年中,中研技术时刻秉承"以前瞻意识持续推动优化与创新,缔造机电行业受尊重的和谐企业"的公司愿景和"不懈探索,勇于超越"的创新理念,克服并化解了各种困难和风险,取得了相应的业绩。

在公司提供的宣传片中得知,中研技术拥有行业领先的省级高新技术企业研发中心,拥有专业的研发团队,建立了完善的研发体系,在产品研发过程中,利用计算机对产品进行动力学和运动学、材料力学的辅助设计和仿真计算,使产品设计得到最大优化。

"加工精度精确到0.001毫米,保证减速机运行更平稳。"一名技术骨干这样描述道。

眼下,中研技术与各大学院建立了研究合作关系,为产品研发、生产、销售等奠定了一定的基础。中研技术目前已有发明专利2项,外观设计专利6项,实用新型专利15项,并且都已授权和产业化。主要产品获得了CCC产品认证,并于2001年取得了国家外经贸部颁发的进出口资格证书,2003年顺利通过了ISO9001:2000国际质量管理体系认证和ISO10012:2003计量水平确认合格证书。

中研技术凭借优良的品质与完善的服务赢得了国内外顾客的信赖和支持,产品遍及全国各地,并出口到欧美及东南亚等地区。

先进的机床安在关键"岗位"

俗话说,好马配好鞍,在中研技术,还有一句谚语:好鸟产好蛋。也就是说,作为机电制造企业,肯定需要先进的机床设备。

走在大车间里,笔者一路观察,发现这里的机床设备每台都是庞然大物,比别的企业生产设备更显宏伟壮观。

"这些机器安排在关键工序岗位,而且都是目前世界上最先进的机床设备。"林敏波介绍,这些非常精密的仪器大都来自德国、日本,单台价格达800多万元。

走进中研技术核心生产车间的龙门镗铣中心,该中心专门用来生产超大型箱体的设备,几乎都能一气呵成、一步到位。

当下,国内减速机市场不断壮大,全球知名企业纷纷涌入,而中研技术凭借卓越的品牌、雄厚的资金、先进的技术及装备等优势,占据了市场的大部分份额。

以精密减速器为例,全球能够提供规模化且性能可靠的精密减速器的生产商并不多,日本企业处于领先地位。

相比日本企业,国内企业切入减速器领域的时间较短,但在智能制造战略实施及下游市场需求拉动下,也涌现出一批优秀的减速器制造商。

不过,国内品牌在关键技术和性能指标上与海外品牌仍有差距。而中研技术因为极具前瞻性,更早地实现了鸟枪换炮、机器换人,且依靠自己的研发力量。近年来,公司业务以一定规模的速度增长,进一步巩固了公司在本地区减变速机行业中的主导地位。

"我们专门寻找标杆企业为对手,如通宇、博能等,在挑战中提升自我。"访谈中,公司的员工时不时流露出一种自豪感。

公司除了获得政府质量奖外,还先后被授予温岭市级重点工业企业、温岭市纳税大户、省级高新技术研发中心、台州市诚信民营企业、高新技术企业、浙江省科技型中小企业、浙江省工商企业信用AAA级守合同重信用单位等荣誉称号,"紫光"商标被授予"浙江省著名商标"。

专业的事情交给专业的人做

中研技术的动力传动产品居于国内领先地位,它的另一半江山也红红火火,即自动化的立体仓库。

一踏进那间专业生产立体仓库的大型车间,看着眼前长约130米、宽约40米、高约80米的长方体仓库,除了惊叹,笔者心中更多的是疑惑。

"如此庞大繁杂的'房子',是如何安装、管理和检测,最终实现质量保障的?"笔者问。

对此,本以为林敏波会喊来技术总监释疑,没想到他胸有成竹,侃侃道来。

"这就是从制造到智造,靠的是数字化、信息化和自动化。"他解释说,这种2008年自主开发的立体仓库,里边的零部件极多,除了无法进行人工管理外,更无法精准地检测。

图5-21　中研技术生产车间

也就是说,一个立体仓库,就如一座智能工厂,具体体现在自动化的仓储、自动化物料搬运和物流快速分拣三大环节。

技术人员介绍,系统设计采用工作流模式构造应用系统模型,使用美国应用材料公司的AutoMod软件对物流系统方案进行虚拟建模,依据客户提供的数据进行仿真运行,测试项目的合理性,提出最佳解决方案。

为了实现更好的智能化管理,公司拥有完整的物流设备产业线,可提供完整的物流网络方案规划、物流系统设计与集成、物流设备设计与制造,可与ERP或MES系统无缝对接。同时,具备咨询规划与工程实施相结合、信息技术与现代管理技术相结合、自动化专有技术与行业特点相结合的强大系统集成能力。

"更受客户欢迎和青睐的,还是物流分拣环节。"林敏波说,因为能综合运用立体仓储、自动化搬运与分拣、条码或射频识别、自动码垛与装货等自动化技术,加上配合强大的物流信息系统,实现了物流配送中心的机械化作业与信息化管理,为第三方物流企业或生产制造企业的配送中心摆脱传统模式的发展瓶颈,向着现代物流企业转型提供了有力支持。

"专业的事情交由专业的人做,实现质量、效益双丰收。"林敏波告诉笔者，中研技术依托ERP系统构建的信息平台，对制造过程实现全数字化管理，从技术的专业化到生产的数字化、智能化、信息化等高度融合，从做台州"好产品"到中国制造2025，正为全方位创建数字智能工厂而努力，逐步彰显中国智造的魅力。

第二节　标准引领

一、质量安全标准对标提升

对标国际先进质量安全标准，完善改进相关产品和服务的质量标准体系，对于民营企业的质量提升具有非常大的指引和规范作用。针对人民群众最关心的直接关系到人们健康安全的食品、日用品及其他各类消费产品，民营企业应以国家质量安全标准体系为指引，对产品的生产、流通、销售等各个环节的质量安全实施严格管控。新兴领域的产业和企业，需要对相应的质量标准体系做出相应调整，不断更新适应于升级改进的新型产业和企业的质量标准体系，同时也要与国际质量标准体系对接，引领我国民营企业变革与国际接轨，提升我国民营企业的国际竞争力，推动"中国制造"进入全球价值链中高端。

标准引领质量提升的实现路径包括以下5点：

制定先进企业标准。企业应根据顾客的需求和市场发展的变化趋势，不断跟踪、分析国内外标杆企业及竞争对手的先进标准，编制、修订最具市场竞争力的企业标准，并严格贯彻执行企业标准，生产或提供符合消费者需求的产品和服务。同时，企业之间通过公开标准之间的竞争，不断地更新技术水平，制定先进标准和实施先进标准，就会不断地生产出高质量的产品，从而引领质量的提升。

实施企业标准自我声明公开制度。企业要知晓自己的企业标准在行业中的排行，了解行业的发展方向，通过分析竞争对手公开的标准，取长补短，适当调整企业的发展战略。重要的是消费者可以通过标准信息公开平台与企业产品或服务的比对给出相应的反馈，使企业更直接地了解消费者的需求，为企业的发展提供更精准的信息。

积极参与团体标准的制定。团体标准是通过社会团体对该行业发展趋势和对行业内标准的整体分析,集思广益编制出最适应行业市场需求的先进标准供团体内部使用。企业通过申请采用团体标准的方式贯彻执行标准,企业贯彻实施具有行业影响力、运行规范、消费者认可的团体标准,可以使企业产品或服务的质量位于行业领先地位,可以更好地发挥先进企业的带动作用,用更为先进的标准引领行业发展,引领行业质量水平的提升。

编制标准时要注重技术创新。企业要增强自主创新的原始驱动,强化技术攻关,使标准研制与科技研发紧密结合,深入分析市场需求特点,促进自主创新科技成果输出转化为标准,抢占企业标准研制的制高点,以高标准打造高质量,进而提升在市场中的核心竞争力,打造企业优势。企业积极制定实施先进标准,加强先进标准的供给,促进创新科技成果转化为标准,可以为同行业追求卓越提供标杆,为消费者选择优质产品提供指导,引领产业转型升级。

强化企业标准意识及宣传。企业要提升高标准、高质量的企业意识,发挥标准引领作用,追求精益求精,加强标准人才的培养,为科研事业发展提供人才支撑;同时,企业也要加大对标准引领质量提升的宣传,让企业内部人员都了解高标准带动高质量发展的必要性和可行性,让执行高标准的理念得到员工的普遍认同,提升对质量的责任感。企业作为市场经济活动中最具活力的主体,是产品与服务质量的主要保障者,也是质量共治的主要参与者,更是以标准引领质量提升的主要实现者,企业标准作为国家标准之上的"高标准",是最符合先进性、适用性、有效性的标准。在标准引领质量提升的浪潮中,企业标准应发挥其最具活力与竞争力的优势适应市场标准需求,增强标准的有效供给,用企业标准引领质量提升。发展企业标准引领质量提升可以提升企业竞争实力,推动行业发展和产业升级,推进国家供给侧结构性改革。[①]

二、质量评价体系的建立和完善

　　质量标准的落地需要健全的质量评价体系作为保障。随着我国市场经济的发展,消费者的消费能力的增强,消费者已经不再只满足于合格品,逐渐倾向于选择高标准、高品质、高附加值的商品,建立健全的产品质量评价体系已愈发重要。通过健全的产品质量评价体系,可以对产品的优劣程度进行规范、科学、有数据支撑的评价,可以让消费者对国产产品有一个真实、可信的认识,有利于构建高质量国产产品的信誉,重建对国产产品的信心。这将解决优秀国产产品的市场问题,加快整个市场生产高品质产品的趋势,使市场逐步改变目前国货低价低质印象的局面。同时,建立质量评价体系是提高企业竞争力的重要手段。虽然我国一贯高度重视产品质量,但更多的是着眼于产品的质量合不合格,而不是着眼于做到优质,抓质量也仅仅是要求产品到达合格水平而已,无法在与别国的产品竞争中取胜。在制定先进质量标准的同时,非常有必要建立起普遍的产品质量评价体系,科学、规范地评价产品的质量水平,给出可以区分同类产品质量水平高低的评价,能通俗而专业地表现产品质量水平,用其来更精细地区分产品的质量优劣,切实引导市场选择导向,迫使企业和市场不断地提升产品质量水平。这不仅将大大推动我国产品质量水平的提高,而且从更深层次来说,将大幅提升我国制造业的国际竞争力。再者,建立质量评价体系是供给侧改革的重要支撑。供给侧改革希望实现供需两端产品总体匹配,减少"无效生产",提高产品质量品质,从而满足消费者真正需要,由此提高企业经济效益和社会效益,促进产业升级。建立产

---

① 杨璧源,李键.企业标准引领质量提升的实现路径研究[J].江苏商论,2017(2):69–71.

品质量评价体系,精确评定产品质量的优劣,评价结果实质上就是产品符合市场需求的程度,这就促使企业生产市场需要的产品,不断完善企业标准,进而促进产业结构升级,也只有通过这种方法才能真正确定产品甚至服务的质量水平是否符合市场需求。[①]因此,建立和完善质量评价体系,对于精确衡量产品在市场上所处的质量水平、准确公正地评价优质国产产品、树立优质的产品信誉和推动企业提升竞争力起着至关重要的作用,将促进我国民营企业加快实现高质量发展。

另外,质量评价体系的建立和完善的同时还需要重点提升民营企业的质量检验检测水平,扩大相关质量检验检测部门建设。只有具备了较高的检测检验能力,才能为质量评价提供准确的数据,保证评价质量。鼓励民营企业大力推进检验检测的设备仪器的引进或自主研发,依靠更加先进、高效、精准的技术支持来提高对制造业民营企业产品的质检水平和能力,助力产品质量优化提升。同时民营企业也要积极考虑利用信息技术、人工智能等新技术加持,充分利用和调配这些资源,以提高质量评价的整体效果和效率。

三、标准创新贡献奖的争创

习近平总书记指出,标准是人类文明进步的成果。伴随着经济全球化深入发展,标准化在便利经贸往来、支撑产业发展、促进科技进步、规范社会治理中的作用日益凸显。中央统战部副部长、全国工商联党组书记、常务副主席徐乐江在2021民营经济标准创新大会上指出,进入新阶段,构建新格局,需要企业加快标准化步伐,实现从标准跟随者、遵循者向创新者、引领者转变,让标准成为高技术的"助攻手",让高标准成为企业发

---

① 王亚森.建立产品质量评价体系的战略意义及可行方法[J].重庆与世界 (学术版),
   2016,33(4):25–34.

展的"硬支撑"。他强调,要将有限的竞争优势转化为持久的市场话语权,民营企业必须在标准制定上、标准创新上下功夫,以标准创新催生高质量发展新动能,让标准成为高质量的"硬约束",让质量成为高标准的"新名片"。①

2006年,中国标准创新贡献奖设立。奖项旨在表彰标准化活动中做出突出贡献的组织和个人,是对其能力、水平及国际国内影响力的综合评价,且营造全面推进实施标准化战略的良好氛围,调动标准化工作者的创造性和积极性,以标准创新助力高质量发展。根据全国工商联、市场监管总局共同主办的2022民营经济标准创新大会暨民营经济标准创新周闭幕式可知,民营企业标准化成果不断涌现。近10年来,累计已有200多家民营企业获得了100多个中国标准创新贡献奖、标准项目奖,约占所有标准项目奖的38%,并且截至2021年底,676家民营企业的982项企业标准成为"领跑者"。

2017年12月1日,《浙江省标准创新贡献奖管理办法(试行)》经浙江省政府同意印发。2018年10月22日,首届浙江省标准创新贡献奖颁奖。浙江省标准创新贡献奖是全国省级政府率先设立的标准创新类奖项,也是浙江省在标准化领域的最高奖项,目的是充分调动各类标准创新主体的积极性,促进全省标准化事业健康快速发展。浙江省标准创新贡献奖自2018年正式颁奖以来,已经有8家民营企业获得了重大贡献奖,16家企业获得了优秀贡献奖,分别占获奖项目的50%和53%。为进一步建立完善标准创新贡献奖制度,浙江省各级政府积极实施标准化战略,以标准促发展,培育和打造一批掌握标准话语权的优势产业和优质企业,成为行业"领跑者"。在民营经济活跃的温岭市,在温岭市市场监管局的推动下,大

---

① 标准引领民营企业高质量发展 标准赋能商会更充分发挥作用——2021民营经济标准创新大会综述[EB/OL].(2021-11-03)[2023-04-28].http://www.acfic.org.cn/qlyw/202111/t20211103_84074.html.

溪镇政府于2022年5月设立大溪镇标准创新贡献奖。这是全国首个在镇一级政府层面设立的标准创新贡献奖,形成了镇、县、市、省及国家的奖项梯度培育制度。

那么民营企业如何争创标准创新贡献奖呢?第一,加强标准化意识,积极参加标准化活动。没有标准化基础的民营企业需要建立企业标准化体系,设立标准化工作部门,提升企业标准化工作能力;有一定标准化基础的民营企业需要积极参加政府组织的对标达标活动,完善企业标准体系;标准化工作较好的民营企业需要积极参与国内外标准化活动。第二,加快构建技术、专利、标准联动创新体系,及时将科技成果转化为标准,促进创新成果市场化、产业化和国际化,并加强多层次标准化人才队伍建设,提升民营企业标准化能力,推动民营企业高质量发展。

爱仕达：一口"好锅"的模样

图5-22　爱仕达股份有限公司

【样本意义】 做企业不必立马追求"高、大、全"，从小处着眼，从精处着手，在研发上做足文章，在标准上站立制高点，爱仕达股份有限公司向世人展示弯道超车的奇迹。

如果时光倒流30年，普通百姓家中的厨房锅具无外乎铁锅、电饭锅、压力锅等简单厨具。时过境迁，如今人们正享受着创新厨房带来的"人间烟火"。爱仕达股份有限公司（以下简称：爱仕达）是这一变化的受益者，也是这一变化的引领者。

从不粘锅、无油烟锅、多重保险高压锅、无锈铁锅，到可控温炒锅等品类的锅具，都是爱仕达在国内率先开发和销售的。"制造厨房健康产品，提升人类生活品质"，让爱仕达成为中国炊具市场诸多领域的开创者和刷新者。

经过几十年的发展，如今的爱仕达声名远扬，其严格的制锅标准，成了国内外参照的样板和榜样。

从0开始创下不粘锅帝国

地处东海之滨的浙江温岭，千禧首缕阳光照入之地。

爱仕达股份有限公司董事长陈合林于1987年办起温岭市金属制品厂，这就是爱仕达的前身。20世纪80年代末，一次与不粘锅的不期而遇，使陈合林和不粘锅结下不解之缘，由此催生他传奇的商业之旅。

当时，不粘锅刚从国外进入国内市场，国内还没有一家不粘锅生产企业。而国外不粘技术已成为炊具行业发展趋势，引领着健康和环保的厨房革命。不粘锅"不粘、不焦、不糊，易洗、易洁、无毒和无味"特性，使颇具商业头脑的陈合林眼前一亮——这种产品将来一定会有广阔发展前景。

当时他脑子里闪现出一个大胆的设想：要在国内抢先生产不粘锅。经多方打听，贵阳一家军工厂应用不粘技术生产军工产品。可是，他很快得知这种锅一般只供部队使用，生产不粘锅的主要原料"特富龙"也主要应用在导弹等军用品上。

没有技术、人才和经验，一家小小的民营企业要生产不粘锅，谈何容易？然而，陈合林不是轻易被困难击倒的人，他高薪聘请了原本手捧"铁饭碗"的技术员，1991年，中国民营企业生产的第一口不粘锅在他的工厂中诞生，陈合林也因此成为国内第一个应用世界先进不粘技术生产不粘锅的人，当年产值即达300多万元，他以自己的智慧和努力收获了人生中的"第二桶金"。

随着在国内市场的不断壮大和发展,爱仕达锅具得到认可和支持,经过十几年国内外市场的拓展,爱仕达已形成强大的国内营销网络和以经销商为主的国外营销网络,在国内27个省、市建立销售终端达2600多个。

目前,在国内市场,爱仕达不粘锅的市场份额一直稳居国内行业第一名,压力锅市场份额稳居行业第二名;在出口方面,爱仕达铝制炊具出口连续多年位居国内炊具行业第一名。

自主创新发展节能环保科技

获得成功的爱仕达并没有故步自封,而是不断研发和创新,使自己时刻立于不败之地,走在同行业的最前列。

爱仕达以"制造厨房健康产品,提升人类生活品质"为企业使命,确立"追求卓越、科技创新"的企业价值观,致力于做绿色厨房倡导者,近年来,爱仕达提出"自主创新,创百年民族品牌企业"的愿景。

中国第一口六保险压力锅、第一口陶瓷无油烟锅、第一口采用不锈技术的铁锅、第一口采用储热节能专利底的炒锅、第一口复合铜内胆电压力锅……爱仕达产品的研发自创立以来,始终走在业内前沿。爱仕达还负责起草、参与制订18项国家和行业标准,拥有460多项专利技术,并投入巨资组建国家级标准检测中心。

20世纪80年代末期,爱仕达上马不粘锅项目需要2000万元技术改造资金,而当时公司只有200万元。陈合林认为,一个企业只有不断进行改进技术,提高质量,降低成本,才能长久地立于不败之地。于是,他力排众议,筹措资金,招募人才,盖厂房,进设备,这才有了中国民营企业第一口不粘锅的诞生。之后,陈合林又累计投入资金5000万元进行技术升级,使爱仕达从一个小工厂成长为国内炊具行业领航企业。

中国加入WTO，爱仕达再次投入3亿元技改资金，在温岭经济开发区征地350亩，引进世界先进厨具生产设备，使爱仕达厨具年生产能力达到3600万套。随后，爱仕达IPO，以18.8元/股的价格，发行6000万A股，募集资金11.3亿元，用于年新增750万只无油烟改性铁锅、年新增500万只不锈钢及复合板炊具、年新增650万只智能型节能厨房系列小家电建设和技术研发中心技改等项目。

庞大的生产能力、设备的超前改进和产能的扩张，为爱仕达降低生产成本、保证货源及品质提供条件，也为爱仕达高速成长奠定坚实的基础，让爱仕达在机遇来临时得以牢牢把握。

当能源和环保问题成为制约全球经济发展的主要矛盾时，中国创造必须坚持节能减排和走持续发展之路。早在2007年，爱仕达就发起节能降耗减排活动，电耗同比下降10%左右，废水回收率达60%；积极调整产品结构，开发低碳、节能、安全、健康的炊具和厨房小家电产品。爱仕达健康厨房首推使用聚能节能专利技术的炊具，可比普通炊具节能10%以上，无油烟锅烹饪食物，可以节省10%以上食用油，帮助人们重新建立健康生活标准，真正提升人们生活品质。

上海世博会上，爱仕达作为民企馆16家参展倡导企业之一，买断民营企业馆从开始到结束的所有碳排放量，用实际行动倡导世博会"绿色、低碳"的口号及要求，坚持履行产业节能低碳使命，打造低碳厨房。同时，为契合"城市，让生活更美好"的主题，爱仕达以"盛世晶典"极品套锅亮相，成为世博会民企馆的一大亮点。

成为厨具领域标准"领跑者"

2021年底，国家标准化管理委员会公布了第二批国家级消费品标准化试点项目名单，爱仕达成功入围，这也是台州首个由企业承担的国家级

图5-23 爱仕达生产车间

消费品标准化试点项目。

作为国内厨房小家电及炊具行业龙头企业,爱仕达始终高度重视标准化工作,在不断完善企业标准体系的同时,参与国内外标准的修订工作,具备坚实的标准化工作基础。

近年来,爱仕达主导制定了行业标准1项、浙江制造团体标准1项;参与制定国家、行业标准21项,浙江制造团体标准2项;正在研制国家标准、行业标准8项(其中2项为主导起草,6项参与起草)。

爱仕达之所以能够成为行业标准制定者,主要是因为其扎实的技术沉淀,以及全球化市场布局下的行业影响力。

多年来,爱仕达完成从传统炊具制造到对炊具、厨电和家居产品全覆盖的蜕变,掌握了国内领先的多层复合材料、无余量精密成型、连体制造、硬质氧化、小流量排气防溢出等多项涉及炊具材料、制造、产品设计的非专利技术。爱仕达深耕智能炊电、生态家居、机器人、智能制造布局,以智能制造促转型,以智能炊电促升级,稳登中国一线品牌。

　　不断提升的市场竞争力和行业话语权，为爱仕达标准制定积累了丰富的理论和实践基础。2006年，公司被授予年度金属餐饮及烹饪器具行业标准化工作先进单位称号。

　　通过标准体系的有效运行，爱仕达倒逼塑料原料、五金制品、电机、电子电器等上游企业转型，主动提升自身质量管理水平，不断扩大有效的中高端供给，改善供给结构，形成"你中有我，我中有你"的产业生态圈，加快提升产业链、供应链稳定性和竞争力。

　　在将具有自主知识产权的创新成果转化为标准的两年试点建设过程中，爱仕达计划主导或参与制修订国家、行业标准8项，团体标准2项，通过标准向全国输出爱仕达创新成果，带动厨具行业转型升级。同时开展质量提升行动，与国际先进水平对标，探索智能制造创新，制定《家用电器智能制造标准体系建设指南》，为家电行业智能制造体系研究提供借鉴。

新界泵业：农用潜水泵帝国"领跑者"

图5-24　新界泵业（浙江）有限公司

【样本意义】 新界泵业（浙江）有限公司的质量方针浸润着工匠精神，坚守制造主业，投入大量资金研发新技术，要求每件产品做到精益求精，这种稳扎稳打的特质就是一个企业常青的基因。

在以块状经济著称的台州，温岭大溪素有"中国水泵之乡"美称，数以千计的水泵与电机企业集聚于此，新界泵业（浙江）有限公司（以下简称：新界泵业）持续创新，从低端到高端、从模仿到创新，为打造中国最大农用潜水泵自主可控，做一个勇闯激流险滩的"领跑者"。

"我们一直狠抓新产品开发,每年研发投入占销售额的3.5%以上。"新界泵业董事长许敏田说道,特别是2022年新推出的高速井泵,解决了井泵体积大、性能不稳定等问题,一经推出便大受欢迎,占据了该品类市场第一。

"魅力质量"深扎企业

"浙江制造"认证是一个很高的标准,既对企业产品提出高质量发展的要求,也为企业达到高质量水平提供实现路径。新界泵业提出"魅力质量——让用户尖叫"目标,要求产品质量不仅要满足客户需求,还要超出客户的预期。

为了这个目标,新界泵业全面梳理、整合管理和技术体系,在制造技术上要求一次合格率达标,提升产品耐久性和可靠性,广泛开展对标、分析和改进革新活动;在管理上全面推行卓越绩效,强化全员和产业链协同,质量管理和改进延伸到供应商、销售商。

为提高产品可靠性能,新界泵业增加可靠性测试台,增加4个可靠性测试指标,开创性地进行破坏性实验测试,让水泵产品连续运行,直到失效为止,既可了解产品实际寿命,又可以通过分析失效原因发现可改善环节。

2022年,新界泵业用上自动气压差检测仪,提高检测效率,消除人工失误后,检测可靠性达到100%。因团体标准引进美国标准,以前只对出口美国的产品做30天浸没测试,现在扩大到全部产品,可靠性测试最长做到连续运行4000小时,电机启停冲击试验测试达到反复启停40多万次。技术测试大变革,让新界泵业一年之内完成产品质量改善17项,深井泵没有1例退货发生。

在管理上,新界泵业让每一位员工行动起来,优化自己的工作效率和质量,发表精益成果400多项。组装车间工人通过调整夹具定位方式,调整车床转轴,改手动扳手为气动扳手,让一次装配合格率提升;转子车间工人变单人为流水线作业,每人负责一个安装动作,几个工序间相互检查和提醒,避免批量误差出现。

为做到产业链协同提升质量,新界泵业设立供方管理部,这个类似政府工作领导小组的机构,成员涵盖采购、质量、技术、精益工程师等部门,帮助供方提高零部件质量,让主机更可靠,帮助供方降成本,让供需双方双赢。天音机械密封配件厂是新界泵业密封件供货商,接受新界泵业管理帮扶,通过改进工艺和生产流程,在增加产能的前提下,生产线操作工人从12人减为6人,一年光人力成本就减少近50万元。

客户是最好的营销员

不知是巧合还是必然,新界泵业通过"品字标浙江制造"认证的2款产品的相关销售量出现大幅度的增长。这增长不但来自回头客,还有很大一部分得益于老客户介绍的新客户,这意味着新界泵业客户对产品质量价值的认可。

许敏田介绍说,近两年来,公司在质量上最大的提升是从符合性要求转向全面追求客户满意质量。为让全公司了解市场、理解客户,新界泵业建立中高层管理人员联系走访制度,把全国市场划分成13个片区,每个月至少安排1周时间让中高层管理人员走访自己负责的市场,同时通过微信群,及时反馈从走访客户处获得的信息。这一制度的实施,让新界泵业上下对客户满意度、倾听客户声音和质量新标准有了切身认识,真正实现了把客户声音变成客户特性。

通过市场走访,对客户反映的生活用泵存在压力罐易老化不耐久的问题,公司立即开展测试和改善研究,采用不同材料和工艺组合改良压力罐,最终将压力罐启闭寿命从6万次提升到15万次;对客户提出循环泵稳定性和可靠性不足的问题,公司立即组织内部系统排查和内部实施质量管控,立即组织质量改善人员到供货厂商处帮助实施整改,通过增加工序防护和配备冲压件放置工装,同时在供方车床增加吹扫装置,清理加工中产生的铁屑。

与此同时,新界泵业还调整供方质量管理办法,通过建立质量缺陷回溯机制,对质量缺陷按不同发现时间给予不同幅度质量赔偿:进货时发现按货值20%—30%赔偿,在生产环节发现按100%赔偿,在市场上发现的按2—3倍赔偿,从过程和源头把好质量关。

图5-25 新界泵业生产车间

开放创新,整合全球技术资源

一直以来,新界泵业与国内外高校、科研机构及产业链上下游企业保持紧密合作关系。目前,与新界泵业展开合作的国内外机构达20余家,合作成果获省级以上科技奖9项,其中2项获国家级科技成果奖。

2013年，新界泵业成立国际一流的泵产品研发中心——新界泵业（杭州）有限公司，致力于高效电机、泵用控制技术、物联网技术和新能源技术的研究，承接中高端产品链的研究工作；与台州学院合作建立"流体机械及装备协同创新中心"，提升与地方高校协同创新能力。

多年来，新界泵业主持或参与国家标准和行业标准修订82项，其中国家标准29项、行业标准53项；主持或参与团体标准共10项、浙江制造标准2项，现在已发布实施的现行有效的国家、行业、团体标准63项。新界泵业还主动对标世界级水泵品牌，其中小型污水污物潜水电泵和智能热水循环屏蔽泵2款产品通过"品字标浙江制造"认证，3项指标超过国家标准要求，9个参数填补国内标准空白，有毒有害物质限量指标符合欧盟RoHS指令要求，智能热水循环屏蔽泵的能效要求达到欧盟水平。

公司实验中心一举通过CNAS实验室认证，"高效智能变频屏蔽泵"项目获得国家火炬计划产业化示范项目证书，"基于动力学稳定性设计的多级离心泵关键技术研究及应用"产学研成果获得国家科学技术进步奖二等奖；公司被评定为"国家企业技术中心""浙江省第三批上云标杆企业""工信部和浙江省制造业与互联网融合发展试点示范企业""台州市政府质量奖企业"。2021年12月，由新界泵业牵头的"高效节能泵企业共同体"入选"第二批浙江省产业链上下游企业共同体"创建名单。

作为标准创新型的企业，新界泵业主动承担引领水泵行业发展的使命，以高标准引领水泵行业高质量的发展。

·案例3·

美机缝纫机：廿载砥砺发展成行业柱栋

图5-26　浙江美机缝纫机有限公司

【样本意义】　洞察并把握住企业发展的机遇，这是一个企业基业常青的必备素质。美机科技集团有限公司从缝纫机制造发展方向中找到"风口"，果断切入，前景将不可限量。

2018年，美机科技集团有限公司（以下简称：美机缝纫机）在温岭市百强工业企业中排名第十七位。在全国缝纫机行业，美机缝纫机已稳居工业缝纫机行业前列。

美机缝纫机的前身为温岭市百威机电有限公司,成立于1995年,2003年6月企业名称变更为浙江美机缝纫机有限公司,2023年4月21日,企业名称变更为美机科技集团有限公司。如今,美机缝纫机已经成长为一家拥有员工1100余人,拥有国内外先进的加工中心设备、数控生产设备、检测仪器等800多台(套),具有年产70万台缝制设备能力的企业,其生产的产品的优异的品质更使其成为行业内的标杆。

克服困难,打好根基

决定扎进缝纫机行业,美机缝纫机创始人和经营团队压力很大。毕竟台州已经有几个老牌缝纫机企业在行业规模上稳居全国前几名,作为后起之秀,美机缝纫机必须付出很大的努力。

因为当初技术开发体系并不成熟,所以在产品发展研究的过程中,美机缝纫机一开始也存在一定程度上仿制国外先进产品的情况,虽然仿制效果好,投入相对低,但是技术累积没跟上,在产品更新换代上的压力非常大。

随着客户对产品质量、性能及使用的要求越来越高,如果不主动搞创新研究,固守老思想、老套路,美机缝纫机的产品将不会被市场所认可,必然会面临被淘汰的困境。

总经理林雪平也意识到了这一问题,他马上做了一个大胆的决定:减少现有产品的产量,将多余的资金全部用于技术研发。就因为这一决定,美机缝纫机的发展轨迹发生了改变。很快,效果开始出现,伴随着一款一款新产品的出现,美机缝纫机的市场订单量猛增,同时也渐渐在行业中积累了信誉。

2006年,美机缝纫机被浙江省科技厅认定为省级高新技术企业,2007年,美机缝纫机的产品销量同比增长超过30%。即使在2008年金融危机中同行业诸多企业难以生存的情况下，美机缝纫机仍旧凭着自身的技术沉淀，取得了较好的业绩。

可喜的成效并没有冲昏林雪平的头脑。林雪平迅速开始规划团队建设问题，着手制定学习月、培训月等多种学习方式，邀请专家、技术骨干等为职工开展品质管理基础、QC结构指南、作业基础等一系列专业知识培训，为整个团队打下了深厚的职业知识基础。

如今，美机缝纫机有技术骨干80多位，也正是因为有这批骨干及稳定的职工团队，美机缝纫机才能不断积累品牌、技术和管理优势，才能在全球70多个国家和地区注册了商标，主持或参与起草了近40项国家行业标准及团体标准，申请了近600项国家发明、实用新型专利及软件著作权，获得了中国驰名商标、浙江省名牌产品等荣誉称号。

精心规划，稳步发展

眼下，随着缝制机械行业"两化"融合的不断深入，美机缝纫机的产品线从单一品种到系列产品，一步步向数字化、信息化、智能化华丽转型。

2015年，美机缝纫机收购了源于欧洲的自动化缝纫机品牌EUROMAC，开始专注于"两裤"（牛仔裤和西裤）、"两衣"（衬衫和T恤）的自动化和智能化缝制技术，同时，通过加强对缝纫机核心电脑控制系统的研发和生产，精心打造了Q系列、X系列、W系列等符合市场需要的热门产品。

2019年，美机缝纫机签下百年历史的胜家品牌在中国市场和越南市场的运营权，意味着胜家工业缝纫机成为美机缝纫机规模化发展的新增长极，进一步助推美机缝纫机做大做强，产生强大的协同发展效应。

2020年底，美机缝纫机启动了建筑面积6万平方米、总投资额2.8亿元的二期智能工厂建设，计划将该二期工厂设计为全球最先进的缝纫机智能智造工厂之一。

　　近两年，美机缝纫机以"更先进更好用"为使命，成为全球缝制装备领先品牌为愿景目标，大步向前。

　　美机缝纫机用十几年的时间，迅速发展成一家产值7.1亿元的企业。

图5-27　美机缝纫机生产车间

严控质量，引领行业标准

　　近年来，美机缝纫机以获得温岭市政府质量奖为契机，持续深入推进质量提升工程，不断提高全要素生产率，推动落实质量强企战略，成立了总裁挂帅的质量管理委员会，统领公司质量管理工作，通过定规划、管标准、建队伍、抓落实，建立了更加稳健运行的质量管理机制流程。

　　公司从生产管理能力提升、生产人员生产技能培训、供应商筛选优化、生产工艺改造、生产设备升级、检验流程优化等多方面入手，一丝不苟，精益求精，匠心打造性能卓越的缝纫机产品。

　　正因为美机缝纫机对品质的执着与严格，该公司是全国缝制机械标准化技术委员会委员单位，是行业标准的主要制订者之一。从2011年至

2021年，公司参与制定国家行业标准44项，其中主导制定7项；参与制定中国缝制机械协会团体标准项5项，其中主导制定标准1项；主导"浙江制造"团体标准1项。2016年和2018年，公司先后成为"第五届全国缝制机械标准化技术委员会先进委员单位"和"全国缝制机械行业技术标准先进起草单位"。公司标准化工作负责人被选聘为中国缝制机械协会科技委委员、全国缝制机械标准化技术委员会委员、浙江省品牌建设联合会专家成员。

近年来，美机缝纫机承接了多项国家火炬计划项目、浙江省重点创新项目、台州市重点创新项目，申请了600多项国家专利，其中发明专利66项。正是通过主导和参与制订行业标准，美机缝纫机将技术人员的大量科研成果成功实现了产业化，促进了公司和行业的产品技术进步和高质量发展。

在公司所主导制定的各项先进标准中，以《工业用缝纫机计算机控制高速平缝缝纫机》浙江制造团体标准最能代表美机缝纫机在标准引领上的优势。

2017年以来，公司积极对标国际标杆企业，在温岭市市场监管局的帮助指导下，持续开展对标达标、技术攻关等质量提升活动。2017年，美机缝纫机启动"品字标浙江制造"团体标准研制。2018年，由美机缝纫机主导起草的《工业用缝纫机计算机控制高速平缝机》"品字标浙江制造"团体标准由浙江省品牌建设联合会批准发布实施。2019年，美机缝纫机的主导产品——计算机控制高速平缝缝纫机获得了"品字标浙江制造"产品认证证书。该团体标准被中国标准化研究院、中国缝制机械协会认定为计算机控制高速平缝缝纫机标准"领跑者"，荣获2022年台州市政府标准创新贡献奖提名奖和温岭市政府标准创新贡献奖。围绕该团体标准的应用，美机Q5、Q7系列智慧平缝机分别获得中轻联科技进步奖认定，美机Q6智慧缝纫机获得中国国际缝制设备展"智慧缝制示范产品"称号。

　　廿载的高速发展,让美机缝纫机积累了综合竞争优势,奠定了行业柱栋地位,未来美机缝纫机锚定"成为全球缝制装备领先品牌"的愿景目标踔厉奋发,再续美机缝纫机发展新篇。

鱼童新材料：用标准"涂"出美丽世界

图5-28 浙江鱼童新材料股份有限公司

【样本意义】 推行标准化建设，是企业发展的必然要求，是技术创新的可靠保证，是提升竞争力的有力支撑。浙江鱼童新材料股份有限公司以标准化建设为先导，接轨国际市场，跃升为民族船舶涂料第一品牌的理念、使命和做法难能可贵。

温岭石塘渔港，渔帆点点，波光粼粼。

看海天一色，任海风吹拂，别有一番惬意在心头。

在这里，一家发轫于1994年的浙江鱼童新材料股份有限公司（以下简称：鱼童新材料）如今已成为首家中国船级社评定的"涂料检测中心"。近些年，鱼童新材料获得的成绩包括：850环氧压载舱漆最早通过PSPC工厂认可；中国环境标志产品"933无锡自抛光防污漆"等应用在"全球环境基金中国用于防污漆生产的滴滴涕替代项目"上；研发生产出了代表国内一流和国际先进技术水平的品字标"856环氧低表面处理底漆"；负责和参加《船体防污防锈漆体系》（GB/T 6822—2014）等40多项国家标准、行业标准的起草……

"成绩的取得，得益于标准化建设。公司的标准化建设，主要体现在技术上按标研发、方法上按标立规这两个方面。"说到企业的标准化建设和发展，总经理曾超如数家珍。

按标研发，创立民族品牌

一个偶然的机会，诞生了一个全新的品牌。

20多年前，现任鱼童新材料董事长的梁新方还是一名普通的渔民。当时，他与妻子开了一家"宏兴渔需用品店"。一次，店里卖出的一批油漆出现了质量问题。接到渔民反映后，他多次到国营厂家寻求技术帮助，却碰了个软钉子。"求人难，不如自己办漆厂。"就这样，温岭市发达造漆厂应运而生。

当时，我国船舶漆长期依赖进口，国内涂料整体结构偏于低端，国外品牌占据了中国油漆市场的80%以上。

低标准的油漆无法参与国际竞争。"中国的船舶涂料市场绝不能由外国品牌说了算！"梁新方坦言。

为了适应船舶工业的发展，已更名的鱼童新材料，引进高端人才，对标国际标准，在我国成立首家中国船级社评定的"涂料检测中心"，组织研发人员分赴祖国的各个海域,将不同海域的海水带回实验室分析,同时将一块块油漆样板放入海中,让海水反复浸泡进行试验,还将新产品的样品涂覆在船身上,跟随船只漂洋过海,接受各种复杂的海洋环境的检验。

经过一次次远高于标准的高强度研发、全方位检测,鱼童新材料持续推出固体分涂料、无溶剂涂料和水性涂料等绿色新产品。鱼童新材料"生物基防污剂及其环境友好防污涂料的开发"项目获得了浙江省2021年度"尖兵""领雁"重大专项项目立项。如今,鱼童新材料已跃升为民族船舶涂料第一品牌。

曾超介绍,鱼童新材料20余年来专注于船舶涂料、工业重防腐涂料、舰艇涂料及航空涂料研发、制造与销售,年产能达5万吨,先后荣获中国驰名商标、国家高新技术企业、浙江省隐形冠军、浙江省专精特新企业、台州市政府质量奖提名奖等诸多荣誉。

在鱼童新材料的努力下,船舶漆市场再也不是国外品牌的垄断领域,市场平均价由此下降了30%。

鱼童新材料打造高标准的创新研发平台,实现了技术水平从国内一流向国际一流的跃升。拥有自主知识产权的鱼童新材料精品——长效防腐环氧通用底漆,参加中国先进技术转化应用大赛,在全国总决赛中获得"技术创新奖"。

按标立规,走在行业前列

依海而生,向海图强。

鱼童新材料在全面导入卓越绩效管理体系、环境管理体系、职业健康安全管理体系的进程中,通过了中国船级社、英国劳氏船级社、挪威船级社、法国船级社等主要船级社的工厂认证。

公司还主导和参与起草国家及行业标准46项,积极引领行业绿色发展。鱼童新材料董事长梁新方自豪地说,国家强制性标准之上是推荐标准,推荐标准之上才是"鱼童标准"。

在鱼童新材料,标准化建设无处不在,标准化管理无时不有。

按标立规,按标建章,按标作业,按标出货,贯穿于企业的方方面面。"对产品的按标开发和对生产过程中的常态化自检、互检和抽检等措施,严格到每个工序、每个环节和每位员工。"研发部经理伍小军还说,"我们还委托中国船舶工业船舶涂料厦门检测站来公司对25个品类的产品进行任意检测。这种由第三方参与的检测,标准要求更高,检测手段近于苛刻,但我们还是达到了符合国家行业相关标准的要求。同时,我们还建立了以船厂工程师、涂料工程师、船东及市场最前沿的相关人员为主要对象的用户产品质量评价体系,进行有针对性的产品应用评估、监督、指导与建议。"

鱼童新材料还积极推进数字化转型,实现企业流程的数字化程度和企业流程的最适化程度的最大值的融合,促进船舶涂料自动化生产的发展。并重视"专业涂装顾问"队伍建设,优化"涂装解决方案"技术的服务模式,规范施工行为,以获得"三分油漆,七分施工"这句行话中的最佳质量……

公司行政经理唐邦策对笔者说:"这些年来,公司致力于为客户研发和生产全生命周期的高性能防护涂料,提供高效创新的客户定制服务,使客户的资产得到增值保护。我们作为供应商,一路走来,通过标准化建设,创新业务模式,成为中国涂料工业协会副会长单位、浙江省涂料工业协会会长单位,确实也不容易。特别是在疫情期间经受了严峻的考验。我们会一直以'为蓝天碧海,人类资产守护添彩'的企业使命,持续坚持标准立企、标准立身。"

图5-29　鱼童新材料生产车间

按标创牌，树起新的标杆

蔚蓝的大海上，大桥横卧，海浪腾起，船舶远航，汽笛低鸣，勾勒出一幅壮美的图画。

又有谁能想到，是鱼童新材料的涂料在默默地保护着桥体和船身。

嘉绍跨海大桥——人类第一次在世界三大强涌潮河口之一的钱塘江入海口建设的一座世界级桥梁，就是由鱼童新材料为其混凝土区域供应了湿固化环氧漆。

沿海高速台州湾大桥、奉化江特大桥、沿海高速三门湾大桥等一座座重要交通枢纽都是由鱼童新材料提供涂料，为保护桥梁设施当好"防护兵"，穿好"防护服"。

跨海大桥桥墩防护最具挑战性。高湿、高盐腐蚀，环境恶劣，对涂层性能要求非常严苛。最终，鱼童新材料凭借优异的产品性能和成功的样

区实验表现,在各类品牌的正面交锋中胜出。

鱼童新材料为桥梁建设量身定做产品,为能源行业提供优质资产的防护与增值,为建筑钢结构提供整体解决方案,为石化、天然气和化工设施带送上优质防护⋯⋯

"鱼童这个品牌并不是我个人的,这是一个民族品牌,我希望能为中国的船舶漆事业做出更大的贡献。"梁新方的话掷地有声。

鱼童新材料,为民族品牌在船舶行业这一高新技术领域撑起了一片蓝天,树起了新的标杆。

鱼童新材料,致力于民族品牌的创建,为缤纷的世界"涂"出了美丽的色彩,"涂"出了绚烂的明天。

· 案例5·

格凌实业：细分领域的"小巨人"企业

图5-30 浙江格凌实业有限公司

【**样本意义**】 坚持专一化发展战略、标准化制造方式,浙江格凌实业有限公司走出了一条小而专、小而精、小而特、小而新的发展道路,在细分领域成为国内生产型号最多、规格最齐全的厂家,以第一批入选国家级专精特新"小巨人"企业的昂扬姿态挺立在行业前沿。

温岭,中国小型空压机之乡。

创建于2001年的浙江格凌实业有限公司(以下简称:格凌实业),在这里成长、发展。

从创业初期生产农用增氧机到如今升级为与工业制造配套的旋涡式气泵，从家庭作坊式企业成长为现代管理模式的国家级专精特新"小巨人"企业、省隐形冠军企业、浙江省创新示范企业，格凌实业以标准制造、标准配套、标准管控，走出了一条特色发展之路。

"如今，投资3亿元、占地8公顷的新厂房正在温岭东部日夜施工中，计划通过3年时间全面建成数字化标杆工厂，建成后，占地是原来厂房的8倍，建筑面积是原来的4倍。新厂房不但体量大了，更重要的是标准化、智能化、数字化的水平与日俱增，达到了新的高度。"格凌实业办公室主任张海峰对笔者说。

说到企业的标准化建设，张海峰说，现代企业的智能化生产、数字化管理，其前提还是标准化，一切用标准说话，用标准操作，用标准衡量，才能出效率、占市场，才有竞争力。

标准制造，引领发展

旋涡式气泵根据使用场合不同，兼具有气泵、风机和压缩机的不同功能。推广使用旋涡式气泵，在适用的场合替代离心式风机、真空泵和高压低用的压缩机，能够显著提高工业企业的用电效能，符合机械行业"持续提升终端产品能效水平"的国家产业政策。

国际上比较有影响力的旋涡式气泵制造厂家有德国里其乐公司、德国纳西姆公司、德国依莱克罗公司、美国格兰登福公司。早几年，国内旋涡式气泵生产厂家水平参差不齐，而拥有自主研发能力的生产厂家更是少之又少，特别是3RB系列等高端系列产品一直被国外品牌垄断，国内长期依赖进口。

差距就是机会。

董事长陈建伟深知，没有高端产品难以立足市场，更不要说在竞争中与对手一决高下。

2011年,格凌实业立项研发旋涡式气泵,发出了向国际化高端产品冲击的号令。

早在几年前,公司技术中心就被认定为省级企业技术中心,有着雄厚的研发基础。格凌实业以此为核心,组建研发团队,以自主创新为基础,积极对标国内外先进技术和制造标准,日夜攻关,掌握了自有的旋涡式气泵模型换算设计技术,并建立了旋涡式气泵性能测试平台。

在研发过程中,公司还积极通过和世界顶级供应商、优质客户紧密合作,于2012年成功研发出3RB系列高端旋涡式气泵,填补了国内空白,获得2项发明专利、1项实用新型专利,并获得了浙江省经济和信息化厅"浙江省重点高新技术产品"鉴定认证。

如今,公司主导产品旋涡式气泵,在旋涡式气泵的细分领域,无论是在市场份额、质量技术水平,还是品牌影响力和行业地位上,均在国内排名第一,在全球范围,格凌实业因此进入了国际一流企业行列。

格凌实业在确立中高端目标市场定位的同时,采用具有竞争力的定价。在国际范围内,相同品质的产品,公司定价较国际厂商定价低60%左右;在国内范围内,由于质量上的绝对优势,公司产品比同类产品价格高出30%—50%。

"用高于行业的标准创新产品,这又是一个抢占市场的机会。只要踏准节奏,把握机遇,企业就会在竞争中有自己的一席之地。"张海峰说。

格凌实业通过自主研发,获得旋涡式气泵产品专利共50项,其中发明专利11项,多项产品取得省级新产品、新技术鉴定,多个项目被列为国家级、省级重点项目,格凌牌旋涡式气泵获浙江名牌产品、浙江省出口名牌等荣誉。

为引领和规范行业的发展,为促进整个旋涡式气泵制造技术的进步,公司参与制定了行业标准《风机包装通用技术条件》(JB/T 6444—2019),牵头起草了《工业用及类似用途旋涡式气泵》(T/ZZB 0137—2016)。

标准配套，"量身定制"

标准和标准化可以使资源合理利用，可以简化生产技术，实现互换组合，为世界一体化的市场开辟道路。"这是扩大市场的必要手段。"张海峰表示。

标准化不但为扩大生产规模、满足市场需求提供了可能，也为提供售后服务、扩大竞争创造了条件。

格凌实业在上下游产业链中，依靠先进设备实现压铸、冲压、绕线、机加工、涂装、装配等工序全链条自我配套，提高了对旋涡式气泵产业链的掌控力。

在与全球各领先用户的信息沟通中，格凌实业吸收领先用户的知识和信息，从而实现用户来源的创新。在国际市场上，原西门子品牌代理商成了格凌实业的产品经销商。在国内，为松井机械、普朗斯塑料机械、川田机械等跨国企业的产品配套，为国家级专精特新"小巨人"企业拓卡奔马机电科技有限公司的产品配套，替代进口。

在与客户的长期合作中，格凌实业还形成了一套独特而完善的客制化服务制度。"针对客户的不同需求，对一个标准的产品进行改变，用新的部件替换标准的部件，或是在一个标准产品中加入特殊的功能、融入新的工艺，为客户提供一个更完整、更满意的个性产品，也就是'量身定制''一对一'服务。"张海峰对笔者说道。

通过客制化的"柔情服务"，形成"黏性客户"，满足了有特殊要求的客户，不但让他们满意而归，而且回头率也特别高，带来了更多、更高端的客户。

标准管控，数字转型

格凌实业从2015年开始，深度推进两化融合和"智能制造"，推进产品智能化、生产自动化、管理信息化和服务网络化，通过数字化转型，把标准化管控延伸到生产的全过程。

公司通过导入PLM系统，实现从产品设计到制造过程的信息化、数字化和智能化管理，使产品生命周期中的市场信息、产品数据、技术文档、工作流程、工程更改、项目信息和质量信息等能够有效地进行交换、集成和共享，实现产品生命周期的信息集成、过程集成和协同应用。

公司在2015年投入1000万元用于云端设计、智能制造综合改造项目。该项目被列为浙江省两化深度融合专项资金项目。通过CRM系统收集分析客户需求，设计编制柔性化制造方案，与ERP系统结合。现工厂数字化设备已占全部设备的70%以上。

2019年，格凌实业投入300万元引入法国达索EOVIA 3DE平台的建设，这是全球唯一一款集二维、三维和数据管理于同一台产品生命周期管理软件。产品上线后，统一了产品设计资源，实现了"产品开发知识沉淀"和异地可视化协同，并提供了良好的产品配置管理功能，提升了企业服务能力，改善了与供应商协同开发、提升整体研发的能力，使得分布在企业各地方及在各应用中的产品数据得以高度集成、协调、共享，产品研发过程得以高度优化或重组。

公司探索"产品＋服务"模式，从传统制造业向制造服务业智慧转身，提升品牌能力和客户的满意度，获得更多的附加值。

2021年，泵与电机智能数字车间技术改造项目一期、二期实施完成，到2022年底，智能数字车间技术改造项目三期实施完成，可形成30万台套泵（电机）产品的生产能力。人均产值将由原来的120万元/人提升到250万元/人。在质量提升、技术升级、管理模式、标准管控等方面将完成一次深刻的"大革命"。

注重标准，把握细节，追求完美，求得满意的效果，是陈建伟的性格特点。他常说："没有高水平的标准，就没有高质量的产品。提升企业标准化、智能化建设，谋在深处，永无止境。"

· 案例6·

美克工具：从温岭走向世界　公司成行业标杆

图5-31　浙江美克工具有限公司

【样本意义】 很多人觉得，墨守成规是死板的表现。然而在生产和研发过程中，这种死认标准、一成不变的精神有时候却是通往成功的唯一路径。浙江美克工具有限公司在台州当地数千家同类型企业中，通过自己的"刻板"和坚持，成功杀出重围，成为同行业中的佼佼者，荣获无数省内外为数不多的头衔和奖项。公司的成功，也离不开自身对发展的追求和渴望，公司花重金引进人才和设备，使得自身始终保持极强的竞争性和先进性，确保自己常立于不败之地。

2021年7月，浙江省市场监督管理局公布了第一批省级标准国际化试点、示范和培育基地名单，全省共有16家单位确定为第一批省级标准国际化试点。温岭的浙江美克工具有限公司（以下简称：美克工具）成功入围，系台州唯一一家。

事实上，在行业内崭露头角、赢得美誉，对美克工具来说并不稀奇。经过多年的沉淀与发酵，美克工具作为温岭市工量刃具行业中的示范引领企业，专注于螺纹刀具的生产研发，拥有一支以切削技术专家和生产设计专家为核心的强大技术研发和管理团队，先后引进国外先进生产、研发设备和技术检测仪器，为公司开拓发展奠定坚实基础。公司先后获得国家专利12项，产品长期供货中国重汽、三一重工、玉林玉柴等知名企业，是国内螺纹刀具行业龙头企业。

主导国际标准，在国内外站稳脚跟

温岭有"中国工量刃具之乡""中国工具名城"之称，工量刃具产业是温岭传统特色产业。经过40多年的发展壮大，温岭工量刃具产业实现了由单一化向多元化的转变，覆盖气动工具、电动工具、五金工具、量具及刃具的所有门类。

温岭现有工量刃具的生产企业2000多家，商贸公司4000多家，从业人员15万人，是集产、供、销于一体的工量刃具集散地，荣获工信部授予"产业集群区域品牌建设示范区"、中国机械工业联合会授予"机械工业引领高质量创新发展产业集群区"、国家标准化管理委员会授予"团体标准试点单位"等称号。

截至目前,温岭已有25家企业主导参与工量刃具相关标准37项,其中国际标准1项、国家标准9项、行业标准9项,"品字标浙江制造"标准4项,其他团体标准14项。高速重切齿轮滚刀、高精度可转位浅孔的团体标准列入工信部团体标准应用示范项目。

可以说,仅仅是在温岭当地,工量刃具领域的竞争就是相当激烈的。然而在诸多企业中,美克工具却能杀出重围,冲出本地市场,在国内外站稳脚跟,成为业内的龙头企业、行业中的标杆。

据公司的负责人介绍,美克工具一直重视标准化工作,积极参与国内外标准化活动,与全国螺纹标准化技术委员会紧密联系,在其指导下积极开展国际标准化活动,并协同温岭市工量刃具行业协会共同组建了一支由5名标准化技术人员组成的高水平国际标准研制技术团队。美克工具总工程师俞毛弟任全国螺纹标准化技术委员会(SAC/TC108)技术顾问;总经理陈鹏宇是全国螺纹标准化技术委员会(SAC/TC108)委员。

企业主导或参与制修订《小螺纹　第1部分:牙型、系列和基本尺寸》(GB/T 15054.1—2018)、《普通螺纹　公差》(GB/T 197—2018)等2项国家标准;主导修订国际标准《ISO普通螺纹–公差–第4部分:热浸镀锌外螺纹极限尺寸,相配内螺纹为热浸镀锌后用H或G公差带位置丝锥加工》(ISO965-4),目前该标准已进入最终国际标准草案(FDIS)投票阶段。

美克工具将充分发挥在国内外标准化活动中的桥梁纽带作用,带动温岭工量刃具全产业链主导或参与制定更多的国内和国际先进标准。

斥巨资引进欧美设备,促产品升级产值翻倍

"这两台机器是从德国引进的,要900多万元;这两台机器是从美国引进的,要800多万元;还有那两台,也是从美国引进的,要120多万元……"在美克工具的生产车间,摆着不少从德国、美国等国引进的设备,董事长陈崇地感慨道："有了这些'大家伙'，我们就能生产出附加值更高的丝锥，而且一条流水线干的活就能抵平时十几个工人干的活了。"

美克工具专门生产各类丝锥，其产品广泛应用于航天航空、汽车、机械、电子、风力等领域。2011年底，陈崇地重新起步，投资2500多万元，从美国、德国引进了一条先进的生产线。等了整整一年，陈崇地的"新武器"总算运到了厂里。

"目前，中国机械行业和汽车行业快速发展，对丝锥精度和质量要求也越来越高，产品的提升空间很大。虽然温岭工量刃具产业在国内有一定知名度，但产业低、小、散问题仍然突出。产品不上档次，迟早会被市场淘汰。"

提起因产品档次不过关导致生意难做的经历，陈崇地记忆犹新。"以前和一家汽车公司合作，产品生产出来后，检测时却发现，有一部分产品因精度不够或其他一些原因而被淘汰。"陈崇地说，汽车配件要求是很高的，即使在精度上只差一点点，都可能造成危害。

"这不是唯一的一次，很多时候，国内设备生产出来的产品无法绝对达到客户的要求。因为对技术要求太过精细，有些客户需要的产品，我们没办法生产，只能拒绝接单。"

也因为如此，陈崇地下定决心：企业一定要转型升级，否则就会被这高速发展的市场所淘汰。

如何转型升级？如何提高产品质量呢？"工欲善其事，必先利其器。"陈崇地说，"品质需要技术来支撑，技术需要设备做后台。想要提高产品质量，就要先从设备下手。"

引入高端人才来操控，充分利用好先进工具

"这是一次大胆的尝试。我经过多方考察，才决定选择这条生产线。

图5-32　美克工具生产车间

从开槽到磨纹,生产线的20多道工序全部采用德美先进技术,生产出来的产品质量的确提高了不少,在精度上也减少了偏差。"陈崇地说,"大部分国内工量刃具生产设备依然是单机的,这样的流水线在全国范围内数量也不多。"

不仅如此,这条流水线生产出来的产品的市场竞争力也非常强。"我做过调查,发现我国80%的这种产品需要依赖国外的技术。如果我们能替代进口,企业前景将不可限量。"陈崇地笑着说,"毕竟,国内的产品在价格上就有一定优势。比如,一样的技术、一样的质量,我们这边可能只需三四百元,国外就要五六百元了,价格起码相差20%—30%。"

除了价格上的优势,笔者发现,这条流水线,也为陈崇地精减了不少人力。"国产设备工作8个小时起码需要20个工人,而这一条生产线工作24小时也只需五六人。"陈崇地说。

　　有了高端设备，还需要高端人才来操作。陈崇地还用高薪"挖"来了一批技术人才，自主研发新产品。"从企业成立之初，我就下定决心要做自己的品牌、自己的产品，我不想套牌销售、生产别人的产品，那是为他人作嫁衣。令人开心的是，我们的付出有了回报，有11个产品申请了专利。"

　　高投入带来高产出，美克工具从刚成立时年产值不到100万元，到如今提升至1000多万元。随着这一批新设备的投入使用，预计产值可能突破2000多万元。"现在已经有不少企业拿着我们的产品去试验了，相信等以后真正投入生产后，潜力是无穷的。"

·案例7·

友力机电：小电机"焊接"大世界

图5-33　友力机电有限公司

【样本意义】　对于一家集研发、生产和销售于一体的上规模机电制造企业，要创出独特品牌，在同行业中脱颖而出，需依托传统工艺基础，以市场需求为导向，竭力把产品做精做细，严把质量关，不断研制标准，掌握行业话语权。

　　通常名字里蕴含着起名者的期盼，企业名称同样传递着企业家的理想。"之所以叫'友力'，就是要把每位员工、合作商还有顾客都当作朋友，借助朋友的力量，铸就企业的品牌。"友力机电有限公司（以下简称：友力机电）董事长陈仙军这样解释公司的名称和产品品牌。

　　"莫愁前路无知己，天下谁人不识君。"经过20多年的打拼，友力机电成为温岭"百强企业",是中国目前五大专业焊机出口商之一。

小小电机,"焊接"起大世界。

行业标准我说了算

坐落在温岭石塘上马工业园区的友力机电,是一家专业从事各类电泵、电焊机研制的企业,仅仅是电焊机产品就有100种性能不一、规格不同的产品,产品广泛应用于冶金、化工、矿产、建筑、养殖业、制冷和工业用水等,而且逐步趋向高效、节能和低噪声。

为了更了解友力机电,笔者特意参观了该公司的展示厅。

看着眼前陈列的形形色色的产品,想到产品更新换代的历程,很容易就找到友力机电一步步成长的轨迹,从中看到友力机电打造知名品牌的过程的艰辛。

"这一行业的标准,我们有话语权。"走访中,最让友力机电感到自豪的,就是他们参与了国家行业标准的制定。

据陈仙军介绍,历经20多年的潜心研发,通过几代"友力"人的精心打造,他们成了《农业灌溉设备用试验装置》(GB/T 25403—2010)国家标准及工业和信息化部组织编撰的《水泵综合性能试验台校准规范》的主要起草单位,也成了台州市高新技术重点实验中心。

"人家是订单式生产,我们是'逼迫式'生产。"采访中,陈仙军略显幽默地讲了一个故事。2019年底,即新冠感染疫情暴发前,有位和友力机电合作10多年的南美机电大客户来中国采购,国内众多机电供销商争相抢单。

"其他产品可以考虑,焊机免谈,我只认友力。"这位大客户从上海下飞机后,婉拒了五六家机电供销商,直接驱车到石塘的友力机电要货。

友力机电的产品就这样,以其独特的风格、优良的品质、新颖的造型、良好的售后服务及科学的经营策略,受到广大用户的青睐。截至目前,产

品远销欧美，全球营销网络覆盖47个国家和地区，拥有31个国家的长期采购商。

一个企业的活力和生命在于创新。在友力机电，笔者随处可以感受到技术创新的氛围和节奏。"唯有增强创新意识，尽早培养自主研发能力，才能使企业具备国际竞争力，提高应对全球环境的抗风险能力，从而实现高质量发展。"陈仙军说。据悉，公司产品先后获得"新型高密度单板集成""双风道冷却系统"等7项实用新型国家专利，公司在逆变电源中拥有多项独立的核心技术。

质量来自细节

细节决定成败。探访友力机电，笔者随处感受到这样的氛围。

一般来说，参观医化企业，进入车间前，得做一些除菌、去尘的准备动作，而友力机电这个机械企业竟然也是这样。如进入它的生产车间前，除了穿上尼龙鞋套外，还要到除尘间"洗洗澡"，得干干净净才能进去。

"做机械类产品，为何这般严格？"笔者不解。

"要抓质量，注重的就是抓细节。"陪同参观的行政总监陈荣焕说。

在电焊机"核心大脑"生产平台——电机电脑主板生产线，哪怕一张薄薄的贴片，或是一个细小的插件，工人们都非常认真仔细。"他们都知道，每道工序都有严格的检测，丝毫不能有侥幸的心理，每一个环节都会小心再小心。"陈荣焕说。

参观中，笔者还注意到一个细节：在工作台前紧张工作的女工，几乎所有人手上都戴着一条"手链"，链子都统一悬挂着，像是一条条轻巧的手环。

对此，技术总监刘兴环解释，这是特殊而又必需的静电处理环节，犹如除尘一样，如果让电脑板件带电，容易造成配件氧化，影响产品质量。

图5-34　友力机电生产车间

笔者还发现，工人不但佩戴静电装置，还统一着静电服装。

随后，到了组装车间，这里对产品质量的把控也同样很严格，每一道环节都有专门的检测。一旦发现问题，立即从源头查起。

让人佩服的是，刘兴环让检测员介绍产品测试情况，就像是突击检查和考试，检测员对产品质量要求对答如流。

在包装车间，检测员居然对每个包装纸箱都进行检测。

"产品都装进去了，这不多此一举？"笔者表示疑惑。检测员小马说，这是客户不久前提出的要求：包装箱（盒）保持一定的气压，防止在运输过程中损坏机器。

陈荣焕也告诉笔者，除了每道工序进行严格检测外，产品出厂前，还得来一次总检测。若发现产品存在3%以上不合格率，这一整组就必须从头开始返工。

"质量铸就我们友力机电的品牌核心，细节是保障质量的关键。"董事长陈仙军说。

把员工当挚友

科技支撑产业，人才是企业发展的关键。

友力机电之所以在激烈的市场中占据一席之地，成为同行业的佼佼者，离不开一支有知识、有创新能力的人才队伍。

陈仙军介绍，近10年来，公司通过制定一系列优惠政策，实施了招贤纳士、引进人才的措施，凡是专业对口，有专科、本科学历的工程技术人员，以及中专学校应往届毕业生，都可以来应聘。公司还会切实为引进的人才解决困难，"让他们切身感受到我们公司对人才是热情的，我们为他们提供工作是诚心的。让他们来得高兴，干得满意。"

据不完全统计，这几年公司从全国各地共引进20多名大专以上学历并拥有中高级技术职称的工程技术人员，这为企业的科技创新及产品的品质稳定提供了保障。"把员工当成朋友，当成挚友。"最可贵的是，友力机电始终把提高每一位员工素质当作一项大工程来做。无论是管理者，还是一线的技术员工，公司都积极鼓励他们参加各类对口培训，提高职业技能和职业素养。

"在我们这里，只要你有本事、能钻研，都有奔头。"组装车间的应小娜告诉笔者，现在公司上下的人才观念都发生了悄然的变化，大家不再认为只有学历、职称才是人才，生产工人照样也是人才。有了人才，还需发挥人才的作用。2012年，公司花大力气专门在上海成立研发中心，发挥科技创新和前沿信息的"桥头堡"作用，在这一平台上，公司为各级人才创造了更好的工作条件，营造了良好的创新氛围，让人人拥有施展才华的舞台。

公司还大胆支持和鼓励工程技术人员走出去开阔视野，让他们去考察市场、了解信息，搞新产品开发，参与技术攻关，并在工资待遇、奖金分配上对这些技术骨干予以倾斜。"我之所以喜欢'友力'，是因为老板人好，我们员工都像是他的好朋友。更重要的还在于我们能发挥自己的专长，实现自己的价值。"技术总监刘兴环由衷地感叹道。

友力机电除了依傍自己的技术人员，还善于向外借力。近几年来，友力机电积极利用高校资源，通过高校的技术创新优势，与高校进行紧密合作，及时将对应行业的技术创新转化为公司的技术项目，以提升公司品牌价值。

面对欣欣向荣、充满活力的友力机电，我们相信它的未来一定会更加有力！

· 案例8·

足友体育：细分鞋业市场抢滩"学生鞋"

图5-35　台州足友体育用品有限公司

【样本意义】　从技术引进、模仿加工向自主创新转变，台州足友体育用品有限公司强化核心技术培育，通过制定和推行国际标准、国家标准、行业标准和企业标准，推动产品技术升级，以创新占领鞋业细分市场。

"我国小学生大概有9000万名，假如每一位学生一年买4双鞋，那么就是3.6亿双，我们将更多的资金投资在开发和营销上，这个市场就具有非常大的竞争优势。"一见面，台州足友体育用品有限公司（以下简称：足友体育）董事长蔡建跃对笔者说出这番话。

足友体育秉承"有爱·有未来"的企业理念和品牌文化，从一家小鞋厂发展为一家集产品研发、生产制造、营销推广和品牌运作等于一体的童鞋龙头企业，为学生们设计出充满"健康、舒适、趣味、时尚"的鞋品，实现年产量超300万双目标。

精工品质做"注脚"

起初，足友体育走过不少弯路，也面临过打不开市场局面的情况，是一家缺乏自主设计意识的小作坊，看到哪款鞋样销量好，就照搬照抄生产，产品卖得不畅销。为减少存货数量，公司也曾打"低价牌""价格战"——这些困境让蔡建跃感到了焦虑。

"再这样经营下去，哪里谈得上扩大经营规模，连成本都难保。"蔡建跃意识到影响企业的因素：一是产品的质量和定位；二是客户的长久合作意向和合作氛围，让客户对品牌产生认同感。基于此，他开始打造自己的品牌，用品质做注脚，大到流水工艺，小至产品标识。"多年的累积，无论是在鞋样设计上积累经验，还是在团队建设上凝聚力量，每一步推动都让足友体育走向强大。"

在足友体育车间，加工工艺都有细致入微的量化标准，如针车缝纫时，要求点位准确，保证1厘米4针针距，不会凭感觉缝纫；针边距也必须在1.5厘米，该弯的地方也要线条流畅，该直的地方不能曲。足友体育还设立专门的品管部检验每一道工序，如针车车间生产出来的半成品，针距和针边距要抽样测量，不符合标准要返工。

为提高生产效率和产品质量，足友体育还对生产工序进行"机器换人"，引入流水线和操作机器人，如用刷胶和滚胶机代替人工刷胶，每双鞋的用胶量和涂胶时间由计算机把控。此外，考虑到孩子的皮肤敏感脆弱，足友体育对童鞋制鞋原料选择也格外用心。"胶水要有讲究，用的是环保胶，不含苯，胶水成本提高一倍多。"蔡建跃感觉这样做很值得。

孜孜以求设计研发

"不能拿温州、广州鞋样来生产,一定要有自己的风格。"除提升产品质量,蔡建跃思考最多的是产品设计研发。

为让产品贴近时代潮流,符合市场口味,蔡建跃寻找符合公司定位的开发团队。一次偶然的机会,蔡建跃在走访市场时发现纽邦鞋样开发中心的鞋样跟自身设计理念非常贴近,于是订购部分设计样式,加紧改进工厂流水线,产品一上市便大获成功。

为做好后续鞋样承接设计工作,蔡建跃在原有设计团队内部细分对接人员,专门负责沟通鞋样中心研发鞋样设计,对出现的配色问题及时沟通,调整设计方向。作为旗下主打品牌,"无敌金刚"和"卡孟奇"无疑倾注了足友体育设计团队全部心血。"'无敌金刚'主打运动方向,白色、粉色、蓝色都是设计常出现的颜色,设计则注重流畅线条;'卡孟奇'则偏向休闲方向。"蔡建跃介绍道,他们通过细分市场,品牌形象不断提升,"无敌金刚"因美观、大方、舒适,一举跻身温岭市十大童鞋品牌。

尝到自主研发的"红利"之后,蔡建跃坚持在产品设计方面从不假手于人,还自行前往福建开发中心,就设计的思路与设计师展开交流,就自身的配色方案和技术把握进行讨论,对时下的最新面料、鞋底材料、流行元素、配色方案等进行一一磋商,与设计师们沟通自己对产品的设计想法。

细分市场抢滩"学生鞋"

2019年5月初,蔡建跃接到山东济宁市教育局的电话,对方希望能采购3120双足友学生鞋,在2所学校做校园鞋试点,如学生满意,将在济宁全市推广。原来,济宁市教育局根据"浙江制造"标准《中小学生校园运动鞋》(T/ZZB 0616—2018),找到了足友优育。

图5-36　足友体育生产车间

2018年10月19日，由足友体育起草的《中小学校园运动鞋》(T/ZZB 0616—2018)成为"浙江制造"标准，填补该领域国家、行业标准空白。"为起草好这项标准，推动学生用鞋规范化、专业化，我们对学生鞋进行长期调研，对产品的外底耐磨性能、帮底黏合强度指标、防滑性能等核心技术提出更高要求，"蔡建跃说道，"我们还通过大数据采集，分析研究不同年龄层学生的基本脚型规律，以人体生物力学、人体工程学为分析方法，运用现代的技术和设备，对学生鞋进行全系列研究和开发。现在，越来越多的鞋企专注细分市场。比如老年鞋这一热门市场，许多企业正在专门开发这类鞋子。在我看来，学生鞋也是一个空白而有潜力的市场。"

2017年，足友体育与中国皮革制鞋研究院组建全国首家学生鞋研究中心，成为中国皮革制鞋研究院学生鞋科技成果转化基地和儿童鞋类科技创新孵化基地，以及全国制鞋标准化技术委员会观察员，承担《中小学生校园鞋》国家标准起草工作，实现足友体育从引进技术、模仿加工向自主创新转变。

"足友体育将坚持品牌初心，坚守精工产品质量、精益研发设计，为更多的学生提供舒适、新颖的健康守护鞋。"蔡建跃信心满满地说道。

第三节　认证认可

2018年国家出台《国务院关于加强质量认证体系建设促进全面质量管理的意见》中明确提出,质量认证是推进供给侧改革和"放管服"改革的重要抓手。《中共中央关于制定国民经济和社会发展第十四个五年规划和二〇三五年远景目标的建议》对"十四五"时期我国发展做出了系统谋划和战略部署,认证认可、检验检测的内容被写入"十四五"规划建议。当前,我国从认证认可大国迈向认证认可强国,进入关键时期,认证认可制度也应不断发展来适应新形势、新任务、新要求。[①]

民营企业实现高质量发展离不开对质量的认证认可。企业应学习认证认可制度,开展民营经济标准化宣传交流,传播标准化理念,在政府帮扶下做好建立企业标准体系认证工作,努力将自主创新成果融入技术标准中,落实企业标准自我声明公开制度,加强检验检测能力建设,着力提高民营企业计量、标准化、检验检测等技术能力,增强质量发展、质量安全的基础保障。政府应不断鼓励引导民营企业积极采用先进质量管理标准等先进质量管理工具,不断提高其认证积极性,为民营企业高质量发展打好基础。[②]

因此,根据以上方针,对于民营企业如何做好认证认可工作,本节从积极参与企业体系认证、做好产品的认证认可工作、加强企业内部实验室建设认可工作3个方面展开具体说明。

---

① 国家认证认可监督管理委员会秘书处.认证认可检验检测是市场经济的基础性制度 [N].中国市场监管报,2019-03-28(008).
② 六部门联合发文引领民营企业提质增效,多处涉及检测认证[EB/OL].(2022-04-16) [2022-07-01].https://www.163.com/dy/article/H52GDTAC05381WJG.html.

一、积极参与企业体系认证

(一) 三体系认证的必要性

ISO9000质量管理体系标准是一个质量管理和质量保证的标准,具有广泛的适用性和通用性,对与质量有关的活动进行系统的控制,采用PDCA循环工作方法,达到用户满意的效果,成为企业证明产品质量、工作质量,走向国际市场的一种"护照";标准围绕"让用户满意",及时认真地处理用户咨询、投诉或意见,不断满足用户需求与期望,赢得用户信任,提升企业的社会形象和市场竞争力。ISO14001环境管理体系标准体现了"全面管理、预防污染、持续改进"的总体思想,采用PDCA循环工作方法,从对企业生产活动中的污染源进行有效控制,对产品的环境性能改进、对工艺和材料的改革、对废弃物的处理和回收利用等细微入手;通过ISO14001环境管理体系认证,提高企业的竞争力,提升企业及其产品形象,获得进入国际市场的"绿色通行证"。ISO45001职业健康安全管理体系坚持以人为本,关注员工健康安全,是为企业在安全生产及职业安全卫生方面开展工作及进行技术服务的体系,通过系统化、规范化的管理体系的建立,为企业建立一个有效的风险防范机制,切实保障员工身心健康。民营企业通过参与三体系认证,可建立起满足用户、社会及企业员工等相关方需求的基本企业管理框架,为企业的长期稳健发展奠定了坚实的基础。

(二) 三体系认证工作方向

1.各地政府相关部门积极打造管理体系认证"升级版"

政府运用新版ISO9001、ISO14001、ISO45001等国际先进标准、方法提升认证要求,以互联网、大数据等新技术改造传统认证模式,通过管理体系认证的系统性升级,带动企业质量管理的全面升级。针对不同行业和企业,开展行业特色认证、分级认证、管理体系整合、质量诊断增值服务,推进创新管理、资产管理、业务连续性管理等新型管理体系认证,推动质量管理向全供应链、全产业链、产品全生命周期延伸。支持认证认可检验检测关键技术研究,加强对获证企业的培训服务,全面完成质量管理体系认证升级,为广大企业树立质量提升的示范标杆。[①]

因此,民营企业的质量部门应在调查和收集有关体系认证信息的基础上,对体系认证工作进行全面策划,编制企业质量体系认证工作计划、企业环境管理体系工作计划及企业职业安全管理体系的总体安排。"计划"应包括体系认证应做好的工作(项目)、主要工作内容和要求、完成时间、责任部门、部门负责人和企业主管领导。

2.拓展质量认证覆盖面

政府及社会组织通过开展企业质量认证现状抽样调查,摸清质量管理状况和认证需求,建立健全质量认证激励引导机制,鼓励企业参与自愿性认证,推行企业承诺制,接受社会监督。企业通过认证提升产品质量和品牌信誉,推动在市场采购、行业管理、行政监管、社会治理等领域广泛采信认证结果。为了发挥标杆引领作用,国家支持各部门、各地区建设质量认证示范区(点)。

结合对全国各行业万余家企业的认证需求抽样调查结果分析可知,企业希望政府部门加强对认证机构的监管,营造公平诚信的市场环境,加强国内外标准及准入制度宣贯,加强质量认证基础设施一站式公共服务平台建设,给予获得认证的企业相应的财税优惠政策或补贴,提升质量认证社会认知度和采信水平,持续推动质量认证结果的国际国内互认及更多具有市场价值的认证服务项目。

---

① 安徽省人民政府.安徽省人民政府关于加强质量认证体系建设促进 全面质量管理的实施意见[R/OL].(2018-07-20)[2022-07-01].https://www.ah.gov.cn/public/1681/7926481.html.

从民营企业的角度来看,需要自觉接受认证抽样调查,并且积极参与认证认可工作,拓展自己产品和服务的认证覆盖面,促使自己的产品(服务)和管理更加符合标准和技术规范的要求,从根本上保证产品的质量安全,提高管理水平,改善经营管理和加强风险防范,提高竞争力,促进民营企业融入国际市场。①

3.注重政府引导,多方协同联动

政府搭台推动,专业技术服务机构、企业及相关各方发挥各自优势,协同联动,是提升行动得以迅速开展的关键。政府部门是提升行动的组织推动者,政府的引导激励政策对提升行动,特别是在起始阶段显得尤为重要。认证机构作为第三方专业机构,是提升行动的技术服务提供方,其专业能力和服务质量决定了被帮扶企业能否在较短时间内尝到"甜头",增强质量提升的信心。民营企业是提升行动的服务对象,更是实施主体,企业一把手真正信服和采用国际标准是提升行动成功的前提条件。另外,行业协会和研究机构等社会各方力量在宣传培训、技术研发等方面也发挥着重要作用。

4.注重问题导向,坚持精准施策和综合服务

民营企业数量众多,在产品类型、生产规模、发展阶段等方面各具特点,企业在质量管理方面存在的问题千差万别。因此,体系认证要想取得实效,必须坚持问题导向,针对每家企业的具体"痛点""难点""堵点"问题,实施"靶向治疗",精准施策,一企一策,不能千篇一律、大水漫灌,初始阶段不能追求管理体系一步到位,措施办法要以简洁实用、解决问题为首要。②

---

① "十四五"促进中小企业发展规划[R/OL].(2022-04-01)[2022-07-01].http://www.sxsme.com/xzxk/46866.jhtml.

② 2021年"小微企业质量管理体系认证提升行动"总结评估报告(摘编)[J].上海质量,2022(4): 33-36.

同时,民营企业必须牢固树立大质量意识,以质量管理体系为基础,综合运用标准、计量、认证、检测等多种手段,在质量、环境、安全、知识产权等诸多方面,针对企业自身问题和需求,向政府寻求一体化、全方位、综合性服务。

5.三体系促进小微企业发展

民营企业中小微企业数量众多。其发展中存在的问题主要表现在:企业经营不规范,忽视质量管理的建设,存在对质量管理体系建设的认识误区;质量管理人员专业能力偏弱,质量意识不强,管理人力资源匮乏;岗位职责不明确,停留在"人治"基础上,更多地关注订单、产量、利润,未将环境保护、企业员工安全健康等纳入考核范畴。而三体系认证正是解决这一系列问题的科学、有效的手段。①

小微企业管理层自身应高度重视建立三大管理体系工作,充分利用自身优势,鼓励员工投入三大体系之中,提出对质量、环境、职业健康安全的影响并持续改进的承诺,并对员工提供必要的培训机会,提高员工质量、环境、职业安全意识,培养相关企业文化,使企业管理水平踏上一个新台阶,增强企业竞争力,让民营企业向高质量发展。

二、做好产品的认证认可工作

(一) 产品认证工作的必要性

产品认证分为强制性认证和自愿性认证,其中强制性产品认证的必要性是产品质量安全的提升,给社会带来高质量的产品供给,提高了产品

---

① 李玮,夏志勇.可将"三大认证"作为政府采购的资格条件[J].中国招标,2021(4):58-60.

在商品销售中的竞争力。强制性产品认证制度既能保障市场安全，又能促进产品质量提升，刺激市场主体提升自身产品和服务价值；而自愿性认证可以帮助生产企业建立健全有效的质量管理体系，节约大量检验费用，提高产品在国际市场上的竞争能力。"品字标浙江制造"认证作为一种自愿性产品认证，集品质卓越、自主创新于一体，是评价企业管理水平、产品质量、技术先进程度的综合性的创新认证模式。"浙江制造"认证不仅提供了客观、真实、具有公信力的认证结果，还是"浙江制造"品牌国际互认的基础，在认证技术上融汇了"浙江制造"特性的要求，并根据产品风险、认证风险和认证检测结果采信的程度，设计了自我声明＋产品检验或验证＋"浙江制造"要求评价和证后监督的不同组合的认证模式。

民营企业应积极参与产品认证，才能够保证经济健康发展，同时提升产品质量安全。随着中国经济的世界影响力逐步扩大，产品认证制度的应用在未来发展中会担负更加重要的责任。

（二）产品认证工作方式

1.完善管理，提高认证的有效性

CCC认证制度是政府对产品质量进行强制管理和控制的基本工具，CCC认证的有效性也直接影响着最终产品的质量。如何持续提升CCC认证的管理水平，提高认证有效性，是民营企业需要解决的一大难题。目前仍存在部分企业虚假认证、个别认证机构违规发证的现象；某些企业的产品虽然通过了认证，但在之后的抽样检查中被查出不合格；某些出口型企业的产品刚刚在国内通过认证，在国外检测就发现存在质量问题，这都说明目前认证的有效性不足。

有效性是认证工作的生命线，只有通过不断完善CCC认证的管理水平，尤其要强化对认证实施过程及获证后的监管，强化企业的主体责任，才能有效地挤压认证各参与方的操作空间，有力地打击违规行为，淘汰一

批产品质量不合格的企业,充分发挥CCC认证市场准入、保安全底线的作用,提高认证的有效性。因此民营企业进行CCC认证时应加强企业的监管,强化自身的主体责任,切勿违规操作,做好认证工作,是为了对消费者负责,更是对自己的产品负责,只有认真做好强制性认证工作才能为质量提升工作打好坚实的基础。①

2.服务社会,保护双方切身利益

认证服务于市场中的交易双方,但其最终目的是保护消费者切身利益。在交易过程中虽然双方地位平等,但由于卖方掌握更多产品在生产制造过程中的信息,造成了其比买方更具备优势。消费者作为信息相对匮乏的一方,需要通过政府或可靠的第三方获得信息的输入,以便做出决策,而认证就是获得此类信息最好的方式。

通过分析认证制度在实施与监管中存在的问题,提出改进措施和建议对策,不仅可以督促企业提升产品质量,还可以协助政府主管部门转变角色、理顺职能,为消费者创造良好的消费环境,切实保护消费者人身健康安全。②

3.创新特色认证模式

"品字标浙江制造"认证既要求民营企业产品具有先进性,又要求企业管理的先进性和绩效表现的优异性。产品层面,"品字标浙江制造"认证实施国内一流、国际领先、拥有自主知识产权的先进产品标准;管理层面,"品字标浙江制造"认证对企业提出管理成熟度要求,而非通常的质量保证能力或质量管理体系要求。此外,认证企业需具备拥有自主核心技术、具有高尚品质和优质服务、具备突出产业带动能力、具有良好信用和社会责任4个特征。"品字标浙江制造"标识既是产品识别标识,又是

① 李冠群.我国强制性产品认证制度实施与监管问题研究[D].北京化工大学,2019.
② 黄涛.中国产品认证制度的发展和现状[J].电动工具,2003,44(3):12-13.

企业识别标识。①

4.开展国际认证合作

自2014年国家认证认可监督管理委员会发文明确支持浙江采信第三方认证结果,开展品牌产品认证工作以来,"品字标浙江制造"始终致力于实现"一次认证、多国证书"的目标。浙江制造国际认证联盟中有不少成员机构为"一带一路"沿线国家提供认证或检测服务。例如:CVC威凯是沙特阿拉伯政府认可的SASO认证机构,也是海湾国家指定的电源适配器GC标志认证机构;德国TUV NORD集团在欧洲、亚洲及中东等地区的70多个国家设有超过150家分支机构;万泰为东南亚、中亚、欧洲等地区的20多个国家开展认证服务。此外,为扩大"品字标浙江制造"区域品牌的影响力,浙江致力于增强"品字标浙江制造"认证结果的采信和互认,努力推进与CCC认证的深度融合。②

因此,一方面,标准的先进性有助于民营企业保证产品和服务的高品质特性,也有助于提升企业的管理水平,能够在一定程度上满足消费者心目中对高质量产品和企业形象的期待;另一方面,认证通过质量信号传递机制、企业行为约束机制、市场互认信任机制等路径提升区域品牌价值,能够较好地满足企业、政府、市场和行业、消费者的多样化需求,是推动民营企业高质量发展的一种手段。③

5.新兴产业积极参与"品字标浙江制造"认证

发展新兴产业被认为是振兴经济的又一重大举措。与传统产业相比,新兴产业具有高技术含量、高附加值、资源集约等特点。在浙江台州发布

---

① 虞岚婷,张月义,周慧,等.以"标准+认证"为培育手段的区域品牌化实践——"品字标浙江制造"的典型案例分析[J]. 标准科学, 2021(4):46-50.

② 方圆标志认证集团浙江有限公司.认证流程[EB/OL].(2020-08-03)[2022-07-01].http://www.cqmzj.com/ zhejiangmade.

③ 张月义,虞岚婷,茅婷,等."标准+认证"视角下制造业区域品牌建设企业参与意愿及决策行为研究[J]. 管理学报,2020,17(2):290-297.

的"品字标浙江制造"团体标准中,新兴产业数量偏少,比如新一代信息技术产业、工业互联网、新材料、新能源及新能源装备等一批战略性新兴产业的发布标准就不多,存在引导未来产业发展的不平衡不充分短板。[①]

因此,新兴产业的民营企业应大力参与"品字标浙江制造"团体标准的研制,培育方向可以向节能环保、新兴信息产业、生物产业、新能源、高端装备制造业和新材料等领域倾斜。政府应加强政策和资金的扶持,引导民营企业通过团体标准的制定,早日打通上下游产业链的链接,弥补个别行业的标准空白,提前掌握行业话语权。

三、加强企业内部实验室建设认可工作

(一) 实验室认可工作的必要性

《检测和校准实验室能力的通用要求》(GB/T 27025—2019/ISO/IEC 17025:2017)确保结果有效性描述中,对认可实验室结果有效性监控的策划和审查也提出了要求。定期对检测结果有效性监控进行策划,制定质量控制的方案,实施质量保证与质量控制措施,分析监控活动的数据,从而控制实验室检测活动,实时进行改进,才能保证检测结果可靠有效。

民营企业应积极参与实验室认可活动,通过开展企业内部和社会化检测服务,进一步优化、改进检测方法,可以提升检测精度、可靠性,降低成本,不断积累经验以提升检测分析能力,提高开发、改进检测方法的能力,为相关行业技术水平的提高提供技术保障。通过检测数据的积累,可以逐步给出不同条件下产品技术指标的走势分析,可以对产品进行定性

---

① 应献,陈璋."品字标浙江制造"团体标准现状分析与思考——以台州市为例[J]. 中国标准化,2022(7):166-169.

与定量相结合的分析,对于进一步提高产品质量和改进产品性能提供可靠依据。依托实验室认可的国际互认,便于与国际同行交流检测分析技术,对进一步提升定量与定性分析能力极为重要。①

(二) 民营企业做好实验室认可工作的路径

民营企业需要充分了解实验室认可文件,截至目前,中国合格评定国家认可委员会 (CNAS) 关于实验室认可规范性文件共有158份,分属认可规则、认可准则两大类,详细见表5-1 所示。为保证国内外产品质量检测结果互认,减少贸易流通环节手续,实验室认可准则大多依据不同实验室领域相关国际组织、国内标准等技术要求制定,如表5-2所示。②

表 5-1　实验室认可文件清单

序号	名称	数量	文件通用符号	备注
1	认可通用规则	3	CNAS-R	
2	认可专用规则	10	CNAS-RL	
3	基本认可准则	10	CNAS-CL	
4	认可应用准则	43	CNAS-CL-G/A	G 代表通用；A 代表专业领域
5	认可指南	49	CNAS-GL	
6	认可方案	5	CNAS-CL01-S	
7	认可说明	21	CNAS-EL	
8	技术文件	17	CNAS-TRL	

① 孙玉澄, 杨子强. 标准化、实验室认可工作助力我国提升制造业水平[C]//第十八届中国标准化论坛论文集, 2021: 1914-1917.
② 丁成翔. 实验室认可及关键技术分析[J]. 青海科技, 2022, 29(3): 164-169, 179.

表5-2　实验室认可的主要依据

序号	认可准则名称	相关依据
1	CNAS-CL01: 2018《检测和校准实验室能力认可准则》	内容等同采用 ISO/IEC17025
2	CNAS-CL02《医学实验室质量和能力认可准则》	内容等同采用 ISO15189
3	CNAS-CL03《能力验证提供者认可准则》	内容等同采用 ISO/EC17043
4	CNAS-CL04《标准物质/标准样品生产者能力认可准则》	内容等同采用 ISO17034
5	CNAS-CL05《实验室生物安全认可准则》	内容等同采用 GB19489
6	CNAS-CL06《实验动物饲养和使用机构质量和能力认可准则》	内容等同采用 GB/27416
7	CNAS-CL07《医学参考测量实验室认可准则》	内容等同采用 ISO15195

民营企业申请实验室认可,需要完成多项准备工作,最重要的是自身具备实验室检测或校准能力。具备认可的能力主要包括人、机、料、法、环、测、抽、样等因素达到认可规范要求。申请CNAS认可流程如下: [①]

第一,企业在意向申请阶段准备工作完成后,即可正式向CNAS的受理部门申请,提交实验室管理体系文件等资料,包括半年内体系完整运行情况,内审和管理评审顺利完成情况,能力验证计划实施情况与结果反馈等。

第二,CNAS受理部门组织专业人员实施文件资料审查。双方经过多次沟通,确认申报信息清楚无误,并完善和补充体系文件不足之处。在确认能力验证有效性后,进入现场评审阶段。

第三,现场评审工作由CNAS委派专业领域专家组成评审组,由评审组长带队,赴现场实地评审。评审组在接受任务后进行评审策划,实施文件评审和现场评审,对评审中发现的不符合项进行纠正并对纠正措施进

---

① 吕京,宋桂兰.科研实验室认可制度研究与实施[J].质量与认证,2020(2):58-59.

行跟踪验证直至出具结果报告。

因此，民营企业要积极运用认可制度助力实现企业管理精细化、规范化，持续挖掘创新潜力，帮助企业走向高质量发展道路。

·案例1·

森林包装：一"证"在手行天下

图5-37　森林包装集团股份有限公司

【样本意义】 这是一片绿色的"森林"，这是一个包装的世界。是什么让一家台州企业如此繁茂葱茏，如此绿意盎然？从"证"起步，履"证"成名的发展轨迹引人深思。

远古的大地，森林与河流的交融，荒地变成了绿野。

造纸术的诞生，犹如一盏明灯，照亮了文明的画卷。

在从传统走向时代与行业前沿的跋涉中，森林包装集团股份有限公司（以下简称：森林包装）执着坚守20多年，以执着追求、勇于变革的姿态，在纸文化传承的基础上砥砺前行、创新发展。

时代的车轮"转"到了2022年的春天。在台州市"两会"上，台州市人大代表、森林包装董事长林启军面对笔者采访时说："按照标准化建设的要求，加快数字化小微园区建设，是实现台州再创民营经济新辉煌的路径之一。"

拳拳之心,殷殷期待,溢于言表。

从一家小微企业到中国印刷20强企业、中国包装名牌企业、国家高新技术企业、上市公司,其成长的艰辛、道路的曲折,林启军有切肤之感。而企业迈过认证之槛,以标准立企,继而做大做强,他更是感受深刻。

森林认证:走向国际市场的"通行证"

作为台州包装行业的龙头企业,森林包装自1998年成立以来,一直专注于打造集废纸回收、生态造纸、绿色包装及印刷于一体的全产业链。

近年来,伴随着国内消费水平提升和包装物流行业的持续发展,包装用纸行业的发展前景持续向好。特别是不少外贸企业产品出口业务看好,大量产品包装随产品出口。但不少企业由于包装用纸没有森林认证而被拒之国门外。

在森林包装,有质量认证、包装装潢印刷许可证、出版物印刷许可证等,但就是没有走出国门的森林认证(FSC)、劳氏/GMI认证等。"被人卡了脖子,就有一种说不出的味道。"林启军说。

FSC森林认证,又叫木材认证,是一种运用市场机制来促进森林可持续经营,实现生态、社会和经济目标的工具。FSC森林认证包括森林经营认证(Forest Management,FM)和产销监管链认证(Chain of Custody,COC)。通过认证后,企业有权在其产品上标明认证体系的名称和商标,即森林产品认证的标签,为进入新的市场创造准入条件。

董事长秘书徐明聪说,2013年开始,森林包装专门组织班子,抽调人员,打响了向国际认证要"通行证"的攻坚战。他们一面引进专家把脉、咨询,一面对照认证标准,对外对标原辅料厂家,选择达标企业,从源头上确保原材料环保绿色,对内从自身着手,全面改进生产流程,改造仓储条件和生产车间。并对员工进行再培训,该补课的补课,该整改的整改。公司为更好地贯标,还专门制订了《FSC-COC管理手册》,从8个方面就如何运作做了详细的规范。

经过一系列的改进、提升后,公司终于获得了国际森林管理委员会颁发的森林认证,包装产品随出口企业走出了国门。

不一样的认证,成就了一整套不一样的管理模式。

采购的原辅材料有对方出具的FSC认证报告,即使价格最贵,也要采购。在森林包装,没有这一绿色认证的原辅料即便价格再低也不得用于出口包装。

原辅材料采购到公司后,严格按照认证要求,指定定点仓库或区域存放,专人收货、验货、保管,严格把关。

在生产过程中,挑选最好的员工,用最好的设备,专人、专机生产,生产环境整洁环保,确保无害化、无污染、无缺陷,严格操作规程、按标生产。

为确保产业链畅通,满足客户需求,在生产经营上,森林包装产业链向上向下同时延伸。产业上端设有国内外废纸收购网络,能够及时、准确、全面地掌握废纸和原纸的市场信息,有利于公司适时调整原材料和产品的定价策略,从而有效地应对原材料价格波动,便于与客户沟通,增强销售的稳定性;而在下游,通过整合,生产所用瓦楞原纸、箱板纸基本来自子公司森林造纸和其他优质原纸供应商,确保货源和原纸产品的质量。

品质工程部负责人莫梦辉对笔者说:"按FSC/COC认证目标,公司的FSC材料/产品存放区域正确率100%,FSC材料/产品正确投料率100%,FSC标志100%正确使用,FSC管理方针有效落地。"

两化融合:夯实认证的根基

2021年2月,森林包装下属的全资子公司——浙江森林联合纸业有限公司年产60万吨数码喷墨纸产业升级项目，在温岭经济开发区正式开工。该项目用地面积约17公顷，总建设期为54个月，建成后将实现年产60万吨数码喷墨纸，年营业收入36亿元。

这是森林包装在连年投入的基础上又一大手笔。

早在2016年，森林包装就被工信部列入信息化、工业化"两化融合"管理体系贯标试点企业。结合企业的认证工作，通过"两化融合"夯实认证之基。

2018年，森林包装绿色环保数码喷墨印刷纸包装智能工厂项目启动。

公司一二期水印胶印厂区占地约12公顷，三期绿色环保数码喷墨印刷纸包装智能工厂占地面积近7公顷，总投资3亿元。

通过"两化融合"，森林包装认证认可的基础更加扎实了。

公司信息总监陈华来介绍说，他们通过绿色环保数码喷墨印刷纸包装智能工厂的建设，以"绿色、创新、智能、高效"为宗旨，综合运用自动化、IT、物联网、人工智能、大数据、工业互联网、5G等技术，打造包装印刷行业离散型智能工厂，实现纸包装大规模定制柔性化智能制造新模式。通过改造及新增数码喷墨印刷成型粘箱联动线、五层高速宽幅定位裁切生产线、五层高速瓦楞纸板生产线、全自动钉箱打包机、全自动钉粘物流自动打包线、AGV电瓶小车、卷筒纸数码喷墨印刷机、全自动模切机等先进设备设施，运用APS智能生产排程系统、MES制造执行系统、WMS仓库储存管理系统、物流智能排管系统、能源综合监控系统等，并与原有的ERP系统、CRM客户关系管理系统、订单管理系统、电商平台进行融合，实现工厂软硬件的有机融合一体化，构建以快速响应用户个性化需求为核心，研发设计、生产智能制造、供应链管理、销售、能耗管理、数据中台管控等紧密协同配合的纸包装智能制造协同运营生产管控体系。

陈华来举例说，如对生产全过程实时管理能力全面提升，主要装置数控化制率达到90%，设备联网率达到80%以上，生产现场数据采集率达到

95%，主要装置应用先进控制、实时优化，应用达到业内先进水平。MES、APS、ERP、PLM、SPC及智能检测系统高度集成，订单概况、物料供应、产前准备、计划调度、工艺执行、生产协同、品质管控等各运营环节互联互通，实现高度数字化。视频监控及现场数据联网采集，确保工厂生产过程和设备运行状态的实时监控。

绿色环保数码喷墨印刷纸包装智能工厂建设本着自动化、信息化、数字化与智能化的原则，全面实现工厂设计及运营数字化、产品设计数字化、制造过程装备数字化、制造过程管理信息化、物流配送信息化、能源资源利用集约化，以及大数据、人工智能、5G和工业互联网的融合应用。

又如在智能工厂内实现5G网络的全覆盖，并在智能工厂中实现多种5G融合应用场景。5G成品仓库无人AGV智能仓储系统的无人运输小车得益于5G低延时、高速率、大容量等优势，相较之前Wi-Fi网络连接，小车的反应速度从50毫秒降至20毫秒内，实现货物和物料装卸与搬运全过程更自动、更智能。

"森林包装通过'两化融合'，光人员就减少了1/3。"陈华来说。

同频共振：全员保障那成片的"森林"

"企业具备出口商品包装容器质量许可证等，通过ISO9001体系认证、ISO14001体系认证、FSC认证等，并不是说企业可以一劳永逸、躺在'证'上睡大觉，这些是对企业的鞭策和促进。如果有一天，企业在哪个方面不达标了，取消认证资格也不是不可能。"在采访中，林启军说。

居安思危，高度自觉，森林包装从未有丝毫的懈怠。林启军对笔者说："获得各级的认证，建立认证体系，可保证生产在环保、质量的轨道上有效运转，符合国内外客户对质量标准的需求，客户才能在此基础上与我们开展合作。要将各类认证落实到行动上，贯穿到生产的全过程，需要全体员工的共同努力,需要公司在各个层面上根据企业的发展和客户要求,进一步深化标准。这几年,我们在建立质量体系、数字化转型、严格操作规程等方面都投入了大量的人力、物力。"

认证这一硬"本本",必须有过硬的产品、优秀的品质和科学的管理去保证。

认"证",识"证",履"证",在森林包装蔚然成风。全方位、无死角,同频共振,全员擦亮认证"金名片"。

森林包装及其子公司十分重视科技创新。公司研发中心的研发能力和试验水平,逐步向国际高端化、前沿化过渡。包装应用环境模拟检测中心以保护产品安全到达目的地为目标。经过测试的产品,能保证达到各项指标使用的稳定性、环保性、循环性等各个方面的要求。

据研发中心一位研发人员说,公司所有的项目(订单)经过定制设计,设计工作贯穿产品制造过程的始终,以满足用户需求。公司建立了雅图ArtiosCAD产品设计与管理平台和PLM产品全生命周期管理系统,构建了完整的产品设计、仿真分析验证平台,实现了基于产品组件的标准库、产品设计知识库的集成和应用,实现产品参数化、模块化设计,实现将产品的设计信息、生产信息、检验信息等继承于产品的数字化模型中,实现基于模型的产品数据归档管理,以及产品全生命周期跨业务的协同。

经过连年的研发创新,森林包装现拥有8项发明专利和147项实用新型专利。同时,凭借多年的品牌积淀,森林包装成为利欧集团、爱仕达等大中型企业的优质供应商,客户涉及机械电气设备制造、电子信息产品制造、汽车及汽车零配件制造、机电设备制造等行业。

在发展进出口业务中,森林包装着力培养外贸及全球经营管理人才,科学布局海外造纸、包装市场,实现造纸、纸包装研发、纸箱制造销售的全球整合。

森林包装运用"互联网＋包装印刷"理念,成立台州快印包网络科技

图 5-38　森林包装生产车间

有限公司。通过"快印包"在线设计销售平台,将营销服务和设计研发结合起来,实现集宣传推广、研发设计、订单接收、印刷生产、交易支付、售后服务于一体的综合化服务平台建设,满足客户个性化、小批量需求。

莫梦辉对笔者说:"公司10来年,变化确实太大了。原来企业人员多,智能设备应用后,人员减少了,但效益提高了,通过体系优化,人员分工更加明确,检测手段更加先进,全员质量保障体系更加健全,感觉企业各方面更加标准、规范。随着员工劳动强度的降低、工资待遇的提高、员工幸福指数的上升,我这个新台州人对企业的发展充满信心。见证企业这些年的发展和个人的成长,我感到公司就是我的家,我在这里成了家,还把父母也接到了大溪。我相信,公司会越来越大、越来越强,我们也会越来越好。"

森林包装在发展中连年增长,2021年营收达29.5亿元,比上年增长

35%。实现归属母公司净利润2.82亿元，同比增长28.1%。

一张张富有含金量的各类认证改变了企业的命运，也改变了员工的命运。一位位员工近于苛刻地履行认证的高度责任感，促使企业在行业内树起了标杆，在客户中打响了品牌。

森林包装及下属的台州森林环保科技有限公司等8家子公司和分公司，就像在茂密的森林中，一排排挺立的"森林卫士"，守望着这片天、这片地，哪怕风狂雨骤，哪怕电闪雷鸣。

未来的那片"森林"，必将绿得更加耀眼、更加灿烂。

·案例2·

劳士顿科技:用品质生产塑"金身" 拿下"品字标浙江制造"认证

图5-39 浙江劳士顿科技股份有限公司

【样本意义】 一样东西好不好,自己说了不算,别人说了也不算,必须由权威机构认证才有话语权,浙江劳士顿科技股份有限公司的数十张证书和奖状,证明了这家公司在焊接设备及空压机领域的绝对实力。

就像一个优秀三好生一样,浙江劳士顿科技股份有限公司(以下简称:

劳士顿科技）的大厅里挂满了各种奖状和荣誉。与其说这家公司在展现自己，不如说是公司每天在自勉和奋进。

"每一份荣誉都来之不易，都是所有劳士顿人一起努力和奋斗争取来的。"劳士顿科技分管生产的副总陈丰道出成功秘诀。

在温岭坞根的劳士顿科技的一间陈列室里，几十面国家级和省级认证的牌匾摆满整面墙壁。在这些证书牌匾中，有不少含金量很高，譬如"品字标浙江制造""国家高新技术企业""浙江'专精特新'中小企业"，这些头衔在浙江省内同行中都鲜有企业获得。

"争取这些头衔，并不是为了摆摆门面，而是在获取这些认证认可的过程中，以极高的标准要求自己，敦促企业发展和突破。"陈丰介绍。

年产百万台电焊机，这家企业从0起步

劳士顿科技成立于2005年，如果去这家企业走一走，便会被企业不小的规模吸引到。这家企业目前建筑面积达5万多平方米，是一家集焊接设备及空压机研发、生产、销售于一体的科技型企业，系国家高新技术企业。

企业通过ISO9001:2000质量体系认证、ISO14001环境管理体系认证、OHSAS18000职业健康安全管理体系认证，是CCC、CE、GS、RoHS认证企业。并且公司从事精益生产管理和ERP的信息化管理多年，有先进的管理体系和优秀的团队，产品有着一流的品质，在国内外有口皆碑。

别看劳士顿科技光彩照人，在成立初期，企业也是从小作坊起步的。

"当时公司招聘了几十个员工，大家只是简单地组装基础款的电焊机。"陈丰表示，当时国内电焊机的技术还很薄弱，很多技术性问题都没法解决，因此，产品经常会出这样或者那样的故障，给消费者带来很不好的使用体验。

一开始，劳士顿科技生产的电焊机全部靠手工焊接，由于电焊机在使用过程中，电压是在不停变化和切换的，因缺乏过硬的技术支持，电焊机的散热板非常容易烧坏。"2014年，有一次，产品普遍出现问题，不得不全部召回，给公司带来非常大的损失。"

对不少企业家来说，在公司发展的过程中栽了大跟头，赚不到钱或者亏了钱，往往会选择转行另谋出路。但是劳士顿科技的股东和负责人却非常团结，他们认为，既然国内在电焊机领域的技术有缺口、不成熟，那么就加大力度自主研发，攻克技术难题，将产品的质量做上去，从哪里跌倒就从哪里站起来。

引进人才加大技术研发力度，电焊机品质有了质的飞跃

针对电焊机技术遇到的瓶颈问题，劳士顿科技一方面收集问题所在，寻找技术难题突破口，另一方面不惜血本，在全国范围内招兵买马、广纳贤才，高薪聘请相关的技术人员加入企业团队进行研发。

散热问题一直是导致电焊机故障不断的关键所在，于是技术团队首先对电焊机的散热结构进行改进，在原有的基础上，将散热结构分成小区块，这样不仅大大地提升了机械的性能，而且解决了散热板频繁故障的问题。

在一步步的发展中，劳士顿科技一步一个脚印，遇到挫折不气馁，获得成绩不骄傲，用了10余年时间沉淀和积累，并且将主要资金用来引进国外先进的生产线，确保产品生产的高效率及高质量。公司具备了年产120万台的生产能力，在原有的"劳士顿"品牌的基础上，又创立了"通科"品牌，研发且掌握了包括增压起弧技术、多功能焊机驱动技术、输入电压高低压检测技术、自动保护控制技术、分离式高效散热等在内的核心技术，保障产品性能"领军式"优势。

目前,劳士顿科技电焊机出口额在全国业内排名第六,浙江省内排名第二,出口德国市场占有率达14.44%,排名第二,出口俄罗斯市场占有率达9.17%,排名第三,是浙江省十大电焊机品牌之一,荣获浙江出口名牌、浙江省知名商号、"品字标浙江制造"认证等荣誉。

"现在我们的电焊机生产标准十分严格,无论技术还是生产力,都能够处于同行业领先水平。"陈丰介绍,焊接设备生产基地分五大车间:机箱加工车间、喷塑加工车间、散热器加工车间、电子生产车间、装配生产车间。机箱加工车间引进多台全自动数字激光切割机,工作效率提高50%以上,机箱成型误差小于1毫米,误差缩小的同时也提高了后续装配的效率。喷塑车间增设10孔全自动喷台,喷塑成型美观,效率提升50%以上。散热器车间投入自动化设备500万元以上,实现切割、攻丝、清洗全流程自动化,效率提升200%以上。

值得一提的是,装配车间使用了劳士顿科技自己研发的自动化流水线,PLC数字化监控也是行业首创,使用后行业争相模仿。自动化流水线的投入使用提高了生产效率50%,自动丝印机、自动塑封机、MES智能扫码系统等机械智能化设备的大量投入使装配车间实现了半人工半智能的转变,为后续实现全自动化装配工艺奠定基础。

此外,企业实施"全员质量管理,精益质量管理"的质量理念,以来料管控、过程管控、出货管控、客诉管理、纠正预防、质量评审、质量追溯、量具管理、供应商协同、周期性验证、数据管理等管理方法,有效地打造质量品牌竞争力。

"精良品质、焊接无瑕、用户至上、捍卫尊严"是劳士顿科技的质量方针,企业始终以客户满意为目标,提高质量核心竞争力。

保质保量保售后服务，"劳氏"电焊机合格率近乎100%

强大的技术支撑和有力的售后保障，为劳士顿科技赢得了极强的行业竞争力。企业实力的不断壮大，也为企业争取到了认可度的提升，最终成为行业的标杆，掌握了行业的话语权。

劳士顿科技拥有强大的研发团队，相关技术人员达56人，同时与多个高等院校合作开发最新的数字化电焊机，有5位外部专家教授长期指导企业新产品的设计和生产。截至2021年，企业各种研发设计及检测设备投入超过1300万元，拥有EMI测试传导干扰接收机、SMT回流焊、波峰焊、AOI线路板测试仪、示波器等先进设备。

技术中心自主研发了多项创新技术，包括增压起弧技术、多功能焊机驱动技术、输入电压高低压检测技术、自动保护控制技术、分离式高效散热等核心技术。其中多功能焊机驱动技术、输入电压高低压检测技术已经获得了发明专利，分离式高效散热获得了实用新型专利。目前企业拥有专利46项，其中发明专利8项。

创新是企业得以发展的基石，持续不断的技术创新是企业永葆竞争力的根本保证。近年来，企业不断利用新思维、新技术、新方法，对产品进行技术指标优化、提升，以适应瞬息万变的市场需求。

劳士顿科技大力推进人才队伍建设，和四川攀枝花学院、浙江工业大学等高等院校合作，聘请知名机电专家为公司技术中心顾问，吸纳具有机电专业技能知识的高校毕业生充实研发队伍。

劳士顿科技在加强产学研合作的同时，还重视自身技术人员的培养，将现有技术人员有计划地委托合作院校进行深造培养，并加强与海内外机电行业专业人士的信息交流与合作，使公司的工程技术人员学习、了解和掌握世界最新技术与应用情况，以促进技术改造和产品升级换代。

图5-40 劳士顿科技获得的荣誉奖章

产品的技术创新,最终服务于市场,满足客户需求。为获取市场前沿的反馈,自2011年企业实施顾客满意度评测机制以来,得到客户的广泛支持,企业与市场之间形成良性互动,也倒逼企业技术、服务质量的提升。为保证产品的可追溯,企业对原材料、生产加工过程、成品出厂采用统一批次号的办法,保证可以追溯每一件产品的所有生产数据。

"我们对每件产品提供了1—2年保修,终身维护的售后服务,让客户更加放心。"陈丰透露,当前企业生产的电焊产品,合格率达99%以上,全年基本接不到投诉电话。"偶尔一两个反馈不满意的电话,也都是反映产品外包装有破损划伤的情况,我们也都会马上给他们安排更换。"

·案例3·

巨霸机电："霸气"闯出市场之路

图5-41　浙江巨霸机电科技股份有限公司

【样本意义】　办企业要有鸿鹄之志,闯市场要有"霸道"之气。敢走前人没走过的路,敢做前人没做过的事,抢先一步,棋高一着,才能抢占市场制高点,才能掌握主动权。

走进浙江巨霸机电科技股份有限公司(以下简称:巨霸机电),"巨霸"这一"霸气"的名字首先引起笔者的兴趣。

公司为何取名"巨霸"？公司董事长曹再华说："当时美国有一家公司叫巨霸集团，而在国内这个名称还没有人注册，我想着，我们要向美国这家公司看齐，于是，就在那时注册了'巨霸'这个公司名称。"

2004年，巨霸机电正式挂牌。

鸿鹄之志始于"巨霸"之时。

叩开认证之门

1988年创业伊始，企业并非一帆风顺。当时巨霸机电主营钻床、老式的切割机，因市场变化快而销路不佳，加上没有自有厂房，巨霸机电曾有3次搬厂的历史，每次搬都搞得伤筋动骨、焦头烂额。

企业老产品销路不畅，市场反馈逆变焊机系列正供不应求，在创业初期吃了不少苦头的曹再华拍板决策马上转产逆变焊机。

国内那时已有逆变焊机，但由于先进厂家技术封锁，要获取技术数据等于白日做梦。唯一的出路就是自主创新，靠自己攻克技术难关。

曹再华一边组织技术人员搜集资料，一边亲自带队到全国各地网罗人才。经过几个月的努力，终于请到了国内顶尖的工程师和技术人员。人员到位之后，他亲自负责搭建研发新产品的技术团队，并做好相关保障工作，以十分的努力和诚意给专家们提供各项工作条件。

等到新产品上市，曹再华又发现同样的产品质量，巨霸机电的产品销量却远不及预期，问题在哪儿？曹再华了解到如果没有相关质量认证，再好的产品也没有公平竞争的机会。

而认证是竖在企业面前的一道高高的门槛，是望而却步，还是迎难而上？

一扇紧闭的大门，如果打开了，前面就会豁然开朗。

中国CCC、欧盟CE、德国GS、美国ETL等国际质量认证，就好比是产品通向市场的"通行证"，取得这些质量认证，就等于产品推开了走向市场的大门。

然而,要叩开认证这扇大门,对于一家小微企业来说,却比登天还要难。

早已醒悟的曹再华知道,没有市场就啥也不是,必须把认证搞下来!砸锅卖铁也要上,这次破釜沉舟了。

样机经过公司研发团队数十次的改良,按照认证的要求顺利过关,终于可以投放市场了。

认证的大门叩开了。

夯实认证之基

获得认证只是万里长征迈出了第一步,更为艰巨的是要严格按照各级认证的要求进行生产,必须建立一整套规范的认证体系。为此,公司从上到下,全员总动员,全方位、多层次地开展体系建设,夯实认证需要的硬件和软件基础。

公司总经理曹鹏说:"我们根据质量认证的要求,先后通过中国CCC、欧盟CS、德国GS、ETL等质量认证,并通过ISO9001:2015、IATF16949质量管理体系认证、AAA级企业标准化认证,建立包括ERP系统数据库在内的一整套质量管理模块,并将质量体系融入企业管理。同时,按标准、条款、规范建立质量体系管理部,充实人员30多位,每年投入体系建设资金500多万元,并层层建立生产过程全程监控,每个重要检测点还进行登记记录、追踪,每条线、每个环节进货出货都配备质量检测员。"

曹鹏补充道:"我们从材料入库到生产过程、成品出厂,实行条码一一对应,生产的产品具有可追溯性,每个人、每个生产岗位点对点跟踪,何时生产,何时出货,条形码一一显示。"

大数据说话,精细化管理,在企业的管理中就是这样的神奇。

公司常务副总王进对笔者说:"通过认证体系的建立和质量管理的实

施,企业的管理扎实了,基础牢靠了,质量的氛围更浓了。争做标准员工、立足标准岗位、生产标准产品成了大家的自觉行动。"

严格的认证体系,严谨的质量意识,撑起了质量的天空。现巨霸机电生产的逆变焊机、直流焊机、交流焊机、自动化焊接设备、新能源空压机等焊接工具畅销国内外,企业获"国家高新技术企业"、"浙江出口名牌"、"省级高新技术企业研究开发中心"、"品字标浙江制造"认证等称号。

履好认证之职

把认证的各项要求落到实处,既要从大处着眼,更要从实处着力,履好职、担好责。

技术总工黄建民举例说:"电子产品的特点就是要减少污染,处理好防潮,提高电网的利用率。为解决这一问题,提高焊机的使用效率,我们将原来的机械控制改为电子技术控制,提高逆电频率,使用效率从原来的60%提高到80%。这就是认证带来的变化,从技术上保证,我们总是处处为用户着想。"

"品质是企业的生命,这是巨霸机电对于公司品质的定义,为此,公司建立了首检、自检、互检、过程检、进货检、出货检等'六检'制度,参照技术标准和客户要求,严格把关,一旦发现问题,决不姑息。"公司品质部经理滕强林举例说,"有一次,巡检员发现有道工序生产的产品材料与客户订单的要求不一样。品质部根据5W2H分析法,对物料清单及客户订单展开追查分析,发现问题是业务员与客户没有很好沟通所致。通过业务员与客户再次确认,结合技术部门给出的相关数据及参数,更改了客户订单内容,使用了正确的产品材料,避免了因为细节处置的问题而影响了产品的稳定性。为了避免类似的问题再次发生,在客户订单确认栏,增加了技术部门审核项。"通过此事,客户对公司内部严格的审核体系也非常认可

图5-42　巨霸机电生产车间

和充分肯定,并对公司的产品充满信心。

在巨霸机电,标准无处不在,考核无时不有,哪怕是辅助工序,同样无死角、无遗漏。

王进说,公司为了提高整体生产效率,避免人为因素造成的品质异常及生产损耗,引进了日本铃木公司的精益生产理念,成立了精益生产小组,并通过精益生产小组的改善,大大地提高了公司在整个生产环节的管控,例如:车间的打包工序,原来手工操作,配件摆放凌乱,容易造成差错,现在增添了自动封箱等打包设备,配件摆放实行编号。精益管理的模式延伸到每个员工的打包过程、质量考核,不但提高了员工的责任意识,降低了员工的劳动强度,避免了打包差错,而且工作效率提升了一倍。

"作为公司的品质部,我们更是加强职责,一抓到底,保质量、保声誉,"品质部检测员方博文说,"公司导入精益管理'5W'后,我们专门组织技术部、生产部,不定期地确立课题,一起讨论,通过数据分析,以改进品质为目标开展论证,以此发现问题,推进产品质量提升。如我们之前对整流桥线的100个产品进行抽检,发现2个不良产品,除责令返工外,我们会同相关部门把脉问诊，找原因，定措施，堵漏洞，直至产品达到标准。"

认证不是高枕无忧，不是一劳永逸，而是更严格地依法依规。这一共识，连起了全体员工的责任链、价值链。

巨霸机电将认证作为企业发展的新起点，坚持创新发展、持续发展，研发的产品曾多次入选浙江省重大科技攻关项目、浙江省重点高新产品、市级重大支持项目。企业还参与了国家标准的起草。

一整套标准、认证的落地，铺就了企业产品的市场之路。从当初的内销为主到如今的98%产品出口世界各国，巨霸机电用实际行动印证了这就是"霸气"！

在争当"巨霸"的道路上，巨霸机电对标国际，干在实处，争创一流，永无止境。

海之味水产：品尝认证的味道

图5-43　浙江海之味水产有限公司

【样本意义】　市场经济条件下的认证认可,被称为质量管理的"体检证"、市场经济的"信用证"、国际贸易的"通行证"。基于这个认识,浙江海之味水产有限公司闯出认证之路,叩开市场之门,融进了国际国内"双循环",收获了认证带来的变化和发展。

"无论是过去产品100%出口,还是现在'内循环'中内销占大头,如果企业没有走上认证认可的道路,这些都是不可能的。"

说到企业的认证认可,浙江海之味水产有限公司(以下简称:海之味水产)董事长兼总经理胡于青深有感触。

创业30多年的胡于青,一路风雨,见证了企业认证认可的全过程。2022年5月下旬,笔者在采访他时,天庭饱满、脸庞红润的胡于青笑容可掬,向笔者讲述了一家小微企业从"无证"经营、无缘出口到有证经营、有效发展的变化历程。

认证,倒逼企业改变经营模式

温岭松门,得天独厚的水产优势,孕育了一大批水产食品加工企业。1989年,有着经营头脑的胡于青收购了一家倒闭的水产加工企业,创办了海之味水产。

当时的水产加工企业遍地开花,产品质量参差不齐。

为规范市场交易,国际上普遍将认证认可作为规范市场和便利贸易的通行手段,并着手建立统一标准、统一程序和统一体系,以降低市场交易风险,便利全球贸易。

于是,获得相关认证认可,成了企业走向市场的必要条件。

无证难行。难在无法出口,难在无法参与竞争,难在企业可能被淘汰。

"要获得相关机构的认证,确实是对我们的考验,当时困难之大超出了我们的想象,"胡于青对笔者说,"我们一面找政府、相关部门,求得它们的支持和帮助,一面从企业内部着手,从最基础的做起,一项一项抓落实。"

1996年,企业开始了质量认证的各项准备工作,特别是产品出口国际市场,必须要获得美国出口注册。

"记得当时要填写的各种表格就有100多张,将这些表格按要求做好记录,难度非常大,"胡于青说,"比如,进货的水产品是哪条船捕捞的,捕捞的海域有没有污染等都要记录在册。认证规定的各种记录缺一项都不行。"

当时有员工说："产品不出口也没关系啊,搞那么复杂哪里做得到啊。"

面对各种怨言和带来的种种麻烦,企业顶住了压力。在面对企业生死存亡的关键时刻,海之味水产义无反顾往前走。

为破解难题,企业从人才引进入手,组建15人的专业团队,日夜开展认证相关工作,并聘请懂美国法律法规的专家来企业为员工培训;企业投入300多万元对原有厂房进行改造,将原来精加工与粗加工合在一起的生产车间进行分离,分别设立卫生间,防止交叉感染;新建消毒室、更衣室、化验室等配套设施;对企业外部周边的环境也进行了全面整治。

通过一年多的努力,企业终于迎来了原国家食品药品监督管理局组织的抽检。当时,台州推荐10家企业进行抽检,海之味水产名列其中,首次抽检获得通过。

企业生产模式由此达到了国内国外一个模式、一个标准、一套管理程序。

1997年,企业获得对美出口注册;2006年,获得对欧盟出口注册;2009年,获得对俄罗斯出口注册。企业从1998年开始全面导入HACCP食品安全管理体系;2003年通过ISO9001质量管理体系认证;2005年首家通过ISO22000食品安全管理体系认证,并列为全国首批30家试点企业;2007年成为全国食品安全质量安全许可市场准入(QS)企业。企业建立独立的化验检测中心及产品研发中心,引进先进的检测设备,建立的产品检验中心全面实施HACCP计划管理。

多年形成的传统管理和经营模式在国际化、标准化进程中"改朝换代"。

企业生产经营的章鱼加工系列、鱼糜系列、蟹肉罐头系列、休闲食品系列及其他各类经济鱼类系列,远销欧盟、美国、俄罗斯、日本等40多个国家和地区，产品质量深受国内外客户好评。

认证，倒逼员工增强食品安全意识

认证，对企业是一次深刻的革命，对员工何尝不是一次深刻的改变？

最好的认证要落到实处，关键还是要靠员工。员工的传统观念、食品安全意识不改变，一切都是零。

胡于青笑着为笔者举了一个"说不出口"的例子。

当年在实行注册认证之初，不少员工有诸多的不适应、不习惯。有一次，有一批产品抽样细菌超标，车间当即通过各种手段，对100多位生产员工进行全面排查，结果发现有位员工上洗手间没洗手直接进车间接触食品。这位员工说："我就这么一次没洗手，不可能啊。"

但就是这么一次"不可能"，让员工感到食品卫生马虎不得、放松不得。

在事实面前、教训面前，员工们开始醒悟。"不洗手难受""饭都不想吃了"成了大家的共识。

又比如女工戴帽子头发不能外露，进车间一次洗手消毒不得少于30秒，工作每隔半小时必须消毒一次等，开始时员工很不习惯，但对这些强制性的要求，逼着员工去做，久而久之，员工们慢慢习惯了，如今成了大家的自觉行为。

过去，在车间里，落到地上的产品会被员工放到水里洗一下就重新加工；现在，由专门的卫生管理员将落地的产品放到落地产品专用容器里处理，经检验合格后才可再加工。

对进货的原材料，原来用肉眼看外观来判断是否符合质量要求，现在，在确认捕捞的海域后，对有没有使用超量的保鲜药物等都要进行严格的检测。

这些严格的管理和精细的操作，做起来非常繁杂，有时还费时、费力，

图5-44　海之味水产生产车间

但员工们现在都已经习以为常。

质检部主管庞钦雅在企业工作20多年,从事质量管理10多年,见证了企业认证的历史变迁。他说:"基于规则与质量保证的产品才能受到客户的欢迎。这些年,我们抓认证、抓质量就是为了满足客户的需求。出于这样的目的,我们苦一点、累一点、严一点都值得,这都是我们应该做的。"

认证,改变了一切,点亮了未来。

认证,倒逼企业提升管理能力

2022年1月18日8时40分,海之味水产突然停电,经向电力部门询问,是企业外面变压器故障,修复完成要到下午2点以后,而企业柴油机因长期未使用而无法启动。如当天上午刚进冻平板机的杂鱼糜等到有电后再速冻,因已超过5小时,产品会变质。

HACCP小组立即采取措施,由当班包装员工借助临时照明将平板机中的鱼糜拿出来放在塑料保温桶中加冰保鲜，做到层冰层鱼，确保有效保温并加盖。待通电后，氨机工对平板机实施降温，然后将保温的鱼糜及时速冻。最后召集HACCP小组及相关人员对该产品进行评估。

2022年3月21日，产品追溯模拟演练在海之味水产开展。为了提升企业的管理水平和员工的质量管理能力，海之味水产每年都要举办各类模拟演练。通过演练，检验企业的管理水平，考验各个相关部门的应急管理能力，把企业的各种质量措施、注册认证的相关规定、食品安全的相关目标落到实处。

笔者了解到，海之味水产还开展了第三方来公司进行一年一次的评审活动，邀请中国质量认证中心浙江分中心专家来公司，对办公室、动力部、仓库、车间等进行审核，找问题、破难题，提升管理能力。

海之味水产从建立落实各项认证的管理制度到创新建立模拟应急演练，再到邀请第三方来公司审核和各类注册的换证，一步步都是那样的扎实，那样的出彩。

庞钦雅说，这些年来，企业接收原料合格率达100%，出厂产品自检合格达100%，内外销产品退货率为零，客户投诉处理率达100%。企业连年获得全国农产品加工示范企业、浙江省骨干农业龙头企业、中国驰名商标、浙江省著名商标、浙江省名牌等荣誉。

一年又一年，海之味水产品牌"一家人""美鲜达"成为人们舌尖上的美味，漂洋过海，走进了千家万户。

·案例5·

广涛卫厨:让"中国制造"走得更远更久

图5-45　浙江广涛卫厨有限公司

【样本意义】　中国古代有个"书痴者文必工,艺痴者技必良"的说法,浙江广涛卫厨有限公司亦秉持"术业有专攻"的精神,一旦选择行业,就一门心思扎根下去,心无旁骛,在一个细分产品上不断积累优势,成为细分领域的领头羊。

它是博世、阿里斯顿、威能、樱花等世界级行业巨头在中国供应链的厂商,它是国际知名供热品牌"德国威能"在中国的独家供应商,它就是凭借领先技术和过硬产品品质广受好评的企业——浙江广涛卫厨有限公司（以下简称：广涛卫厨）。

然而，谁能想到，这个当年创业资金只有79万元，厂房只是几十平方米的"小黑屋"，创业初期6个月0订单的企业，如今摇身一变，成了年产值近5亿元，拥有近百亩现代标准化工业厂区，且让"中国制造"走得更远、更久的企业。

兄弟联手创业谋"出路"

广涛卫厨的公司名称取自于陈文广、陈文涛两兄弟"广"与"涛"两字，寓意为"在广阔波涛的商海奋勇前行"。

2000年，温岭市热水器厂改制后，42岁的陈文广担任该厂生产技术副厂长。"当时，我是个下岗工人，看到身边的同事参加培训再就业，我自己心里就有个想法。"陈文广说道，他的弟弟陈文涛一直为热水器厂做产品配套，凭着对国内热水器行业市场的了解，他认为中国热水器市场热交换器产品细分领域存在空白，蕴藏着巨大商机。

说干就干。兄弟俩拿出所有家当79万元，成立台州广涛卫厨有限公司——浙江广涛卫厨有限公司前身，开始了创业之路。

创业初期，虽有技术，但因缺乏产品营销及运营经验，公司产品一时打不开销路，出现了6个月0订单的情况。面对如此困境，兄弟俩只有一个信念，"无论如何都要让公司活下来"。没销路就另谋出路，兄弟俩开始借力热水器维修市场。之前厂里好多同事开了热水器维修店，兄弟俩主动上门向热水器商铺推销，把公司生产的热水器、热交换器等产品寄放于热水器商铺销售，赚取利润维持公司基本运营。"虽然销路没打开，但因为我们生产的产品质量过关，总有老顾客，才让公司生存下来。"陈文广说道，这一干就持续了整整3个年头。

赚取第一桶金600万元

广涛卫厨一直将公司定位为技术性企业。2000年，兄弟俩看到了浙江省内卫厨行业焊接技术滞后带来的商机，便率先从天津引进铜的焊接技术，但因无法满焊，热交换器使用中出现了外围箱体烧坏和环绕盘管应力造成漏水的情况。为让产品尽善尽美，广涛卫厨技术人员整整花费2年多时间，经上百次试验改革工艺，终于研发了采用高速离心甩落多余铅锡的热浸铅锡工艺，提高了热传导能力，解决了这一问题。

2003年，兄弟俩通过朋友介绍认识了苏州客户，由苏州客户牵线，接到为台湾客户生产3个集装箱热处理器的订单。当第二批集装箱热处理器生产完成准备收款时，苏州客户要求增加提成，让广涛卫厨降价5%。这一降价，根本无利润可言，无奈之下，广涛卫厨终止与台湾客户的合作。

半年后，陈文广电话响起，听筒里传来台湾口音说，苏州客户新介绍的广东企业做出的热处理器产品质量不过关，想跟广涛卫厨保持长期合作。就这样，这一年，广涛卫厨利润便达到600万元。

叩开世界顶级厂商供应链大门

创业初始，广涛卫厨产品采用传统镀合金工艺，因含重金属并不环保，也没有知名客户找上门，一度陷于发展滞缓的尴尬境地。2008年，日本首创无氧铜技术，兄弟俩敏锐地察觉到，这一创新工艺将会为整个行业带来颠覆性变化，因此果断跟进这项工艺，成为中国业内首家成功研发无氧铜专利技术企业。年底，广涛卫厨使用全新工艺生产的产品一经推出，便接到了铺天盖地的订单，也成功地叩开世界顶级厂商供应链大门。目前，广涛卫厨仍然保持国内无氧铜工艺领域领先地位，在热交换器小众细分市场，广涛卫厨不仅傲视国内同行，在国际上也是鲜有对手。

"我们没有销售团队，都是客户找上门，"陈文广介绍道，"目前公司技术部门70多人，全力研发新技术，如今，我们技术部门正研究如何破解不锈钢卫厨产品热吸收能力差难题，以达到与铜同水平热吸收能力。每次改革都是一次挑战，也为我们打开了更广阔的市场。"

图5-46 广涛卫厨生产车间

因为坚持，广涛卫厨产品低热值热效率从国家要求标准80%到84%再到88%乃至现在的102%，公司先后获得了"国家高新技术企业""安全生产标准化三级企业"荣誉，公司也率先在行业通过ISO9001：2002、ISO9001：2008质量管理体系认证、ISO4001：2004环保管理体系认证、CCC产品质量认证、出口欧盟产品获CE认证、"品字标浙江制造"认证。

高度源于不断超越。广涛卫厨没有停下前进的脚步，又紧锣密鼓地开始新一轮技术攻关。如今，广涛卫厨扩充2公顷厂区用于专门研发并推广不锈钢卫厨产品，加大对先进设备、技术、工艺的引进和更新投入，持续为公司创新研发"添柴加薪"。

第四节 品牌提升

品牌简单地讲是指消费者对产品及产品系列的认知程度。品牌是人们对一个企业及其产品、售后服务、文化价值的一种评价和认知,是一种信任。市场营销专家菲利普·科特勒博士给品牌下的定义为:品牌是一个名称、名词、符号或设计,或者是它们的组合,其目的是识别某个销售者或某群销售者的产品或劳务,并使之同竞争对手的产品和劳务区别开来。

品牌提升,本质上是对企业价值观、经营的理念和企业文化的提升体现。通过提升上述方面,并对消费者采取传播、宣传手段以实现消费者对品牌的识别、认知、信任、忠诚,从而提升企业品牌与企业自身效应。品牌建设在企业经营管理中发挥了很多不可替代的积极作用:

一是提升企业运营效益。品牌的战略性运营管理一定要以企业的真实社会经济效益为标准,品牌建设对企业运营效益提升可以表现在以下3个层面。第一,提升产品的市场销售效率和收益。优秀的品牌形象具有强大的市场竞争力,优秀的品牌在消费者进行购买时减少了搜寻成本,缩短了决策流程,能够促使消费者最终买单,从而提高产品和服务的市场销售效率,增加收入和利润。第二,增加企业在谈判中的话语权,获得更多的合作机会和可能性。优秀的品牌是企业形象的体现,是企业文化和实力的象征,是企业与社会沟通的桥梁,优秀的品牌深入人心,优秀的品牌文化影响深远,在市场经济中,品牌的知名度和美誉度往往可以吸引更多的合作机会和获取更大的话语权。第三,降低企业的融资成本,控制企业的经营管理成本,依靠增强企业经营管理环节中产生的核心竞争力,进而获得更高的社会经济效益。①

二是增强企业竞争力。在激烈的市场竞争环境中,加强品牌建设可

---

① 严慧慧.关于品牌建设在企业经营管理中的作用分析[J].老字号品牌营销,2022(2):22-24.

以提高企业竞争实力：首先，企业品牌集企业文化、企业精神于一体，是企业优势的浓缩精华，能够充分体现出企业的竞争优势；其次，在激烈的市场竞争环境下，企业竞争更是人才竞争、资金等方面实力的竞争，加强品牌建设促使企业广泛吸纳人才和获得资金等资源优势，对提升企业竞争实力具有积极作用。[①]

三是助力企业可持续发展。品牌是企业经营和管理的灵魂，加强品牌建设有利于促进企业可持续发展：首先，品牌建设是企业对内外部优秀文化和精神的优化整合过程，具有深刻的企业内涵，既符合企业发展实际，又充分展现企业优质品质和思想，能够吸引更多消费者；其次，企业加强品牌建设，可以优化内部管理，提高企业人力资源管理水平；最后，品牌建设是企业文化和精神等无形资产的优化整合，使品牌更加凸显企业竞争优势，进而对企业发展有利。[②]

民营企业要做到高质量发展，实现企业基业常青，必须经历品牌建设阶段。如今，品牌对企业的作用越来越明显，品牌建设在促进企业的发展、增加企业竞争力、促进企业现代化及全球供应链的利益分配方面都发挥着重要的作用。

一、制定适应市场需求的品牌战略

品牌发展战略是指企业根据内部及外部的环境，为了确立品牌的优势并将此种优势持续下去而对品牌的目标及实现目标所用的手段的总体谋划。一个实用的品牌战略一定要适应市场需求，才能经受住市场和时间的考验。

① 连媛媛. 浅析品牌建设在企业经营管理中的作用[J]. 现代经济信息, 2015(20): 40-42.
② 陈晓明. 浅析信息化建设在石油企业经营管理中的作用[J]. 硅谷, 2010(17): 136.

但在实践中,品牌被简单等同于广告、公关、视觉识别等工作,本来是具有战略高度的概念,却被定义为一种由传播部门单独被动执行的工作,存在品牌定位不清、缺乏品牌资源投入、品牌渠道不畅等问题,需要从更高层面建立科学的品牌理念,将战略思考与品牌工作进行有机的结合,制定适合民营企业自己的独特品牌战略。[①]

品牌战略,包括品牌化决策、品牌模式选择、品牌识别界定、品牌延伸规划、品牌管理规划与品牌远景设立6个方面的内容,详见表5-3。[②]

表 5-3　品牌战略内容

品牌战略	具体内容
品牌化决策	解决的是品牌的属性问题。是选择制造商品牌还是经销商品牌,是自创品牌还是加盟品牌,在品牌创立之前就要解决好这个问题。不同的品牌经营策略,预示着企业不同的道路与命运,如选择"宜家"式产供销一体化,还是步"麦当劳"(McDonalds)的特许加盟之旅。总之,不同类别的品牌,在不同行业与企业所处的不同阶段有其特定的适应性
品牌模式选择	解决的则是品牌的结构问题。是选择综合性的单一品牌还是多元化的多品牌,是联合品牌还是主副品牌,品牌模式虽无好与坏之分,但却有一定的行业适用性与时间性。如日本丰田汽车公司在进入美国的高档轿车市场时,没有继续使用"TOYOTA",而是另立一个完全崭新的独立品牌"凌志",这样做的目的是避免"TOYOTA"给"凌志"带来低档次印象,而使其成为可以与"宝马""奔驰"相媲美的高档轿车品牌

① 孟博,曾广峰.我国检验行业品牌战略研究[J].质量与认证,2021(3):38-40.

② 源自百度百科,https://baike.baidu.com/item/%E5%93%81%E7%89%8C%E6%88%98%E7%95%A5/9711675?fr=aladdin。

品牌战略	具体内容
品牌识别界定	确立的是品牌的内涵，也就是企业希望消费者认同的品牌形象，它是品牌战略的重心。它从品牌的理念识别、行为识别与符号识别3个方面规范了品牌的思想、行为、外表等内外含义，其中包括以品牌的核心价值为中心的核心识别和以品牌承诺、品牌个性等元素组成的基本识别。如2000年海信的品牌战略规划，不仅明确了海信"创新科技，立信百年"的品牌核心价值，还提出了"创新就是生活"的品牌理念，立志塑造"新世纪挑战科技巅峰，致力于改善人们生活水平的科技先锋"的品牌形象，同时导入了全新的VI视觉识别系统。通过一系列以品牌的核心价值为统帅的营销传播，一改以往模糊混乱的品牌形象，以清晰的品牌识别一举成为家电行业首屈一指的"技术流"品牌
品牌延伸规划	是对品牌未来发展领域的清晰界定。明确了未来品牌适合在哪些领域、行业发展与延伸，在降低延伸风险、规避品牌稀释的前提下，谋求品牌价值的最大化。如海尔家电统一用"海尔"牌，就是品牌延伸的成功典范
品牌管理规划	是从组织机构与管理机制上为品牌建设保驾护航，在上述规划的基础上为品牌的发展设立远景，并明确品牌发展各阶段的目标与衡量指标。企业做大做强靠战略，"人无远虑，必有近忧"，解决好战略问题是品牌发展的基本条件
品牌远景	是对品牌的现存价值、未来前景和信念准则的界定，品牌远景应该明确告诉包括顾客、股东和员工在内的利益关系者"三个代表"：品牌今天代表什么？明天代表什么？什么代表从今天到明天的努力

企业可以通过以上6个维度去思考，通过识别、确定品牌化决策、品牌模式选择、品牌识别界定、品牌延伸规划、品牌管理规划和品牌远景着手制定品牌战略。实施品牌战略的措施与建议见表5-4。[①]

---

① 李晶晶.我国现代企业的品牌经营战略研究[J].全国流通经济，2020(21)：3-4.

表 5-4 品牌战略措施

品牌战略措施	具体内容
树立品牌战略意识	必须重视品牌建设,认识到品牌战略的重要意义,深刻理解品牌经营战略价值。在激烈的市场竞争中,企业生存与发展都需要建品牌、创名牌,靠品牌开拓市场、抢占市场。注重打造品牌,才能在同质化严重的竞争环境下生存、发展。要立足长远发展,认识到品牌对企业全局利益的影响,将认识化为行动,落实到生产、销售、服务等工作当中,改善公共关系,创造社会效益,争做知名企业。实施品牌战略,也要注意品牌保护。要注意商标注册保护,也要有保密意识。应重视维护品牌形象,尽量提高品牌质量,提高市场份额。要使品牌具有独立性,使其在经营中不断发展、壮大。要酌情延伸品牌,主动争取市场,同时捍卫品牌阵地。做好防伪工作,研发专用防伪技术,依靠法律武器打击假冒伪劣,确保消费者可以买到正品
重视品牌定位	很多著名品牌的衰落,可能并非有产品问题,而是在定位上存在问题。一些企业没有明确的长期发展战略,没有根据市场情况生产、经营受欢迎的各种产品,无论高端低端、大众小众;一些企业积累一些资金后就进军其他行业,品牌定位发生变化,从而导致失败。品牌定位需要结合市场情况,并且在定位后应保持稳定性,才能使企业、品牌走得更远。在定位时,应做充分的市场调查,确认需要定位的产品实际市场情况;要对市场进行细分,根据市场需求将市场分体化;之后排序潜在目标市场,确认优先顺序;再预选一些目标市场,概念测试定位策略;最后按照测试结果定位目标市场,投入资源
采用多种手段加强品牌推广	品牌加强是建立、维系品牌的有效措施,可以强化消费者对品牌的认知,巩固、提高品牌市场地位,是一种为以上目的的服务的品牌营销过程。在品牌经营中,需要根据实际情况采取多种手段加强品牌推广,例如面向消费者促销、面向渠道促销、公开活动、赞助活动、广告、强化产品设计、优化包装设计等。以广告为例,广告可塑造品牌个性。在经营中,需要重视广告的作用,重视加强品牌推广
提升服务,发展品牌	产品是否受市场欢迎,与生产质量、购物体验、售后服务等均有关系。产品生产质量高,也要有配套的优质服务才能赢得市场。如今,产品营销十分重视"服务增值",实施品牌战略要注意服务质量对品牌的"增值"与"减值"。市面上,一些品牌产品质量好但服务不佳,一些品牌服务好但质量不足。如果不同品牌产品在质量上相差无几,提供优质服务的品牌无疑更受青睐。所以,实施品牌战略,应考虑到消费者心理,重视提升消费者的购买、使用等方面的体验,不断提高服务内容丰富度、服务态度满意度及服务方式的情感含量,与消费者情感产生共鸣,有效增加品牌附加值,提升消费者对品牌的认同感,不断增强品牌竞争力

二、品牌观与企业文化的融合发展

企业文化是在一定的条件下，企业生产经营和管理活动中所创造的具有该企业特色的精神财富和物质形态。它包括企业愿景、文化观念、价值观念、企业精神、道德规范、行为准则、历史传统、企业制度、文化环境、企业产品等。[①]建设企业文化是企业增强竞争力的一个重要方面，企业的发展离不开企业文化的发展。企业要在新常态下谋求品牌发展，就一定要实现品牌与企业文化的融合发展。

企业要在自身文化建设中不断加大企业文化品牌建设的比重，品牌是企业生存与发展壮大的重要标志，是企业与市场对接的一个重要桥梁，特别是在当前各种竞争日益剧烈的情况下，一个企业要想生存、发展、壮大，就必须把塑造企业品牌、提升品牌价值当作加强企业文化建设的一个战略来抓，不断为打造企业品牌创造良好氛围。[②]

企业文化建设和品牌管理要形成及时良性的融合和协同，这种融合可从3个层次协同：在核心价值观层，企业文化建设主旨与品牌内涵融合；在制度形式层，企业文化建设的内容、形式与品牌策略相融合；在执行层，企业文化建设规划安排与品牌管理全过程相融合。具体体现在，一方面，企业文化建设将对品牌管理形成强有力的推动作用；另一方面，中小企业经营应制定与企业文化建设理念相吻合的品牌管理制度，规范品牌管理行为，如品牌宣传口号和推广活动要符合企业文化建设理念。[③]

---

① 源自百度百科，https://baike.baidu.com/item/%E4%BC%81%E4%B8%9A%E6%96%87%E5%8C%96/154426?fromModule=lemma-qiyi_sense-lemma。

② 赵哲. 浅谈企业文化与品牌建设的融合[J]. 新西部 (理论版), 2015 (21): 75-78.

③ 童宗安. 中小企业文化建设与品牌管理融合探析[J]. 佳木斯教育学院学报, 2012 (5): 462-463.

三、构建整体的企业品牌体系架构

企业品牌体系架构需要考虑的点有传播计划、推广方案、营销工具策划、视觉系统设计、传播预算与目标、品牌保护手段。其中民营企业构建品牌体系架构需要考虑的点见表5-5。

表 5-5 品牌体系架构

品牌战略策划	品牌发展目标	品牌价值、占有率、影响力、口碑、达成时间、成本等
	品牌方向	发展成为什么样的品牌
	品牌核心竞争力	与公司独特文化相融合的品牌核心价值、竞争力
	品牌布局	对品类、渠道、市场、运营等进行规划
品牌战略实施	品牌模式选择	选择单一品牌、副品牌或多品牌的模式
	传播品牌	品牌传播计划制定、企业官网等对外传播平台的传播计划等
	推广方案	举办品牌主题活动、品牌发布会等
	视觉体系	对品牌视觉形成标准
	预算与目标	对品牌传播、推广预算进行策划,预估品牌战略实施效果
	品牌保护手段	对品牌、商标注册保护及知识产权保护

其中,品牌架构模式是构建品牌体系架构的重中之重,国内外常规的品牌架构模式有5种,分别为:单一品牌、主副品牌、母子品牌、独立品牌、复合品牌,其内涵与优势见表5-6。[①]

---

① 朱玉童.品牌营销,别败在品牌架构上[J].销售与市场(管理版),2019(12):24-27.

表 5-6 品牌架构模式剖析

品牌架构模式	内涵	优势
单一品牌	单一品牌指的是企业的各系列产品均采用同一个品牌	1. 企业可以集中资源,全力打造集团品牌,对一个品牌的宣传可以同时惠泽所有产品,降低传播成本 2. 有利于新产品的推出,如果品牌已经具有一定的市场地位,新产品的推出无须过多宣传便会迅速获得消费者认可。创业期、发展期的企业最好选择这一模式,节约资源,容易聚焦
主副品牌	通过主品牌为副品牌背书,迅速获取消费者信任,而通过副品牌可对不同产品进行区分,突出不同特性及内涵,满足不同层级消费者的需求	1. 共有一个主品牌,可相对聚焦,降低传播成本 2. 利于新品推出,可借助主品牌影响力带动新品销量 3. 可针对不同层级消费者制定不同副品牌,满足各层级消费者需求
母子品牌	母子品牌存在母品牌和子品牌两层或更多层的结构,是在推广中以子品牌为主,母品牌为辅的一种品牌架构模式	1. 能为新品牌提供信誉和保障 2. 允许被背书品牌最大自由创建自己的联想物,各子品牌相互独立运作,互不影响 3. 降低了一个品牌失败对企业及其他品牌的负面影响程度
独立品牌	母公司旗下每一系列产品都拥有一个独立不相关的品牌,且与母公司名无任何联系	1. 各品牌根据自身特色优势来定位,专业性更强 2. 各子品牌相互独立运作,互不影响 3. 一个品牌失败对企业及其他品牌的负面影响程度降到最低
复合品牌	由采用2种或2种以上品牌架构模式组成的复合品牌模式	1. 各品牌定位更加精确 2. 可覆盖不同类型目标市场 3. 品牌应用不易产生冲突 4. 市场风险相对较小

民营企业应该根据自身的发展阶段、产品特征等选择合适的品牌架构模式,打造特色的知名品牌,不断提升企业自身品牌影响力。

·案例1·

豪贝泵业：让品牌敲开世界大门

图5-47　浙江豪贝泵业股份有限公司

【样本意义】　这是一家目标高远、行动踏实的企业。这家企业注重品牌和质量，不断超越自我，坚持与时俱进，成就了企业的霸气。

"HAPPY"是豪贝谐音，亦是浙江豪贝泵业股份有限公司（以下简称：豪贝泵业）的商标。这家让客户和用户印象深刻的"快乐企业"就是豪贝泵业。

经过多年的拼搏发展与品牌建设，豪贝泵业以微笑的姿态叩开了海外市场的大门，产品远销欧洲、东南亚、美洲等多个地区，成为温岭"亩产英雄"企业,并连续数年被评为温岭市重点工业企业。

顺应潮流,坚定走品牌之路

20世纪八九十年代,随着改革开放进一步扩大,温岭冒出了许多的水泵、鼓风机、电机等行业的小企业,水泵生产家庭作坊遍地开花,并形成了集群的雏形。1988年,豪贝泵业董事长管敏成招收了十几名员工,并在自家住房办起温岭第三螺杆泵厂,专门从事螺杆泵产品加工;1997年,管敏成决定将螺杆泵厂改制为生产水泵股份制企业,这才有了如今的豪贝泵业。

和众多的水泵企业一样,豪贝泵业的产品最初仅销往国内各地,但管敏成意识到,如果只做国内市场,前景将不容乐观。于是,他有了更加大胆的想法:让产品走出国门,成为国内外知名自主品牌。然而,要打造国际市场品牌并非易事,要大量投入研发资金,花费更多精力,研发、运营、市场拓展等样样都要做。"在当时,国外客户对中国产品印象极差,也没有人认可'豪贝',公司连续3个月出现'0订单'现象,这是我们遇到的前所未有的困难。"管敏成回想当初仍十分感慨。

但他仍坚信"品牌兴业,创新致远"的信念,一定要走出一条自己的品牌之路。为打开国际市场,他注册了"HAPPY"商标,开始抓准每一次参加国际展会的机会。用管敏成的话来说,不为接多少订单,就是让国外客户知道中国"HAPPY"的产品。

豪贝泵业第一次参加广交会,说是参展倒不如说是"蹭展"。"当时,温岭水泵企业已经很多,但几乎都没有去过广交会。我也是抱着试试看的心态去参加。"具有商人敏锐特性的管敏成发现,展位要提前半年申报,所以他只能带着水泵跑到熟人的展位"蹭个展"。此后,他每次都做好足够的准备,参展之路才顺畅起来。

展会结缘，迎来开拓国际市场机遇

2005年，管敏成在迪拜参加一个五金展会时，顺便考察了当地水泵市场。他既不懂英文又没有外贸业务员，为了和外国客户顺利沟通，他聘请2名迪拜中国留学生介绍豪贝泵业产品。

"豪贝水泵最缺的就是机会。"管敏成说道，当时，凭着性价比高的优势，豪贝泵业第一次成功接到国外2笔订单。"由于首次合作，对方有所顾虑，只试拿2个集装箱的产品，我当时想不能错过这个机会，一回来后，我就召集各部门排计划，铆足劲头干。因为品质好，对方很满意，也逐渐赢得了对方信任，至今仍保持着合作关系。"

正是这一单的成功，让国外客户了解到豪贝水泵的优良品质，国外市场也慢慢打开了。

当初，豪贝泵业年产值只有两三百万元，如今年产值将近4亿元。每年广交会，温岭水泵都有品牌区，各类企业纷纷展示自己的产品，而豪贝泵业也从最初拥有半个展位变成了如今的品牌展位。

未雨绸缪，专注研发打造匠心品质

"许多企业把出口重心放在一个地方，对我来说，所有的市场都是重点。"管敏成从不把鸡蛋放在同一个篮子里。

问起豪贝泵业产品市场，管敏成会数上大半天："中东、欧洲、美洲。"这几年来，面对变幻莫测的外贸形势，豪贝泵业积极开拓更多国际市场，先后在全球50多个国家和地区注册"HAPPY"品牌，设立豪贝产品独家代理点。"一方面是保护自身权益，另一方面也是做好防御措施，东边不亮西边亮嘛。"管敏成很自豪地说道。

随着客户对品质要求越来越高，企业要提高生产效益，更要提升品质。

2003年起,豪贝泵业陆续引进线圈真空浸漆、自动烘干等水泵自动化生产设备,以及水泵性能出厂自动采集检验测试系统等设备,整个生产线从泵体铸造加工、电机嵌线、转子冲压到整机安装及检测都实现了流水线操作。

图5-48　豪贝泵业生产车间

笔者在豪贝泵业电机车间看到4条自动嵌线流水线、漆包线,定子从一端进去,经过不到10米的流水线,出来就是一个完整的电机机身。"这个嵌线车间原先需要60个工人,上了流水线后,20个工人就可以了。"管敏成介绍道。同样,随着自动化设备运行,在装配车间原先装配1万台水泵需要10名工人用时1个月,现在只需5名工人用时1个月,效率整整提高了一倍。

"要想把品牌叫得响,品质是首要,创新是根本。"管敏成说道,公司设有专门的技术中心,引进三维设计系统、电机电磁设计、有限元分析等先进辅助设计软件,对电机进行更深入、更精确地分析和计算,大大加快了电机设计和生产研发周期。

目前,公司已获得国家专利34项,其中发明专利14项;获得"全国水泵产业知名品牌创建示范区骨干企业""国家高新技术企业""品字标浙江制造"认证企业等诸多荣誉。

　　未来,豪贝泵业将秉承精益求精的工匠精神和推陈出新的创新精神,打造更优的水泵,让"中国制造"走得更远。

·案例2·

大福泵业：品牌是占领市场的利器

图5-49　大福泵业有限公司

【样本意义】 "今天的质量是明天的市场"。全方位实施品牌战略，让产品质量更优秀、企业品牌更响亮。用心创造品牌价值，品牌就会像一把利器，撬开广阔的市场。

大福泵业有限公司（以下简称：大福泵业）的前身是温岭县山市通用机电厂，始建于1989年，后来企业经过重组，1999年9月，台州大福泵业公司变更为大福泵业有限公司，由总经理林发明创办。

公司自成立以来，一直使用"大福DAFU"商标。

"用大福,全家福",这一朗朗上口的广告语,随着产品的热销,传遍国内外市场。

"大福"的品牌就像一个动人的故事,几十年来口口相传。

以高端产品创品牌

大福泵业创办时,没有自主产品,部分产品实行代加工。原来的家用泵、潜水泵等常规产品在市场上缺乏竞争力,企业在风风雨雨中苦苦挣扎、徘徊不前。

林发明想,他的名字叫发明,一不能徒有虚名;二不能亏待他的员工,让企业吃老本而走向衰落。于是,他下决心要创出自主知识产权的产品。

穿着蓝色工作服、来自四川的总工汤培山介绍说,为了实现产品的升级换代,公司早在2016年就开始组建50多人参与的研发团队,从外地引进高端技术人员20多位,日夜组织人员攻关,开发出永磁智能变频离心泵、永磁智能变频冷离心机等产品,改变了企业产品结构单一、低端的状况,一跃从低端产品迈向高端产品。去年以来,又专门成立永磁电机技术部,再接再厉,研发永磁圆筒卧式离心泵、太阳能永磁电机等新产品。

朱景撑是从上海引进来的高级技术顾问。他说:"我们还自主研发了无感控制变频水泵、离心式永磁屏蔽泵,这些产品填补了国内市场的空白。采用无感控制后,成本降低,可靠性提升,避免了原来用传感器控制出现的堵、漏等问题。"

朱景撑感叹道:"为了这些产品的问世,我们组织7位研发人员,经过四五个月的攻关才获得成功。其中一位设计人员还因劳累过度住院。"

高端产品投入市场后,迅速形成品牌效应,甚至出口西欧。2022年,10万台产品出口西欧。

人力资源总监马丽婴说:"为鼓励技术人员创业创新,我们设立了发明专利奖、效益提成奖等奖项,对有突出贡献的技术人员进行重奖。通过技术创新,公司现已申请专利100多个,其中发明专利27个。"

以科学管理保品牌

强化顾客对品牌核心价值和品牌个性的理解是大福泵业努力的重点。基于此,大福泵业从提升产品质量入手,以优质的产品赢得客户的青睐。

大福泵业的产品广泛用于园林景观、农用灌溉、家庭用水、工业用水等领域,本来就与群众的生活和生产息息相关。为此,林发明对员工反复强调,产品质量的好差事关企业的命运、客户的认知,不能有半点马虎。

依据质量管理体系认证等规范要求,大福泵业把品牌建设贯穿于整个质量体系中,从领导到员工,从企业内部管理到供应链保证,从品质宣贯到品牌传播,层层建立保证体系,环环实行严格管理。"以全方位的科学管理提升产品质量,大福泵业的产品不但是企业之福,也是客户之福,大家福,全家福呵,"马丽婴爽朗地说,"在当前疫情影响的情况下,我们也从不放松,忙时抓生产,闲时练内功,捏紧拳头绷紧弦。"

品牌最终是属于消费者的,又是市场竞争的结果,它离不开企业生存发展的内外环境,离不开上下游产业链的互联。大福泵业从企业的实际出发,不定期地分析影响品牌的内外部因素。为确保供应链上下游的畅通,确保第一道原料关的质量安全,2021年,大福泵业成立了供应链管理科,对供应商开展年度能力评价,重新梳理原有的供应商,根据不同情况,对有可能影响企业品牌和产品质量的供应商分级鉴定,对能力不足的供应商进行帮扶,帮扶后如存在质量、诚信等问题,不留情面,一律淘汰,大福泵业先后淘汰了生产电缆线、电容、漆包线等的5家供应商。同时,新增5家品牌知名度高、产品质量好的供应商,进一步保证了物料的质量。经过调整和强化管理,各类物料的供应合格率从原来的88%提升到97%。

在生产过程中，自动化生产、精细化管理更是贯穿全过程。嵌线车间优秀员工程祥珊说："作为变频定子的老线工，我们要跟上时代的发展，适应公司科学管理带来的新变化，在设备操作、维修、保养，产品质量保证等方面做出表率，在生产中，要以工匠的精神、绣花的工夫做产品，以100%的优质率投放市场，不能砸了公司的牌子。"

图5-50　大福泵业生产车间

经过全体员工的共同努力，大福泵业现有19个系列几百个品种的泵类产品进入国内外市场，受到客户广泛认可。公司生产的电机、泵类均获得产品节能认证及"出口名牌产品证书"，大福泵业商标还被认定为"中国驰名商标""浙江省著名商标"。

以先进制造创品牌

品牌价值的溢出，得益于大福泵业的标准化建设、数字化改造。生产副总林力军介绍说，为适应新一轮产业变革和技术革命，公司连年围绕品牌建设，投巨资增添自动化、智能化生产设备，引进国内先进的冷压车止口设备，新投入6条自动化生产线。过去一条生产线一班的水泵产量为4000台，现提高到4200台。深井泵生产线每班从原来的500台提高到650台，生产效率和产品质量大幅提升。公司产品的整体合格率还从原来的91%提高到99%。

随着高端产品和新产品的投入，大福泵业适时投入大量资金和人力，持续不断对各类产品进行梳理，重新调整，建章立档，优化生产流程，以先进制造代替传统生产方式。通过严格操作流程，使产品更好地达到标准化、通用化和规范化的要求。

林力军对笔者说，之前，公司还根据企业工装数字化转型的实际情况，单独成立了工艺部，对所有产品的每条生产线，配备一名工艺工程师，强化对生产过程的指导和监管，提升产品的保障能力和工艺优化。

创品牌，就是创市场；塑品牌，就是塑未来。"在品牌创立的道路上，我们会一路走下去，让产品更优秀、品牌更响亮。"林发明说。

· 案例3·

舜浦工艺：传承百年编出"国际范"

图5-51　浙江舜浦工艺美术品股份有限公司

【样本意义】"务实、坚韧、分享"，浙江舜浦工艺美术品股份有限公司打造了一支富有创新能力的团队；"高效、激情、快乐"，促使它向着国内行业龙头的目标稳步前进。

作为台州手工草编帽领先者，浙江舜浦工艺美术品股份有限公司（以下简称：舜浦工艺）传承了草帽编织的百年技艺和文化。如今，舜浦工艺的产品已涵盖纸草原材、帽包配套、草席、家装饰品和工艺美术品等领域，以自然环保、款式新颖和美观时尚广受好评，远销美国、澳大利亚、东南亚等40多个国家和地区。

三代创业，舜浦草帽走出国门

据《温岭县志》记载，20世纪20年代，草帽编织业遍及温岭大地，出现"十里长街无闲女，家家尽是织帽人"的景象。在20世纪五六十年代，温岭市高龙乡新基村男女老少都是编织草帽的一把好手。

"1939年，我家老一辈就开始做草编帽。"舜浦工艺总经理陈君标说道。1939年10月，舜浦工艺前身——高龙帽行成立，创始人陈继舜就是陈君标的爷爷。抗日战争胜利后，箬横草帽生产步入正轨，为陈继舜带来了商机，高龙帽行呈现蒸蒸日上之势。

陈继舜严格把关收购的草帽质量，鼓励农户精工细作，编织高质量草帽。他还传授农户编织技巧，分出质量等级，凭等级论价。在许多年里，高龙草帽成为当地优质草帽的代名词。

1986年，陈君标的父亲陈根土办起了草帽加工厂，当时没有设计团队的情况下，陈根土夫妻俩亲自操刀设计。为跑业务，他们到处奔波。创业初期，设计师、交帽员、生产员、业务员、老板，陈根土一人身兼。买料、编织、销售、记账，夫妻俩每道流程亲力亲为，创建了属于自己的"帽子王国"。

而陈君标的接手，又赋予了这个有着百年文化传承的工厂新的力量，舜浦工艺的出口市场可以说是在陈君标手里才真正打开。

他介绍道，舜浦工艺生产的草帽很早就出口了，只不过那时出口方式是间接，通过外贸公司卖到国外。"有一位客户说，你自己做的帽子为什么要通过别人卖到国外？"无意中的一句话让陈君标意识到，出口市场可以由自己来开拓。1998年，舜浦工艺申请到了一个自营出口权。

1998年10月，陈君标第一次参加广交会。"那时候什么都不懂，参加广交会时，只有我和姐姐两人去布展。"这次展会，他们随身携带30多款草编帽一经亮相便惊艳全场,其多样款式、出色的设计和过硬的品质获得全国同行一致赞誉,他们一下子接到了50多万美元的订单。

此后,舜浦工艺的国际路越走越顺,还把帽子卖进世界五大超市、卖场。2013年以来,舜浦工艺通过许多国际品牌客户验收,成为某些品牌在中国草编行业的唯一供货商,许多国际服饰品牌成了舜浦工艺合作方。

采访当天,笔者跟着舜浦工艺工作人员走进一个"时光隧道"——高龙帽苑博物馆,这里收藏着舜浦工艺所有的过往,储存着陈家三代人对草编帽事业的心血。从创立至今,舜浦工艺经过三代人的传承与创新,在草编行业早已是赫赫有名的"浙江老字号"。

擦亮品牌,在国际市场拥有话语权

在和陈君标的对话中,他不时地强调"品牌"两字,这是他接手舜浦工艺来最看重的事情之一。"只有品牌硬,产品附加值才能提升,才能在国际市场上有话语权,企业才能走得更久、更远。"

走进舜浦工艺样品间,五彩缤纷的草帽铺得满满当当。从样品箱拿出一顶草帽,帽子上的"高龙"商标就是它的"身份证"。陈君标介绍说,"高龙"是公司注册最早,也是最大的品牌。2004年,被认定为"浙江省名牌产品";2007年,被评为"浙江省著名商标";2013年,成为"中国驰名商标"。

其实,舜浦工艺对品牌的重视,还得从陈根土说起。20世纪90年代,在商场摸爬滚打数年后,陈根土敏锐地察觉到品牌背后蕴藏的巨大价值。1997年,舜浦工艺注册的"高龙"商标,成为温岭最早注册的商标之一。

当陈君标接过"接力棒"后,"高龙"品牌在他的手里发扬光大。为拓展海外市场,2002—2003年,陈君标跑了30多个国家,参加各种各样的展会,打响了自己的品牌,还通过《商标国际注册马德里协定》,将"高龙"商标在18个国家成功注册。"我们每次参加展会时的口号就是'服务于全球纸草事业'。"这句话在多年后逐步成真。

2014年，由舜浦工艺主持起草的《编织帽》(QB/T 4662—2014) 行业标准顺利通过评审。其自创高龙色卡样本也为全球草编采购商所使用。"全球草编行业几乎都拿我们这个色卡做对比的，"陈君标说道，"我们一直都坚持打造品牌，也尝试使用不同方式来擦亮品牌。"

2018年，舜浦主导起草全省首个制帽业"浙江制造"团体标准，"温岭草编"成功申报浙江省级非物质文化遗产代表性项目。传统中国"女红"进入国际市场，在国外大超市里卖得风生水起。

后来，陈君标又开始走电商之路。"电商初期，我们的重点在B端，当时，并没指望通过电商带来多大销量，目的是通过网络来推广自己的品牌。"几年前，他又开始在C端下功夫，希望在消费端提高舜浦工艺的知名度。为此，陈君标还特地在宁波设立一个公司，组建了一支有策划、运营等各环节能力的专业团队，为品牌服务。

"非遗"传承，百年技艺天下知

事实上，"高龙"两字对陈君标来说，不单单是一个地名、品牌，更是一种情怀、传承。他希望能将草编技艺长久的传承下去。

"传承草编技艺，不光是我，也是我父亲一直在努力的。为把温岭草编名气打出去，他和政府部门一起把中国帽业名城、中国编织帽之乡、中国编织艺术之都等多个国字号名称申请下来，还成功地将'温岭草编'申报为浙江省级非物质文化遗产代表性项目，在业内有了'温岭草帽天下戴'之美誉。"陈君标说。

2013年9月17日，舜浦工艺在当地政府的帮助下，举办温岭市编织帽技能大赛暨创"大世界基尼斯"纪录挑战赛。现场，318人同时织帽。两顶直径2.8米由12人一起编织的大草帽令在场所有人惊叹不已。上海大世界基尼斯总部代表向陈君标颁发"参与人数最多的温岭草编活动""大世界基尼斯之最"证书，见证省级"非遗"——温岭工艺草编帽创下的中国奇迹。

对于"非遗"传承，陈君标有着自己独特的见解。"在我看来，'非遗'传承，没有经济支撑是较难坚持下来的，我要让我们草编既能有经济效益，又能有传承艺术。"

那如何提高草编帽经济价值？除重视品牌，在陈君标看来，关键还在于设计。"传统草编帽能成为新的时尚，就看如何把传统和时尚流行结合。"

以前，陈君标每次出国，都会带个非常大的行李箱。去的时候，箱里装的是他们生产的最新的帽子样品，这些通常是送给客户的。回来的时候，箱里装的是国外最近发行的潮流杂志。"通过这些杂志，设计师们可以感受国外的前沿潮流。"

如今，陈君标时常带着设计师到日本、美国去寻找灵感。"因为只有出去，才能了解流行信息，才能有设计灵感。"

舜浦工艺设计团队现在有30多人，这个数量堪比同行一家小厂的总人数，这才有了每年2000多款新品推出，将产品和时尚紧密结合起来。

培养人才，人人都能当"老板"

多年来，陈君标对设计人才很重视，招不到就自己培养。"我们与浙江纺织服装职业技术学院有着紧密合作，他们直接把草编学习放在课程里，每年为我们输送一批人才。"

不只是设计人才，在对员工的培养上，陈君标也一视同仁、因材施教。

对于中高层员工，他给予最充分的信任，改变老一辈喜欢亲力亲为的做法，在很多方面直接放权给手下。"有时，我出门二三十天，很少有公司人给我打电话，因为公司问题他们自己能搞定。"陈君标说，为培养这些

图5-52　舜浦工艺生产车间

中高层员工的统筹、领导能力，3年前，他就告诉七八个中高层管理人员，从现在开始他们就是"老板"，给他们排岗轮流做老板该做的事，且每天要到车间巡查，厂里发生什么都要心里有数，然后站在老板的角度，用老板的思维去解决问题。

对于普通员工，陈君标则致力于打造"家文化"，如中秋节有中秋晚会，所有节目都是员工自导自演。甚至将此前中国"文化和自然遗产日"草编秀活动上走秀都交给了员工。"其实，一开始我们连模特都请了，后来觉得让员工自己走会更有意义，"陈君标说，"因为这些做法，有些员工高薪都没能挖走，因为他们觉得舜浦工艺是个能锻炼人的平台，在这里会非常有成就感。"

近几年，陈君标还打造了一个"五星级"工厂。"我把大车间分割成许多小车间，每个车间都有个负责人，车间环境卫生、生产效率、人员流失、交货期、品质等都由这个负责人负责，且不断进行比拼，每个星期出战报，让车间互相竞争，不仅竞争生产速度，也竞争产品质量。这样一来，每个车间的生产效率都提高了15%—20%。"

· 案例 4 ·

洛克赛工具：把喷枪出口量做到全国前三
将品牌做成"优质"的代名词

图 5-53　台州市洛克赛工具有限公司

【样本意义】　一家企业从弱小到强大，其背后往往是一部企业领导者摸爬滚打和顽强拼搏的奋斗史。台州市洛克赛工具有限公司就是这样一家其貌不扬但又让人敬畏的企业。在企业创始人潘星钢的带领下，公司从无人问津、默默无闻起步，稳扎稳打成为产品出口量跻身全国前三的著名企业。潘星钢的故事发人深省、感人至深。正如他曾说的："没有哪个成功是天上掉下来的。"潘星钢用自己的隐忍坚持和厚积薄发带领公司创造出一个又一个奇迹。

在温岭城东街道,有一家其貌不扬的公司,连招牌也被尘土弄得灰蒙蒙的。然而,这家公司的"洛克赛"品牌在国内外的业内领域,却是闪闪发光的存在。

从企业创建初期的默默无闻,到现在产品出口量达全国前三,台州市洛克赛工具有限公司(以下简称:洛克赛工具)经历了一场破茧成蝶的蜕变过程,这少不了公司创始人潘星钢的努力和引导。

作为第一个用温岭制造的气动工具撬开欧洲市场的温岭商人,潘星钢的创业历程,映射出来的正是温岭民营企业家筚路蓝缕、迎难而上的奋斗精神。"没有哪家公司的成功是侥幸和偶然的。"带着这份认真与拼搏,潘星钢带领洛克赛工具稳步前行。

企业创建初期"养在深闺人不识",创始人跑遍欧美市场"嫁女儿"

洛克赛工具成立于2003年,创始人潘星钢在气动工具行业摸爬滚打了10多年,最终决定创立这家公司。

公司刚成立的头几年,因为品牌没有影响力,在当地也没多少人知晓,在外面更是"名不见经传",订单自然寥寥无几。

为了让自己多年积淀研发出的好产品可以得到更多人的赏识和认可,一句英文都说不完整的潘星钢背起一个背包,便只身来到美国,参加各种展会,推销自己的产品。

"美国是我走出国门跑的第一个国家。那时候也没有想太多,就是胆子大而已。"回忆起当时的心态,潘星钢说,他的目标很明确,就是为了订单。

温岭商人经常会把做生意说成跑生意,潘星钢也如此,他从小就坚信生意是跑出来的,而"跑生意"这件事情更是贯穿了他此后几十年的岁月。

美国是潘星钢开疆辟土的第一站,在那之后,墨西哥、阿根廷、巴西、德国、波兰、俄罗斯、南非……潘星钢背着他的产品跑过全球二三十个国家,护照都换了十几本,行业内知名企业里都留下了他的足迹。

"在气动工具这个行业里,我是公认的走过国家最多的。"潘星钢颇为自豪,那会儿,大家都说他是第一代外贸"弄潮儿"。

潘星钢曾在一个礼拜内跑了欧洲8个国家,在创业之初,他一年至少有1/3的时间在国外。"我要把我的新产品展示给全世界的客户看。"潘星钢说。为此,他每年还会花大量的精力去参加各类展会。"美国拉斯维加斯五金展、德国科隆五金展、俄罗斯五金展MITEX等,我们一年就要参加十几个展会。"

创始人推广产品处处碰壁,碰得头破血流也不言放弃

潘星钢虽然是企业的老总,但在员工的眼里,他更是一名努力和出色的"产品经理"。"我们老板是个对市场敏锐度很高的人,在产品创新上一直有比较独特的想法。"说到潘星钢,员工们总是钦佩万分。

在员工眼里,潘星钢还是个爱"冲锋"的人。"什么都冲在前头,他的节奏比工厂里其他人都要快。也许是因为国家走得多了,他的思维方式比较偏欧美,很容易接受新事物,无论是产品开发、市场开发、新的合作模式、营销模式……任何新的变化,他都比较快地接受并适应。"

最让员工佩服的是潘星钢的执着。在确定了目标后,无论遇到什么困难,他都会坚持。"比如在跑市场时,我们的业务员可能被拒绝两三次后,就没有勇气再继续。但是,潘总却能在被拒绝十几次后依然坚持,直到被客户认可。"

对于外界给的善于"软磨硬泡"的评价,潘星钢的回答是:"做业务就是要脸皮厚。只有不放弃,你才能成功。"

潘星钢第一次参加广交会,没有摊位,没有产品,他便观察客户需求,观察新产品、新技术,静静等待自己的"猎物"。他发现来自伊朗的一个客

户在寻找气动喷枪，而这款产品他有能力生产。守了客户整整两天，直到第三天，他看准时机，上前推销自己的产品，最后终于成功达成合作。"那笔订单我记得是1万把气动喷枪，每把价值70多元。"那笔"大买卖"给了潘星钢非常大的动力。

潘星钢在俄罗斯跑订单，守了客户三四天，被拒绝了十几次，但潘星钢越挫越勇，不断介绍，不停解释，最终，客户被他的诚意打动，给了他一个合作的机会。

还有他第一次去波兰的时候，天下着毛毛雨，他开着车赶往客户的所在地，中间经历了因超速被当地警方拦住、被野猪追赶、导航定位出现偏差、凌晨三点找不到客户也找不到住的地方等各种窘境，真实上演了一场"人在囧途"。"但好在我排除万难，第二天还是锲而不舍地找到了客户，并谈下了这笔生意，"他至今对那段经历记忆犹新，"这个客户成了我最忠实的客户，直到现在我们都仍有合作。"

对于潘星钢来说，困难并不可怕，只要有一点希望就能继续下去。"我出国，如果没有谈下生意，我是不会回来的。我现在对我的业务员也是这么要求，出一趟国门，至少得把自己的路费赚回来吧！"潘星钢被自己的话逗乐了。

这句玩笑话，背后却也真正展现了属于温岭企业家的勇气和坚韧，抓住每一个可能的机会，无所畏惧，不气馁、不放弃。

不停为自己的产品注入"新生命"，把拳头产品出口量做到全国前三

洛克赛工具的公司名字由德文"LUXI"音译而来，这是潘星钢特地找朋友帮忙起的，寓意"很好，积极向上"，而"LUXI"也成了洛克赛工具的Logo和品牌。"我要让客户一听到和一看到这个品牌，就知道洛克赛的产品一定是最好的。"

做好的产品，是潘星钢另一个执念，"只有好产品，才能有市场。"但是他清楚地知道，一样好产品不能"永葆青春"，它必然是通过不断的研发和创新，不断被注入新的生命和活力，才能立于不败之地。

"这个行业竞争是激烈和残酷的，中国商人聪明，都懂得抓商机，在强手如林的商海里，只要一懈怠，马上就会被迎头赶上。在这样的情况下，我们只能比别人更快，对市场反应速度要快，生产要快，新产品上得要快，要让他们赶不上我们的速度。"这是潘星钢多年商海浮沉得出的经验。

洛克赛工具也曾经历过一段停滞不前的日子。在2016年前后，洛克赛工具产值一直无法突破，直到潘星钢带着团队研发出了喷涂系列产品，让洛克赛工具在后来中美贸易摩擦、关税增加的危机里依然实现了逆势飘红。"那几年，我们每年产值都有不少的增长，多的时候一年增长超过30%。"潘星钢说，喷涂系列产品更是成了爆款，一年能销售几十万台，单品销售额就达到上亿元。

不单单是喷涂系列产品，此前，自主研发的小型空压机也是洛克赛工具的拳头产品，得到了市场很好的反馈，占了企业销量的1/4。

"我们每年都会投入近千万元用于技术研发和产品更新。只有不停创新，才能持续保持市场活力。"潘星钢说。

图5-54　洛克赛工具生产车间

也因为技术创新走在市场前列,洛克赛工具的产品成了行业内的风向标。洛克赛工具参加的每一次展会,都会吸引很多同行关注。

与此同时,这些高附加值产品的推出,也让洛克赛工具一次次在市场危机中安然度过,甚至一路高歌猛进。从2003年下半年创办洛克赛工具时的1800万元的产值,到2004年的6000万元,再到2005年产值就已破亿元。而最近五六年,洛克赛工具生产的喷枪出口量更是冲进了全国前三。

潘星钢表示,自己的成功没有技巧和秘诀,更没有运气和顺风车,企业走的每一步,都是他和员工脚踏实地跑出来的。"好产品,温岭造,洛克赛工具这个出口名牌一定会响遍全球。"

·案例5·

三凯机电：质量精良售后过硬　将产品按最高标准来打造

图5-55　浙江三凯机电有限公司

【样本意义】"不知满足"在大多时候是形容一个人的贪得无厌。但对于浙江三凯机电有限公司来说，这个词是成就这家企业的一个注脚和关键词。从最简陋的小作坊起步，三凯机电有限公司的负责人江建斌在从事简单的电机组装和销售过程中，发现这种低质低量的生产经营模式无法让企业走太远，他便带领企业打破枷锁，自加压力，在减速机领域独占鳌头，"三凯"也成了高档电机的代名词。神话从来都是人缔造的。今天就一起走进三凯，品一品企业的发展历程和故事。

刚出梅,高温无缝衔接而至,直冲38℃的高温让人感到窒息。而浙江三凯机电有限公司(以下简称:三凯机电)上下都像天气一样,生产的场景可谓热火朝天。公司总经理江建斌汗流浃背,亲自到车间巡查督工,他要确保每一只从厂里运出去的减速器都是高品质的。

如今,江建斌的公司每年能生产40万台变速器,产值突破2.5亿元,直接代表了国内减速器领域的最高水准。

从小作坊起步,手工减速器难以满足市场需求

三凯机电成立于2007年,经过十几年的发展,目前的三凯机电是一家集科研、生产、销售于一体的动力传动装置专业制造商,主导产品有精密行星齿轮减速机、NMRV系列铝合金蜗轮蜗杆减速机、UDL系列无级变速机、SRC系列斜齿轮减速机等。

然而在刚成立的时候,三凯机电与其说是公司,不如说是一个小作坊,员工总共只有七八个,一天只能组装出几十台减速器。江建斌则开着面包车跑到机电市场,拿着成品向各个经销商推销。

"那时候感觉特别难,因为规模小,也没啥名气,所以去和经销商谈合作,基本都是被拒之门外,得不到起码的尊重,一直被看不起。"回想起创业初期遭遇的冷眼,江建斌心里仍不是滋味。

坎坎坷坷过了一年,江建斌在无数的闭门羹中,终于等来一个宝贵的机会。

"在朋友的牵头下,得知有一个外地经销商需要寻找一个合作方,当时经销商在温州平阳,我想争取这个机会。"于是,当时正在安徽出差的江建斌连夜开车赶到温州平阳,与朋友口中的经销商吴总见了面。"当时一起竞争的企业代表还有好多个,我靠着真诚和认真,打动了吴总,他就成了我的第一位固定大客户。"当时的吴总一周找江建斌下单一次,一次

几百台,占了他们总销售量的80%以上。

"那时候最难的是资金周转问题,到处借钱筹款。因为资金周转慢,我只能向供应商分期给货款,过年前给一部分,年后再补齐。因为很讲诚信,所以大家对我也很信任。时间一久,大家也都愿意和我做生意。"

一步一个脚印,江建斌通过自己的努力和诚信经营,合作伙伴越来越多,生意也越做越大。但他也渐渐发现,这种靠手工装配的减速器,不仅加工效率低,而且技术比较落后,品质也无法做到统一标准和质量过硬,江建斌希望能更进一步。

技术突破提升品质,把产品按最高标准加工

在发现自己产品的不足后,江建斌于2010年与中国计量大学合作,邀请学校的专家教授帮忙提供质量管理,为企业打造了一整套完整的质量体系,这套体系是按照国际标准来制定的,这对当时还是"蹒跚学步"的三凯机电来说,相当于自己给自己戴了一个紧箍咒。

"不对自己狠一点,以后只会被残酷的市场狠狠来那么一下。"江建斌认为,刚开始的时候肯定会被各种条条框框束缚得难受,达到高标准要付出很多努力和汗水,这是企业成长和蜕变的必经之路。

尽管整个过程和江建斌预料的差不多,在"追赶"新的质量管理体系中,整个企业被各项硬指标"鞭笞"着。但紧接着效果也是明显地显现了:不仅产品合格率逐步提升,而且整体成本也开始下降。江建斌也是对自己的产品要求越来越高,要求员工对每一个印着"三凯"Logo的产品,都必须按照最高标准来打造和生产。

在稳步提升的过程中,三凯机电开始专注于动力传动装置这一主业,注重主业产品的技术和研发投入,持续投入高端自动化生产设备和信息化建设,不断增强技术核心竞争力,提升公司的运营效率,最终取得了良好成效。

图5-56　三凯机电生产车间

2017年，三凯机电自主研发的突击步枪架用双涡轮减速机列入浙江省重点技术创新项目；2018年，三凯机电的FAB精密行星齿轮减速机列入台州市装备制造业重点领域首台（套）产品，产品技术指标居国内领先地位。

在2017年全国机械工业质量品牌提升大会上，三凯机电获得"中国质量诚信企业""质量标杆企业"称号，江建斌同时荣获"质量品牌创建领军人物"称号，为温岭目前唯一一个获此殊荣的工业企业老总。

精益求精不断升级，提升品牌成行业领头羊

三凯机电前些年花数千万元购进高端自动化生产设备，提升生产装备的自动化水平，实现生产过程管理智能化。通过自动化设备代替人工，逐步实现关键工序、关键岗位的自动化、智能化,提高企业生产效率,使得三凯机电最近几年连续保持两位数的增幅,其中2016年和2017年增幅达到29.62%和25.38%。

2018年,三凯机电精密行星齿轮减速机荣获"浙江制造精品"称号,齿轮减速机产品销量占全国销量的11%,居国内第三位,成为全球知名的传动行业创新者。2019年,三凯机电凭借其军工技术配套领域10多年的技术开发积累和经验优势,把产品装配在了庆祝中华人民共和国成立70周年阅兵式检阅军车上。

近些年,三凯机电积极化解新冠感染疫情等不利因素,进一步重视技术升级,在产品外观设计通用性上,实施内部齿轮参数优化,使原先四大系列的不同配件实现30%通用。齿轮全系列升级通用,既消除了过去换标可能带来的质量不稳定和效率低下问题,提高了精度和成品率,也降低了废品率和生产成本。2022年上半年,三凯机电库存下降了50%,生产效率提高了30%,实现销售收入1.1亿元,比去年同期增长45%。

"三凯机电2022年上半年销售额能如此大幅提升的另一个原因,是重视人才与技术的引进和合作。"台州市经济和信息化局领导在调研后告诉笔者。2021年底,三凯机电与浙江大学台州研究院共同开发新技术,导入自动化控制升级和数字化战略,全面提升产品工艺稳定性和可靠性。同时开展设备技术改造,引进全球领先的卡希夫基搓齿机,内齿精度从原来的7级提高到4级,大大提高了产品的核心竞争力。

最近,三凯机电在承接军工武器减速机销售增量上创下3000万元产值的历史新高,同时引进国外百年企业专业工程师团队,瞄准谐波减速机应用于机器人配套的高端市场,通过加强管理,不断挖掘企业发展潜力。

放眼未来,三凯机电将结合"创造精密可靠的传动产品"的使命和"传动行业领跑者"的愿景,继续深耕细作传动装置,加强内外部信息收集与分析,通过领先适用的产品创新力、持续深远的品牌影响力、竭诚快速的服务系统、高效灵活的经营机制等，通过加快产品创新，构筑产品差异化优势，扩展业务范围，致力于开发生产高效、节能、环保型传动产品，在巩固行业地位的同时，力争在传动装置领域更加专业化，并通过合理的产品结构调整，实现产品逐步向中高端转化，努力争做传动行业的佼佼者。

第五节　科技创新

民营企业实现高质量发展,要在创新上下功夫,重点是要解决创新能力和人力资本不足的问题,把创新作为第一动力,以提高自主创新能力为目标,逐步建立起以企业为主体、以协同创新为方式、以市场为导向、产学研融合的高质量技术创新体系,并且企业依赖自主创新获得竞争优势后,会带动一系列相关企业的发展,形成比较完善的产业集群,形成高质量发展的新动力,推动企业自身高质量发展的实现。[①]民营企业以其完善的市场化经营机制与竞争中求生存的活力,在科技创新中撑起"半边天",发挥出不可替代的作用,主要体现在高新技术企业数量上,根据科技部数据,2019年全国高新技术企业数量达21.85万家,这一数字在2020年增长为27.5万家,2019年民营科技企业占到高新技术企业总量的48.97%,达10.7万家。从整体规模来看,民营科技企业占据了高新技术企业总量的一半江山,是驱动经济发展与科技创新的重要力量,成为创新舞台上越来越活跃的角色。比如,在信息技术领域,华为从基于客户需求的技术和工程的创新逐步迈向推动基础科学研究和基础技术发明的创新,不仅为市场提供具备创新功能的产品与服务,也在无线领域、光领域等成为产业标准的引领者;在智能制造领域,美的通过MBS、自动化和信息化打造智能制造工厂,建设世界级水平的制造能力和系统;在汽车制造领域,比亚迪拥有电池、电机、电控和芯片等电动车核心技术的优势,先后又研发出刀片电池、高性能碳化硅芯片等,提升了国产新能源汽车在全球的竞争力。[②]

2021民营企业科技创新影响力前十名分别为华为、比亚迪、寒武纪、蓝思科技、长城汽车、百度、大疆创新、闻泰科技、修正药业、天能电

---

① 任保平,文丰安.新时代中国高质量发展的判断标准、决定因素与实现途径[J].改革,2018(4):5–16.

② 吉侬.2021民营企业科技创新100强[J].互联网周刊,2021(21):40–42.

池。① 2021 民营企业科技创新影响力 100 强榜单（前十）如表 5-7 所示。

表 5-7　2021 民营企业科技创新影响力 100 强榜单（前十）

排名	企业简称	行业领域
1	华为	新一代信息技术
2	比亚迪	新制造
3	寒武纪	人工智能芯片
4	蓝思科技	电子元件
5	长城汽车	汽车制造
6	百度	互联网基础设施
7	大疆创新	无人机
8	闻泰科技	半导体和通讯
9	修正药业	医药制造
10	天能电池	动力电池

关于近年来我国科技创新和能力发生的变化，科技部部长王志刚表示，我国科技创新展现出五大能力：一是原始创新能力大幅提升，二是战略前沿突破能力大幅跃升，三是体系化建设能力大幅提升，四是研发主体的创新能力大幅提升，五是科技开放合作能力大幅提升。以上科技创新五大能力，在推动我国经济高质量发展，改善人民生活，优化生态环境，建设创新文化，打赢脱贫攻坚战、污染防治攻坚战、疫情防控攻坚战等重大任务中都发挥了重要作用。②

对于民营企业在科技创新方面如何推动自身实现高质量发展，本节从加大基础研究投入、应用研究对接市场需求、构建产学研创新发展生态系统 3 个方面进行讨论。

---

① 2021 中国民营企业科技创新影响力百强企业排行榜（附榜单）[EB/OL].（2021-11-12）[2022-07-01].https://top.askci.com/news/20211122/1709201666374.shtml.

② 冯丽妃. 我国基础研究投入年均增幅 16.9%[N]. 中国科学报，2021-07-28（001）.

一、加大基础研究投入

基础研究是一切科学研究和技术发展的基础,是所有技术问题的总机关,抓好基础研究,有助于培养出更多的创新型人才,也能帮助其他技术学科"知其所以然",并且对于国家而言,基础研究强了,科技能力才会强。[1]中国科学院院士白春礼在参加一次财经年会发表关于加强基础研究的主旨演讲时提到,2020年,我国研发投入超过2.4万亿元,其中基础研究经费投入近1500亿元,占比6%,这也是近年来基础研究经费占比首次达到6%,但主要靠政府财政经费投入,企业投入严重不足,与美国企业基础研究支出约占全社会的28%相比,我国仅占2.9%,仍然存在较大的差距,并且我国面临许多"卡脖子"的技术问题,之所以被"卡",深层原因正是基础理论研究跟不上,源头和底层的研究亟待加强。与投入不足相对应,我国在基础研究方面也存在诸多短板,既缺乏重大原创性和具有世界影响力的标志性科技成果,也缺乏开创重要新兴学科和放心的灵感与创意,部分领域缺乏原创仪器设备,加上一些关键核心技术底层原理理不清,底层基础技术、基础工艺能力不足,工业母机、高端芯片、基础软硬件、开发平台、基本算法、基础元器件、基础材料等瓶颈仍然突出。[2]

企业作为创新的主体,但部分关键核心技术和设备仍受制于人,正如习近平总书记所说:"关键核心技术是要不来、买不来、讨不来的。"为了解决"卡脖子"的技术问题,民营企业需加大基础研究投入,提高自主创新能力,努力实现更多"从0到1"的突破,扩大国内外市场。企业之所以难以引进吸收国外企业关键核心技术,一是因为企业缺乏足够的基础研究能力和科学的研发管理体系,难以对引进来的技术进行创新,花费巨大成本引进的技术,生产出的产品却逐渐被新产品所取代,而在技术难以引

---

① 张驰. 攻坚"卡脖子"难题[N]. 中国纪检监察报, 2022-03-08(001).

② 胡立彪. 解决"卡脖子"问题必须加强基础研究[N]. 中国质量报, 2021-12-14(002).

进的情况下，做出放弃现有技术和产品重新开始自主创新的决定也是非常困难的；二是国内产业处于知识链的低端，知识积累和基础研究能力不足，原始创新较弱，缺乏对工艺和结构的基础性问题的研究，导致我国经济以往的高速增长是建立在低廉的劳动力和资源基础上，产业也位于全球价值链和产业链的低端。[①]因此，我国民营企业迫切需要加大基础研究投入，比如设立自己的基础研究中心，增强技术创新能力，推动企业自身高质量发展。如今，我国一些龙头民营企业也开始加大对基础研究的投入，例如，华为在世界各地建立实验室，在数学、物理等基础学科开展研究布局；阿里巴巴在2017年建立达摩院，在人工智能、芯片、量子信息等前沿领域开展研究；腾讯为青年科学家设立"科学探索奖"等。[②]

二、应用研究对接市场需求

党的十九大报告提出，要"建立以企业为主体、以市场为导向、产学研深度融合的技术创新体系，加强对中小企业创新的支持，促进科技成果转化"。以市场为导向是指企业的技术创新，必须始终从市场需求出发，把准消费者的脉搏，把立足点和归宿点放在产品"卖出去"上，新产品开发失败的原因主要是研究开发与市场脱节或市场营销不足。

比如柯达和富士胶片都预见到了数码化时代的来临，对未来都抱有危机感，但是它们截然不同的应对数码化风暴的措施导致命运迥异：富士胶片具有更强的客户思维和敏锐的市场判断力，它迅速拥抱数码化创新，深入推进数码技术的自主开发，研制成功世界上第一台全数码电子相机"DS-1P"，还独立研发了专门打印数码影像的数码冲印设备

---

① 宋高旭, 施红. 中国企业基础研究投入不足原因及政策研究[J]. 技术经济与管理研究, 2019（2）: 60-64.
② 张旭. 优化支持民营企业科技创新的政策措施[J]. 民主与科学, 2019（3）: 22-25.

"FRONTIER"。在20世纪90年代末数码相机消费市场增长浪潮中,依靠这些科技创新,富士数码相机很快便在国际市场上确立了30%的市场份额,处于领军地位;而柯达却固守短期可以获得利润的传统胶卷行业,本身也不生产数码相机,仅以授权贴牌生产方式接受供货,导致柯达在数码化大潮冲击下遭受致命打击。[①]

根据以上案例分析,我国民营企业要以主流市场需求为导向,以用户潜在需求为导向进行应用研究,要摆脱技术思维的束缚,建立用户思维,不能为了创新而创新,也不能为了研发而研发,并且在科技创新过程中坚持从科学精神出发,准确洞察市场需求和产业趋势,准确判断技术的独特性,以科技创新为根本,以市场需求为导向,应用研究对接市场需求,求真务实,久久为功,推动自身高质量发展,推动国家经济高质量发展。

三、构建产学研创新发展生态系统

产学研是企业与大学、科研机构之间的协调与合作,是目前企业技术创新的主要形式之一,已广泛被世界各国企业所采用。但由于创新主体的出发点不一样,所追求的价值目标也不尽相同,也存在不少问题。一方面,研究型大学和研究院所主要追求学术成果,希望在国际顶级刊物上多发表科研论文,而对科研成果是否具体转化为经济效益并不是特别关心,加上受传统的以科研论文和学术成果为主导的高等教育评价体系影响,大多数高校仍然不太重视科研成果的实际应用和经济效益,因此这种评价机制使得高校教师和科研人员更倾向于申请纵向课题和从事基础研究,很少走出实验室,深入企业和社会,与行业企业、地方政府合作;另一方面,企业以经济效益最大化为生产经营的主要目标,着眼于自身的长远

---

① 李雪涛. 企业科技创新以市场需求为导向的思考与探索[J]. 管理观察,2018(31):28–29,32.

发展,对技术革新具有较强的动力,但企业领导通常会认为开展产学研协同创新投入大、耗时长,而在自己的任期之内很难见到成效,因此企业的经营者就容易安于现状,不愿意投入太多资金开展技术攻关和产学研合作。[①]

基于以上分析,需要构建产学研创新发展生态系统,以推动产学研深度融合,企业提高了自主创新能力,才能实现民营企业高质量发展。构建产学研创新发展生态系统不仅有利于克服传统合作模式中出现的合作层次提升慢、风险分担机制不完善、合作动力不足与产学研分离现象严重等弊端,而且能够将各参与主体吸纳进来,合理支配各主体之间的创新活动和经济行为,有利于降低成本、减少竞争,可在较大范围内形成多种伴生或共生的关系。[②]

构建产学研创新发展生态系统,除了需要企业、大学和科研院所等基本主体充分发挥各自的优势和专长之外,同样离不开政府的支持和配合。以下从民营企业、高校及科研院所、政府3个方面进行讨论。[③]

民营企业需要创新企业科技管理体制,加强产业转型升级,尊重科研人员的研发成果,重视人才培养;要提升自身对科技研发的认识及对产业发展前瞻性的认识,准确识别技术的潜在市场价值,并且加大研发投入,使企业产生创新发展的驱动力;积极调动自身投身科技成果转化的积极性,提高科技成果本地转化率。

高校及科研院所需要强化对科研人员服务地方经济发展、科技成果转化的认定与激励,树立正确的科技评价导向,对于积极参与产学研合作及科技成果转化效果好的科研人员在职称评聘、职级晋升方面进行倾斜,

① 潘锡杨,李建清.江苏产学研协同创新的问题与对策[J].中国高校科技,2013(9):40–43.

② 范龙昌.产学研协同创新概念模型及路径设计研究[J].企业家天地(下半月刊),2014(3):20–22.

③ 赵晖,苏明政.切实推动产学研深度融合 激发辽宁民营企业科技创新活力[J].辽宁经济,2021(1):88–91.

对于从事研发的专门人才,尝试在评定和晋升专业技术职务时设立专项指标,鼓励高校科研人员在高校、院所和企业的双向流动,鼓励教师脱产创业,并在编制、待遇等方面给予灵活的保障措施,从根本上激发高校科研人员参与产学研合作的积极性。

政府要充分发挥在产学研合作中的引导作用。首先,需要充分了解校企合作之间的需求,推动企业与高校、科研院所建立包括产学研联盟、校企研究院等形式在内的多种合作模式,促进双方建立资源互补、利益共享、风险共担的协同创新模式;其次,政府要通过担保等形式为民营企业"背书",推动民营企业积极参与产学研融合,大力支持民营企业深度参与科技计划项目、建立高水平科技创新平台,积极鼓励民营企业开展科技创新活动;再次,健全技术转移、落地的服务体系,拓宽技术对接渠道,畅通科技成果转化渠道;最后,政府要健全监督评价体系,由政府主导引入第三方评估机构,对产学研合作的实施情况、经费使用情况进行监管、验收。

浙江的产学研合作由来已久,随着产学研合作逐步深化,大学、科研院所的技术成果源源不断地向浙江民营企业转移和输送,支撑了浙江民营企业的发展和腾飞。浙江产学研合作有2个鲜明的特点:一是以企业为主体,以全国的高校、院所为依托,浙江积极引进大院名校和大企业、大集团,共建研发机构等各种形式的创新载体,目前已成功引进640多家创新载体,集聚高素质科技人才1.5万多人,大批的科技成果向浙江民营企业转移;二是以市场为导向,以利益机制为纽带,企业通过与高校、院所合作,获得技术与人才支撑,为提升企业竞争力提供支撑,高校、院所通过与企业合作,不仅增加了科研经费,也提高了科技人员收入。[①]

---

① 蒋泰维.浙江产学研合作的新态势和鲜明特点[J].今日科技,2009(1):7-8.

九洲新能源:科技引领行业绿色发展

图5-57 浙江九洲新能源科技有限公司

【**样本意义**】 无创新,无未来。科技创新是企业的新动能,只有横下心为之一搏,才能赢市场、赢未来。浙江九洲新能源科技有限公司董事长钟治平对此深有体会。

2月中旬的温岭,受雨雪天气影响,寒气逼人。笔者冒雨来到浙江九洲新能源科技有限公司(以下简称:九洲新能源),只见屋顶的花园春意盎然，花草树木传递着春的气息。

在和九洲新能源副总经理陈丽慧交谈中得知，九洲新能源老厂房不到1公顷，新厂房虽有扩大，占地面积有1.8公顷，但还是无法满足实际需求，为此，只能在屋顶建设花园。公司占地虽小，但亩产却是当地最高的，2021年营收突破10亿元，同比增长近1倍，亩均产值达到近3000万元。

说到企业的发展，陈丽慧爽朗地笑了，她信心满满地说道："温岭'四套班子'的领导都在开年企业复工时莅临九洲新能源调研，表示要解决征地问题。毕竟我们是一家市科技型明星企业，相信我们会迎来新的春天。"

在九洲新能源，说到科技创新，用"三大保障"机制推进科技创新是绕不开的话题。

装备保障：夯实转型跃升的根基

和许多的台州企业一样，九洲新能源2000年起步时，也是一家生产低端电机零配件产品的小微企业。随着市场竞争加剧，科技含量低、产品档次低、生产规模小的企业时刻面临着挑战。小企业要死里逃生，要想做大、做强、做久，唯创新才是出路，唯发展才能立于不败之地。基于这种理念，九洲新能源在发展战略上把科技创新放在首位。

九洲新能源瞄准市场需求，实施转型升级，从以电机零配件产品生产为主向以驱动电机及控制系统生产为主转型，逐步成为与电机核心零部件相配套，集研发、生产、销售于一体的新能源科技企业，经过不断地投入，现拥有国内电动两轮动力系统领域最强的研发能力与最完备的产业链，已成长为行业唯一一家核心零部件完全自主研发生产、电机与控制系统一体化解决的企业，业务板块涵盖电动车电机、新能源汽车电机、机器人电机、扫地机电机、控制器、高压清洗机等领域。

九洲新能源技术部经理付开强说,工装设备升级自动化后,生产效率提高成果显著,不仅降低了作业者的劳动强度还减少了用工数量,减轻了人员招聘压力。如投资上千万元,将15条手动生产线改成12条智能生产线后,员工劳动强度降低,生产效率提高30%。每台电机上的固定螺丝有20多颗,原来是用手动气枪一颗一颗打,日产1300台电机,要用气枪打2.6万次,设备升级后用自动气枪,无人操作,日产达到了2000台电机。又如,电机轴加工由机械手代替手工操作,原来一条生产线9人班产1500根,现在2人班产达1800根。

科技为企业的脱胎换骨、产品的升级换代夯实了根基,注入了新动能。

技术保障:打开创新驱动的钥匙

随着大量新装备、新技术、新工艺在企业中的广泛应用,企业员工需要有一个了解、熟悉、熟练掌握应用的过程。为尽快发挥设备、技术效应,公司建立以董事长为首的数字化改造和技术保障决策体系,配以技术部为主体的负责制,充分发挥技术人员的优势,并针对技术难关成立技术攻关小组,一道一道工序梳理,一个一个方案落实,一项一项技术攻关,确保各个技术方案和技术措施可靠,从而保证整个项目顺利进行,各个技术环节一路畅通。

为强化全员科技应用、技术掌握的意识和能力,公司开展了自上而下的各类技术培训,精工制造、精益管理、精细操作等各种新知识、新术语、新数字第一次融进了员工们的头脑,新一代智能设备的运用、先进技术的落地,培育和催生了新一代的员工。公司因此在科技创新的滚滚洪流中争当先锋、挺立潮头。

在"环球电动车网"组织的里程测试中,九洲新能源"赤兔"系列电机是"参赛选手"之一。

测试别开生面。笔者从中看到了技术的力量。

为保障结果的科学性,工作人员在测试途中严格应用控制变量法。实测中,骑手体重几乎一致,2台电动车属于同一品牌,除一台搭载普通电机,另一台搭载"赤兔"系列电机外,其他参数包括电池型号、规格等完全一致。当日气温为3—9℃,2名骑手在同一路段按同一速度骑行。最终,配置普通电机的车辆,里程数据为66千米,而搭载"赤兔"系列电机的车辆,竟斩获77千米的续航佳绩!

比普通电机多跑10千米!九洲新能源"赤兔"系列赛场扬威。

"赤兔"是九洲新能源本年度力推的高端电机系列,大量实测证明,该系列具有长续航、强动力及高稳定性的优势。纵观两轮电动车电机板块,布局长里程电机产研的企业不在少数,为何独有"赤兔"一骑绝尘,以卓越性能引领电机产品续航革命?

笔者了解到,关键在于九洲新能源深耕技术20余年,掌握多项电机核心科技,其中包括单线纯铜绕组、槽满率优化等关键技术,二者可有力提升电机输出效率、抗热性等核心性能。"赤兔"系列领先普通电机10千米续航的关键,正是在于应用了上述2项核心技术。

而这一技术的突破,九洲新能源的技术保障功不可没。

九洲新能源以为电驱动产品提供最好的动力系统作为企业使命,专注电动车驱动系统的自主研发和技术创新,致力于为客户提供电动产品系统成套解决方案,为百姓绿色出行提供优质动力,引领行业朝着节能、环保、高质量的方向发展。

使命所在,责无旁贷。

"这个产品利润低,但却是民生产品,工业强企、百姓需求,这都要求我们去做,而且一定要做好。"陈丽慧笑着说。

图5-58　九洲新能源生产车间

机制保障：注入跨越发展的动能

创新是企业发展的核心要素，是引领发展的第一动力，而机制的保障就是要为技术、研发人员科技创新增"动力"、注"动能"。

"企业的科技创新阻碍主要是动力不足。原先我们企业科技政策相对滞后，对创新的匹配融合度不足。为了补足短板，近年来，我们专门在班子中配备专职副总，制订与完善一系列创新动力机制、创新成果转化机制、项目研发激励机制等，营造科技政策的支撑环境，增强科技创新的内生驱动力，为破除科技创新的体制机制障碍提供保障。"陈丽慧对此深有感触。

九洲新能源为此专门组织班子，设立机构，专人负责，从建立机制上着手，边探索，边实践，出台了一整套鼓励科技人员勇于创新、执着研发的激励机制、考核办法，从激励创新主体着手，重视和发挥科技创新人才的作用,建立了由2名"500精英"领衔的50多人的研发团队,让研发人员引得进、坐得住、用得上,安心、顺心、放心搞研发、做创新。

一副眼镜,一脸斯文,这是研发工程师陆肃中给人的第一印象。但是这位"老实人"的内心却有火一样的激情。

陆肃中对笔者讲道:"我们通过市场调研和故障电机分析,发现电机动力不足、爬坡无力、烧线圈等是目前亟待解决的问题。现在市场上常规的10寸轮毂电机成本高,爬坡能力还有潜力可挖。为减轻消费者负担,提升电机性能,我们对轮毂电机进行了更新换代。"

从210系列到212系列,再到215系列,看似变化不大,但增加转子内径后,加长了电机驱动力臂长度,在10寸轮毂的条件下,有利于发挥电机性能。但使电机性能最大化,增强电机效率,并非易事。研发团队通过多次试验,优化磁路设计,将嵌线方式由多线串联改为单线并联,提高定子槽满率,减少铜损,降低电机温度等,经过反复验证,攻克了技术难关,2020年新型电机投放市场一炮打响,该技术还成功申请了国家专利,九洲新能源因此成为国内首家生产销售该电机的企业。

对电动两轮车进行市场研发的同时,公司将眼光瞄准了低速四轮车领域。低速四轮车在老人代步、餐饮行业、旅游行业等应用广泛。根据产品分析,并到各四轮车主机厂商实地了解客户需求和目前产品中存在的问题,研发团队攻坚克难,成功开发出低速四轮车电机产品,目前已实现小批次量产,在细分市场上抢占了先机。

针对这些对企业有特殊贡献的技术研发人员,公司在项目开发上给予奖励,并在子女就学、住房安排等方面给予其政策优惠等福利。

在机制保障上,公司舍得投入,助力研发人员积极开发新产品。九洲新能源在研发投入上的真金白银占销售额的3.5%,高于行业平均水平。

在新产品研发思路上,规划一代,研发一代,创新一代,循环往复,永无止境。

政策上的连续性,投入上的持续性,研发人员的接续性,保证研发创新长流水、不断线。现九洲新能源有100多项国家专利,企业先后荣获"国家高新技术企业"、"国家级专精特新'小巨人'企业"、"国家知识产权优势企业"、"省级企业研究院"、"省隐形冠军培育企业"、"温岭市首届标准创新贡献奖"企业等称号。

依托强大的智能产业链和规模化优势、完善的现代化管理体系和领先的自主研发能力,2021年九洲新能源业绩创历史新高,企业再次迈进了温岭工业企业20强行列,成为国内电动两轮车动力系统领域的领军品牌。

· 案例 2 ·

风驰机械：小步快跑，永远领先一步

图 5-59　浙江风驰机械有限公司

【样本意义】　小步快跑，永远领先一步。自始至终专注车轮钢圈开发，专业生产"非公路车轮"的浙江风驰机械有限公司，以国际标准制造产品，充分利用小批多量、生产设备自主研发等核心竞争力，在北美市场独领风骚。

"也许就是命运。"负责留守"管家"且幽默风趣的采购总监吕永钢，一见到笔者时，就讲起公司改名的故事：浙江风驰机械有限公司（以下简称：风驰机械）的前身叫"创飞"机械，因为有同名，企业无法变更名称，后改名为"风驰"。

"像风一样地奔驰起来。"吕永钢说，改的名字不但首个字母"FC"没变，公司还飞得更远，跑得更快，尤其在北美市场闯出一片新天地，独领风骚。

"小巨人"占据北美半壁江山

位于温岭市东南工业区的风驰机械,是行业内低速钢制轮毂的龙头企业。企业70%以上的产品对外出口。目前,风驰机械在美国、加拿大都开设了分公司,特别令同行仰慕的,要数公司在亚特兰大设立占地面积超1公顷的仓储中心,以全新的安特固(Antego)品牌拓展美国市场。

"设立海外销售分公司,直接面对终端市场,提高了市场响应速度,扩大了自主品牌的影响力。"风驰机械执行总裁潘凌杰说,通过电商开拓售后市场是安特固轮毂在美国市场后来居上的重要手段。在亚马逊平台上,安特固在同类产品的市场占有率达到50%以上。

作为一家生产低速钢轮的制造企业,风驰机械不仅在国内领先,在全球也可位居前三。"我们的产品70%都出口到国外,如今相关行业全球前三的主机企业几乎都和我们有合作,尤其在美国市场,同类产品中10辆车子有5辆车子的轮子是我们生产的。"潘凌杰说。可以说美国市场支起了风驰机械发展的半壁江山。

那么,这么多年来,风驰机械靠什么发展得如此风生水起?访谈中,吕永钢始终难抑心中的自豪,他说,他们靠的就是质量,一直以国际标准打造自己的品质。

笔者翻阅公司的荣誉榜,一本本耀眼的证书赫然入目,譬如"品字标浙江制造"招牌、国家级专精特新"小巨人"企业等,都显示了风驰机械在标准的引领下,创造出"非公路车轮"的独特品牌。

"不降价"的底气来自研发能力

市场的搏击从来不会一帆风顺的。

因为市场过于集中,加上中美贸易摩擦而高企的关税让人一度很焦虑。但是,即使受疫情影响,风驰机械的订单经常是一个又一个的,让人有"意外之喜"。

这样的局面,对风驰机械来说,也不算太意外。"我们生产的都是非标产品,合作方不是想转就能转,那么多的设备、模具开发都在我们这里,如果要把那么多规格的产品重新开发起来,没有3年时间出不来。而且除了中国以外,其他地方的供应商也没法一下子承接这么大体量的订单。"在公司执行总裁潘凌杰看来,最重要的原因是他们自主研发能力是别的同行替代不了的。

为什么风驰机械的产品能打败北美当时的行业龙头老大?它的底气就来自自身的研发能力。

笔者探访后发现,除了国内劳动力低、成本低,风驰机械的产品价格也比对手的低了20%—30%,而且当时中国没有同类产品的供应商,所以在这个细分的领域里,风驰机械是独一无二的。

而最重要的,风驰机械的生产工艺和众多传统机械的不一样,同行企业需要3台设备、3副模具去生产这个产品,而风驰机械使用的是自己发明的设备,1台设备、1副模具、1次成型,而且生产出来的产品精度、圆度等各方面的参数都比同行企业好。

当天,笔者特意走进制造车间,体验风驰机械最新研发的"内撑式滚圈机",这个自行研发的特殊设备,已经获得国家发明专利。"我们去美国看一辆车的轮子,一眼就能看出来是不是我们造的,质量对比太明显了,这就是我们的核心竞争力。"吕永钢说。

这样的核心竞争力不仅让风驰机械在此次中美贸易摩擦中逆势增长,甚至在客户降价要求来临时,依然占据着话语权。"25%的关税出来后,客户就开始讲条件了,他们甚至希望我们一起分担关税,但我们的策略是确保品质、不降价格。"

说到这儿，潘凌杰还满怀深情地给笔者回忆起父辈的创业故事。潘凌杰的父亲开始创业时是生产摩托车车架的，后来听说市场上缺轮子，就开始生产轮子。但起初怎么做怎么失败，而且市面上的设备也不行，潘凌杰的父亲就沉下心来自己研发设备，在此基础上再研发产品、创新工艺。潘凌杰说："刚研发出来的设备存在各种问题，老爷子就天天住在工厂里研究，慢慢去改善，直到成功。"

图5-60　风驰机械产品展示

"隐形冠军"逆流而上

10年来，风驰机械产值每年保持在10%以上的增长，在这背后，是风驰机械产品超乎寻常的更新迭代。

少批多量，小步快跑。眼下，风驰机械约有1200种产品覆盖了全球所有低速车市场，而用于草坪机械的小尺寸钢圈更是占据了近一半的美国市场，是当之无愧的"隐形冠军"。

面对未来，要想保持发展的势头，机会总是留给有准备的人。

"每个行业都是有天花板的，我们在钢轮领域就算是已经够到了，所以我们必须有新的突破。"潘凌杰说，2015年风驰机械研发成功全新的铝轮，进军沙滩车、越野车等领域。

近年来，随着全球数字化的发展，以跨境电商为代表的数字贸易已成为世界经济增长的新引擎。

2020年，在国外疫情蔓延的情况下，人们的购物方式在潜移默化中发生着改变，居家隔离让人们无法进行线下采购，而线上购物一下子成为消费者生活中的主流购物方式。

数字贸易时代，跨境电商异军突起！这也为潘凌杰的品牌之路打开了全新的大门。潘凌杰坦言："依托跨境电商，打破对传统渠道的依赖，打通中国制造与消费终端之间的连接，让中国的产品能够直接接触到境外消费者，而不用像以前一样需要通过与线下代理商沟通进行产品出售，这对像我们这样的制造业企业是有很大帮助的。"于是，风驰机械在品牌塑造、销售增长、团队培育、资金筹划、供应链整合等数字贸易业务核心发展要素上对企业进行全面赋能和优化，快速实现企业的销售发展和资本增值，为企业实现一亿美金目标助力。

不久前，风驰机械又签下了温岭"1亿美金加速器"项目。

作为全球顶尖的制造型企业，风驰机械用几十年的时间向世界证明了它的制造工艺。而潘凌杰的下一个目标就是要通过"1亿美金加速器"的助力，用1年时间，让自己的品牌成功出海，引爆北美市场。

临近采访结束时，吕永钢也向笔者透露，为了长远计划，也为了在北美市场保持不败，风驰机械正计划在美国建立第二个更大规模的仓储中心。

同时，风驰机械也正筹划非传统市场开拓、非美市场拓展、新产品研发、制造成本控制等应对新的冲击，坚守国际标准和创新的底牌，踌躇满志地走向未来。

· 案例3 ·

申林汽车部件：能揽汽车工业的 "金刚钻"

图5-61　浙江申林汽车部件有限公司

【样本意义】　企业研发工艺的过程就像一个攀登高峰的过程，充满了艰辛和变数。但一旦登顶，就能取得巨大的技术优势和市场优势，足以"一览众山小"，揽下众多的"瓷器活"。

大众、福特、通用、上汽、采埃孚等都是它的供应商，其中和上汽的合作始于1988年，它就是位于温岭市箬横镇的浙江申林汽车部件有限公司（以下简称：申林汽车部件）。

小厂结缘上汽集团

"当时,企业连个像样的厂房都没有,生产用地是一间土灶房,面积只有30平方米。"说起过去,申林汽车部件董事长林大明依然很清晰。如今,申林汽车部件新厂房全部用上了自动化的设备。

"这些自动冲床每台价值达1000多万元,而一台传统的只要10万元,自动冲床能减少八九个工人。"在轰鸣的机器声中,林大明充满了自豪感。他和上汽集团合作时,企业还是个小黑屋。"那是一个土灶房,地面是泥的,只有三四个员工,就是这样的生产厂房,竟然入了上汽集团的眼,实在是不可思议的事。"

1986年,林大明的企业叫机电五金配件厂,生产设备就是花了1200元从上海买来的一台旧冲床,还是报废、断裂的旧冲床,为椒江一家国有企业做配件。有一天,林大明和往常一样去交货,椒江这家企业正为上汽集团做配套,正好有批出口订单要交,但其中油封骨架出了问题须重做。

因为时间紧,对方十分着急,椒江这家企业推荐了林大明,这一推荐给林大明带来了机遇。

"赶回温岭后,我通宵开模,放在冲床生产,24小时之内准时交了货。"林大明说道,他的速度让上汽集团在场负责人感到惊讶,因为一般从开模到生产起码要三四天。当对方得知申林自己车、铣、刨、磨、热处理一气呵成时,更是感慨不已。

别人需两三年开发时间,他只花3个月

1988年,国内桑塔纳年产量才1000辆左右,除蓄电池、天线等极少数零件外,几乎所有零部件都需要进口。

"当时,国家提出工业各行业国产化,因为年产量只有1000辆,量很

少，上汽集团只想到找外厂配套，对方就想到我了。"林大明说道，当时找到上汽集团，提出试制轿车导向套要求。"因为我们是小厂，对方很犹豫。我们承诺如果不成功就不要钱，并保证在3个月内交货。"

"别人生产、研发要两三年，3个月怎么可能？"面对厂家的疑惑，林大明不管那么多，立即组织人员找资料、开模具、试生产。

两个半月后，他接到上海方电话询问进展。林大明告诉已初步成功。在没有人通知林大明的情况下，对方从上海赶到温岭，当看到林大明拿出样品时，才相信真的成功了。

当时交出100套导向套，被对方带回测试，全部检验合格。"可就在他们热处理时，报废率却达到90％以上。"林大明不相信这一事实，他跑到上海，向对方要了一只德国原产导向套回来研究，发现导向套内侧毛刺是向上的，推断这是倒工艺产品。根据判断，他认为德国技术是热处理后再冲压。"我在厂里试了一下，果然与我想的一样，又拿着研究结果赶回上海，直到成功做出后，他们才彻底相信。之后，上汽集团订单源源不断到来，如今也没断过。"

征服美国专家，摇臂装进"通用"

从1988年大众配套到1998年进入通用配套体系10年间，桑塔纳变速箱冲压件几乎都由申林汽车部件独家配套。

1998年，申林汽车部件又开始与上海通用合作。当时美国通用在上海投资6亿美元，要求发动机摇臂全部国产化。申林汽车部件试制发动机摇臂样品，按要求达到5000万次以上。

于是，林大明带领研发人员改进工艺，将发动机摇臂拿到美国做破坏性试验，结果达到7000万次不断。美国通用不相信这个结果，派了冶金专家组赶到温岭，进入车间、热处理实地考察，然后带回产品去美国试验，结果还是7000万次不断。从此，申林汽车部件以优异的质量征服了美

图 5-62 申林汽车部件生产车间

国专家,也拉开与通用合作的序幕,供货量从最初的每年30万件到后来的每年300万件。

这些年,申林汽车部件有了更多的合作伙伴,如一汽大众、上海大众、麦格纳动力总成(江西)有限公司、东风格特拉克、上汽变速器、采埃孚汽车变速器等一线品牌。能做出这样成绩,在林大明看来,主要原因是企业对质量的高要求和对顾客的高水平服务倍加重视。"如申林汽车部件主打产品DCT360驱动盘等精冲件,整整花了3年研发,投入了上千万元,2020年才批量生产,预计能为公司带来1亿元产值。"

2008年,格特拉克进入中国,为福特开发野马跑车变速箱,申林汽车部件凭着优越的质量体系进入福特配套体系,开发全套变速箱拨叉轴,使用至今。

"如今,我们还和高校合作研发一条自动化生产流水线,准备在数控机床上加机器人,将各环节都连接在一起,实现上料、下料、检测等多环节自动化,7道工序只需1个人操作。"林大明说,这条自动化流水线研发已花了他3年多时间。

迪信勘察仪器：做改变行业发展的引领者

图5-63　台州市迪信勘察仪器有限公司

【样本意义】 一个人的力量是微小的，但一旦爆发了以一当十的能量，就可以以小博大，甚至改变事物发展的方向。对于创业者来说，这甚至可以撬动行业的发展，走出一条小而专、小而精、小而特、小而新的发展之路。

"是国内这个'冷门'的行业给了我创新发展的机会，也是我的挑战改变了这个行业的发展方向。"身材颀长、属牛的台州市迪信勘察仪器有限公司（以下简称：迪信勘察仪器）董事长叶灵迪在采访时"牛气冲冲"地说。戴着眼镜的他，深邃的眼神坚定而清澈，斯文中透着锐气，谈吐中充满自信。

"创新让我赚到了第一桶金"

早在2003年，叶灵迪在温岭本地一家地质仪器厂从事销售工作，开始接触和了解了地质勘查仪器。

地质勘查虽然是个冷门行业，但当时企业生产的手摇勘查设备还是有市场需求的。

有一年，叶灵迪到苏州走访勘查公司，其中一家勘查单位的负责人说：苏州工业园区外资企业特别多，有一次在给外资企业厂房做地质勘查时，一位外商看到工地上使用的手摇触探设备，嘲笑着说，都什么年代了，还用手摇，看来中国人的劳动力太富余了。

听说自己的设备被外商嘲笑，他的心被深深地刺痛了。

叶灵迪进一步了解到，手摇的设备一天勘查仅150米，液压的能达280米。而且手摇的设备劳动强度大、安全性低，工人都说用手摇得太苦了。

落后的设备，更是伤了叶灵迪的自尊心。

"当时我就想，这里有商机。如果将手摇操作变成机械操作，市场不就打开了？"这位"不安分"的年轻人动起了改进产品的念头。

2006年底，叶灵迪干脆一不做二不休，从这家企业辞职，成立了温岭市迪信勘察仪器厂。

"我用3万元工资和借来的5万元资金，买了一台机床，租了一间房子，招了3个技术人员，4个人开始了创业，"这个到大城市出差爱往书店跑的年轻人说,"我一开始就不想走老路,我要通过技术创新,搞出自己的新产品。"

产品研发中,叶灵迪日夜钻进房间里搞试验。研发的方向就是用液压代替手摇。在研发过程中,用户反映,常规液压密封件耐油温80℃左右,因夏天野外温度高,会影响设备性能。"何不一步到位?"他想,"干脆就研发耐油温200℃的。只有这样产品才有卖点。"

初生牛犊不怕虎。

经过几个月的试验和攻关,被称为"小液压"的"双缸液压轻便静力触探仪"终于应运而生。产品在探测深度、人工耗时、安全系数等方面都优于市场上销售的手摇设备。

敢于吃螃蟹的年轻人实现了第一次突破。"是科技创新让我赚到了第一桶金。"叶灵迪笑着对笔者说。

"我的专利撬动了整个行业"

这是一个快速变化的时代,也是一个创新无处不在的时代。

随着勘查行业的发展,复杂地域、高楼建设等项目的勘查越来越多,勘查深度也越来越深,原有液压静探设备已无法适应市场的需求。

市场的变化,再次刺激着叶灵迪那兴奋的头脑。

还是那样一股牛脾气,还是那样一种不服输的精神,还是那样日夜攻关的"笨"办法。叶灵迪与伙伴们一起反复试验,终于研发出新一代"履带式静力触探设备"。

2011年12月,第一台设备卖到了新疆建筑科学院,用于克拉玛依炼油厂勘查。当时天寒地冻,气温达到-20℃,设备成功下锚在坚硬的冻土,完成了地质勘查。而在当时,能生产出在这样的地质条件下完成下锚的设备,国内行业还是第一家。

从手摇到机械,从"小液压"到"大液压",从轮式到履带式,成功的跨越,成就了企业的名声。

这一年,叶灵迪将企业更名为台州市迪信勘察仪器有限公司。

同时,他将"双作用力静探车下锚装置"和"静探车下锚装置的承力柱支柱底座"申请了实用新型专利。没想到这一"非发明专利"申请的"疏忽",竟导致整个行业的争相模仿。叶灵迪心有遗憾,苦笑道:"现在市面上所有的下锚装置的原始设计就是我们研发的,我的专利撬动了整个行业。"

即便如此,他也未曾停下创新的脚步。

图5-64　迪信勘察仪器研发的产品

叶灵迪在一次给山东客户现场调试时,听到工人们说重达5吨的履带车从运输货车装卸时,搬动跳板很不方便,实在太重,而且容易打滑,操作不当会把货车压翘起来,甚至设备有侧翻的风险。其中一位工人说,能不能在液压支腿把设备支起来的时候,在下面垫东西,然后反复操作,不用跳板装卸车就好了。

说者无意,听者有心。回来以后,叶灵迪就立即开始钻研。经过苦心钻研,用长行程液压支腿自助完成装卸的"静力触探车用升降台"试验成功。

当时还没有对发明专利有保护意识的叶灵迪,又申请了实用新型专利。"虽然同行都说我们的专利给行业带来了变革，但我明白，因为缺乏知识产权保护的意识，企业失去了很多发展的良机。之前，我们只会埋头苦干，却忽略了其他。这也是成长的烦恼吧。"

"结缘'中国探头第一人'是我的福分"

原浙江省综合勘察研究院仪表厂的刘根泉老先生是行业中的翘楚，被业内称为"中国探头第一人"，他研发的探头特别适用于超深孔或复杂地层。

2016年，已经退休的刘根泉因身体不好，已在考虑技术的传承。当时，行内有些人愿意高薪聘请或高价买他的技术，但他都一口回绝，他认为用钱买他的技术，不会坚持把技术做下去。这时，他想到了有业务联系且在业内小有名气的叶灵迪。

一次，刘根泉打电话给叶灵迪，说有几个配件需要加工。叶灵迪二话没说，不讲条件，将高质量的配件加工好按时送到杭州。两人经过深入交流，成了忘年交。后来，刘根泉尽管腿脚不便，又几次来到温岭。叶灵迪对待技术的态度更像一名研究者，能刻苦钻研、精益求精的态度，与刘老十分相似。正是这种少有商人味而具技术味的特有气息，被刘根泉相中，决心毫无保留地将技术免费传授给叶灵迪，收他为"关门弟子"。

"他乡遇知音，结缘'中国探头第一人'是我的福分。"叶灵迪喜获"真经"后，带领团队继续深入研究，接连研发了"静力探触设备用折叠式液压破碎装置""岩土工程勘探用于电一体液压控制系统"等新产品，先后获得了3项发明专利、20多项国家实用新型专利，其中有多项专利填补了行业空白。

2018年9月，云南第一高楼地质勘测，云南省设计院集团勘察院有限公司采用迪信制造的DYLC型履带式静力触探设备，共完成静力触探孔12

个,其中最大勘探深度达到117.9米。而在当时,云南省内还没有能打到那么深的设备。

为此,云南省设计院集团勘察院为迪信勘察仪器开出设备应用证明:履带式静力触探设备具有操作简便、工作稳定、数据准确、成果可靠等特点,在大幅度提高静力触探测试深度和数据可靠性的同时,工期缩短近30%,勘探成本节约50%,经济效益和社会效益显著。

在廊涿固保城际高铁特大桥静力探测中,迪信勘察仪器的设备打入地层70米,再次刷新纪录。迪信勘察仪器价值20万元的设备成功替代600万元的某国设备,勘测深度也比后者多了20米。过硬的技术,使这家小微企业屡屡在行业内崭露头角、一枝独秀。

近年来,迪信勘察仪器的产品销往"央企"等勘察单位,在援建非洲喀麦隆水电站、加纳港口项目、中泰铁路泰国呈娘段、印度尼西亚沼泽地勘察、孟加拉国某电厂、斯里兰卡科伦坡港、柬埔寨金边机场扩建等项目中大显身手,为国争光。

坚持科技创新,迪信勘察仪器营收每年以30%的速度递增,市场份额在国内同行中占比最高,生产规模在国内同行中最大。企业获评"浙江省科技型企业"等称号。

2022年4月,自然资源部第二海洋研究所、浙江理工大学等专家来迪信勘察仪器考察,就共同研究海洋沉积层综合物性原位测试关键技术研发及应用示范"这一课题任务达成意向。

2022年初,又一个发明专利在申报中。

"我的产品一直在被人模仿,我必须不停地创新和超越,走好自己的路,才能在业内领先,才能对标国际一流。"面向未来,这位创新达人信心满满。

·案例5·

福立分析仪器:价格更低技术更新
打造与国际争锋的分析仪器

图5-65 浙江福立分析仪器股份有限公司

【样本意义】 拿来主义从来都是最轻松的:花钱买别人做好的东西,体验最完整的功能,享受最直接的服务。但也有不少人并不愿意这般"坐享其成"。

浙江福立分析仪器股份有限公司（以下简称：福立分析仪器）作为台州温岭一家提供分离分析整体解决方案的分析仪器制造企业，就有着"硬骨头"。因为不满足于让国内企业花很多的"冤枉钱"去购买国外成熟的分析仪器，福立分析仪器就扛起大梁，攻克技术难关，不断科技创新，成为国内领先的分析仪器生产企业之一。

如今，福立分析仪器为国内各领域提供技术成熟、服务到位，价格实惠的优质分析仪器，打破国际垄断，开辟"中国制造"新高度。

土壤里含有哪些微量元素？口罩上是否真的残留有害气体？我们喝的水里到底有哪些成分？

在日常生活中，有许多肉眼无法洞察的东西，都需要借助高精仪器才能检测出来。而一台能够分析各类元素和成分的分析仪，融合了尖端的科技，在以前只有国外发达国家才能生产，一台仪器昂贵且操控复杂。

近些年，这样的国际垄断被努力拼搏的中国企业所打破。浙江福立分析仪器股份有限公司就是这样一家专门制作分析仪器的研发制造企业。该企业通过人才引进，技术研发，克服重重困难，最终打破国外的垄断，制造出多款科技领先、操控简便的分析仪器，让国内各个领域都能用上物美价廉的国产仪器。

国外分析仪器垄断市场，价格昂贵操作也很复杂

福立分析仪器成立于1998年，坐落于温岭市新城开发区，占地面积1万余平方米，是一家致力于为生命科学、食品安全、环境保护、能源化工和药物分析等领域用户提供分离分析整体解决方案的分析仪器制造企业。

该公司是国家级专精特新"小巨人"企业。曾相继完成国家"十五""十一五"重大项目的研发和产业化，承担了省重大科技专项重点工业项目和省重点研发计划项目课题，拥有年产2500台色谱仪的生产线，

其产品主要覆盖气相色谱仪、液相色谱仪、质谱仪、前处理设备、高性能耗件等,其中气相系列产品现已成为国产气相色谱仪的行业领军,占国产品牌同类产品80%左右的市场份额,仪器销量长年稳居第一,是国内色谱分析仪器的龙头企业。

在公司成立前,国内已经有不少相关的企业建成投产。但那时候,分析仪器的市场主要被国外企业所垄断。

"因为对技术的要求很高,那时候国内企业的水准还达不到那么高的要求。"福立分析仪器人力资源部副部长邹琳介绍,进口的分析仪器,一套价格动辄百万,企业购置负担很重,而且对操作者的要求也很高,并不是谁都可以通过简单学习就能上手的。"而早期的国产仪器,虽然价格要便宜很多,但是无论是技术程度或者检测的精准度都要比国际标准差不少。"

福立分析仪器成立后,企业负责人决定要努力打破这样的局面,让"中国制造"的分析仪器变得物美价廉。

攻克技术加强合作引进人才,在分析仪器领域打拼出自己的一片天

首先要打破的是技术壁垒。

福立分析仪器始终秉承"精诚为福、创新为立"的经营理念,不断引进中高端人才,打造专业化人才孵化平台。2014年从海外引进国际知名高端色谱仪器专家、国家领军人才、全国劳动模范周小靖博士,并由周博士带领分析化学、物理学、电子工程、机械工程、材料学等多个专业学科的60多名(其中硕士以上学历达25%)专职研发人员,从低端同质化向高端领先型研发方向转型升级,注重系统培养行业中高端人才,融合国际国内的前沿分离分析技术,持续创新,突破"卡脖子"局面,打破进口垄断,实现高端色谱、质谱分析仪器及相关前处理和联用技术的进口替代,走"中国创造"的自主创新科技道路,力争打造国内高端色谱第一品牌,实现全

球色谱行业前五的经营发展目标。

福立分析仪器非常重视技术创新。2017年在浙江省科技厅批准下引领创建了省级福立分离分析技术研究院,每年以产值的10%以上持续进行研发投入。

"这样比例的研发投入已经是非常高了,按照我们公司每年1.5亿元的产值来算,一成的研发投入就是至少1500万元的资金。"邹琳表示,公司在上海、杭州、武汉等地也都设立了分公司,为的就是把大城市的一些优秀人才吸纳进来。

招募到的人才由周博士带领,致力于自主知识产权的高端色谱技术研发,以自主专利驱动产品创新,突破产品差异化的技术创新点,参与国家标准的制定,实现专利申请85项(其中发明专利申请29项),实现授权专利42项(其中发明专利授权7项)。并充分利用外部资源,开展与日本、美国、俄罗斯等国的海外尖端技术公司的协同创新,加强与中科院、北京大学、浙江大学等国内高等院校和科研院所的产学研合作,提升团队素质和科研实力,加速科技成果转换,相继推出气相色谱仪GC9790Plus、高端气相色谱仪GC9720Plus;全自动顶空进样器HS930、HS950;高端气质联用仪3900 GC-MS;高端自动进样器16位/150位;液相色谱仪LC5090、高端高效液相色谱液LC5190;GPI-3气体净化器、蓝宝石液相色谱柱、气相色谱柱等,获得了行业专家和用户的高度认可。

保持高速发展,跻身行业标杆

得益于尖端技术产品的支持,福立分析仪器一直保持20%左右的高速增长态势,逐步实现产品从低端向中高端的转型升级、从单一化向系列化的延伸转变、从单一性向色谱分离分析整体解决方案转换,提升了产品技术和产品质量水平,使其产品在市场竞争中处于领先位置,持续增强企业创新能力和核心竞争力，为企业的可持续发展奠定了基础。

福立分析仪器自2016年挂牌"新三板"以来，逐步建立了健全的企业管理模式，在研发、制造、市场、服务方面实施标准化管理和精益生产，打造高质量的科学仪器产品，实现了集研发、制造、市场、服务于一体的全产业链生态圈，并在全国30个省级行政区，建立起完善的现代化快速服务网络，快速高效地满足客户需求，为客户提供集仪器、应用方案、耗件、服务于一体的分离分析整体解决方案。

图5-66 福立分析仪器生产车间

福立分析仪器的产品广泛应用于能源化工、环境保护、食品安全、质量检测、精细化工、制药等行业领域，其典型用户有中国石化、中煤集团、贵州茅台集团、五粮液集团、阳煤集团、新和成集团、华测检测、谱尼检测、中国农业科学院、清华大学、浙江大学、西安交通大学、中国石油大学、江苏省质监院、长春市质监院、台州市药检院等。产品获得用户的一致好评，深受用户的青睐，现已成为国内名列前茅、赞誉满载的仪器品牌，荣获了多项省市荣誉。

·案例6·

大江实业：做个精益求精的"枪手" 把打钉机做到极致

图5-67 台州市大江实业有限公司

【样本意义】 每个大江人总是牢记质量是第一目标。他们确保每一样产品都能通过严格的质量标准检测，尽最大可能让顾客满意。大江实业的每一位员工都有严谨的工作态度，他们总是站在顾客的角度去生产，像注重生命一样注重产品质量，拒绝任何一件不合格的产品。就算是0.1%的不合格率也意味着100%不能放行。正因为他们将质量意识和责任牢记在心里，从而保证了大江产品的高质量。也正是遵循这种近似苛刻的要求，大江实业的产品成了质量过硬、有口皆碑的良品，大江实业的工艺和标准更是成了同行业里的标杆与参照。

家里装修过的朋友可能对装修师傅使用的一款用于坚固板材的工具颇有印象：师傅们手持打钉枪对准要固定的板材，随着一阵急促的"哒哒哒"的声响，板材很快被严丝合缝地钉在墙上。

在温岭新城开发区的台州市大江实业有限公司（以下简称：大江实业），就是一家专门生产这种打钉枪的企业。自1998年公司成立后，大江实业秉持着创新为本、品质第一的理念，一直专注从事气动打钉机等紧固系统工具及其配套产品的自主研发、生产和贸易。

目前，公司占地超3公顷，厂房面积4万平方米，研发工程师30余人，是国家高新技术企业、浙江省隐形冠军企业、台州市专利示范企业和温岭市政府质量奖企业，设有浙江省博士后工作站。2001年以来，公司先后通过了ISO9001国际质量管理体系认证、ISO14001环境管理体系认证、OHSAS18001职业健康与安全管理三体系认证和GB/T 29490知识产权管理体系认证，产品先后通过了UL、ETL、GS、CE、RoHS、PAHS、EMC认证和测试，并获评为浙江省名牌产品，DAJ品牌也被评为浙江省著名商标。产品远销美国、加拿大、澳大利亚、欧洲、东南亚等80多个国家和地区。

不满足于现状，公司老总努力提升产品质量

杨明军是大江实业的董事长。

1989年大学毕业后，杨明军一直从事工具类贸易，在他所接触的产品中，质量大多不能让他满意。"普遍存在技术水准低、产品质量差的问题。"杨明军认为，工业产品走"低质低价"的路线是没有出路的。于是他决定自己投资进行研发生产。

1998年，经过9年的前期积累和沉淀，杨明军创立了大江实业。但一开始没有明确做什么产品，当时什么东西卖得好就做什么，像发电机、电焊机都有做过。"当时企业的产品有点大杂烩的感觉，什么东西都参与做

一些,但都做不精。加上铺得太广以后,公司定位难以明确,投入也太大。"

在经过市场调研和认真比对后,杨明军"壮士断腕",把公司内同质化严重、竞争力差的产品线都砍掉了,最终决定专心研发生产打钉枪。

"学得比别人快,做得比别人好",杨明军除坚持自主研发之外,还与浙江大学、浙江工业大学、上海交通大学等知名学府开展广泛的产、学、研合作,成立了"浙江工业大学—大江实业联合研发中心",不断增强创新研发的实力和能力。

大江实业运用国际先进的有限元分析技术手段和3D打印技术,在产品研发设计阶段就有效地分析、控制产品设计的有效性和品量。并引进ERP管理系统,OA自动化办公系统等,力求在不断研发新产品、提高产品品质的同时,不断地提高生产效率。

经过多年努力,大江实业已拥有世界上品类规格最齐全的气动打钉机类产品,并一直专注于新产品的研发和品质的控制。大江实业还在美国、澳大利亚开设了销售中心和售后服务中心,力求为消费者提供更便捷的服务。

"想客户之所想,做使用者之所需,这一直是我们所追求的目标。"杨明军说道。

公司发展遇到瓶颈,大江实业勇敢破冰

在杨明军的带领下,大江实业在2005年销售额就已经过亿元,但是在这之后,大江实业却陷入了困境。

"什么都在涨,成本节节提高,但产品价格却在下降,企业走得很辛苦。那时候,我就意识到:常规产品在市场上竞争激烈,企业必须打造品牌、创新产品。"关于自主研发产品,杨明军在不少项目上失败过,但这并没有阻止他继续加大投入。

"做产品就是要有坚定的信念、坚韧不拔的精神。我们每年都会拿出销售额的6%用于自主研发,目前已成功研发出了200多款产品投放市场,取得了包括中国、美国、澳大利亚、加拿大等国内外的60多项专利。"说起产品研发与技术创新,杨明军滔滔不绝。

图5-68 大江实业生产车间

"在我看来,企业不是要发展快、发展大,而是要发展精、发展强。中央电视台选中我们进行拍摄,看中的就是我们对产品的专业、专注,这也是我理解的企业所需要的工匠精神。"杨明军的目标是做全世界最好的地板钉枪,而他也正在向着这个目标一步一步前进。"现在,世界500强企业中有5家和我们有直接合作,而且购买的是我们的自主品牌。"

在国人的一贯印象里,国际市场的品牌产品多数被欧美国家把控,中国企业的自主品牌在这些市场上很难叫得响。

"为了打开美国市场,2008年,我们直接在美国成立了一家公司,投入数千万元,冒了很大风险,走过很多弯路,运营了10年,这家公司才被美国市场所接受。"因为这10年,杨明军更加坚信大江实业只有创牌、创新,才不会被别人牵着鼻子走。也因为这10年的努力,大江实业的两个自有品牌freeman和numax在高端品牌垄断的市场里走出了一条自己的路,跻身国际打针枪领域第一梯队。

"我们自主打造的freeman、numax两个品牌,如今和沃尔玛、亚马逊还有行业内的多家知名公司都有合作。"杨明军骄傲地说,亚马逊上有6.9万多个同类产品在卖,其中包括全球各类知名品牌。亚马逊每个月都会有一个Top10产品的评比,大江实业每次都有1—3个产品名列其中,这就是用户对大江实业产品质量的真实反馈。

积极创新和突破,他们研发的水爆炸技术或变革打钉枪

2013年的一天,在大江实业的实验室里,忽然传出了一声巨大的声响,宛如一场"爆炸",把所有人都吓了一跳。

"这次'爆炸'让活塞冲出了气缸,还把实验室的玻璃都震碎了。"大江实业研制室经理刘贵文回忆说。

"爆炸"带来的威力让人始料未及,但是大家并不惊慌,更多的是兴奋。"终于出现'爆炸'效果了,几年的研究终于有成果了!"原来,这次的"爆炸"是大江实业正在进行一款新产品的试验。"我们想要研究出一款新的打钉枪,用水爆炸产生的热能作为动力。"杨明军说。

水能爆炸吗?大多数人对此都有疑问。而大江实业研发团队也是经过多年研究才对这个问题给出了一个肯定的回答:水能爆炸,而且能量很大。虽然2013年他们就已经研究出了水爆炸的技术,但直到如今,他们才刚走到小批量生产这一步。"我们一直在改进技术,不断完善,让性能更稳定。"

　　杨明军解释,水爆炸就是"蒸汽喷发",是通过水爆炸产生热能,热能转化为动能进行的,改变了传统钉枪产品靠空气压缩产生动能的单一格局。"传统的钉枪一般都要自带空压机,而且要先用电钻钻一个孔,效率比较低。而水爆炸钉枪不仅轻便,而且热动能转化率能达40%以上,效率提高了10倍。"虽然2013年他们就已经研究出了水爆炸的技术,但直到如今,他们才刚走到小批量生产这一步。"我们一直在改进技术,不断完善,让性能更稳定。"

　　2016年11月,大江实业参加了一场行业内专业的紧固件展会,展出了这款新产品。这款水爆炸钉枪让很多大品牌厂商惊讶,纷纷前来围观。"如今,这款产品已经申请了8个发明专利,还在美国、德国、日本、加拿大等多个国家申请了专利。"

　　创新发展是企业高质量发展的引擎。近年来,大江实业以新能源技术为依托,开展对新能源打钉枪的研究,避开现有产品技术壁垒,形成大江实业独有的核心技术,并形成高价值专利申请约65项,其中多项专利技术领先国际同行同类产品水平。未来大江实业将会继续围绕新能源工具核心技术的研发,紧扣碳达峰、碳中和主题,研发新一代智能、节能、环保、便捷、稳定、安全、高效的绿色产品,为企业绿色发展赋能,推动大江实业的改革创新迈出更大步伐,取得更大突破。

· 案例7·

大众精机：20余载做精一件事
"中国制造"迈向"中国创造"

图5-69　TOOKO大众精密机械有限公司

【**样本意义**】　绳锯木断，水滴石穿。数年"痴迷"于同一件事情可以创造奇迹。温岭市大众精密机械有限公司拥有20多年发展史，专注于精密零部件和数控机床研发生产，从最初的小打小闹，到成为业界的"领头羊"，每一个故事都是励志的。没有一家公司的成功是坐享其成、唾手可得的。企业的成功源自它的"不安于现状"，勇于知难而进，不断进取拼搏，持续创新拓展。

精密零部件加工、精密数控机床研发和生产,乍一听就是一件要求和标准很高的事情。然而在温岭的城西街道,有一家TOOKO大众精密机械有限公司(以下简称:大众精机),这家公司就是专门从事精密零部件和数控机床研发、生产的高新技术企业。

从公司成立至今的20多年里,总裁阮思群带领公司,从一家默默无闻的小企业,做成一家集研发、生产制造、贸易于一体的民营企业。公司专业提供中高端精密数控机床、高精度液压配件、汽车配件,产品远销欧美、日本等国家和地区,品牌享誉全球,并且在行业领域内一枝独秀,成为"领军"企业。

现有产品不达标,公司干脆自主研发

大众精机创建于1999年,是国际优秀的液压(流体动力)配件供应商,也是国内知名的中高端智能数控机床研发制造企业。

大众精机主打产品有小型动柱式数控立车(DVL系列)、斜床身卧式数据车床(DHL系列)、数控智能行业专用机床(ATO系列),产品广泛应用于液压(流体动力)、汽车零配件、航空配件、船舶、医疗器械、卫星通信等多个超高精密配件加工领域。可以说只要是精密配件,就和大众精机多少都会有些联系。

说起现在的成绩,总裁阮思群坦露,自己公司之所以能够取得成功,其实是被"逼"出来的。

大众精机在2002年时接到美国伊顿集团的一个大订单,需要定制一批液压柱塞泵上的直径80—100毫米的3种规格的密封侧油盘,平面度需达到0.002毫米。"当时我先后购买了10台国内各个知名厂家的机床,但结果这些机床的精密程度都不达标,没有一款能达到美国伊顿集团的精度要求。"

怎么办才好？阮思群了解到，当时国内的水平都还没达到这样的国际标准。"不把差距拉近，国内企业就没机会接轨国际，订单接到企业也做不出来。"意识到问题所在，阮思群决定，既然买不到达标的机床，那就自己生产合格的机床。

于是阮思群广纳人才，组建了一支专业的技术研发人才队伍，为公司的发展打下坚实的基础。在2002年，大众精机自主研发的小型数控动柱立车，成了公司早期的拳头产品。

逆境下公司迎难而上，赢得最终认可

小型动柱立车研发成功后，阮思群不断改进，在公司多次测试中，应用得非常好。

然而因为这件产品打破了常规观念和设计原理，所以在公司开始对外推广这件商品的时候处处遭遇冷眼。

"当时我带着我的得意之作参加展会，结果当场被泼了冷水，在展会上受尽了质疑和嘲讽。"不少行内人士也看不懂阮思群的产品，不断地问阮思群：这是什么车床？怎么倒着运行？你们公司是怎么想的……

更糟糕的是，就连"穿同条裤子"的代理商和厂家也无法"将就"，纷纷对阮思群的作品表示不理解，一致认为阮思群公司设计的这款机床明显不符合车床的设计原理。

那一年，心高气傲的阮思群认定自己的产品是突破传统的良品，于是斥巨资购入了近100台立式数控车床的原材料，装配下线的成品有30台，直接成本3000多万元。然而却因不被认可，导致一台都没法卖出去——没有人会愿意花大价钱去买一台"设计有误"的"试验品"。

倔强的阮思群不认命，在信息不是很发达的2004年，他带着技术团队，拿着录像资料，前往液压行业企业拜访推广，并给用户做精细的加工方案,提供一台机床免费试用3个月,并承诺客户,如果产不出效率,精度不超越他们公司现有的标准,"我们不要一分钱,所有设备我自己拉回来,运费和相关费用统统由我们公司承担,不需要你们有任何的支出。"

很多液压企业被阮思群的执着打动,心想着反正不需要自己承担风险,有问题也不需要支出费用,白试为啥不试?很多企业就决定体验一把,甚至有些企业是抱着看笑话和看阮思群出糗的态度点头答应的。

然而一经使用和体验,不少液压企业就被这台机器的高效便捷所吸引,不仅产出效率大大提升,而且精度也远超这些公司原有的标准。

阮思群和他的产品"一炮打响"。

精益求精,公司成为行业"领头羊"

如今的大众精机拥有了3家分公司,员工260多人,管理人员及技术人员占员工总数的25%。

大众精机集产品研发及制造于一体,下设技术中心及产品开发部,采用了CAD、CAM计算机辅助设计,具备产品开发及技术创新能力,并拥有自主知识产权的高新数控机床。高品位、高质量、个性化的数控机床制造初具规模,已形成年产500台立卧式数控车床制造能力。

数控机床有采用花岗岩床身的机床,有静压主轴的高级CNC数控硬车车床,有国内独创的动柱式过定位立式数控机床。目前已形成了三大系列9个型号的各式立卧式车床,并已投入市场。

"我们一直鼓励团队不断创新和更新,为我们自己的产品不断注入新的活力。"阮思群透露,公司目前拥有一支经验丰富的专业从事精密零部件加工、精密数控机床研发和生产的科技团队,以及大量先进的生产研发设备和精良的检测设备,为公司的生产与研发提供了坚实的基础保障。公司每年都有持续性项目研发,每年有5项以上研发活动。

公司所生产制造的立式数控车床与传统卧式数控车床相比，具有很多优势：自动化程度高，单人可操控2—10台；机床刚性、准确度及动态性能都大大提高；占地面积少，最小0.8平方米/台，最大3平方米/台；加工精度高，加工范围广，加工效率高，有出众的人体工程学设计和易操作性，并可自动装卸料，如采用人工装卸也可极大减轻操作工的劳动强度。

图5-70　大众精机办公大楼和生产车间

阮思群表示，大众精机一直坚持走国际化发展道路，专注品牌的培育和建设，把知识产权政策、研发精神、质量精神等紧密结合，制定了品牌战略方针。全员秉持"大众智造，装备世界"的核心理念，致力于走创新发展、和谐发展道路。

机床装备产业作为浙江温岭的传统优势产业，先后被工信部列入全国机床装备产业集群区域品牌建设第一批试点单位、产业集群区域品牌建设示范区、浙江省高档数控机床技术创新中心。大众精机作为3届连任的温岭市机床装备行业协会会长单位,积极响应国家信息化与工业化的"两化融合"战略,在过去的两三年内,以自有的高端精密液压、汽车零配件生产线为基础,对相应的机床装备进行了信息化、数字化、智能化升级改造,使得大众精机的各类机床产品,在精度、性能和加工范围上均有了显著提升。

同时,大众精机还联合浙江大学及业界一流软件厂商,以大众精机旗下的系列机床产品为主干,集合多年高端精密零部件制造经验,为零部件加工企业打造个性化的符合"24小时无人工厂"要求的数字化智能制造车间解决方案。其中"应用于黑灯工厂的数控动柱立式机床智造装备产业化"荣获业界知名的"数字化解决方案奖"。

大众精机还于2021年上半年,在温岭机床研究院总部,面向业界推出一个拥有5000平方米的完全数字化的适合各类高端精密零部件加工的车间系列解决方案展厅,在这里,阮思群毫无保留地向业界分享大众精机20多年来服务全球知名液压、汽车零配件品牌企业的OEM成功经验。

·案例8·

欧港鞋业:创造更具一种力量

图5-71　台州市欧港鞋业有限公司

【样本意义】　贴牌代工是一种"制造",自主研发是一种"创造"。在当今鞋业市场竞争下,台州市欧港鞋业有限公司投入研发资金,创造好产品,并得到市场的认可,让创造更具价值和力量。

你听过超纤缝线鞋和抗菌袜子鞋吗?你穿过84美元的超纤鞋吗?这种具有科技感和时尚感的鞋子,正是一个创新力强、品质过硬的温岭鞋企——台州市欧港鞋业有限公司(以下简称:欧港鞋业)的产品。

多年以来,欧港鞋业通过质量提升、品牌培育、标准引领、技术支撑和科技创新举措，走出了陷于行业低端的困境，通过了国际BSCI认证和沃尔玛验厂，研发的超纤维鞋、舒适裸感袜子鞋分别荣获温岭鞋业优化升级十佳案例、"中国温岭·曙光狮杯"鞋靴设计创作大奖赛铜奖。

一双鞋子的研发成本占总成本的30%以上

"自主研发是欧港鞋业的执念。"与一些传统鞋企靠"价格战"换取市场的模式不同，自主研发是欧港鞋业董事长金永杰一直强调的，也是欧港鞋业如今最有力的"武器"。

"温岭鞋企和福建鞋企的差距就在研发，温岭许多鞋企没有研发能力，依靠客户款式进行生产。在我们这里，研发就以我们为主，与我们合作的客户就看中了这点。"金永杰说道，2007年8月，欧港鞋业注册首个商标；2013年5月，申请到第一项专利。迄今，欧港鞋业已拥有商标10个、专利6项和品牌2个。

企业创立之初，金永杰没在企业等客户拿款式生产，而是主动出击，他将目标客户定在浙江义乌的国外客商，开发一种款式就到义乌接单子。2005年，金永杰首次参加广交会，因鞋子款式与众不同，广受客商欢迎，大批订单也随之而来。

如今，金永杰可是欧港鞋业研发团队的主力。每年，金永杰都前往意大利、德国、美国和俄罗斯等国家的展会和时装发布会，每季会去世界各地商场转悠，了解当年的流行趋势。为开发新款鞋子，金永杰和他的研发团队每年要去欧洲3—5趟，研发投入按每双鞋子成本来算要占用30%以上。

"爆款"超纤鞋的材料需要上百元1米

超纤系列鞋子是金永杰自主研发之作，也是如今欧港鞋业拳头产品。

生产超纤鞋的温岭鞋企几乎没有,全国生产企业也很少。因为这款鞋子成本高,材料要上百元1米,鞋底也要十几元。

2014年,金永杰对这款鞋子也是非常忐忑的:"鞋是超纤材质,成本高,风格较独特,心里真没底,要么卖得火爆,要么没人要。"可在当年广交会,产品销售得异常火爆。一开始,欧港鞋业只研发一个系列超纤鞋,后来就设计推出5个系列款式。

之后,金永杰带着超纤鞋去意大利参展,这款鞋子比在广交会上还受欢迎。回国后,金永杰扩大生产规模,把这款鞋做成"爆款"。如今,欧港鞋业超纤鞋已更新至第三代,更轻便、更舒适,一年销售量就达五六十万双。

近年来,欧港鞋业通过设备更新,推动生产能力跟上自主研发步伐,并通过升级智能制造技术和自动化装备,逐步实现了"机器换人",使全员劳动生产率提高了10%。如超纤鞋帮面完全靠激光雕刻机替代原来针车工人生产,缓解了用工难。如今,欧港鞋业20000平方米生产车间,拥有电脑袜子鞋机100台、袜子鞋专用冷粘流水线3条,以及自动EVA鞋底制造和其他装备,覆盖了制鞋需要的各种工艺。

在亚马逊上一双鞋能卖到84美元

欧港鞋业竞争优势还体现在价格上。在亚马逊平台,欧港鞋业出口的超纤鞋标价是84美元/双;在意大利,超纤鞋零售价为50多欧元/双。有一位俄罗斯客户将超纤鞋从意大利批发到其国家,一双标价8000多卢布。而在国内,有人从国外代购这款鞋子花费了1200元。

最初,欧港鞋业主攻要求低、单价低的非洲市场,一双鞋才卖几块钱,且毫无优势。2005年,欧港鞋业决定转攻欧洲市场,以自主研发和高品质打造自己的口碑与品牌。如今,欧港鞋业的鞋子已卖到美国、德国、意大利、俄罗斯、澳大利亚、马来西亚、印度、以色列和智利等多个国家,实现了欧洲市场全覆盖。其中俄罗斯市场的销量占了欧港鞋业总销量的20%以上，当地合作客商有30多家，并形成了良好的合作默契。2021年欧港鞋业通过自主研发产品，提升核心价值力，外贸出口增幅达20%。

温岭作为鞋业的生产基地，鞋子的款式、数量数不胜数，但还是以低端生产、加工、模仿或代理为主，拥有自主知识产权或品牌企业较少。即便是产品质量较好的鞋企，出口鞋子价格大多也在7—10美元/双，而欧港鞋业的鞋子定价在12—13美元/双比较常见，高的达17美元。

图5-72 欧港鞋业产品展示

"以前，欧港鞋业年开发一两千种款式，其中有一半被淘汰。"金永杰说道，如今，开发款式少，且熟能生巧，基本每种款式都能接到订单，这主要源于自主研发和市场把控力。

·案例9·

瑞晶机电：世界顶级风机的"排头兵"

图5-73　台州瑞晶机电有限公司

【样本意义】　台州瑞晶机电有限公司把一件貌似普通的产品做到了极致，弘扬了工匠精神，真正体现出"小而精""小而强"的专业态度，一跃成为细分行业的排头兵。

台州瑞晶机电有限公司（以下简称：瑞晶机电）从拆解进口机起步，在德国会展上起飞，潜心于机电行业，苦心孤诣30多年，致力于生产世界最尖端产品，最终成为中国乃至国际风机行业屈指可数的佼佼者。

"在全国风机生产企业中,瑞晶机电是佼佼者。谁能料到,30多年前,瑞晶机电还只是一家小作坊。"瑞晶机电董事长郭文斌告诉笔者:从生产配件到造出第一台小型高压风机,从手动装配到使用机械装配,瑞晶机电经历了无数次的飞跃。

德国汉诺威摆起"豪华摊"

"以前,我国的高压风机几乎全靠进口。为何外国人能赚我们的钱?我们要造出空压机销售到国外去!"郭文斌说道。

那时,瑞晶机电做的是配件,一没样品,二没技术。郭文斌几番思量,进口了一台整机,把机器拆得支离破碎,研究每个零件,把构造原理摸个透。功夫不负有心人,他终于造出第一台小型高压风机。

郭文斌并没有满足于造出高压风机,他心里念念不忘另一件事:让自己的高压风机走出国门。在有一年的广交会上,他的高压风机吸引了众多国外客商驻足,同时他也接到第一单出口的生意。

2017年4月25日,在德国汉诺威工业博览会上,瑞晶机电产品再次受到关注。

当时,郭文斌估摸,去德国参展要花费一笔不小的费用。但为了打开国际市场,他咬咬牙让一家会展公司全权负责安排。"哪知道,汉诺威工业博览会摊位并不贵。我给出一大笔钱,会展公司以为瑞晶机电是家大企业,一下子买下连锁摊位4个。后来我才知道,就算一些国际知名企业,也只买2个摊位。"即使这样,钱还剩下很多,于是会展公司对4个摊位做了一番豪华装修,瑞晶机电成了博览会上最耀眼的"明星"。

说起这件事,郭文斌感叹自己"傻人有傻福",无意中造出排场,一下子打出了瑞晶机电的知名度。

价廉品优斗战"群雄"

在汉诺威工业博览会上，突然冒出一家气势不小的中国民营企业，令同行的国外老板又惊又疑，惊的是瑞晶机电如此派头怕是来头不小，疑的是一向依赖进口的中国，崛起了一家高压风机公司，自己怎么毫不知情。

国外老板们商量一番，达成一致意见：以压低展品价格，给瑞晶机电来个"下马威"，探探这家企业底细如何，通过价格战让瑞晶机电直接"out"，或把它排挤出国际高压风机市场。第二天、第三天，所有国外高压风机展品价格全都下降。郭文斌看在眼里，但没有乱方寸，立即将价格改得比对方更低。

第四天，眼看外商还要降价，郭文斌再次降价。这一下，外商慌了神：这个价格已低于他们部分产品的成本价。本想教训一下瑞晶机电，却被反将一军，临时结成价格同盟的成员纷纷打退堂鼓。

瑞晶机电为何在价格战中胸有成竹？郭文斌道出原委："关键在于人力成本。中国工人工资水平与发达国家差距相当大，发达国家一个工人工资可以养活好几个中国工人。就算现在，我们工资水平与发达国家的差距仍十分明显。人工低廉让瑞晶高压风机占尽成本优势。"

自主创新奠定国际地位

随着对外窗口的打开，与国外先进制造业存在的差距，让郭文斌再次萌发技术改造念头。"要真正实现高压风机规模化生产，让自己的流水线达到国际先进水平。"此后，瑞晶机电加大与国内高校科研院所合作，借力大连理工大学空气动力科研项目，共同研发智能高压风机产线终端项目。

笔者在3000平方米的生产和装配车间现场看到，当高压风机产线终端将一根管线接到流水线上移动压机后，屏幕马上显示被检测机器的横剖面,哪里有问题一目了然。正是这台终端测试机让瑞晶机电实现装配与检测自动化,也成为国内首个拥有自动化检测流水线的企业。

如今,瑞晶机电并不满足于现有成果,尽管已拥有多条全自动的流水线,一条流水线上只需10多名工人,而以前同样的工序需要几十人操作。郭文斌说:"我们每年提取销售额的6%作为研发资金,现在的产品质量已真正达到国际先进水平。"

图5-74 瑞晶机电产品展示

在瑞晶机电产品展示厅摆放着几十种不同的高压风机、漩涡气泵、气环真空泵等样品,这些大小产品都是瑞晶机电自主开发的,已取得国家实用专利20多项、发明专利2项,其中几个品种通过省级新产品鉴定,更是填补了国内空白,已成为瑞晶机电出口西欧及北美等地区的主导产品。

据了解,2021年,瑞晶机电实现年产值近亿元,是温岭市重点工业企业、百强企业。

"精工瑞晶,独具匠心"是瑞晶机电的真实写照。

第六节　转型升级

今天,越来越多的企业家发现,曾经的成功经验与模式已经不能帮助企业实现持续的增长,有时反而会使企业陷入危机中;曾经的竞争优势逐渐消失,已经不足以应对新的竞争形势,甚至对有的企业来说,传统的竞争优势已经演变为企业进一步成长的陷阱与障碍。越来越多的企业家开始陷入迷茫之中,不知道企业下一步该往何处去。

这一切的变化,都是因为本土企业所处的经营环境和市场环境已经发生了根本性的变化,这种不可逆转的改变,对企业提出了新的挑战,转型已经成为关乎大多数中国企业生死存亡的必然选择。面对经营环境的变化所带来的挑战,民营企业所面临的生存瓶颈和竞争压力是前所未有的,企业变革意味着抓住机遇,转型已经成为民营企业突围的不二选择。[1]

企业转型升级是企业为提高持续竞争能力及产品、服务的附加值,寻找新的经营方向而不断变革的过程,是企业转型升级的微观层面和最终落脚点,企业的转型升级将促使企业长期经营方向、运营模式及其相应的组织方式、资源配置方式发生整体性转变。转型的目的是提升价值创造力,创造最大的客户价值。[2]

一、民营企业转型升级的必要性

民营企业转型升级既是企业发展内在的要求,又是企业顺应外部环境变化的必然选择。

---

[1] 荣红霞,郭振,郝泽源.黑龙江省民营企业科技创新能力及经济转型升级研究[J].金融理论与教学,2015(6):4.

[2] 刘志.浅谈转型升级背景下企业风险管控[C]// 中交第一公路工程局有限公司.中交第一公路工程局有限公司转型升级与风险管控论坛,2013.

(一) 国内外环境变化迫使民营企业加快转型升级

自2008年9月国际金融危机以来,我国民营企业面临着更为严峻的经营环境。金融危机使世界经济格局发生了重大变化,全球经济进入中低速增长阶段,国际贸易保护主义壁垒日益深化,人民币升值压力加大,直接影响我国的对外贸易,国际市场的压力从客观上要求民营企业必须加快转型升级步伐。从国内环境来看,一方面,我国正处于第三次消费结构升级阶段,生存型消费向发展型消费和享受型消费转变,将会为民营企业创造广泛的服务业需求;另一方面,我国企业已经进入高成本时代,资金困难、生产成本上升、通货膨胀等一系列因素,进一步加大了民营企业的生产经营压力。[①]

(二) 我国正处于经济转型的关键时期

当今世界正经历百年未有之大变局,如何在危机中育先机、于变局中开新局,成为民营企业家必须思考的问题。2021年是"十四五"规划开局之年,民营企业作为经济肌体的"毛细血管",他们的发展直接关系我国经济全面、科学、高质量发展。当前,我国积极地从制度、政策、法律等各个方面护航民营企业的发展,不断为其营造宽松和谐的环境,加之新一轮科技革命和产业变革机遇,民营企业又将迎来新一轮发展黄金期。因此,"十四五"时期是我国中小民营企业向高质量发展转型的关键时期,民营企业应当把握机遇,奋发图强,奋勇争先。[②]

[①] 张亮.我国民营企业转型升级面临的主要问题与对策建议[J].现代产业经济,2013(11):39-44.

[②] 王晶晶."十四五"民企迎来高质量发展关键期[EB/OL].(2021-02-04)[2022-07-01].https://baijiahao.baidu.com/s?id=1690690476151900801&wfr=spider&for=pc.

（三）民营企业发展现状要求加快转型升级

长期以来，民营企业大多属于劳动密集型企业，所从事的行业多为传统产业，企业管理多为家族式管理，主要依赖低工资成本、低环境成本、低资源成本竞争和个体分散竞争，基本处于产业链分工的低端位置，缺乏核心技术和自主品牌，严重制约了经济由粗放型向集约型的转变，也制约了民营经济持续发展壮大和效益的提升。当前一些民营企业面临严峻的生存困境，突出表现为"两难"，即融资难和营利难，"两难"的外因是"两高"，即成本高和税费高，内因是"两低"，即产品附加值低和科技含量低。因此，借转型升级以提升科技含量和产品附加值是民营企业实现可持续性发展的必然选择。①

二、民营企业转型升级的路径选择

民营企业转型升级，主要遵循产业升级的2条路径，即产业间转型升级和产业内转型升级：产业间转型升级就是从第一产业为主向第二、三产业为主转变，从劳动密集型产业为主向资本、技术密集型产业为主转变，从制造初级产品为主向制造中间产品、最终产品为主转变；产业内转型升级就是某一产业内部的加工和再加工程度逐步向纵深化发展，实现高加工化与技术集约化，是产业自身的纵深化发展。以下是对民营企业转型的6个方面建议。②

---

① 朱思翘，张天龙. 新形势下我国产业转型升级面临的发展环境与对策分析[J]. 中国科技纵横，2018.

② 郑健壮，徐寅杰. 产业转型升级及其路径研究[J]. 浙江树人大学学报，2012（4）：4.

(一) 审时度势,走产业创新转型升级之路

科技创新是引领发展的第一动力。企业要实现高质量发展,必须要围绕民营经济高质量发展所需,紧盯数字经济、智能制造等前沿技术,强化"产学研"深度融合,以创新驱动引领产业加快转型升级,实现依靠创新驱动的内涵型增长。针对当前某些传统产业或已经出现衰败迹象的周期性行业,民营企业要根据自身条件和市场发展前景,全部或部分转向新型产业,如现代农业、文化产业、健康产业、现代服务业、高新技术产业等。

(二) 建立现代企业制度,走股份制转型升级之路

目前我国民营企业家的整体素质普遍低下,对于经营管理的能力不足,缺乏科学化、专业化的分析来支撑,其管理能力和策略依然未得到市场的检验。由此,在实践中,我国的民营企业家更多地依赖于经验主义,依靠过去的经验来进行决策的分析与决定,其中家族型企业经营模式最为常见。因此,对仍以家族管理模式为主的企业,要打破家族管理模式的局限性,以资本为纽带,吸纳和集中分散的社会资本,组成规模较大、具有产业龙头性质的股份企业或企业集团,集中力量办大事,应对激烈的市场竞争和生产要素成本上升的严峻挑战。要建立、完善现代企业制度,就要加快股份制改造步伐,使企业股东成为投资主体和受益主体。[①]

(三) 提升民营企业内生价值,走科学管理转型升级之路

粗放式管理实现了企业成长初期的快速发展,为企业带来可观的经济增长,但是在快速发展的同时,会为企业埋下"沟通障碍"的祸根。企业长期靠粗放式管理带动经济增长会导致企业成本消耗高、产品质量难

---

① 廖雅婷,王宇清. 浅谈我国中小型民营企业管理模式及建议[J]. 现代商业,2018(24): 92–93.

以提高、企业经济效益降低。粗放式管理让许多企业患上同一种"病"：管理混乱、权责不清，让企业陷入管理"沼泽"。[①]

因此，由粗放型管理向精细化管理转型是民营企业转型升级的必然选择，主要包括：①由经验管理转为信息化管理，把现代信息技术全面应用到企业管理之中；②由家族式管理转为专家团队型管理，建立一支具有现代科学知识和企业经营理念、勇于开拓创新的企业家团队；③完善法人治理结构，加强以质量、品牌、安全、财务、营销等为重点的企业内部管理制度建设。

（四）提升民营企业核心竞争能力，走科技创新转型升级之路

对于民营企业而言，具备强大竞争能力的关键是自主技术创新。因此，有条件的企业，要在企业的财务预算中设立科技创新基金。企业要引进适合本企业的科技创新人才，不惜成本引进新技术，自主研发新技术、新工艺、新材料、新产品。同时，民营企业要树立品牌意识，加强品牌建设，集中力量，做好主业，创造品牌，永葆品牌优势。企业还要积极创造条件使用政府设立的科技创新投资和各类基金，逐步建立起以民营企业为主体、产学研结合的高效协同的自主创新体系，发展民营科技企业和研发机构，提高民营企业自主创新能力。

（五）把握市场命脉，走中高端供给需求之路

供给结构是指在一定价格条件下作为生产要素的资本、劳动力、技术、自然资源等在国民经济各产业间可以供应的比例，以及这种供给关系为联结纽带的产业关联关系，供给结构包括资本（资金）结构。劳动力和资

---

① 良井信息技术.企业从"粗放式管理"转变为"精细化管理"的利器[EB/OL].(2021–04–21)[2022–07–01].https://baijiahao.baidu.com/s?id=1697545715959984451&wfr=spider&for=pc.

本是生产过程中最为重要的投入要素,在生产的技术水平不变的情况下劳动力和资本的供给程度和相结合的效益如何,能否提高劳动生产率和降低成本等,就决定了各个产业生产发展的规模和水平,因此供给因素及其结构变动必然导致产业结构的演变,进而影响企业的转型升级。[①]

以实施智能工程为抓手,提升民营制造业供给水平,推进产业智能化发展。在劳动密集型产业,加快人机智能交互,加强制造技术和设备在生产过程中的应用,实施关键岗位"机器换人"。在以流程型制造为主的关键工序,推行生产线自动化改造,推进数字化车间建设。[②]充分发挥"互联网+"乘数效应,发展众包、众创、众扶、众筹等基于互联网的新型制造模式和新业态,推动形成基于消费需求动态感知、快速响应的研发、制造和产业组织方式。[③]在物流信息化、能源管理智慧化等领域,开展基于互联网的故障预警、远程维护、质量诊断、远程过程优化等在线增值服务。[④]

以提升竞争力为主攻方向,提高民营制造业供给质量,推进产业高端化发展。可以设立科技创新基金,推进民营制造业从模仿、跟随的低水平创新向掌握更多自主知识产权的高水平迈进。[⑤]对接国有企业、外资企业谋求建立战略合作,创新合作方式,开辟国际市场,拓宽发展渠道,提高产品质量,推进高端发展。

以新需求引领新供给,优化民营制造业供给结构,推进产业服务化发展。根据产业转型升级的发展需求,引导民营企业推进生产过程内部服务环节实现外部裂变,推动装备制造、纺织、家电等企业从以产品制造为

---

① 张志民. 中国民营经济产业结构演进研究[D]. 厦门大学, 2009.

② 洪黎明. 两化融合谱写发展新篇章[J]. 计算机光盘软件与应用, 2013, 16(20): 65-68.

③ 2014年中国工业经济运行上半年报告[J]. 中国经贸导刊, 2014(25): 18-24.

④ 省政府关于加快推进"互联网+"行动的实施意见[J]. 江苏省人民政府公报, 2016(10): 1.

⑤ 易军. 充分发挥科技创新的优势, 努力提高高新区自主创新能力[J]. 辽宁科技参考, 2005(12): 23-26.

核心向产品、服务和整体解决方案并重转变。①

(六) 坚持问题导向，突出精准发力，走环保绿色之路②

认真贯彻新发展理念。民营企业家和非公经济人士，要以习近平新时代中国特色社会主义思想为指导，认真贯彻新发展理念，树牢"绿水青山就是金山银山"意识，深刻认识推进绿色低碳发展既是民营企业的重大责任和光荣使命，也是民营企业可持续高质量发展的必然要求和长久之策，绝不以破坏、污染环境为代价不择手段谋取经济利益。

坚定走绿色发展之路。积极调整企业发展思路，自觉遵守生态环境保护法律法规，规范环保设施运营，主动淘汰低端低效工艺、设备和产能，带头使用优质清洁能源，节约、循环利用资源，采用环保低碳新技术，努力减排减污，争当绿色低碳发展领跑者。

推动绿色低碳发展。把握行业和产业发展趋势，持续优化发展思路，科学确定企业发展方向，主动对标绿色企业、绿色工厂要求，加快传统产业改造升级，推行生态循环、低碳生产和清洁生产，实现新旧动能转换和企业绿色健康发展。

营造生态文明环境。教育和引导企业员工以改善生态、保护环境、节约资源为荣，以破坏生态、污染环境、浪费资源为耻。积极履行社会责任，切实承担环保责任，让青山常在、绿水长流、空气常新，以实际行动彰显民营企业的担当作为。

---

① 胡兰. 论现代制造服务业态下的卓越管理团队打造[J]. 商场现代化，2014（17）：78-79.
② 杨瑞广. 多措并举保障能源持续稳定供应[J]. 沈阳工业大学学报（社会科学版），2013（3）：38-40.

光陆机电：转型升级为企业赢得先机

图5-75　光陆机电有限公司

【样本意义】　审时度势，走创新转型之路，提升企业的内在价值、核心竞争能力，在转型中实现企业价值升级。光陆机电有限公司成功转型的经验告诉我们，尽管路途漫长，但前途光明。

受疫情影响，2022年4月13日下午2时，满载光陆机电货物的货车在温岭大溪高速道口受堵，本可以立即到公司的货车，由于货车司机要进行核酸检测，一直等到凌晨2点多货车才到公司。

"在疫情的冲击下，公司的经营受到了极大的影响，"位于温岭大溪的光陆机电有限公司（以下简称：光陆机电）董事长叶正聪感叹，"办企业苦,上马了就没法停下来,转型、创新、市场升级等,场场都是遭遇战,次次都是严峻的考验,不管有多难,我们都要往前闯。"

转型:以技术创新增强发展动能

走进光陆机电,高大的厂房上镶嵌的"中国光陆"4个大字格外醒目,粗大的字体中透出几分豪气、几分锐气。

这家几十年前靠低端产品振动器、振动棒起家的小微企业,如今已鸟枪换炮,焕然一新,YZ-高效电机等高端产品已在同行中声名鹊起。

说到产品结构的调整,办公室主任胡国美说:"那个时候的国内市场,低端产品争相仿冒,价格战硝烟弥漫,生意没法再做下去,在这样恶劣环境中,我们不想走互相残杀的老路,老板带领我们发誓要在产品差异化上求突破,抢占市场的制高点。"

产品的转型关键在创新,创新的成败关键在人才。

在人才的引进与使用上,光陆机电放开手脚。公司现拥有一批高科技人才,有先进的开发方式及完善的现代化管理体系和管理人员。公司还先后制订了《科技成果转化奖励制度》《开放式创新创业平台实施办法》《科技人员培养进修、职工技能培训制度》《人才引进管理办法》《人才绩效评价奖励制度》等一系列激发企业创新活力的新举措、新政策,让各类人才脱颖而出、大显身手。

胡国美举例说,在GK-200铁壳可拆卸高效三相异步电动机的研发中,公司投入研发经费320万元,针对现有电动机中心高较高、外形尺寸较大、电机驱动定子功率低、扭矩小、噪声很难满足要求等问题,成立研发小组,由专家领衔,开展自主研发,突破了曲路消音降噪技术、四级同心定子绕组等技术难关,研究开发了运行高效、低噪可拆卸GK-200铁壳高效三相异步电动机,一举走出新的发展路子。

几年来，光陆机电先后开发了IE3-280-2、IE3-280-4、IE3-280-6超高效率三相异步电动机等高档产品，在市场中独领风骚。

光陆机电高效率的技术研发、高品质的技术创新获得相关部门的认可，企业已申报国家级实验室。光陆机电全部产品按国际IEC标准生产，产品达到国际同类产品的先进水平，通过ISO9001:2008国际质量体系、ISO14001:2004环境管理体系、职业健康安全管理体系、中国CCC、中国节能产品CECP、欧共体CE、美国UL认证，取得国家电机产品出口质量生产许可证，是中国电机行业最大的中小型电机出口企业之一，2009年公司被评为"国家高新技术企业"。YX3系列高效电机已列入节能产品惠民工程。

针对客户痛点、难点和市场需求，公司建立属于自己的技术、开发体系，开展自主创新，用高端产品替代原来的产品，为企业的发展注入了新动能，开创了新路径。

转型，以数字化迈进智能时代

台州的制造业要走向新的时代，台州要打造工业4.0标杆城市，实现制造业向高端化、绿色化、智能化和国际化的转型，落实到企业上，就是要摒弃传统管理模式、传统生产方式，走现代企业发展之路。

"作为一家老企业，如果在智能化、数字化转型中停滞不前，就会被历史淘汰，几十年的奋斗也会功亏一篑。"叶正聪深有体会地说。

为此，光陆机电以超前的眼光，抢先一步谋划企业的数字化转型。早在几年前就投入上亿元，更新和引进智能化设备，推进数字化管理。通过对生产设备的智能化和网络化改造，构建智能化生产车间，在生产过程中向高精度、高效率和定制化方向发展，降低了生产成本，提高了产品的可靠性和一致性。

在生产车间，笔者看到，高速冲床代替普通冲床，工效提高了十几倍。

原来一班160多人的生产车间，现在仅需30多人。

转子轴加工中心安装自动化生产线，实行自动嵌线，毛坯进去，成品出来，效率、质量大幅度提高。员工们操作这些大大降低员工劳动强度的智能设备，叶正聪深有感触地说，没想到，企业的转型升级让梦想变成了现实。

企业实施ERP系统管理等数字化管理，从耗材化到无纸化、全电脑、App沟通，储存性、时效性和规范性显著提升。车间内部管理通过摄像头联通、群管理，流程中实行信息传输等，一系列的变化，为企业的发展插上了腾飞的翅膀。

转型，以市场升级为目标创造先机

"企业要步入良性发展，要从市场定位出发，而走出口创汇的道路，来一个大转身，在细分市场中分得一杯羹，无疑是一个很好的切入。"有着20多年销售经验的销售部经理江斌感触良多。

当光陆机电在国内市场站稳脚跟后，又转变经营谋略，把转型的方向转向了国际市场。

早在2000年初，光陆机电就通过外贸公司，将第一单外贸产品做到了越南，赚到了第一笔外汇。

当企业走出去后，光陆机电发现，外面有着更大的市场，特别是欧洲市场，那里有着广阔的前景。为此，光陆机电通过技术攻关，严格按照欧洲标准生产产品，将目标瞄准了欧洲市场。2005年，出口欧洲的第一单产品进入意大利市场。"这也是一个机缘，在一次国外的展会上，我们的产品引起了意大利客户的注意，就此打开欧洲市场。"江斌说。

市场的升级，倒逼企业转换销售模式，从外贸代理到自营出口的转型，企业有了更多的自主权、自营权，市场的份额也越做越大。

江斌说，企业在刚开始自主经营时，采取拉网式营销，大小客户通吃。几年后，企业通过筛选，采取代理制、合作制等模式，加快流动性、周转性，走出一条拥有稳定客户、共建共享的新路子。

图5-76　光陆机电生产车间

"在与客户不断地沟通、合作中，我们又根据客户的需求，不断更新和改进产品，丰富我们的产品系列。并在与客户的不断磨合中，了解和成就彼此，客户群亦越做越大。尽管我们这些年做得很累，但我们销售部从没有跳槽的。特别是受疫情影响，不能出国推销，大家坚持线上办公，各自通过邮件进行沟通。有位员工住院了，将电脑带进病房，与客户保持24小时的联系。"说到员工们的辛苦，江斌流露出几分内疚。

江斌高兴地说，第131届广交会于2022年4月15日开幕，光陆机电通过线上销售的方式，第一天就已获得东欧客户200万美元的订单。2022年的销售，在去年6.5亿元的基础上有了新的增长。

·案例2·

双森股份：世界级精密不锈钢管定制专家

图5-77 浙江双森金属科技股份有限公司

【样本意义】 面对变化的市场，企业转型势在必行。如果一成不变、故步自封，无疑是慢性自杀。把握市场之变，深谙经营之道，谋划转型之策，深耕目标客户，企业就能立于不败之地。

阳春三月，万物复苏。

走进浙江双森金属科技股份有限公司（以下简称：双森股份），只见"世界品质 浙江制造"的"品字标浙江制造"认证标记镶嵌在高高的厂房上，格外引人注目。厂区对面，投资1亿多元的二期建设工程桩机声隆隆，运载各种物料的车辆川流不息。

公司董事会秘书兼财务总监陈地树对笔者说,于1999年靠租厂房起家的小作坊,如今经过"三次转型",已脱胎换骨,别有一番风景。公司制造的泵用不锈钢管深受行业好评,公司主导起草发布了泵用不锈钢管"浙江制造标准",并获"品字标浙江制造"产品认证。

陈地树是在台州工作十几年的新台州人,2016年加入正处于二次转型关口的双森股份,也是与企业同成长、共奋进的高级合伙人之一。他很有感触地介绍说:"当时的双森股份已经让人刮目相看了,没想到现在又在转型中跨入新一轮大发展,双森股份正一步步向世界级精密不锈钢管定制专家的征程迈进。"

从家庭小作坊经营向现代企业管理模式转型

这是一个充满竞争的时代。

20多年前,由于生产规模小,制作工艺落后,经营理念局限,企业只能生产低端不锈钢管。受市场竞争挤压,企业很难做大。

董事长林清松说:"初创时期,确实很苦闷,各种问题困扰着企业,影响发展。但我想,我改变不了世界,但我要尽我所能通过产品和企业帮助我身边的人,让他们都越来越好。"

肩负着"让身边的人都越来越好"的企业使命,林清松改变观念,通过各种方式把自己、企业、员工、市场紧紧地连在一起。

林清松说:"在办厂初期,我们经历了众多的挑战,大至企业的管理,小到饮食起居,好在这些挑战赋予我们努力前进的动力。"

双森股份首先从技术入手,针对技术痛点,在改进生产技术及产品结构上下功夫。在转产井用潜水泵不锈钢壳体时,林清松发现内壁焊缝平整度不好,影响产品精度。当时,这一技术难关还没有一家企业能解决,但林清松就是不信啃不下这一硬骨头。

他一面引进先进设备，一面广揽人才，组织专门团队攻克难关，终于在国内行业内第一个攻克技术难题，国际先进水平的"在线内焊缝整平技术""在线圆度控制系统""在线光亮固熔化热处理"等成套工业不锈钢焊管生产流水线设备投放市场后得到广泛应用。现该产品全球市场占有率达5.53%，国内市场占有率达11.07%。2021年，公司又建设了22条水泵壳体应用不锈钢管的专用生产线，进一步提升了市场占有率。

双森股份在管理上不断突破完善，实施现场"6S"管理模式、车间精益生产管理模式、财务信息化管理模式。比如：改造老设备或增添新自动化设备，原来一人开一台设备提升至一人看管2—3台设备，工效提高2—3倍。运用先进的专业生产设备和精密的检测仪器和检测体系，保障产品质量。制定专业化、规范化、标准化的一整套具有企业自身特色的品牌战略、业务发展、内部管理模式，真正完善了"以战略为指导，以品牌为核心，以市场为导向，以管理流程为基础"的双森股份经营管理体系。

公司在经营方针理念上做了复盘定位，将"专注不锈钢管在细分市场的应用，做到超客户预期，不可替代"作为公司的经营方针，将"锁定细分市场高端客户，成就客户，打造细分应用市场行业龙头"作为公司的经营理念。明确了公司的经营方向和目标，逐步在水泵壳体应用、卫浴管道应用、汽车配件应用、卫生食品流体应用等细分市场中迈向既定的目标。

随着生产规模的扩大，公司于2012年在全球最大的不锈钢管基地——广东佛山投资建立了子公司，贴近市场，与强者一起，与强者竞争。这一里程碑式的转型，为企业"追求卓越、永续经典"夯实了根基。

2014年，公司在温岭购买土地建设新厂房，扩大经营规模，同年完成股份制改造。初次转型的双森股份，从低水平重复、粗放发展方式开始向科学发展和集约化发展转变，在跨越中挥别小作坊，迈上了现代企业经营的新赛道。

林清松始终坚信:没有疲劳的市场,只有失败的经营。做成功的经营者,他与他的伙伴们始终乐此不疲。双森股份就是一个平台,推广"资源概念"和"合伙人机制",建立和完善各种激励机制,激发企业的创新活力。在团队建设上加强内部与外部学习和培训,提升全员整体素质,通过内部培养和外部引进的方式,储备和搭建以管理人才和技术人才为核心骨干的人才梯队。

从产业经营向资本经营转型

2015年是双森股份的又一次历史性跨越之年。经过一年多的筹备,2015年4月2日,双森股份成功挂牌新三板。从产业经营向产业经营与资本经营相融合转型,双森踏上了第二次转型的新征程。

2015—2017年,公司进行了3次定向发行股票融资,融资金额近6000万元,为企业的发展注入了新动能,公司近5年营业规模翻了5倍。充裕的资金不但为企业增强了发展后劲,还为新客户的拓展带来了新的机遇。

挂牌新三板,提升了公司的品牌知名度。一大批新客户通过市场信息披露等渠道,了解双森股份的产品优势、企业文化、经营理念,与双森股份建立了新的合作关系,公司为国内外一批行业知名企业提供产品和服务,成为这些品牌企业的配套供应商。

善经营,懂管理,资本运营也得心应手。2016年开始至今,公司已连续6年进入新三板创新层。现在已经启动筹备公司公开发行股票并在北京证券交易所上市的进程。

2016年,公司通过收购的方式,正式进入不锈钢饮水管市场领域。收购了一家不锈钢饮用水管道公司,该公司专业从事不锈钢饮用水管道的研产销,建立了符合国家标准的水质监测实验室,为用户提供用水监测服务。创新研发的锁扩式不锈钢管道连接方式,获得国家发明专利授权,在市场上获得广泛认可,拥有全国不锈钢健康直饮水工程施工案例200多例。

　　产业与资本融合,相互依存,相互促进,相得益彰。

图5-78　双森股份生产车间

从传统生产方式向智能化、数字化生产模式转型

　　为了彻底摒弃传统的生产管理方式,向智能化、数字化管理转型,双森股份打响了智能化、数字化管理转型的发令枪。

　　2016年,双森股份由原来的传统财务软件升级为全套ERP信息化管理软件,实现业务、财务一体化管理模式。

　　2020年,双森股份进一步深化车间制造信息化改造,实现ERP系统自动计划与排产,车间实物与单据运转通过二维码高度集成相关信息,减少人为识别错误、手动记录与传输错误,提升准确率与运转效率。

2022年，双森股份专门立项推进设备由自动化向智能化改造，在提升生产效率的同时，为后续设备与ERP信息系统的数据自动集成传输做基础准备，以实现设备与信息系统的互联互通。

目前，双森股份已经建成并投产的6个专业专用厂区，拥有160多条生产线，已实现信息系统的高度集成化。正在投建的新厂区，将成为双森股份生产经营过程智能化、数字化管理模式应用的样板工程案例，这标志着双森股份向智能化、数字化转型的坚强决心和实际行动。在实现信息化的同时完成智能化和数字化管理，最终转化为"缔造不锈钢管全球制造商"的强劲动力。

精工制造，匠心独运，双森股份以完善的工艺、创新的风采、坚固耐用的产品特点和优质的服务，帮助客户、成就客户。

在转型中求变、创新，谋求产品升级、结构升级、工艺升级、产业链升级，一次次地转型升级讲述着双森股份的精彩故事和璀璨的荣誉：先后荣获国家"两化融合"企业、浙江名牌产品、"品字标浙江制造"企业、浙江省专精特新企业、国家高新技术企业等荣誉称号。

经过多次、多方面的转型升级发展，双森股份一步步成为中国不锈钢焊接管产业最具影响力的品牌之一，逐步奔向"世界级精密不锈钢定制专家"的战略目标。

走出双森股份，回眸生产线上那一个个精彩的瞬间，回顾这家昔日小作坊几年来的嬗变，用几个简单的词概括双森股份的转型发展，那就是：直面困难、直面挑战、直面机遇；抓住机会、迎难而上、攻坚克难；对标国际、练就实力、无所畏惧；成就客户、帮助员工、贡献社会。

·案例3·

瑞丰五福：从"油壶王"到"气动工具王"

图5-79　浙江瑞丰五福气动工具有限公司

【样本意义】　因为专注，所以深耕。与中国改革开放同步，始终从事气动工具行业，油壶一步步升级，并走向辉煌。浙江瑞丰五福气动工具有限公司以技术为核心、以质量为首位，闯出了一条品牌建设之路。

从1979年到现在，浙江瑞丰五福气动工具有限公司（以下简称：瑞丰五福）沐浴改革开放的春风，经历了40多年风雨兼程。

瑞丰五福经历了从内销转向外贸、从"地下工厂"转到现代企业，从当年的"油壶王"到今天"气动工具王"两种身份的转变。这两次华丽转身，从硬到软，从里到外，瑞丰五福通过不断加大科研投入、加强制度管理、加快渠道建设、实施人才战略等一系列措施,铸就了今天的成就与辉煌,从而让瑞丰五福名扬四海,成为世界商人心目中的"知名品牌"。

从家庭作坊到现代企业

说起瑞丰五福,绕不开现任董事长潘灵钢的父亲潘宗梅。

"当年,为了油壶销路,衣着单薄的父亲冬天出门找生意,经常受寒感冒,却舍不得花钱治疗,结果落下严重的慢性支气管炎。"向笔者描述父辈创业的艰辛时,潘灵钢这样深情地感叹。

经过潘宗梅20多年的打拼,石粘五金厂初具规模,并积累了一定的资金。2004年,年富力强的潘灵钢子承父业,成了瑞丰五福第二代掌门人。

他秉承了父亲的大胆和魄力,而就如何办好企业、争创品牌,潘灵钢则更具远见。他上任后干的两件事,足见其独到的商业思维和策略规划。第一件事是开发国际市场上叫得响的喷枪新产品,第二件事是租赁约3公顷土地扩大生产规模。在他的领航下,瑞丰五福蒸蒸日上,一路高歌猛进。

数字最能说"真话":2003年,他接手瑞丰五福时,年产值仅7000万元,到了2007年产值高达2亿元,2011年产值达2.3亿元。2021年,尽管受疫情影响,但产值依然达到3.5亿元。

在瑞丰五福的展示厅里,记录着企业的每一次成长和成熟——从温岭石粘的一个小村,到城北街道南山闸村的工业区,再入驻温岭上马工业区,打造瑞丰五福园。笔者从厂址的迁移中感受到瑞丰五福是如何从家庭作坊蝶变成一个现代企业。

无论是面对企业的华丽转身、产品的迭代升级,还是面对五金工具市场一次次的"风霜雨雪",瑞丰五福始终坚守着这一行业,即使在房地产火爆的那几年,都不曾离开过。"专注一个行业,把它做大做强就行了。我不去做跨行业的事,我的五金行业蛋糕还可以做很大。"潘灵钢自信满满。

更可贵的是,在潘灵钢的带领下,瑞丰五福逐步冲破了家族式的管理,建立了现代企业的管理制度。公司主导产品为喷漆枪、气动工具、高压气动黄油机(注油器)、高压无气喷涂机等四大系列400多种型号、规格各异的气动、电动涂装工具及汽保维护保养工具。产品广泛应用于现代建筑的装修装潢、家具制造行业、工业制造、造船、桥梁建筑、汽车维护及保养等。

经过潘灵钢和他父亲两代人的发奋图强,瑞丰五福已经成功脱颖,成为国内五金制造行业中新认定的"国家高新技术企业","五福"商标被认定为浙江省著名商标,"五福"喷枪被评为"浙江名牌"和"浙江出口名牌"。同时"五福""瑞丰"商标已在国际上80多个国家注册。

从传统工序到机器人时代

进入瑞丰五福生产车间探访,曾走访过不少企业的笔者也为眼前的景象感到震撼。

一是大容量。除了产品测试独立外,从原材料的选配,到器具打磨,再到雾化抛光,最后到成品包装,都在上万平方米的钢架车间里一气呵成。

二是自动化。除了一些插件工序无法自动化作业外,制作喷枪的绝大部分精细活依靠机器人。一个个封闭的小车间内,每一台打扮得有模有样的机器人,正在有条不紊地作业着。

"鸟枪换炮。机器代替人操作后,不但大大节约了产品成本,产品质量也更加稳定。"引导笔者参观的公司行政总监小邵介绍。眼前这些花上亿元从日本等地引进的机械设备,彻底改变了过去的传统工序,实现了生产自动化。

"质量是品牌的基础,是企业的生命。"

"质量从我做起,从小件做起。"

"信誉来源于品质,品质来源于素质。"

…………

一路走来，笔者还注意到一个细节：几乎每一台机器上方，都张贴着有关质量的宣传标语。

在产品测试室，看到摆放整齐的高端检测仪器，笔者很"外行"地问测试员小李："哪台检测仪器最重要，最有特色？"他腼腆地答道："每一台都重要，我们注重每一道环节的质量参数，不分轻重。"

机器代替人后，瑞丰五福不断加大研发投入，做工业自主设计，从产品的核心技术到外壳，一项项专利申请不断刷新纪录。当前，公司拥有60多项专利技术，每年有10多个产品列入省级新产品开发计划。2019年，获得"台州市政府质量奖"，2022年，被认定为国家级专精特新"小巨人"企业。科技已成为企业的核心竞争力。研发和技术跟不上，中国五金企业永远成不了中高端品牌的创造者，在利润并非太高的情况下，瑞丰五福则采取了加大科研投入的措施，做到了在产品上领先对手。

几十年来，瑞丰五福之所以在国内、国际上保持较高的知名度，跻身领头羊行列，与公司在技术、品质上下功夫，坚持走中、高端路线有关。目前瑞丰五福拥有几十项国家级专利产品，多项国家级技术革新专利。

"创新每一天"，这是瑞丰五福每个技术人员最基本的工作态度。据了解，瑞丰五福拥有一支高素质的技术研发队伍，集聚了各类学有专长的工程技术人员130多人。瑞丰五福的"浙江爱目五金工具技术服务中心"被认定为省级技术服务中心。

"创新引领未来，"潘灵钢说，"影响企业竞争力的因素有很多，当产品进入同质化竞争的时代，科技就成为衡量企业竞争力强弱的重要指标。依靠科技，企业可以开发出很多新的产品，同时科技有利于提高产品的附加值，增加企业的利润和收入来源。"

从渠道建设到"顾问式"营销

拥有品牌核心价值,品质必须与服务双管齐下。

数十年来,作为中国气动工具制造的主流品牌,以及市场的代表和典范,瑞丰五福对自己的社会位置、产品位置都进行了合理定位。

"我们要承担两种责任,既要成就五福品牌,也要承担企业的社会责任。"潘灵钢告诉笔者,瑞丰五福的核心价值就在稳定的品质、优质的服务。

因此,面对国内外市场环境的不断变化,国际金融环境的剧变,以及市场格局的重新洗牌,从2015年开始,瑞丰五福注重品牌转型,一方面做高端市场的细分,另一方面保持产品品质的连续性、稳定性,因此赢得了经销商和客户的信赖。

吃到嘴里才知甜。经过不断地开拓,瑞丰五福用优良品质为自己建立了一个稳定的销售渠道,无形中也扩大了瑞丰五福品牌的影响力和知名度。

在渠道建设方面,瑞丰五福采取了顾问式销售。"除了客户自己反映外,营销人员往往还主动问询、调查,然后及时地反馈到设计和生产每一个环节。"小邵介绍说。瑞丰五福根据大量的市场调查分析,设置合理的产品价格和利润空间。在保证企业获得正常利润的同时,也保证了产品的市场份额。

放眼当下市场,产品营销、服务营销的时代逐渐远去,取而代之的是品牌营销,瑞丰五福模式不愧为台州民营企业的样板和借鉴。

进入而立之年,瑞丰五福坚守"一流的品质,一流的服务,一流的品牌"的宗旨,继续不断创新,不断挑战,不断超越。

甬岭数控:从制造水表到问鼎数控刀具

图5-80　浙江甬岭数控刀具有限公司

【样本意义】　常言道:"人挪活,树挪死。"那要是"企业挪"呢？水表制作和工量刃具,这两种看似不怎么沾边的领域,却是浙江甬岭数控刀具有限公司左右逢源的两大支柱产业。因为不满足于公司在水表行业的加工销售,公司负责人另辟蹊径,运用公司的大部分生产力,投身工量刃具的市场争夺,通过技术革新和突破,打破进口刀具垄断,让国内相关行业用上平价优质的U钻。浙江甬岭数控刀具有限公司用成功的转型案例告诉大家:"企业挪可以创造奇迹。"

都说"隔行如隔山",大多数企业几十年甚至百年只专注一个方向或是一种产品,而浙江甬岭数控刀具有限公司(以下简称:甬岭数控)是个例外。这家公司旗下拥有水表制作和工量刃具研发两种关联甚微的团队,并且都做成了各自领域中的"翘楚"。

从一家传统小微企业成长为温岭当地的重点工业企业、转型升级样板,从最初的水表壳代加工到水表整机加工制作,再到工量刃具的研发和量产,公司董事长范永廉带领甬岭数控,多措并举提升产品质量,完成一次次转型和升级,范永廉独具慧眼加大科研投入,以自己独到的企业管理哲学,将甬岭数控带入高端数控智造发展领域,并不断深化。

水表加工行业空间有限,数次转型进入数控刀具制造领域

甬岭数控并不是一开始就是"甬岭数控",而是从"甬岭水表"起家。

1981年,范永廉与2个技术员以150元的创业资金,租下2台机床,办起温岭水表厂,"借鸡下蛋",做起水表壳加工生意。

铸造水表壳,靠着计件赚些加工费,技术含量并不高,但对于初期的资金积累有很大帮助。第一年,范永廉就做出了25万元的产值,第二年,产值翻了一番。到1996年,企业名称变更为浙江甬岭供水设备有限公司,经过努力,成为全国最大的水表铁壳生产企业,生产的甬岭水表铁壳,市场占有率达到了60%。

生意红火,范永廉却看到了高能耗铸造业的局限性,加上业内竞争逐渐激烈,他开始压缩水表壳产量,转型生产水表整机。因为管理科学、管控到位,公司生产的水表一直在业界有极佳的口碑。

2011年,上市企业三川水表股份有限公司看中甬岭水表的产品质量和外销业绩,主动上门寻求合作,以7650万元购入甬岭水表51%的股权。范永廉成功了,手持巨额股权出让金的他完全可以过上奢华的好生活,或者投入房地产等行业赚一轮"热钱",但范永廉坚定走"做实业"这条道路。

当时的温岭已是全国有名的刀具产业集群地区。在这里，可以找到来自全球各地的数控刀具品牌。另外，在水表配件生产过程中，范永廉没少和机床、刀具行业的企业打交道。一路走来积累的制造业经验让他对机床行业有了一定的了解，面对我国机床生产水平与国际先进水平的差距，他想以自己的力量改变些什么，最终将目光瞄准了刀具。

"之前打理水表厂的同时，我也一直在关注温岭本地产业，看到了数控刀具的大量需求和快速发展。"范永廉说，随着航空航天、汽车制造、医疗等行业的崛起，进入刀具行业可大展拳脚，前景无限。

打破进口刀具的垄断，致力研发平价U钻抢占市场

当时，刀具领域内，德国、日本等发达国家的产品几乎垄断市场。以U钻为例，进口产品的价格至少是国产的10倍，如此巨大的差价，让范永廉有了感同身受的痛。

他不顾年事已高，带着"要做就要做最好"的决心，成立了浙江甬岭数控刀具有限公司，致力于生产和研发高精度精镗刀、粗镗刀、组合镗刀和快速钻等孔加工刀具。"普通U钻的钻孔效率是传统麻花钻的5倍，如果能研发出平价代替，全面普及，将占领极大的市场。"范永廉决定，将目标锚定U钻，这种国外捣鼓了二三十年的产品，普通款单支的进口价格便高达三四千元。他要把价格降到三四百元。

从普通制造转型高端数控刀具，甬岭数控继承了从水表厂开始近40年的研发和制造基因，并在创新上投入了大量的资金。自主研发，是甬岭数控一直坚守的发展之路。成立后的3年，公司处于产品研发阶段，每年都是严重亏损的状态，但这没有动摇范永廉的研发投入计划。

经过大量科研创新与沉淀，科研团队的一番苦心经营终显成效。甬岭数控研发的U钻成功面世，对标进口产品，价格大幅下降。

"国外老牌刀具企业甚至让我们代工，这足以见得我们产品的市场认可度。"范永廉说，平价U钻如愿抢占传统麻花钻市场，还成为部分企业的进口替代。

U钻大受欢迎，需求激增。2018年，甬岭数控的生产车间"入驻"了100台加工设备。一次性大手笔购入设备，这一举动，不仅直接扩大产能，为占领市场提供保证，还顺便打了一个彰显实力的响亮广告。

当年，企业销售额达到6000万元。

此后，企业佳绩不断，转战刀具后，更是很快成为一匹黑马。目前，甬岭刀具已经形成了WDX、PDL、WC等U钻系列，刀柄系列，粗镗刀系列，精镗刀系列，镗刀柄系列，小刀夹系列，镗刀倒角环系列，CKB系列槽铣刀、刀座、刀头等完整的产品链。其产品在市场上获得很好反响，不仅大规模取代了进口同类产品，还倒逼整个行业进行了优胜劣汰的产业升级。

培养子女接班做实业，这家企业做好长远规划

在甬岭数控，范永廉掌着大舵，以自己独有的企业管理见解，保障这艘大船行稳致远。

"女儿性格有冲劲，是块做企业的料子，在她大学毕业后就让她下车间，学产品，从基层的业务做起，培养她接管事业；儿子性格沉稳细致，便鼓励他深造学习财务方面的知识，接手公司财务管理工作。"范永廉对接班人的选择和培养，遵循着"人岗相适，人尽其才"的道理。

对孙辈一代的培养，范永廉也有着"前卫"却"务实"的想法——上职业技术学校，在校园内就投入相关技术的学习和实践。

这一决定，让不少人目瞪口呆。"很多人劝我，明明是可以送海外读名校的。但是对我来说，办'实业'，花里胡哨的名头没用，掌握专业技术，脚踏实地是唯一途径。"范永廉说。

图5-81　甬岭数控生产车间

　　范永廉避开了任人唯亲的陷阱，只以能力论英雄，使甬岭数控保持了高效、有序、灵活的管理机制。对于甬岭数控下一步如何发展，范永廉也有清晰的规划。2020年按照产品质量分类拓展生产线，以满足市场需求。由于较好的财务表现，很多投资公司对甬岭数控产生了兴趣，甬岭数控亦不故步自封，积极计划着上市工作。

　　范永廉对未来的上市颇有信心："根据我们的生产经营情况，我们计划在5年内完成上市。"上市筹集更多资金，提升制造水平，扩大生产规模，这就是甬岭数控未来的大体蓝图。"我们要做一个与国际接轨的、具备一流工艺的制造企业。"范永廉笃定地说。

　　据悉，甬岭数控正积极规划着一座占地超5万平方米的新工厂，目前已购置了约3公顷土地。与此同时，股份制改造与职业经理人制度也在设计中，万变不离其宗的是对技术的重视，公司的技术人员会占据相当的股份，未来引进的职业经理人也必须对技术有所了解。

以其稳健的经营和对技术的执着，甬岭数控在市场上逐浪而行。虽经几次转折，范永廉却依然如战场上屹立不倒的老将，执着地追求着自己心中的目标。如今，甬岭数控已凭借优秀产品成为自己领域内首屈一指的领军企业，范永廉"干一行、爱一行、成一行"。在技术驱动和有效管理之下，甬岭数控能够一如既往地大踏步走下去，而其发展将给台州机床乃至全国机床民企带来启示。

天和水产："海鲜工厂"托起渔民致富路

图5-82 浙江天和水产股份有限公司

【样本意义】 起步于20世纪80年代的浙江天和水产股份有限公司，靠认证引领，一步一个脚印，稳扎稳打，10年一个台阶，铸成行业龙头后，更不忘反哺社会，与渔民抱团发展，开拓了一条共同致富之路。

"天和的未来，靠一代代人传承和发展。"走进浙江天和水产股份有限公司（以下简称：天和水产）创始人余利康的办公室，他正喝着一壶红茶，显得特别的悠闲，悠闲中他轻松地讲述了一个又一个关于"海鲜工厂"创业的精彩故事，聊到公司的创新发展时，老余说把领导喊来。领导怎么能随意"喊"过来呢？

笔者尚在惊异时，年轻英俊的董事长余训利进来了，原来他是老余的儿子，天和水产的二代传人。有了新领雁，带来新理念，天和水产的路越走越宽，终成"百年天和"。

转变冷冻方式，提高海产品附加值

位于温岭市松门镇的天和水产，创立于1983年10月，前身为温岭县松门冷冻厂，是中国较早专业从事淡水及海水鱼类、虾类、头足类水产品出口加工的企业之一。公司现有面积10万平方米，已投入使用6万平方米车间、3万吨冷库，并配有260平方米的检测中心。因为杀菌和防疫需要，笔者无法直接进入车间观看，只能在车间外"体验"海鲜工厂的独特生产。

"海鲜最重要的就是一个'鲜'字，一些传统冷冻的做法正在被改变，我们开始采用速冻的方式，这离不开渔民的配合，"开门见山，余训利讲述了海鲜加工和销售的理念和实践，"许多渔民开始在船上玩起抖音。"随即，他通过抖音号，点开浙岭渔74096号渔船，"80后"船老大朱振星正在抖音上直播渔船捕捞起网的全过程。"传统冷冻的红螯虾卖40元/斤，-60℃速冻后能直接生吃，给日料店等中高端市场能卖到80元/斤，收益直接翻倍。"正在船上的朱振兴说。在天和水产的推广下，-60℃速冻才在渔民间迅速普及，朱振兴是最早改造渔船的那一批。

温岭渔业资源丰富，拥有近2300艘渔船，相关从业人员8万多，水产加工行业上规模的企业就达64家，天和水产是其中的佼佼者。这家从一个防空洞走出来的本土企业，始终坚持"为渔者谋利"的宗旨，跟着时代的脉搏前行，被列入第七批农业产业化国家重点龙头企业名单。

除了冷冻方式在悄然变化外，海产品更应注重研发，提高产品附加值。

譬如,现在休闲零食火爆,天和水产同中国农业大学合作研发的一款香酥小黄鱼成了网红爆款,开袋即食,入口酥脆。

技术创新才是第一生产力。早在2010年,天和水产便启动逾2亿元的海鲜食品技改项目,近年来,通过与中国农业大学、浙江海洋大学、宁波大学等高校开展校企合作,将先进技术引入当地,推动整个产业升级与发展。"现在,休闲零食总产值将达到2000万元,同比增长10多倍,接下来会新增一条生产线,一款调味型石蟹产品也正在研发中。"讲起产业升级,余训利越说越兴奋。

笔者了解到,除了天和水产,温岭其他水产品企业也大力发展精深加工,天和水产正发挥龙头引领作用,打造区域品牌,提升产品附加值,推动当地渔民增收致富。

托底保障,"公司+渔户"为渔者谋利

采访当天,笔者专门来到松门镇龙门港区。正巧,一艘渔船满载海鲜缓缓靠岸,来自天和水产的大货车早就在码头等候,船上所有海货,天和水产照单全收。

余训利说,通过订单渔业的形式,企业与渔民风险共担、利益共享。据他介绍,眼下天和水产与200多艘渔船签订了供货协议,有1200多名渔民常年为公司供货。"渔民有好货会优先供给我们,要是行情不好,我们也会以保底价格收购,增强渔民抵御风险的能力。"

同时,公司还把实用的捕捞和加工技术直接传输给渔民,先后协助改造渔船近50艘。企业还早早布局,与盒马鲜生等大型平台展开合作,促成较为稳定的订单。

"现在虽然受疫情影响,运输困难,但市场订单依然不少。"那么天和水产为何能赢得那么多渔民的信赖,市场销售稳步上升?余利康告诉笔者，天和水产一直坚守一条原则，即认证引领，无论在国内市场，还是出口欧美，天和水产手中有两本"硬证"：一是号称食品全球最高标准的HACCP认证；二是欧美市场的BRC认证。"因此，几十年来，且不说海关商检走的都是'绿色通道'，全世界几乎所有大型超市，我们都进出自由。"说到这里，老余一脸自豪。不仅如此，天和水产还参与"冻虾仁"国家标准起草，在水产行业掌握标准话语权，占领行业制高点。

图5-83　天和水产生产车间

抱团发展，"星创天地"引领行业前行

　　市场瞬息万变，天和水产虽然拥有稳定的市场订单，但也不能坐吃山空、一劳永逸。

　　2021年初，余训利去山东考察，发现青岛海鲜电商发展迅猛，他感触颇深："我们海鲜品质好，也有资金和技术，但基层创业门槛高，个体户网商很难突围,'单打独斗'最终恐怕会被市场淘汰,只有抱团发展,才是我们最好的选择。"

一番深思熟虑及充分地筹备后,集产、销、仓配、项目培训、孵化、检测于一体的"海松创客""星创天地"由此诞生,专注电商销售推广,快速孵化企业成长。

笔者采访前不久,天和水产已入驻石塘半岛、东海鱼集、海速鲜等16家企业(团队),其中网络销售平台"浙东石塘小渔村"上已有30多家厂商进驻,产品达200多种。客商会在网站上下单,把温岭的海产品批发到全国各地。

如今,天和水产的产品有海鲜干货、冷冻海产品、预制产品和进口海鲜产品等30余种,产品销往欧盟、俄罗斯、美国、澳大利亚及北非等国家和地区,并在马德里注册了"海尔宝"品牌。与此同时,天和水产打造的"外婆桥"品牌,面向大型电商平台的C端即食产品销售业务,以及餐饮、商超的B端开展业务,已与多家企业开展合作。

天和水产再一次创新海产品销售模式,以"星创天地"为平台,大力培育新型农业电商企业和创客团队,推动温岭海鲜产业发展,有多家水产品电子商务企业和团队在"星创天地"内发展得如火如荼。

在传统批发销售和线下销售为主的温岭海鲜市场,以天和水产为核心的团队,正通过产品升级、市场拓展、网络直播等形式,做大做强企业,开启了企业成长的新篇章。

第七节 开放融合

我国民营企业在发展中需要加强国际合作交流,开放多种渠道加强与外国企业的合作。一方面吸引国外企业拓展国内市场,在国内建立分公司、研发实验中心等机构,在合作中借鉴和学习国外企业的优势特长,结合自主创新研究,取得更大突破进展。另一方面,国内企业也积极走出去,去国外投资创办企业,或收购、兼并国外知名企业,或与当地企业和研发机构建立合作关系,在产品设计、制造、销售、品牌推广等全周期多环节进行深入合作,推广国内企业和产品的同时,也促进我国企业参与国际竞争,推动企业向高端环节延伸。

注重人才交流,企业对于人才交流方面给予支持和鼓励,以开放政策促进企业人员走出去,外面的人才走进来,定期组织员工去国外企业或相关机构交流学习,也欢迎国外人才到企业里建立合作关系。

企业定期参与国际上的企业研讨会、交流会,参与国际合作研发项目等,加强国内企业与国外企业的合作关系,在合作中共同进步,也拓展市场范围,达到互惠互利的目的,经常组织企业员工去国外企业考察学习,开放企业欢迎国外企业来参观访问,增进彼此的了解。

·案例1·

钱江摩托:涛起东海畔　奋涌世界潮

图5-84　浙江钱江摩托股份有限公司

【样本意义】 浙江钱江摩托股份有限公司的发展史是一部微观的民族工业史。从30多人的合作社,到奋涌世界潮的国际化企业,科技赋能品质,品质赢得品牌,是其一以贯之、源源不竭的基因力量。

从20世纪60年代一个仅有30多人的手工合作社,到如今拥有近27公顷生产基地、5000多家销售网点、6000多名员工的国际化摩企,浙江钱江摩托股份有限公司(以下简称:钱江摩托)的成长与发展史,见证着中国波澜壮阔的民族工业史。

在钱江摩托的发展史中,无论是第一辆摩托车风靡全国,还是跨国收购百年摩托车品牌后五年磨一剑,再到开创自主品牌QJMOTOR引领国潮,都写满了钱江人对于品质的孜孜以求,对于品牌的精耕细作。

一颗初心,"做老百姓买得起的名牌车"

钱江摩托的前身,可以追溯到成立于20世纪60年代初期仅有30多人的手工合作社。由于经营得力,于1971年12月升级为"温岭化工机械厂"。进入20世纪80年代,钱江摩托在经过长达20多年的原始积累后,面临转型升级;而国内摩托车行业也正从军工产业转向民用,市场前景广阔。正是在这样的背景下,1985年2月,"温岭化工机械厂"更名为"浙江省温岭摩托车总厂",并率先喊出"做老百姓买得起的名牌车"口号,开始了摩托车自主制造之路。

首款车型,一改从低端生产开始的"老思路",直接就定为当时技术难度较高的250cc排量摩托车。经过近半年的钻研,同年8月,第一辆摩托车——西湖牌250-B成功上市,凭借着过硬的质量和新颖的造型,很快成为"国产之光"风靡全国。

其后经过近10年的技术积累和市场开拓,1993年,浙江省温岭摩托车总厂正式更名为"浙江摩托车厂"。随后不久,再次更名为"浙江钱江摩托集团有限公司",潮起钱江的故事,也由此揭开序幕。

得益于优异的发动机性能和可靠的品质,钱江摩托车迅速火遍了中国的大江南北,成为当时最实用的交通工具。成功绝非偶然,细究发展脉络,就可以发现成功的因子早就注入在钱江摩托成长的基因里。早在20世纪90年代,为了不被国外核心零部件掣肘,钱江摩托就提出了"科技兴厂"的口号,开始引进世界先进的设备和技术,形成自身的高精尖生产线,从而能够不断地根据市场变化,每年研发生产10多款新车型。而在人才方面,钱江摩托更是高薪聘请了浙江大学的教授团队,长期驻厂帮助提升技术水平,并每年走进全国各地的大专院校引进人才,给企业注入源源不断的活力。同时,通过内部机制的改革使人才和企业同呼吸,共命运。

科技与人才,品质与品牌,便是孕育钱江摩托成功的空气与土壤。凭借于此,从1989到1999年的10年间,钱江摩托不仅没向国家要一分钱,还依靠改革带来的政策和机遇,盘活大量国有存量资产,不断壮大实力,并于1999年成功在深交所上市,成为台州首家上市企业。

匠心为怀,纵横驰骋国际市场

2000年前后,伴随着消费升级及大众消费向品质消费和个性化消费变迁,中国摩托车消费已经步入高品质阶段,个性化消费浪潮涌起,带动了大排量摩托车需求提升。但国人想要拥有一辆自己的大排量摩托车,依旧只能通过"大贸""小贸"等方式,不仅要忍受高昂关税价格,还要被极其不便的售后及维修服务折磨。这一切,都是因为受国外技术的限制,国内始终找不到能够依靠自主技术研发大排量摩托车的民族企业。

突破口发生在2005年。

这一年,一条新闻引爆了国内外摩托车市场:钱江摩托全资收购了意大利百年摩托车品牌Benelli(贝纳利)。其不仅开创了中国摩托车行业本土品牌跨国收购的先例,而且掀开了钱江摩托打造世界级摩托企业的序幕。但和市场上常见的收购模式不同,钱江摩托收购Benelli后,并没有急于利用品牌去贩卖情怀,反而令人瞠目地做出了"绝不将不成熟的产品推向市场"的承诺。时间证明了这份承诺的掷地有声,时隔5年后,经过内部打造和技术融合,钱江摩托才面向市场推出了更加完善的Benelli品牌车型。在正式推向市场的第一年,Benelli国内销量就上升超过100%,在欧洲售出超过6万辆。优化改进后的TRK502等经典车型,更是连年评为意大利最畅销的摩托车。这场收购,也成为全球摩企成功收购的典范。

通过收购,钱江摩托带动和拯救了Benelli,Benelli不仅得以全面复苏,产品线布局也更加完善。而Benelli也为钱江摩托带了技术、文化和设计的延伸。收购Benelli后,钱江摩托在人才体系的建设、技术的提升、质量工艺的把控等方面逐步实现了与世界接轨。通过技术融合和改进,钱江摩托也独立推出了黄龙600、金鹏502x、幼狮500等受到市场广泛认可的车型,在中国摩托车历史上画上浓墨厚彩的一笔,开启了国内大排量摩托车的新纪元。

2016年,吉利集团入股钱江摩托,并成了钱江摩托的第一大股东。

吉利曾长期从事摩托车行业,在该领域具有丰富的经验积累,对摩托车行业怀有深厚的感情。所以,吉利控股钱江摩托后,重新燃起对摩托车产业的雄心,吉利集团董事长李书福表示,"摩托车产业大有可为,一定要做大做强钱江摩托摩托车主业。"钱江摩托在导入吉利先进的管理机制后,焕发了更加勃然的生机,也为整个摩托车行业注入了强大活力。在推动内外部资源的优化整合和战略转型升级的同时,钱江摩托也迎来了供应链、内部管理、质量管控、品控流程、售后服务、品牌运营的全面提升。除此之外,钱江摩托还大批投入了自动化设备,升级内部制造能力,建立全渠道的标准化的服务管理模式,逐步形成了适合自己的质量管理方法。比如,借鉴IATF16949体系,钱江摩托在产品开发过程中,遵循质量阀点管理,从工程样车阶段开始,就有了2万千米以上的可靠性试验。同时,对于整个电子电器系统、车架以及动力系统,钱江摩托都会进行明确的产品验证确认。

在生产制造过程中,钱江摩托同样遵循标准化工艺进行生产,以及严格的产品标准进行检测,在布线安装、车架焊接等一系列与产品安全相关的环节,都会建立质量控制点,确保产品的安全可靠。

在服务质量方面,钱江摩托通过优化服务体系流程,推进服务标准化、实行首保免费，推出一系列服务站激励等措施，使用户满意度各项指标显著提升。

截至2022年，公司参与了27项国家标准制定，拥有专利680余项，其中发明专利125项、实用新型专利206项、外观设计专利349项，部分产品荣获浙江省科学技术成果、国内首台（套）重大技术装配及关键零部件产品等荣誉。

在吉利的带领下，2016年钱江摩托净利润同比增长高达352.02%。依托吉利强大背书，钱江摩托以"成为全球骑行领域引领者"为愿景，摆脱所有桎梏，像一匹脱缰的野马，开始在国际市场纵横驰骋。

图5-85　钱江摩托新产品上市

满腔壮志，打造中国基因大排摩托品牌

时机已然成熟。2020年5月，一个拥有完整自主知识产权、完全中国基因的品牌——QJMOTOR，以"国潮机车·骑魂出道"为主题正式发布，而搭载自主研发国内首款四缸600cc发动机的"追600"也同步上市。同年9月，QJMOTOR又携"追、赛、骁、逸、闪"五大系列，亮相第十八届中国国际摩托车博览会，追350、赛600、骁500、骁750、逸500、逸250、闪500等车型同步发布。令行业震惊的极致开发效率和极富竞争力的特色产品矩阵使QJMOTOR一炮而红，成为当届摩展最引人注目的焦点。

正如钱江摩托发展脉络里根植的品质基因一般，QJMOTOR在新车型研发前，会调研市场与用户的真正需求，在产品上市前邀请摩友试驾，根据反馈进一步调教和改进。仅QJMOTOR，就拿了2个一级质量改善奖，10个二级质量改善奖。随着车友圈活动、衍生品的不断推出，QJMOTOR的品牌文化属性也在持续延伸。当摩托从单纯的交通工具衍生为一种"大玩具"和潮玩标签，QJMOTOR品牌也从摩托车制造本身，蔓延到了潮玩娱乐的方方面面。

数据显示，2022年1—3季度，公司大排量摩托累计销量达12.2万辆，同比增长87%，增速跑赢行业，市场占有率持续11年保持第一位。市场是检验品质与品牌的最好试金石。也因如此，QJMOTOR既是中国的品牌，也是世界的品牌，更是广大用户心目中的专属品牌。

·案例2·

北平机床：核心技术自主可控的"国际范"
看"小巨人"如何绘就大蓝图

图5-86　北平机床（浙江）股份有限公司

【样本意义】 北平机床（浙江）股份有限公司注重科技创新，对标国际先进企业，开展中外企业深度合作，提升产品技术含量，开拓发达国家市场。

2022年的北平机床（浙江）股份有限公司（以下简称：北平机床）比往年更忙碌了一些。疫情导致的市场转移，以及数字化智能时代的到来，给这家以"本土替代进口"为目标的国产机床企业带来了更多的机会。伴随着2022年50%以上订单增长量的是，北平机床入选了国家第三批专精特新"小巨人"企业名单。

这样的赞誉,既是对北平机床成绩的肯定,亦意味着,在"国内大循环"的新发展战略基调下,一批如北平机床一样,深耕机床产业、实业报国的中坚力量,正通过持续创新,从小到大、由弱变强,走向全国并参与全球智能制造的竞争与合作,让更多的国产机床装在了越来越多中国制造企业的生产线上。

北平机床技术团队期待这样属于国产机床的春天的到来,从创立至今,他们就在为此做准备,专注于细分市场,不断加大研发投入,掌握核心技术,以期真正实现"本土替代进口",不负"专精特新'小巨人'"之名。

不变初心,让"本土替代进口"

走进北平机床的车间,你会发现一个有趣的布阵:一边是国产的北平机床,一边是有纯正德国血统的JOERG机床。

在这里,一步之遥,大概就是中德机床最近的物理距离,可要缩小内核的距离,国产机床还有很长一段路要走。

北平机床生产的数控磨床无论在技术上还是质量稳定性上都已与国际同类产品相近,但无奈的是,国产机床仿佛有天然的弱势,无论是欧美市场或者是国内制造企业都对国产机床带有一份偏见。

"有一次我到客户车间,发现他们把北平机床的Logo抹掉了。一问才知道,他们的客户如果发现用的是国产机床,会压低产品价格,"虞荣华总经理无奈地告诉笔者,"其实从加工状态和整体技术水平来说,我们当时的机床和进口机床相比是没有太大差别的。"

只因为挂着国产的身份,就被人下意识打了"低分",这件事给了虞总不小的刺激。"大胆尝试一下国产机床吧。"他曾在很多场合上如此呼吁,希望国产机床的应用环境能够得到改善。

而这样的呼吁也不仅仅只是说说而已，自北平机床创立以来，虞总就一直在用实际行动不断追赶并缩短与国际先进制造商的距离。

"本土替代进口"是始终未变的初心，为此目标，他奋斗了30多年。

因为一家三代都从事机械行业，虞总对这个产业怀有特殊情感。1989年，初创业的他从事的是印刷机械、纺织机械的研发制造，但这是一个"安逸"的行当，接到合作企业的订单了，工人们就开开心心地开工，倒也衣食无忧。然而，虞总认定，这不是长久之计。"没有创新，没有自主研发，企业是没有未来的。"环顾了一圈市场，虞总发现，当时国内工具磨床的可选择空间很小，多数企业使用的是日本的产品，但其价格昂贵，维护也相对不便。既然进口机床很好卖而国内少有厂家生产，他做了个决定：转型升级。2005年，北平机床正式成立，翻开了五轴数控工具磨床、数控外圆磨床、磨削装备研制造中心、工业机器人等替代进口的高端智能装备研发制造新篇章，也开始了北平机床以"本土替代进口"为目标的奋斗之路。

对标德国，与欧洲技术同步发展

这条路显然并不好走。一方面国产机床应用环境受限，另一方面，欧美国家技术壁垒不断加码，让国产机床企业想要在技术创新上有所突破难上加难。

"其实，早在2008年，我们就已经开始和欧美公司合作。"那时候，北平机床就和美国斯达、德国德克、哈斯马格等世界磨削行业知名公司进行了多次技术交流和合作沟通，但是基于技术壁垒和封锁，很多合作均流于表面。"就像防小偷一样，他们在很多方面对我们提出了很苛刻的要求，合作了3年，我们一直无法交流核心技术。"

这样的情况一直到2013年才出现了转机。

一个偶然的机会，虞总得知成立于1919年的德国SNY机床公司（以下简称：SNY）有较强的科研团队，磨床制造水平在装备制造业技术水平较高的德国处于前列。而其管理者面临无人接替的现状。"我就想着与其千方百计与欧美公司合作，学习先进技术，还不如直接当他们的老板。"

随后，虞总多次赴德国进行并购谈判，"因为我们两家公司的发展理念比较接近，再加上我们公司此前在市场上打出了知名度，让SNY对我们比较信任，最后成功达成并购意向。"

2014年5月，经过缜密的筹备，北平机床成功签订收购意向协议，成为温岭机床装备行业海外并购第一个吃螃蟹的企业。

筹划收购SNY只是北平机床对标先进技术的开始。

随后，虞总相继在美国波士顿、德国斯图加特等地合作建立技术研发中心，进行国际化技术合作，2016年又聘请德国百年磨床企业的全球知名工具磨削技术专家JOERG先生为北平机床研究高端磨床制造应用的前沿技术，使北平机床精密磨床制造的技术水平快速提升以接近国际先进水平。"从跟随模仿到自主创新用了10年，从深入德国合作开发到引进德国、瑞士资深工程师来温岭发展也历经8年，我们要的不仅是将德国先进的技术引入中国，更是要把我们的研发和制造延伸到德国，进而深入德国，"虞总说，"这就是'我们始终保持与欧洲先进磨削技术的同步发展'的具体体现。"

如今北平机床的产品大量服务于中航工业（AVIC）、中国五矿、富士康（FOXCONN）、SANDVIK、SUMITOMO、株洲钻石等全球知名3C、航空、汽车、机械制造及精密刀具生产企业，北平机床和中马传动、明华齿轮、上优、锐安等温岭优秀企业也有广泛深入的合作，已成为国产高端磨削装备进口替代、核心技术自主可控的数控磨床制造重点企业。2021年，北平机床获评浙江省信用管理示范企业，2022年成为浙江省AAA级"守合同重信用"企业。此前，北平机床还主导发布了《五轴数控成形磨床》"浙江制造"团体标准，并参与了《数控机床专用变频器》"浙江制造"团体标准制定,凭实力掌握市场话语权。

惜才引才,补足技术发展短板

JOERG机床是2016年以北平机床总工程师JOERG先生命名的国际品牌。JOERG先生在国际市场上名声斐然。一次偶然的机会,虞荣华碰到了他,并和他进行了一次深度交流。当时虞总就知道,如果北平机床能和JOERG先生合作,肯定会向前迈进一大步。也许是命运眷顾有梦想的人,当时的JOERG先生也正好想要走出原来的舒适区,寻求更大的发展空间,北平机床恰逢其会,立即朝其递出了橄榄枝。

"虞总是个很惜才的人,他觉得人才可遇不可求,只要是有价值的人才,花多少代价他都觉得值得。"这是北平机床行政部刘文才对虞总的印象。就如JOERG先生,除了高薪,吸引他来到温岭这个滨海小城的还

图5-87 北平机床生产车间

有虞总给予的诚意和尊重。

"JOERG先生家人在上海,起初他对于来温岭还是比较抵触的。但是虞总愿意帮他成立公司,并以他家族姓氏命名品牌,让他感受到了足够的诚意,觉得未来可期。"刘文才说,如今JOERG先生一年有200多天都在温岭,甚至住在了北平机床的宿舍里,连加班都干劲十足。而有了JOERG先生的加入,北平机床果然就如虞总预期的一样,向前迈了一大步。"JOERG先生的到来,首先是让我们的观念有了很大的转变,他让我们知道,只要产品足够好,就能卖出理想的价格,并不会因为固有印象而受限制,"刘文才说,"如今北平机床的单台售价最高可达200万元以上。JOERG先生还带来了一些欧洲地区的供应商和前沿的技术资讯,同时JOERG机床也是一个全球知名的技术品牌,更有利于我们开拓欧洲市场。"可以说JOERG机床是北平机床的产品被世界认识的钥匙。"欧美企业没有用过我们的产品,但是一听是中国品牌,它们潜意识就会觉得没那么好,不愿意合作,"刘文才说,"JOERG机床虽然也是国内生产的,但是因为它是以德国总工的名字命名的,客户就愿意给我们机会尝试。如今70%的JOERG机床都出口到了德国、日本和韩国。"

尝到了人才的甜头,此后,北平机床又先后和瑞士及西班牙的两位软件工程师签订了合作协议,希望通过他们补足软件上的短板。

与此同时,在企业发展的规划中,还有十分重要的一环,就是培养台州本地高端人才。为此,北平机床的研发团队和大专院校紧密合作、共同研究,定期接受德国工程师现场培训,不定期派工程师到日本、德国、美国进行技术交流和学习培训,根据项目成果和技术贡献,重奖研发人员。"有了稳定可靠的团队,我们才能有更好的发展机会。"

实业报国，国产机床迎来好年景

如今，在北平机床，所有人都专注智能制造，每年投入产值的6%以上用于新产品研发，已成为一个惯例。这些布局，意在"核心技术可控"6字。

"我们和国际品牌的差距，一个是数控系统，一个就是工业软件，"虞总说，"我们必须补足这些短板，不能被'卡脖子'。"这个想法在北平机床先后承担了国家科技重大专项（国家04专项）的五轴联动工具磨床科研任务和省级科研项目，参加了国家2035规划路线图编制讨论工作后，变得更加坚定。

国家04专项是指"高档数控机床与基础制造装备"专项，旨在重点攻克数控系统、功能部件的核心关键技术，增强我国高档数控机床和基础制造装备的自主创新能力，实现主机与数控系统、功能部件协同发展，统筹部署重型、超重型装备与精细装备，打造完整产业链。

当时株洲钻石拿到了其中一项关于五轴联动工具磨床的科研项目，北平机床此前就和株洲钻石有深入合作，株洲钻石知道五轴工具磨床是北平机床的拳头产品，无论是品质还是技术都是国内领先。为此，株洲钻石特地找到了北平机床，邀请它参与这个项目。

"国家需要民营企业自我提升，尤其是工业母机，更是需要去抢占价值链最高点。"对于满心实业报国的北平机床来说，国家政策正在向机床产业倾斜，而北平机床有条件、有机会参与其中，为这个行业发展做更多事，当然是义不容辞。

而之后参与国家2035规划路线图编制讨论工作的顶层设计，更是让北平机床对"本土替代进口"这个目标有信心。

2020年对民营企业来说并不算太友好。自2012年以来，中国机床装备行业已震荡下行8年。再加上疫情的不利影响，制造业普遍受到冲击，作为工业母机，大家普遍预计数控机床企业的日子不容乐观。但恰恰在不容乐观的年份里,北平机床却交出了一份给人信心的答卷:截至目前,订单增长了40%以上,其中国内订单增幅就超过了40%。在虞总看来,疫情反而成了一剂催化剂,加速了国产数控机床的发展进程,给了国产机床企业开拓国内市场的更多的机会。而这也是他一直所希望看到的:国产机床能够有一个更好的应用环境,让国产机床企业有机会通过实力去证明自己的水平。

第八节 其他路径

一、产业集群构建培育

推动先进产业集群可以聚集同行业多家企业,形成合作联盟,产业集群通常是由同一个区域内的多家同类型企业构建而成。我国的产业集群还处于不成熟阶段,区域内的民营企业之间合作较少或者缺乏深入密切合作,尤其是以高新技术为主要发展动力的企业。因为起步晚,高新技术产业集群发展还有很长的路要走。民营企业之间建立联盟合作关系,形成产业集群可以发挥协同作用,带动一个区域内的产业发展,产业集群可以进一步完善,构成一个整体系统,系统内资源、信息、人员等可以统一调配和共享,这样可以大幅提高资源、信息、人员等多方面的利用效率,充分发挥价值作用,也可以互相学习共同提高系统整体实力。产业集群的聚集效应也带给一个区域和一个行业极大的宣传推广效果,吸引更多人才和资源加入其中,进入一个良性循环,可以持续增强实力。我国目前的产业集群整体水平还不高,企业之间如何加深联系与合作,以怎样的形式构建联盟关系将是未来研究的重点问题。我国民营企业应当尝试摸索多元化的新型合作联盟方式,全面展开企业之间的各方面合作,畅通多条合作途径和渠道,整个产业集群的统一规划模式也亟须探索改进,骨干示范企业应带头进行协调规划带动中小企业,只有科学合理的规划管理模式才能让产业集群维持下去,而且能够发挥出更大的作用,未来还将推动产业集群嵌入全球价值链的中高端。产业集群内部可以设置专门的统筹管理部门,主要负责产业集群的整体资源调度和人员配置,对产业集群的情况进行整体把握和深入分析,进而探索更加科学合理的管理和运营模式,能够有针对性地解决系统整体及内部各个企业的问题,真正让产业集群发挥出协同效应,成为深度融合的系统整体。

二、产业链整体提升

产业链现代化水平提升是我国当前发展的主要任务之一。近年来,受到国际形势影响,国外对我国采取了一系列技术出口封锁政策,新型冠状病毒扩散致使国外企业停工停产,在这种动荡环境之下,我国很多行业领域的民营企业面临关键技术和核心零部件断供的困境,迫切需要推动我国产业链现代化升级来提高本土民营企业的安全性、自主性、独立性。想要实现中国产业链升级、产业链与创新链深度融合,需要从产业链的各个部分切入进行升级优化。民营企业作为产业链中重要的组成部分,应以畅通和升级产业链为目标,推动"专精特新"企业培育,让这些技术骨干企业成为产业链的重要枢纽,增加产业链的韧性强度,发挥示范带头作用,驱动链上其他企业转型升级。一个区域内的上下游企业之间需要建立密切协作关系,协同优化资源配置,合理进行生产服务分工,提高效率,降低成本,共同推进产业链数字化、智能化转型升级。

产业链模式变革,应以畅通国内大循环战略为宗旨,民营企业需要重点发展一直以来依赖于国外企业供给的领域,扩大国内市场需求来填补国外市场的缺失部分,构建完善本土产业链循环系统。民营企业要瞄准国内缺乏的产品和服务领域,在原有的企业布局基础上积极填补国内的空白和不足,既有利于国内大循环的整体布局,也有利于企业自身的未来发展,可以抢占市场先机,争当国内领军企业,争取到更多发展时间不断优化升级,为企业进入国际竞争市场进行长远规划并做尽早准备。在重点领域积极推进产业链构建,尤其是领军型优势企业要积极与上下游企业建立合作关系,主动整合链条上产业资源,形成完整的产业链。以产业链为主体,推动整体行业水平提升,以及参与全球范围的行业竞争。

三、创新生态系统协同发展

推动重点领域内一些骨干民营企业突破发展，发挥优势企业引领作用，带动中小企业在新产品研发和新技术升级，增强产业的整体国际竞争力。将新兴的信息技术、数字技术、新材料、新能源、人工智能、生物医药等重点领域置于优先发展的战略地位，重点推动这些领域的核心技术攻关，推动瓶颈突破、产品质量标准化、规模化应用、产业体系构建。促进这些重点领域内的骨干民营企业优先发展，发挥示范引领作用，以每个产业领域的优势企业为中心，辐射整个产业，带动产业领域内其他中小企业协同发展。构建产学研创新发展生态系统，激发创新协同发展潜能。创新是民营企业高质量发展的核心驱动力，建议我国民营企业构建以市场需求和国家发展为方向指引，以企业为创新主体的产学研创新发展生态系统，充分发挥系统的协同作用，提升自主创新和技术研发的速率和效果。创新发展生态系统主要组成部分包括民营企业、高校、研究所、实验中心等，以产学研协同循环发展的思想为导引，将各个部分整合成一个整体系统，各个部分在系统内需要扮演好自己的角色并发挥自己的作用。国外有不少类似的成功案例，我国虽然已经有了很多尝试和进展，但目前尚处在摸索磨合阶段，整体协作模式依然不够成熟。

根据我国创新主体的特征，如何构建深度协作关系，让创新生态系统激发出更大的潜能是目前亟须解决的关键问题。资源共享方面，民营企业将供应链管理、生产运作、物流售后等方面的情况和数据共享反馈给高校、研究所等机构，提供应用研究的材料和导向，使得高校、研究所等机构的应用研究更切合实际，研究成果也可以及时落到实际中检验应用，帮助企业改进优化，最大化实现信息共享。同时，企业、研究机构、实验中心的硬件设备仪器可以扩大开放共享，科研人员可以到企业进行试验研究，科研机构的实验测试仪器设备也可以向企业开放。人员交流方面，科研机构的人员可以到企业实地调研,和企业员工进行访谈交流,深入了解企业的实际运营情况,及时发现问题并把实际问题融入研究中,保障研究不脱离实际,企业员工也可以到科研机构参观学习,参与科研成果落地应用。项目合作方面,科研机构和民营企业之间需要建立长期的深度合作关系,双方共同参与各种创新研发和体系改进,在合作过程中发挥各自的专长,展开密切协作,推进协调配合。

·案例·

"供应链"带动上下游　"要素链"撑起大后方

浙江台州久久为功"全链式"质量提升促进
特色产业高质量发展

浙江台州，是中国民营经济发源地，也是有着"制造之都"美誉的传统制造大市。10年来，台州坚守实业，坚定转型，通过实施"456"先进产业集群培育行动，开展创新产业培育"千亿计划"，目前全市已形成21个产值超百亿元的产业集群，培育了68个国家级产业基地，307个台州产品细分市场占有率国内外第一。

台州制造转型升级取得成功，台州市市场监管部门推进产业链"全链式"质量提升发挥了重要作用。10年来，他们纵向上从"供应链"入手，鼓励整机厂核心企业发挥领头羊作用，逐级向上游供应商传导先进管理和技术，协同提升；横向上从"要素链"布局公共服务，全面在品牌赋能、公共质量技术服务、管理提升、标准提档等方面持续发力，协助破解产业链质量瓶颈问题。

近日，笔者走访了台州部分传统制造业产业和企业，亲身感受了"全链式"质量提升的显著成效。

"供应链"链主帮教带动上下游

说起厂子10年的变化，台州温岭的鼎晖机械有限公司（以下简称：鼎晖机械）股东朱信益笑容格外灿烂。10年前,他们几个朋友在家门口搭棚子生产的零部件小作坊今天已经成了年产值过亿的规模企业。

"没有利欧集团的帮助,我们厂子不可能做到今天这个样子的。"朱信益对笔者说道,鼎晖机械主要为利欧集团配套生产钣金件。

利欧集团是台州温岭泵与电机特色产业集群的龙头企业。近10年也是集团水泵制造高质量发展的关键10年,通过全面对标全球同行细分领域领军企业的管理和质量要求,利用建设东部基地新工厂的契机,积极开展管理创新、技术创新和数字化建设,成功完成了从追赶一流到成为一流的转型。10年间,温岭制造基地年产值从2012年的10亿元增长到如今(2021年)的27亿元。

在谋划集团质量提升的过程中,利欧集团认识到,要保持世界一流质量水准,整个供应链,尤其是上游零部件供应商的同步提升是重要基础,由此启动了供应链质量协同提升行动,鼎晖机械就是这一行动的最大受益者。

2016年,利欧集团派出了专门团队协助鼎晖机械提升内部管理,提高其交货准时率和产品良品率。利欧集团帮扶带动鼎晖机械进入快速增长期,2016年产值1600万元、2017年2700万元、2018年4200万元、2019年6000万元。这个时候原有的临时性帮扶措施已经无法帮助鼎晖机械的股东们做好管理了,太多的订单让生产一片忙乱,质量和安全风险极大,朱信益的手指头还在一次生产事故中被轧断。

面对此情此景,利欧集团派出了在公司工作了20年的总装车间主任金希顶到鼎晖机械挂职生产总监,协助其改善内部管理。

到鼎晖机械后,金希顶充分应用在利欧集团工作20年积累的管理技能,从规范现场管理着手,一步步帮助工厂梳理生产流程、管理制度,不到一年时间就让厂子脱胎换骨。

朱信益跟笔者说起了一个钻头管理的小细节。生产中需要用到几十个型号的钻头，原来乱堆乱放，不但丢失多，而且要用的时候翻来翻去要找十几分钟，金希顶让工人做了木质底座，将钻头按规格一个个放好，一个底座一组钻头，明确管理责任，从那以后，不但丢失现象没有了，生产效率也明显提高。

挂职一年期满后，在鼎晖机械一众股东的强烈要求下，利欧集团同意金希顶正式加入鼎晖机械任职，成为这家企业发展新阶段的质量管理带头人。

"不但我们的管理和技术干部可以去供应商那里挂职、任职，供应商也可以派骨干来集团挂职学习，流动都是双向的。与此同时，针对供应链伙伴质量提升需求快速增长的情况，集团还请来专门的第三方公司开展管理辅导帮扶。"

利欧集团质量总监苏新科介绍说，帮扶供应链伙伴质量提升，经历了提升产品质量到提升企业整体素质两个阶段，集团近年帮扶近30家合作伙伴整体提升，反映到供货质量上，不良率从原来的8000PPM下降到500PPM。2021年，利欧集团还建立起了自己的科创园，提供管理技术公共服务，专门孵化供应链上的中小合作伙伴。

从利欧集团帮扶中受益的鼎晖机械，把这种帮扶精神传递到了自己上游加工户那里。针对加工户场地、技术受限的实际情况，鼎晖机械在厂区专门设置了合作加工户生产区，配齐整套设备，提供检测等技术服务，加工户只要管好工人生产就好了。

温岭市市场监督管理局党委副书记、副局长阮兢青介绍说，这些被帮扶的企业在给利欧集团供货的同时，也在给行业供货，利欧集团的供应链提升也带动了温岭水泵行业的整体提升，让产业发展更加具有竞争力和韧劲，与10年前相比较，行业内规上企业数量达到376家，增加了253家，规上企业年总产值达336亿元，增长了226亿元。

无独有偶，在台州市椒江区，另一特色产业——工业缝制设备产业的最大企业杰克科技股份有限公司(以下简称:杰克股份)对供应链上的伙伴也是给予最周到的帮扶。杰克股份不仅拿出近14公顷土地设置了战略供应商工业园区,安排资金,为进入园区的伙伴改进生产装备,还设立3亿元的专项基金作为供应商信贷支持资金,利用缝纫机产业创新综合服务体,为合作伙伴提供全方位管理、技术服务,帮助做好质量提升。10年间,在杰克股份支持下,有近10家供应商从年产千万元的作坊式企业成长为年产值超亿元的规模企业。

这10年是杰克股份高质量发展的10年,2012年,杰克股份请来了世界顶级的咨询公司,梳理企业发展思路,定下了聚焦缝制领域、专注中高端市场的发展道路,2012—2015年,杰克股份缝制设备实现了马达控制向电脑控制转型,2016年开发出了会说话的缝纫机,特别方便客户的工人培训学习,2017—2019年成功完成缝制设备物联网开发,机器与物联网结合通过App掌握机器状态,可以完成计件考核、订单跟踪等数字化管理,深受新办服装企业欢迎。公司还借鉴机床行业加工中心的理念,加紧建设可以将多道工序融为一体的"缝制加工中心"。2021年,公司新招聘了100多名软件工程师,瞄准成套解决方案供应商的新定位,深化物联网缝制设备研发。

聚焦主业、专注提升,让杰克股份成长为世界缝制设备行业年产量最大的企业,10年间,企业年产值从10多亿元增长到63亿元。公司副总经理阮振华说,在前进的道路上,杰克股份始终坚持把带动供应链合作伙伴共同提升发展作为企业发展的基础战略。

在智能马桶行业,龙头企业星星便洁宝公司将研发向上游企业延伸,投入人才和设备资源支持供应商台州百利数模科技有限公司筛选新材料、研发新工艺、试制新产品,使其成长为智能马桶行业最大的塑模件供应商,不但满足星星便洁宝公司的产品质量需求,还带动了整个智能马桶行业产品质量提升。

台州市市场监督管理局总工程师李雄伟介绍说，做优、做强龙头企业，鼓励龙头企业在产业链中发挥"链主"作用，引领整个产业链上的各类企业协同提升质量，是台州市市场监管部门服务产业质量提升的重要路径。链主企业利用"供应链"纵向带动合作企业；市场监管部门则围绕产业发展"要素链"协调汇聚政府、社会、企业等多方资源，集中提供企业、产业发展需要的检验检测、管理咨询、计量标准、知识产权保护、区域品牌培育、金融支持等产业公共服务"要素"。

"要素链"资源集合撑起企业大后方

700方高能量密度应急抢险泵研制项目近期在浙江锦超特种装备有限公司完成落地转化和测试，该新产品拓展了大城市抢险装备市场，预期将为温岭水泵产业新增约6亿元产值。

该公司负责人介绍说，国家水泵质检中心（筹）和设在该中心的江苏大学流体机械温岭研究院的科研帮扶在产品研制中起到了关键性作用。

2022年以来，国家水泵质检中心（筹）共组织技术帮扶企业120家次，解决技术难题10个，为企业技术人员免费举办培训班240人次，向企业免费开放实验室服务300余家次，累计为企业减负40余万元。

这个中心是温岭在水泵产业进入转型升级阶段以后历时10年建设的，以中心为依托，温岭设立了台州温岭机电工程师创新协同中心，引进清华大学、电子科技大学、江苏大学等众多高校和科研机构创新资源，为产业发展、产品创新提供公共性人才和技术支撑。

10年间，台州市场监管部门围绕产业发展需求，加强质量基础设施建设，建成3家国家级产品质量监督检验中心、12家省级质检中心、47家国家CNAS实验室，实现重点产业集群检测能力全覆盖。同时，依托国家质检中心、省级中心，创建23个产业创新服务综合体，集成创意设计、研发检测、标准制定、创业孵化、国际合作等功能,仅仅在2020—2022年就累计为企业提供全链条一站式服务超6万家次,帮助解决企业技术难题2000余个。

10年间,台州市市场监管部门围绕特色产业质量提升在产品、设计、检验、安全等方面布局重要标准制修订计划,建成台州标准信息公共服务平台,全面梳理本土产业涉及产品类别,针对性收集国内外先进标准50余万份,建设台州对标达标数据库,并通过大数据排查比对,精心选择43个产业、82类产品深入实施对标达标行动。

台州智能马桶企业对强健"要素链"对产业发展的支撑作用的体会尤其深刻。这个早在20世纪90年代中期就萌芽的台州特色产业,到2015年行业年产值只有20亿元,龙头企业刚刚进入微利状态。2016年启动的"全国智能马桶产业质量提升示范区"建设给行业带来了全新发展局面,让行业总产值在2021年达到了100亿元规模,智能马桶远销欧美。

在提升行动中,台州市市场监管部门围绕提升智能马桶产业质量创新能力,建设国家级智能马桶产品质量监督检验中心,投入1.2亿元设立电磁兼容等实验室8个,同时引进中科院、清华大学、浙江大学等国内科研院校68位专家,启动全国智能马桶产品质量攻坚行动,支持星星便洁宝、欧路莎、怡和卫浴等龙头企业牵头开展加热器、控制器、清洗器、电磁阀等4个关键零部件技术攻关。2020年,台州市椒江区智能马桶特色小镇指挥部又联合浙江大学台州研究院、台州市质量技术监督检测研究院联合设立了智能马桶产业创新服务综合体。

目前,台州智能马桶行业有9项技术指标成功超越日本工业标准,"泡沫盾""大流量瞬间智能加热"等25项技术达国内领先水平,台州智能马桶在市场竞争中完成了从成本优势到质量优势的华丽转身。因为台州的带动,全国智能马桶市场和产业在2022年也出现了爆发式增长。

在工业缝纫机特色产业质量提升行动中,台州市围绕强健"要素链"

开展了六大行动。开展中外产品质量比对行动,有针对性地从源头上不断提升缝制机械行业的综合水平。对标国际先进标准,开展"标准领跑者"达标活动,成立缝纫机产业技术标准创新联盟,筹建省级缝制设备标准化技术委员会,根据缝纫机产业发展的重大技术需求,增加主导标准供给,推动台州企业完成《计算机控制360度机头旋转模板缝纫机》《多轴联动单(双)针滚轮送料立柱式缝纫机》"浙江制造"团体标准制定,填补国内缝纫机行业该细分类产品标准空白。

在"要素链"打造过程中,台州市市场监管部门紧紧根据产业实际和发展需求,不断创新推出企业急需要素资源。在模具、医药等重点产业成立产业知识产权联盟,实现企业自主互助服务。温岭市市场监督管理局联合当地金融部门率先创设了质量贷,帮助企业用质量成果融通金融活水,计划在未来5年间单列50亿元信贷规模,专项用于支持各级政府质量奖、标准创新贡献奖等优质企业的质量提升、管理升级、标准研制、技术创新及固定资产投资、补充流动资金等全方位融资需求。椒江区引导产业成立知识产权和标准创新联盟,探索标准与专利深度融合,还高标准建设产业业态综合服务体,以一站式服务促进现代服务业与先进制造业融合。黄岩区积极探索建立以信用评价为基础的小微企业分层金融服务政策体系,引导广大个体工商户积极开展"个转企""小升规"。

台州市市场监督管理局局长沈云才表示,台州市场监管在工作中聚焦"要素链",善用"供应链",探索出了一条以"政府推动+市场驱动"为主要特征的特色产业民营经济质量提升之路。下一步他们将进一步促进"产业链"协同、强化"要素链"服务,通过组建产业质量发展联盟,建设高端装备质量基础一站式服务平台,为企业提供计量、标准、认证认可、检验检测、品牌等服务,聚焦特色产业质量竞争力培育,抢占数字经济未来发展制高点,构建以"产业大脑+未来工厂"为核心引领的"新智造"体系。

小　结

　　我国民营企业肩负着社会主义现代化发展的重要使命，探索民营企业的高质量发展路径可以助力新格局构建和战略部署，为实践提供行动指南和指引。我国民营企业在质量发展方面大力推行卓越绩效模式，积极参与政府质量奖评选，重视人才培养和团队建设；在标准引领方面对标国际最新动态变革，不断修订完善我国质量安全标准和质量评价体系，将可持续发展理念深入企业高质量发展蓝图规划中，深入理解碳达峰标准和评价体系的理念，在企业变革优化的过程中认真实践绿色可持续发展模式；我国民营企业重视产品和服务认证认可，基于此，深入提高产品和服务的质量，努力打造高品质的产品和服务，让中国的产品和服务向国际领先水平迈进。

　　我国民营企业在全球风云诡谲的大环境下，一方面面临迫切需要技术创新升级的压力，过去的"拿来主义"和"造不如买"等思想观念使得我国民营企业对国外先进技术过分依赖，技术水平长期停滞，创新研发出现大片空白，核心技术严重缺失，我国企业处于非常被动的困境中；另一方面，这也是难得的机遇，只要在新兴技术研发上抢占先机，掌握核心技术，就能解决"卡脖子"难题，摆脱之前被技术封锁控制的不利局面，成为具有较强国际竞争力的企业，焕发出新的活力和生机，走上长远持续的发展之路。我国民营企业要想实现技术创新突破、掌握核心竞争力，就需要重视基础研究、成果转化和人才培养等关键环节。要加大基础研究投入，兼顾应用研究。国外的成功经验和失败案例都证明：基础研究才是能够获得长远发展的钥匙。基础研究的资金和人力投入属于长远性投资，因为见效慢或者效果短期内不够显著而长期被我国民营企业所忽视，但是基础研究却是为了积累硬实力必须下的苦功夫,是企业能够长久保持旺盛发展势头的根本动力。我国民营企业需要从片面追求高效率大规模生产逐渐向创新型模式转变,重视提升自身的硬实力,只有掌握核心技术,才能谋求长远发展,避免发展后劲不足逐渐走向衰退甚至最终出局的命运。为了保障短期内企业的运转,在重视基础研究投入的同时,需要兼顾应用研究。应用研究也可以引领基础研究朝着正确的方向进行,保障基础研究内容不会脱离实际应用。应用研究要与时俱进,以满足当前市场需求为导向。高校和研究机构由于远离生产一线和服务一线,所以,在应用研究方面常常偏离实际情况,导致研究成果落地效果不佳,企业位于生产和服务的前线,对于顾客需求和产品情况最为了解,要以需求导向结合问题导向,进一步确定应用研究的方向和目标,取得研究成果立刻投入试运行,实际运行出现任何问题立刻反馈给企业的研发部门,及时进行改进调整,这样密切协作大大地提高了应用研究的输出效率,同时也使得研究成果快速落地,转化效果好。民营企业要保持对需求变化和科技变革的敏感性,动态调整应用研究的方向和策略,提高研究成果的适应性、先进性、创新性。

我国民营企业需要推行品牌升级战略,以树立品牌推动产品和服务高质量发展。我国民营企业在前一阶段的发展重点放在速率和规模上,片面追求高速度和大规模生产的弊端逐渐显现出来,当人们的基本需求得到充分满足之后,对于更高品质生活的需求愈加强烈,我国民营企业的输出产品虽然价格较低廉,但是由于产品本身档次较低,质量不高,难以满足当前阶段人们的需求,而国外很多知名品牌的价格较高的优质高端产品则更能够满足我国人民的需求。服务领域的民营企业也面临类似问题,由于输出的服务体验感较差,顾客满意度不高,导致人们对国内企业服务水平的信赖度下滑,更倾向于选择国外高端品牌企业的服务。针对这种情况,我国民营企业亟须推行品牌升级战略,将品牌与产品和服务质量相对应,打造知名品牌的背后需要以推动产品质量和服务质量优化升级作为支撑,只有质量上佳和品质优越的产品才能将自身品牌推向更广阔的市场,获得人们长久的推崇和喜爱,成为人们信赖的知名品牌,将品牌和质量挂钩,以品牌升级作为助推剂,用优质品牌的目标和愿景对照产品和服务,找出差距,持续优化。品牌助力我国民营企业质量标准化升级,推动我国质量标准体系制定。国外的知名企业所树立的优质品牌背后往往需要较为完备的高水平的质量标准和质量评价体系作为支撑,这些为企业在产品的设计、制造、推广、销售和售后等全流程中各个环节提供高水准的指导和规范,保障了企业所有产品品质的一致性、稳定性和卓越性。我国民营企业想要打造自己的优质品牌,就需要协同升级质量标准和质量评价,推动我们自己的高水平质量标准和质量评价体系的制定,以此来明确产品的优势和差距,指明产品质量的提升方向,让两者相辅相成共同发展。树立品牌观,引领我国民营企业的文化建设。企业文化的核心内容主要包含了企业遵循的宗旨理念、发展目标愿景和企业价值标准等,企业文化对企业的整体发展起到非常大的影响作用,它可以激发出企业的潜能,调动员工的主动性和积极性,深刻影响到企业各个部门的员工,我国民营企业普遍缺乏对企业文化建设的重视和认知,企业文化需要融入高质量发展理念,将新的理念渗透到每位员工心里,让全体员工增强高质量发展意识,使得企业各部门各层级共同向着企业高质量发展努力。品牌往往是作为企业文化的象征和缩影,品牌代表了产品的定位、质量要求、工艺技术水平和发展历史等产品和企业形象,把我国的本土品牌打造成国际知名品牌的同时,也是将品牌所代表的信息向更大范围宣传推广,真正实现企业文化的建设和落地,我国民营企业要以强化品牌升级为目标,促进企业文化建设与品牌观树立协同发展。

民营企业作为供给侧结构性改革的重要主力军,要以供给侧结构性改革为指引,从生产端着手调整民营企业的产品和服务供给结构,需要把解决"供需错位"问题放在企业改革战略的优先位置,集中解决产能过剩和需求不足的问题,降低中低端产品产量,提升高端产品供给能力,从生产低附加值产品逐渐转移到高附加值产品输出,向全球价值链高端迈进。民营企业需要立足于自身传统优势特长,了解国内外最新发展趋势,针对性地对产品和服务做出适应性的改进调整和优化升级,保障传统优势特长能够长远持续发展。除了传统优势特长之外,也要针对国内外最新需求变化,积极拓展能够满足当下国内外市场需求的新型产品和服务,增加企业研发创新投入,组建专门的创新研发团队,与科研机构合作开展研发类和咨询类项目,保持企业的动态更新活力和生机,增强民营企业的核心竞争力,掌握关键尖端技术,逐渐降低对外部的技术依赖,培养企业的自主性、原创性。升级的传统产品服务和拓展的新型产品服务,都要配套完善相应的质量标准和评价体系,以高质量创新作为民营企业改革的理念。民营企业的运营模式变革,要从全球发展趋势着眼,探索适应于新环境的科学运作模式。将信息互联网、人工智能等高新技术融入供应链运营、生产运作等方面,探索提质增效的先进运作管理方式,利用高新技术对供应链及各个关键环节进行改革升级,加深信息化、智能化与企业运营的深入融合,大胆开创新型企业运营模式,挖掘出企业的发展潜能,促使新型运营管理模式能够更好地辅助企业提高整体水平和效率。以市场需求为导向,依据国内外当前阶段呈现的整体化、个性化、多样化的新需求形态实行匹配型变革,民营企业需要根据新的需求形势变化设立新的专门部门,对企业已有的资源和员工进行重新配置和安排,必要时增加缺乏的资源设备和其他技能专长的员工,对企业运营结构进行整体化布局规划,真正提高系统运转效率,同时提升产品服务的输出质量,开创改进的新型模式需要与企业产品服务变革相配套适应,两方面相互协调,发挥出更大协同作用。企业结构转型是从微观变革向宏观变革的重要部分,起到承上启下的关键作用。

　　我国民营企业在未来发展过程中,除了需要积极参与国内构建产业集群、升级产业链、完善创新生态系统,还需要持续加强国际合作交流,开放多种渠道加强与外国企业的合作。一方面吸引国外企业拓展国内市场,在国内建立分公司、研发实验中心等机构,投资国内企业进行深度合作,在合作中借鉴学习国外企业的优势特长,结合自主创新研究,取得更大突破进展。另一方面,国内企业也要积极走出去,去国外投资创办企业,与当地企业和研发机构建立合作关系,在产品设计、制造、销售、品牌推广等全周期多环节进行深入合作,推广国内企业和产品的同时,也促进我国企业参与国际竞争,推动企业向高端环节延伸。我国民营企业需要积极参与国际上的企业研讨会、交流会、国际合作研发项目等,加强与国外企业的合作关系,在合作中共同进步,也拓展市场范围,达到互惠互利的目的。